Mit Zimmerpflanzen schöner wohnen

Cynthia Wickham

Das große Buch
für Zimmergärtner
und Blumenfreunde

BLV Verlagsgesellschaft
München Bern Wien

Übersetzung: Inge von Werden

Titel der englischen Originalausgabe:
»The Houseplant Book«
© Marshall Cavendish Limited, London

© der deutschsprachigen Ausgabe:
BLV Verlagsgesellschaft mbH, München, 1978

Satz: acomp, Lichtsatz Appl KG, Wemding
Printed in Great Britain

ISBN 3-405-11785-2

CIP-Kurztitelaufnahme der Deutschen Bibliothek

Wickham, Cynthia
Mit Zimmerpflanzen schöner wohnen: d. große
Buch für Zimmergärtner u. Blumenfreunde. –
1. Aufl. – München, Bern, Wien: BLV Verlags-
gesellschaft, 1978.
   Einheitssacht.: The houseplant book ⟨dt.⟩
   ISBN 3-405-11785-2

Inhalt

Geschichte der Zimmerpflanzen

Seit altersher versucht man, dekorative und nützliche Pflanzen aus ihrer natürlichen Umgebung herauszunehmen und sie in Töpfen im Zimmer zu züchten. Schon vor 5000 Jahren legte man in China Palastgärten an. Die mit Sorgfalt gezüchteten Stauden und Blumen wurden in Töpfe gepflanzt. Seit dieser Zeit hat es viele Verbesserungen, aber auch Rückschritte gegeben. Nur ein paar Glanzpunkte der so interessanten Geschichte der Zimmerpflanzen seien hier erwähnt.

Eine der ältesten Überlieferungen stammt aus dem alten Ägypten. Die Königin Hatschepsut (1503 bis 1482 v. Ch.) ließ in ihrem Palast ein in Stein gehauenes Basrelief anfertigen. Auf ihm sind stilisierte *Boswellia*-Bäume dargestellt, von denen jeder in einem eigenen Kübel steht. Weihrauch war zu jener Zeit ein beliebtes Räuchermittel. Die *Boswellia*-Arten, aus deren Harz er gewonnen wird, gab es damals aber nur im Lande Punt in Ostafrika. Hatschepsut entsandte daher eine Expedition mit dem Auftrag, Weihrauchbäume mitzubringen. Diese Bäume setzte man dann in Kübel, wo sie offensichtlich gut gediehen.

Diese hübsche Wohnung zeigt, daß die Chinesen schon im 12. Jahrh. den Schmuck von Zimmerpflanzen geschätzt haben (oben).

Das Grab der Königin Hatschepsut schmückt ein Fries, auf dem eine *Boswellia* im Kübel dargestellt ist (links).

Die Hängenden Gärten Babylons bestanden hauptsächlich aus Pflanzen in Tonkübeln.

Man darf nicht glauben, daß in früheren Zeiten Pflanzen nur gezüchtet worden sind, um Arznei- oder Nahrungsmittel zu erhalten. In vielen antiken Zivilisationen waren dekorative Gewächse hochgeschätzt und galten sogar als Statussymbole. In alten chinesischen Malereien unterstreichen zarte Azaleen und Lilien in hübschen Töpfen die Schönheit eines Raumes. Der Luxus, solche Pflanzen zu züchten, war allerdings Privileg der Reichen. So galt es in Indien als Verbrechen, wenn ein einfacher Mann Orchideen hielt. Mit ähnlichem mystischen Zauber umgaben die Japaner die Rosen und eine Palmenart namens Kan-non-Chiku (*Rhapis excelsa*), die bis heute ihre außerordentliche Stellung behauptet hat.

Trotz ihrer unauffälligen Form ist die Steckenpalme (*Rhapis excelsa*) in Japan besonders beliebt (links). Vor 300 Jahren gelangte sie aus China an den kaiserlichen Hof und wurde bald zu einem Symbol für Macht und hohe Stellung. Heute wird die Steckenpalme von manchen Liebhabern wegen ihrer schönen Blattstellung gehalten; sie wächst in hübsch geformten, handgefertigten Porzellantöpfen mit Goldverzierung.

Technisch geschickte Gärtner waren die Babylonier. In den berühmten Hängenden Gärten des Königs Nebukadnezar wuchsen Bäume in porösen, irdenen Kübeln. Der König ließ die Gärten für seine Frau anlegen, die sich nach der Vegetation ihrer weit entfernten Heimat sehnte.

Ähnliches wird von König Salomo berichtet, der eine Vielzahl von Kräutern züchtete, sich in der Anlage von Hydrokulturen versuchte und viele neue Pflanzen einführte. Wahrscheinlich verwendete er einen Raum seines großen Tempels als eine Art Gewächshaus, in dem eine Fülle von Topfpflanzen gediehen.

In früherer Zeit gruppierte man Pflanzen meist sehr schematisch. Erst im antiken Griechenland wurden zueinander passende attraktive Topfpflanzen harmonisch in den Räumen verteilt. Jedes Jahr feierten die Griechen das Fest des Adonis, des Gottes der vegetativen Fruchtbarkeit. Die »Adonisgärten« symbolisierten den durch die heiße Sommersonne bedingten Tod und die Wiedergeburt des jungen Gottes. Rasch keimende Samen, z. B. von Fenchel, Gerste und Lattich wurden in Töpfe oder andere kleine Behälter gelegt und gut gepflegt bis sie zu kräftigen Pflanzen herangewachsen waren. Dann stellte man sie um das Heiligtum des Adonis herum und ließ sie während des acht Tage dauernden Festes in der Sonne verdorren. Später entwickelte sich aus diesem Brauch ein Kinderspiel, das unbeabsichtigt zur Verbreitung der Topfpflanzen beigetragen hat. Noch heute ist die antike Tradition in den Mittelmeerländern lebendig. Auf Treppen, Fensterbänken und in Innenhöfen sieht man dort oft eine Unmenge Blumentöpfe mit dekorativen Pflanzen.

An die antiken Fruchtbarkeitsriten zu Ehren des Adonis erinnern die Topfpflanzen, die die Außenseite dieses Hauses schmücken.

Im alten Rom waren die Gärten meist klein, deshalb hielt man dort immer eine Menge Pflanzen in Töpfen. Bemerkenswert ist, daß es den Römern schon gelang, Pflanzen außerhalb ihrer normalen Zeit zum Blühen zu bringen. Zur Zeit Senecas kamen ganze Schiffsladungen von Rosen aus Alexandria und Cartagena nach Rom. In speziellen Häusern wurden sie während des Winters zum Blühen gebracht. In dem Dach der Häuser befand sich lichtdurchlässiger Selenit, und das Gebäude war durch Warmwasserrohre heizbar. Es gelang den Römern auch, Pflanzen zu beschleunigtem Wachstum anzuregen, indem sie einen Graben um sie herumzogen, der warmes Wasser enthielt.

Pflanzen wanderten also schon damals von einem Teil der bekannten Welt in einen anderen. Nicht immer geschah dies auf Veranlassung von Königen oder anderen Machthabern, die eine bestimmte Pflanze in ihrer Heimat einführen wollten; gelegentlich war auch der Zufall im Spiel. Kaufleute, Soldaten oder Reisende nahmen mitunter lebende Pflanzen mit, weil sie als Arzneimittel verwendet werden konnten, eßbar waren oder einfach deshalb, weil sie an die Heimat erinnerten. So verbreiteten römische Legionäre z. B. die Madonnenlilie *(Lilium candidum)* in ganz Europa.

Im Mittelalter waren es in Europa die Mönche, die sich der Pflanzenzucht widmeten. Sie beschäftigten sich auch mit den Geheimnissen der Heil- und Würzkunst. Letzteres war vor allem deshalb ein großes Verdienst, weil sich die Nahrung damals hauptsächlich aus faden Getreideprodukten zusammensetzte. Gegen den Hautgout des oft nicht frischen Fleischs wurden ebenfalls stark duftende Kräuter verwendet. Man zertrat auch Kräuter auf dem Boden, damit sie das Haus mit ihrem Duft durchzogen.

Auch die Medizin stützte sich auf die Pflanzenkunde. Bis zu 400 verschiedene Kräuter wurden in den Klostergärten und später auch in Hausgärten gezogen. Blütenpflanzen züchtete man eigenartigerweise keine. Das Basilikum war damals eine Zimmerpflanze, die aber auch nur wegen ihrer Gewürzeigenschaft gehalten wurde.

In der Renaissance entdeckte man die Antike wieder und griff deshalb auch auf die Pflanzenhaltung in Töpfen zurück. Leon Baptista Alberti, ein Humanist und Architekt aus Florenz, legte Ende des 15. Jahrhunderts einen Garten mit Myrte, Efeu, Wacholder, Weinreben und Zitronenbäumen an. Alle diese Gewächse standen in Terrakottatöpfen. An ihrer Basis wuchsen hübsche Blütenpflanzen. Der damalige Adel entwickelte eine Vorliebe für seltene und exotische Gewächse, und man schaffte sie aus allen Teilen der Neuen Welt herbei. Viele gingen unterwegs in den dunklen, feuchten Lagerräumen zugrunde, manche auch erst nach ihrer Ankunft, weil sie falsch behandelt wurden. Oft wußte man auch nichts über ihre richtige Verwendung. Die Tomate zum Beispiel galt als giftig und wurde zunächst nur als Zierpflanze gehalten. Auch die scharlachrote Stangenbohne, die im 17. Jahrhundert aus Südamerika zu uns kam, war hundert Jahre lang nur ihrer Blüten wegen geschätzt.

Diese einfache Boretsch-Darstellung entstammt einem alten Kräuterbuch (oben).

Durch römische Soldaten wurde die Madonnenlilie – hier von L. da Vinci gemalt – verbreitet (links).

Das Detail aus de la Hyres ›Grammatik‹ zeigt das Interesse, das man in der Renaissance an Zimmerpflanzen hatte (oben).

Immer mehr neue Pflanzen gelangten nach Europa und die Zucht von bestimmten, seltenen und schönen Sorten wurde zur Liebhaberei. Im frühen 17. Jahrhundert eroberte die Tulpe unseren alten Kontinent im Sturm und keine Pflanze, nicht einmal die Orchidee war beliebter. Aus dem östlichen Mittelmeergebiet brachte man Zwiebeln von Wildtulpen mit, aus denen für Haus und Garten Tulpen mit neuen Farben und Formen gezüchtet wurden. Zentrum der Tulpenzucht waren die Niederlande. Während des Dreißigjährigen Krieges herrschte in Europa eine wahre Tulpensucht. Man kämpfte und starb sogar für Tulpen; mit ihnen erwarb man ein Vermögen und verlor es wieder. Tulpen sind sogar als Zahlungsmittel verwendet worden. 1637 wurde das durch ein Gesetz verboten. Der Handel ließ dann zwar nach, aber seit der Zeit gilt Holland als das Tulpenzentrum der Welt.

Die große Begeisterung für Tulpen im 17. Jh. zeigen diese um 1690 von Claude Aubriet gemalten Papageientulpen.

Zunächst war der Besitz von Topfpflanzen das luxuriöse Privileg des vermögenden Adels. Mit der Zeit jedoch fanden sie Eingang in die Wohnungen der Bürger. Siedler, die nach Amerika auswanderten, nahmen viele europäische Pflanzen mit in die neue Heimat. Dazu gehörten unter anderem Ringelblumen, Feuerbohnen, Bartnelken, Goldlack, Hyazinthen, Efeu, Lilien, Tulpen und viele Kräuter und Gemüsepflanzen. Umgekehrt führte man aus Amerika Agaven und Opuntien nach Europa ein.

Während der industriellen Revolution im letzten Jahrhundert brachten Pflanzen Farbe und Schönheit auch in die bis dahin recht

schmucklosen Wohnstätten der Arbeiter. Englische Arbeiter, die in der Baumwollindustrie Lancashires beschäftigt waren, züchteten eine Vielzahl robuster Zimmerpflanzen, die auch gegen die Stadtluft unempfindlich waren, z. B. Aurikeln, Hyazinthen, Tulpen, Nelken und Stiefmütterchen.

Seeleute der Ostindienkompanie brachten aus aller Welt Kamelien, Azaleen, Päonien und Chrysanthemen mit. Da man damals noch wenig über die Behandlung von Pflanzen bei längeren Transporten wußte, überlebten leider meist nur wenige die Reise. Zu Beginn des 19. Jahrhunderts galt es für einen berufsmäßigen Sammler schon als großer Erfolg, wenn 8 von 20 Azaleen heil ankamen. Eine erhebliche Verbesserung des Transportproblems verdanken wir Dr. Livingstone, einem Botaniker und Arzt der Ostindienkompanie. Er schlug 1819 vor, Pflanzen schon zwei Monate vor dem Transport in Töpfe zu setzen, wie es die Chinesen taten.

Die Wende in der Geschichte der Topfpflanzen brachte 1834 Nathaniel Ward, der zur Zeit der Königin Viktoria lebte. Er entdeckte, daß Pflanzen in geschlossenen Glasbehältern in ihrer eigenen Verdunstungsfeuchtigkeit prächtig gedeihen. Damit konnten sich Liebhaber einen Miniaturdschungel tropischer Pflanzen anlegen. Um diese Zeit wurden ferner Methoden bei der Pflanzenzucht in Gewächshäusern entwickelt. Mit eigens für den Transport geschaffenen Kästen gelang es auch, selbst empfindliche Arten in gutem Zustand von weither nach Europa zu bringen.

Sehr bald war es möglich, exotische Pflanzen in geschlossenen Behältern, Gewächshäusern oder auch in Töpfen zu kultivieren. In

Im 19. Jh. brachten Fuchsien, Geranien und Aurikeln etwas Farbe auch in die Wohnungen der Arbeiter (links).

Mit diesem von Nathaniel Ward entwickelten, tragbaren »Gewächshaus« transportierte man Pflanzen aus aller Welt sicher nach Europa.

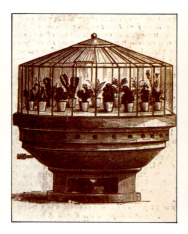

Mitte des 19. Jh. waren Pflanzen äußerst beliebt, wie man an diesem italienischen Salon von 1845 sieht (links).

Glasbehälter für Pflanzen gab es vom runden heizbaren Kakteenhäuschen bis zur raumhohen Blumenvitrine (oben).

der guten Gesellschaft Europas und Amerikas wurden Zimmerpflanzen zur großen Mode. Während das Züchten seltener und exotischer Gewächse früher eine sehr kostspielige Liebhaberei war, konnten sich jetzt auch weniger Begüterte damit beschäftigen. Farne, Orchideen, *Dracaena, Cissus, Grevillea, Ixora* und *Croton* waren äußerst beliebt. Zahlreiche, mutige Pflanzenjäger gingen auf gefährliche Entdeckungsreisen, um aus unbekannten Gebieten neue Arten herbeizuschaffen. Am begehrtesten waren Orchideen, die in ihrer Heimat epiphytisch hoch in den Gabelungen großer Bäume wachsen. Der Suche nach neuen Orchideenarten fielen ganze Wälder zum Opfer. Mit Orchideen ließen sich in der Tat gute Geschäfte machen. Ende des Jahrhunderts verkaufte ein englischer Züchter sein Sortiment für die damals unglaubliche Summe von £ 24 000 an ein amerikanisches Syndikat. Zur selben Zeit gelangten auch weniger seltene Pflanzen aus allen Teilen der Welt nach Europa. Züchter versuchten durch Kreuzungen und Vermehrungen Sorten zu gewinnen, die sich besonders gut zur Zimmerkultur eigneten. Die englische Familie Veitch errang sich hierbei besondere Verdienste; sie entwickelten Hybridformen von *Streptocarpus, Hippeastrum* und vielen Begonien, die heute noch im Handel sind.

Von der Mitte des 19. Jahrhunderts an wurden Zimmerpflanzen zu einem wichtigen Bestandteil vieler Wohnungen. So kannte man

z. B. sorgfältig angefertigte Miniaturgewächshäuser für Farne. Besonders beliebt waren Palmen und es wurden spezielle Palmenständer hergestellt, die zum dominierenden Bestandteil eines jeden eleganten Interieurs gehörten.

Nach dem ersten Weltkrieg bis heute fand der Gummibaum eine sehr weite Verbreitung. In den 20er und 30er Jahren baute man die Häuser mit großen Fenstern, welche viel Licht in die Räume ließen; dadurch kamen Kakteen und andere Sukkulenten in Mode. Nach heutigen, innenarchitektonischen Vorstellungen sind Pflanzen bei der Einrichtung von Wohnungen unerläßlich. Es gibt so viele, daß man sie jedem Einrichtungsstil anpassen kann. Daß wir uns heute in jeder Umgebung an herrlichen Gewächsen erfreuen können, ist den Pflanzenexpeditionen früherer Zeiten und der beharrlichen Geduld der Züchter zu danken.

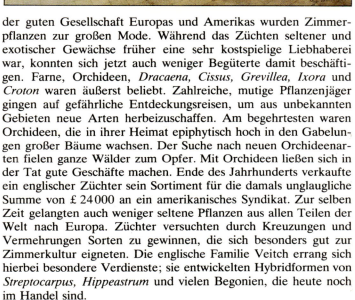

Ende des 19. Jh. waren Palmen ein wichtiger Bestandteil des Salons (oben).

Die architektonische Entwicklung der 30er Jahre brachte viel mehr Licht in die Wohnungen (rechts).

Geographie

Es ist erstaunlich, daß Pflanzen gut unter einem Dach gedeihen, auch wenn sie aus so verschiedenartigen Umgebungen wie den Wüsten Mexikos, den Regenwäldern am Amazonas, den Vorbergen des Himalaja, aus dem indischen Dschungel oder von einer sturmumtobten Insel im Pazifik stammen.

Selbstverständlich kann eine Pflanze aus den feuchten Regenwäldern Indonesiens nicht gedeihen, wenn man sie unter denselben Bedingungen hält wie einen stachligen Kaktus aus Bolivien. In jedem Haus gibt es aber verschiedenartige Standorte für Pflanzen. Eine sonnige Fensterbank und ständiges Gießen im Überfluß sind keineswegs eine ideale Pflege für alle Pflanzen. Einige wenige, besonders unverwüstliche Arten überleben allerdings auch eine solche Behandlung. Die meisten jedoch brauchen Bedingungen, die möglichst genau ihrer natürlichen Umwelt entsprechen. Noch heute kann es leider vorkommen, daß Kakteen und andere Sukkulenten durch zu reichliches Gießen praktisch ertränkt werden oder Palmen und Farne in der prallen Sonne verdorren.

Die Gestalt einer Pflanze, Form und Größe ihrer Blätter und Blüten, die Art ihrer Wurzeln und jedes andere wichtige Merkmal sind ihren natürlichen Umweltbedingungen angepaßt. Gleichgültig, ob es sich um eine immergrüne oder im Winter laubabwerfende Pflanze handelt, immer entspricht der jahreszeitliche Rhytmus dem Klima, in dem die Pflanze eigentlich zu Hause ist. Auch bei einer Pflanze im Plastik- oder Keramiktopf in einer modernen Wohnung lassen sich so Rückschlüsse ziehen, aus welchem Teil der Welt sie ursprünglich stammte, ob es eine öde Wüste, ein feuchttropischer Regenwald oder ein kühles Waldgebirge war.

Wenn Pflanzen im Zimmer unter Lichtmangel leiden, stammen sie bestimmt aus den tropischen Gebieten unserer Erde. Pflanzen, die in ihrer Heimat auf Urwaldböden wachsen, benötigen dagegen nur wenig Licht. Gummibaum, Monstera und andere ähnliche Gewächse haben deshalb besonders große Blattoberflächen entwickelt, um von dem wenigen Licht ihrer Umgebung möglichst viel aufnehmen zu können. *Chlorophytum* und viele Sorten von *Cissus* und *Tradescantia* besitzen die Fähigkeit, dem Licht entgegenzuranken. Als Zimmerpflanzen kann man sie deshalb dazu verwenden, Fenster und Türen zu umrahmen.

Fast alle tropischen Pflanzen sind immergrün; sobald das Wachstum aufhört, setzt eine Ruhezeit ein. Sie werfen aber nie ihre Blätter ab und sind deshalb auch nicht monatelang nackt und unansehnlich.

Manche tropische Pflanzen gedeihen in ihrer Heimat in kompostartiger Erde am Boden des Urwalds; andere, die sogenannten Epiphyten, wie Bromelien und Orchideen, wachsen hoch über dem Boden in Astgabelungen, in denen sich Blätter und Moos angesammelt haben. Für solche Pflanzen mit flachem Wurzelsystem sind die vielen, im Handel erhältlichen Kompostmischungen ein idealer Ersatz.

Hohe Temperaturen sind für Epiphyten nicht lebenswichtig; sie benötigen aber unbedingt einen gewissen Grad an Luftfeuchtigkeit. Im Haus erreicht man dies durch regelmäßiges Besprühen der Blätter. In einem geschlossenen Terrarium oder einem Flaschengarten entsteht die warme und feuchte Atmosphäre der Tropen fast von selbst.

Der Übergang von der trockenen Wüste zur sonnigen Fensterbank läßt sich relativ leicht vollziehen. Kakteen und Sukkulenten, die an starke Temperaturschwankungen, Regen und extreme Trockenheit gewöhnt sind, passen sich schnell an das neue Dasein im Zimmer an und brauchen wenig Pflege. Sie werden natürlich keine 6 m hoch wie in Mexiko oder Arizona; der kleine Blumentopf bildet ihre Miniaturwüste, der sie ihre Ausmaße mangels eines größeren Raumes anpassen.

Aufgrund ihrer Herkunft gedeihen folgende Pflanzen gut unter trockenen Bedingungen: *Pittosporum* aus China und Neeseeland, *Grevillea* aus Westaustralien und *Aspidistra*, die in Japan zu Hause

ist. Eine Anzahl von an sich widerstandsfähigen Pflanzen braucht aber eine gewisse Feuchtigkeit und so viel Licht wie nur möglich. Dazu gehören mehrere *Ficus*arten, *Tradescantia* und *Philodendron*.

Farne stammen aus feuchten, schattigen Gegenden, z.B. den Regenwäldern Südamerikas *(Adiantum)* oder Asiens und Afrikas *(Asplenium)*. Teilweise kommen sie aber auch aus den mittleren Breiten *(Phyllitis)*. Farne trifft man im Zimmer nicht nur deshalb seltener an weil sich die Mode gewandelt hat, sondern auch weil die Zimmertemperaturen heute höher geworden sind. Farne brauchen im Winter Kühle und Dunkelheit; bei Zentralheizung und

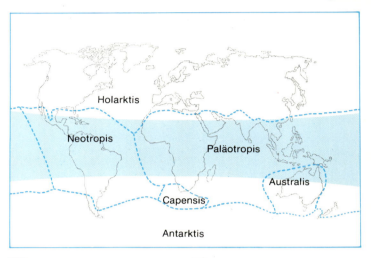

Grenzen der Florenreiche | Tropen

Die meisten Zimmerpflanzen stammen aus den Tropen und Subtropen. Die räumliche Verteilung einer bestimmten Pflanzengattung oder -art hängt jedoch von der Geologie und der Entwicklung der Pflanze ab. Nach dem Auseinanderdriften der Kontinente haben sich die

Pflanzen in den einzelnen Erdteilen unterschiedlich entwickelt. Dies zeigt sich besonders stark bei den Blütenpflanzen. Man unterscheidet 6 große Florenreiche. Die unten aufgeführten Pflanzen beinhalten einige Gattungen, die in den verschiedenen Regionen vorkommen.

Australis
Acacia
Adiantum
Blechnum
Callistemon
Chorizema
Cissus
Grevillea
Hoya
Passiflora
Platycerium

Capensis
Adiantum
Blechnum
Chlorophytum
Lithops
Pelargonium
Rhoicissus

Holarktis
Adiantum
Agave
Blechnum
Camellia
Campanula
Chrysanthemum
Cyclamen
Cyperus
Fatsia
Hedera
Hyacinthus
Hydrangea

Impatiens
Jasminum
Primula
Rhododendron

Neotropis
Adiantum
Aechmea
Agave
Anthurium
Begonia
Blechnum
Bougainvillea
Calceolaria
Cephalocereus
Cissus
Cyperus
Dieffenbachia
Fittonia
Fuchsia
Hydrangea
Impatiens
Ipomoea
Monstera
Neoregelia
Nephrolepis
Passiflora
Peperomia
Philodendron
Pilea
Tradescantia

Paläotropis
Adiantum
Aglaonema
Begonia
Blechnum
Cissus
Codiaeum
Coleus
Conophytum
Cordyline
Cyperus
Dizygotheca
Dracaena
Ficus
Hedera
Hoya
Hydrangea
Impatiens
Ipomoea
Jasminum
Kalanchoe
Lithops
Nephrolepis
Passiflora
Pelargonium
Peperomia
Pilea
Platycerium
Primula
Rhododendron

Antarktis
Primula

großen Fenstern werden sie oft gelb und gehen ein. Durch die Zentralheizung hat der Mensch praktisch das Klima seiner Wohnung verändert.

Als dankbarste Zimmerpflanzen gelten solche, die sich unterschiedlichen Gegebenheiten anpassen können. Dazu gehören *Dracaena* aus den Tropen und Subtropen Asiens, Afrikas und Australiens, *Philodendron* aus den tropischen Regenwäldern Mexikos, Perus, Brasiliens und der Westindischen Inseln, *Ficus* aus Indien, Indonesien, Australien und Westafrika, *Aspidistra* aus China, *Chlorophytum* aus dem tropischen Amerika und Afrika, *Pandanus* aus Indonesien, Afrika und Madagaskar und die *Sansevieria* aus

Afrika. Auch der Efeu, der überall auf der Erde zu Hause ist, gehört dazu.

Bestimmte Pflanzen benötigen zu ihrem Wohlbefinden die sorgfältigste Pflege, andere wieder sind von Natur aus anspruchslos. Sie gedeihen selbst bei nachlässiger Behandlung. Zur richtigen Pflege ist es jedoch unerläßlich, etwas über die Heimat der Pflanzen zu wissen. Man muß sich auch klar darüber sein, daß oft ein und derselbe Raum unterschiedliche klimatische Bedingungen aufweist, so daß in einem Zimmer Pflanzen mit verschiedenartigen Ansprüchen gut gedeihen können. Dies eröffnet für die Raumgestaltung eine Vielzahl von Möglichkeiten.

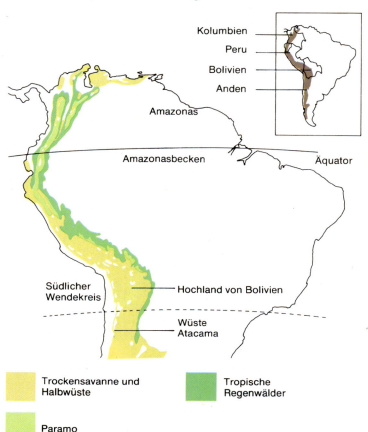

Kolumbien

Peru

Bolivien

Anden

Amazonas

Amazonasbecken

Äquator

Südlicher Wendekreis

Hochland von Bolivien

Wüste Atacama

Trockensavanne und Halbwüste

Tropische Regenwälder

Paramo

An den niedrig gelegenen Abhängen der Anden wachsen tropische Regenwälder (oben links). Durch die aufsteigende, warme Luft entsteht Wasserdampf. Hier sind Epiphyten, die die benötigte Feuchtigkeit der Luft entnehmen und Blütenpflanzen wie Fuchsien zu Hause (oben rechts). In den oberen Bereichen nehmen die Bäume an Wuchshöhe ab; hier fühlen sich Farne wohl, die ein feuchtkühles Klima lieben (links).

Über den tropischen Regenwäldern der Nord- und Westanden erstreckt sich ein immer wieder unterbrochener alpiner Vegetationsgürtel, der sog. Paramo. Der Pflanzenwuchs ist dort kärglicher, und es gibt keine Bäume mehr; denn die Bodentemperatur ist zu niedrig. Im allgemeinen hält sich die Vegetation im Paramo dicht am Boden. Am höchsten werden eine stammbildende *Espeletia*-Art (unten) und buschige Stauden (rechts).

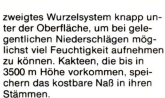

Der von der Karibik kommende Passat weht landeinwärts und regnet sich an den Abhängen der Anden ab. Mindestens die Hälfte des Jahres bleibt dabei die Küstenregion Kolumbiens trocken. Hier gedeihen dornige Büsche und Kakteen. Erstere entwickeln ein weit ver-

zweigtes Wurzelsystem knapp unter der Oberfläche, um bei gelegentlichen Niederschlägen möglichst viel Feuchtigkeit aufnehmen zu können. Kakteen, die bis in 3500 m Höhe vorkommen, speichern das kostbare Naß in ihren Stämmen.

Psychologie der Pflanzen

Eine Dame versteckte ihre Begonie immer auf dem Speicher, wenn ihre Nachbarin zu Besuch kam. Sie welke, sagte sie, wenn man sie im gleichen Raum mit der Nachbarin ließe. Sie wurde natürlich ausgelacht; heute hält man ihr Verhalten aber nicht mehr für sonderbar. Sie ist nämlich eine gute Gärtnerin, sie liebt Pflanzen und hat eine glückliche Hand für sie.

Die Psychologie der Pflanzen steckt noch in den Kinderschuhen, aber mehr und mehr beschäftigt sich die Forschung damit. Alle möglichen Versuche werden durchgeführt, um etwas über Reaktionen und eventuelle Gefühle der Pflanzen zu erfahren. Vieles wurde neu entdeckt, was man als Aberglauben längst abgetan hatte. Erfolgreiche Zimmergärtner, so sagt man, haben »grüne Finger«; sie pflegen ihre Pflanzen nicht nur, sondern sie verstehen sie auch. In früherer Zeit mußte man vor dem Fällen eines Holunders erst die Mutter Holunder um Entschuldigung bitten. Heute, 2000 Jahre später, glaubt man zu erkennen, daß Pflanzen diese Art von Rücksichtnahme zu schätzen wissen. Um den Schock des Verpflanzens zu mildern, hat man unlängst sogar einer Fichte Chloroform verabreicht.

Wenn man eine Pflanze kauft, muß sie einem gefallen. Darüberhinaus hat man natürlich den Wunsch, daß sie so schön bleibt, wie sie ist. Manche Leute betrachten ihre Pflanzen nur als dekoratives Zubehör des Zimmers, andere behandeln sie als lebende Wesen, die sie durch aufmerksame Pflege glücklich machen wollen. Pflanzen, die in einem Ausstellungsraum inmitten anderer schöner Gegenstände stehen, gedeihen nicht so gut, wie wenn sie am Eingang plaziert sind, wo sie von Vorbeigehenden bewundert werden. Nüchtern gedacht, könnte man sagen, daß die Pflanzen in der Eingangshalle eben mehr Licht erhalten. Man weiß aber heute zum Beispiel, daß es Kühe glücklich macht und daß sie mehr Milch geben, wenn man ihnen Musik vorspielt. Auch Pflanzen, so glaubt man, reagieren auf Musik. Versuche haben gezeigt, daß sie Bach und Händel oder indische Gitarrenmusik bevorzugen, modernen Rock aber ablehnen. Im allgemeinen sollen Pflanzen bei ständiger musikalischer Berieselung besser gedeihen als in der Stille.

Im späten 18. Jahrhundert begann man, sich mit Pflanzenpsychologie zu beschäftigen. Den Anfang machte der amerikanische Pflanzenzüchter Luther Burbank. In den 90er Jahren des letzten Jahrhunderts arbeitete er an einer schwierigen Befruchtungsart, um neue Sorten zu züchten. Er hatte ein großes Verständnis für Pflanzen. Immer wenn er erreichen wollte, daß sich eine seiner Pflanzen in einer Art entwickelte, die nicht ihrer Natur entsprach, setzte er sich daneben und sprach mit ihr. Er züchtete tatsächlich einige beachtenswerte Varietäten. Zu ihnen gehören Kartoffel- und Pflaumensorten, die wir heute noch essen. Ob nun seine Erfolge auf die Unterhaltungen mit den Pflanzen oder auf sein züchterisches Können zurückzuführen sind, sei dahingestellt.

Einen weiteren wichtigen Beitrag zur Pflanzenpsychologie leistete der amerikanische Agrarchemiker George Washington Carver (1864–1943). Als junger Mann nahm er sich gerne kranker Pflanzen an. Er setzte sie in eine spezielle Bodenmischung und sang ihnen vor. Meist wurden die Pflanzen wieder gesund. Er war der Auffassung, daß das Geheimnis seiner Wunderkuren in den Pflanzen selbst liege und daß jeder, der sie versteht, dieselben Erfolge haben könne.

Auch der indische Wissenschaftler Sir Jagadis Chadra Bose (1858–1937) führte interessante Pflanzenexperimente durch. Er betäubte einen Nadelbaum und entdeckte, daß dieser bei Aufnahme von zuviel Kohlendioxid zu ersticken drohte. Wenn ihm dann Sauerstoff zugeführt wurde, erholte er sich wieder. Bose kam zu dem Schluß, daß Pflanzen äußerst empfindlich reagieren und daher eine Art Nervensystem besitzen müßten.

Die Pflanzenpsychologie hat in den letzten zehn Jahren bedeutende Fortschritte gemacht. Clive Backster z. B., Spezialist für Lügendetektoren, überwachte bei seinen Versuchen Pflanzen mit den Elektroden des Detektors. Die Ergebnisse waren überraschend. Er fand heraus, daß Pflanzen schon unruhig wurden, wenn er nur daran dachte, eines ihrer Blätter anzubrennen. Eine andere Pflanze, der Gefahr drohte, soll gewissermaßen in Ohnmacht gefallen sein, sobald die Person, welche ihr Böses antun wollte, das Zimmer betrat. Er konnte sogar nachweisen, daß Pflanzen ein Gedächtnis haben und daß sie jemanden, der ihnen früher einmal weh getan hat, später wiedererkennen. Backster wies auch nach, daß dieses Bewußtsein nicht allein auf ihre eigene Erfahrung begrenzt ist, sondern daß sie diese Erfahrung auch an ihre Nachkommen weitergeben.

Unter dem Einfluß der zahlreichen neuen Theorien über die Psychologie der Pflanzen beginnen die Menschen ihre grünen Zimmer- und Gartengenossen mit anderen Augen zu betrachten. Es gibt Leute, die behaupten, Pflanzen hätten sogar Gefühle wie Hoffnung, Furcht und Wünsche. Der Gedanke, daß eine Pflanze, der man ein Blatt oder eine Blüte entfernt, Schmerz empfindet, wird heute keineswegs mehr als absurd abgetan. Eine lebende Pflanze ist wirklich mehr als eine schöne, grüne Skulptur. Gleichgültig wie man sich zu wissenschaftlichen Spekulationen auf diesem Gebiet auch stellen mag, es ist jedenfalls sicher, daß Liebe zu den Pflanzen ein guter Grund ist, sie zu kaufen, und daß sich Pflanzen wohl bei uns fühlen können.

Erfahrung und Versuche sprechen dafür, daß Pflanzen durch ihnen zusagende Musik beruhigt oder zum Wachsen angeregt werden können. Bei richtiger Pflege und Liebe fühlen sich alle Pflanzen wohl.

Pflanzen im Haus

Für jede Jahreszeit und für jede Lebenslage gibt es passende Pflanzen. Die intensive Beschäftigung mit ihnen ist ein interessantes und dankbares Hobby. Es ist weithin bekannt, daß einige Pflanzen nur ein Minimum an Zeit und Pflege benötigen. Dazu gehören z. B. die einfachen Begonien und Geranien, *Fatsia* und *Chlorophytum*. Heute gibt es Zimmerpflanzen in einer großen Vielzahl und sie lassen sich auf die mannigfaltigste Art dekorativ zur Wirkung bringen. Ein guter Architekt muß Gebüsche, Steingärten und bewachsene Wasserbecken in die Raumplanung mit einbeziehen. Große Fenster sollten das Innere eines Raumes mit so viel Licht versorgen, daß auch Bäume wie *Ficus benjamina* oder *Sparmannia* im Zimmer so hoch wie die Decke werden und man bequem unter ihren Zweigen sitzen kann. Mit einer Komposition aus Bananen, *Ficus, Cyperus, Dracaena,* an Wänden emporrankendem Efeu und großen Blättern, die sich in einem flachen, rechteckigen Wasserbecken spiegeln, kann eine einzelne Sitzgruppe überaus reizvoll zur Geltung kommen.

Große Pflanzen im Blumenfenster verschaffen kleinen, am Boden gedeihenden Urwaldpflanzen den für sie erforderlichen Halbschatten. Ein dichtes Gebüsch von Grünpflanzen kann auch in einiger Entfernung vom Fenster bei künstlicher Beleuchtung und bei selbsttätiger Bewässerung oder in Hydrokultur mit Erfolg gehalten werden. Sehr gut hat sich die Idee bewährt, der Haltung von Orchideen oder Kakteen und Sukkulenten einen eigenen kleinen Raum vorzubehalten. Eine nächtliche Kaktusblüte entschädigt jedes Familienmitglied vollständig. Sorgt man für die richtige Wärme und Feuchtigkeit, kann man ohne weiteres seinen abendlichen Drink unter Palmwedeln oder Bananenblättern im eigenen Haus einnehmen, ohne dabei von tropischen Insekten belästigt zu werden. Bevorzugt man den kühlen Norden, so umgibt man sich mit Efeu, Farnen und mit Moos bewachsenen Statuen oder legt sich vielleicht auch ein Becken an, in dem kleine Fische schwimmen.

Was die bescheidene Geranie anbetrifft, so läßt sie sich ebensogut 2 bis 3 m an einer Mauer hochziehen, wo sie leuchtend zinnober- oder kirschrote Blüten entwickelt. Umgekehrt vermag ein Efeu von einer hohen Galerie oder einem Treppenabsatz herunterzuranken wie er es auch in seiner Heimat Südafrika von kahlen Felsen tut. Gibt man einer kräftigen *Mammillaria*, die man meist sehr klein für einen Miniaturgarten ersteht, die richtigen Bedingungen, kann sie oft einen halben Meter hoch werden. Auf eine Säule aus Stein oder Beton gestellt wirkt sie wie ein Wesen aus einer anderen Welt oder wie eine große, stachlige Skulptur.

Girlanden aus Efeu mit dreieckigen Blättern oder aus den sternförmigen Blättern der *Passiflora* wirken sehr hübsch, wenn man sie um strenge Fenster mit Metallrahmen ranken läßt. Die kräftige *Allamanda* bedeckt rasch eine ganze Wand mit ihren glänzenden Blättern.

Es war ein langer Weg von dem chinesischen Gärtner, der als erster eine Chrysantheme in einen Topf setzte, oder von dem Römer, der feststellte, daß Basilikum nicht nur die Fliegen abhält, sondern sich auch zur Verschönerung seiner Sonnenterrasse eignete, bis zur Zimmerpflanzenkultur unseres Zeitalters. Für jeden Lebensstil und für jede Umgebung hat man heute die passenden Pflanzen.

Bei einer warmen, feuchten Atmosphäre können Farne, *Hedera, Chlorophytum, Philodendron* und *Howeia* ebenso üppig werden wie in ihrer Heimat. Der Eindruck eines exotischen Urwalds in einer Stadtwohnung wird durch das Vorhandensein von Wellensittichen und tropischen Fischen verstärkt.

Aechmea fasciata
Höhe 30 cm

Ampelopsis brevipedunculata
kriechende oder kletternde Pflanze

Anthurium crystallinum
Höhe 50–60 cm

Aphelandra squarrosa
Höhe 30 cm

Auraucaria columnaris
Höhe bis zu 1 m

Aspidistra elatior
Höhe 60 cm

Cissus antarctica
Kletterpflanze

Caladium-Hybride
Höhe bis zu 40 cm

Calathea makoyana
Höhe 30–60 cm

Begonia maculata
Höhe bis zu 80 cm

Chlorophytum comosum
Höhe 30 cm

Coleus blumei
Höhe 30–60 cm

Chamaedorea elegans
Höhe 1,20 m

Begonia rex
Höhe 30 cm

Blattpflanzen

Codiaeum variegatum var.
pictum 'Volcano'
Höhe 60 cm

Cordyline terminalis 'Firebrand'
in der Jugend bis zu 1 m

Cryptanthus zonatus
bis zu 45 cm breit

Cyperus alternifolius
Höhe bis zu 80 cm

Dieffenbachia picta 'Exotica'
Höhe bis zu 2 m

Dizygotheca elegantissima
Höhe bis zu 1,20 m

Dracaena deremensis
Höhe bis zu 1,20 m

Grevillea robusta
Höhe 1–2 m

Howeia forsteriana
Höhe 2 m

Hedera helix
'Golden Heart'
kriechende oder
kletternde Pflanze

Euonymus japonicus
Höhe 2 m

Ficus elastica
Höhe bis zu 3 m

Fittonia verschaffeltii
Kriechpflanze

Iresine lindenii
Höhe 15–30 cm

Maranta leuconeura
Höhe 20–25 cm

Microcoelum weddellianum
Höhe bis zu 1,20 m

Neoregelia carolinae
30–38 cm breit

Peperomia argyreia
Höhe 20–25 cm

Philodendron scandens
Hänge- und Kletterpflanze

Phoenix canariensis
Höhe 4 m

Pilea cadierei
Höhe bis zu 25 cm

Pittosporum tobira
Höhe bis zu 1,2 m

Rhaphidophora aurea
Hängepflanze

Monstera deliciosa
Höhe 2.50 m

Rhoeo spathacea
Höhe 20–35 cm

Rhoicissus capensis
Kletterpflanze

Schefflera actinophylla
Höhe 2 m

Sparmannia africana
Höhe 1,20–2 m

Syngonium vellozianum
Kletterpflanze

Tradescantia fluminensis
Höhe 20 cm

Farne

Adiantum raddianum
Höhe 30–45 cm

Asplenium nidus
Höhe 30–45 cm

Blechnum gibbum
Höhe bis zu 1 m

Cyrtomium falcatum
Höhe 30–60 cm

Nephrolepis exaltata
Höhe 30–60 cm

Pellaea rotundifolia
Höhe 20 cm

Pteris cretica 'Whimsettii'
Höhe 30 cm

Phyllitis scolopendrium
Höhe 30 cm

Platycerium bifurcatum
1,20–2 m breit

Pteris cretica
Höhe 30 cm

Selaginella martensii
Höhe 15–30 cm

Polystichum tsus-simense
Höhe 23 cm

Phlebodium aureum
Höhe 60 cm

Didymochlaena truncatula
Höhe 30–45 cm

Davallia canariensis
Höhe 30–45 cm

Anthurium scherzerianum
Höhe 45 cm

Begonia x tuberhybrida 'Harlequin'
Höhe 30–45 cm

Billbergia nutans
Höhe 45 cm

Bougainvillea glabra
Höhe bis zu 1,20 cm

Calceolaria x herbeohybrida
Höhe bis zu 30 cm

Callistemon citrinus
Höhe bis zu 1 m

Camellia japonica
Höhe bis zu 2 m

Campanula isophylla
Höhe bis zu 30 cm

Senecio cruentus
Höhe 45 cm

Clivia miniata
Höhe 45 cm

Cyclamen persicum
Höhe 30 cm

Beloperone guttata
Höhe bis zu 30 cm

Euphorbia pulcherrima
Höhe 45 cm

Canna-indica-Hybride
'J. B. van der Schoot'
Höhe 1–2 m

Fuchsia triphylla
Höhe 60 cm

Gardenia jasminoides
Höhe bis zu 2 m

Blütenpflanzen

Hibiscus rosa-sinensis
Höhe 2 m

Hoya bella
Höhe bis zu 30 cm

Hydrangea macrophylla
Höhe bis zu 1 m

Jasminum mesnyi
Höhe bis zu 2 m

Pelargonium-Zonale-Hybride
Höhe 30–60 cm

Primula obconica
Höhe 15–30 cm

Rechsteineria cardinalis
Höhe 25–45 cm

Rhododendron simsii
Höhe 45–60 cm

Passiflora caerulea
Kletterpflanze

Saintpaulia ionantha
Höhe 20 cm

Sinningia speciosa
Höhe 30 cm

Spathiphyllum wallisii
Höhe 30–40 cm

Streptocarpus-Hybride
Höhe 25 cm

Thunbergia alata
Kletterpflanze

Vriesea splendens
Höhe 45 cm

Zantedeschia aethiopica
Höhe 60 cm–1,20 m

Agave victoriae-reginae
Höhe bis zu 15 cm

Astrophytum myriostigma
Höhe 10 cm

Cereus peruvianus
Höhe bis zu 1 m

Cephalocereus senilis
Höhe bis zu 23 cm

Conophytum ficiforme
Durchmesser 7,5 cm

Crassula falcata
Höhe 30–60 cm

Echinocactus grusonii
Durchmesser bis zu 15 cm

Echinocereus pectinatus
Höhe 15 cm

Faucaria tigrina
Durchmesser 8–13 cm

Ferocactus latispinus
Höhe bis zu 13 cm

Gasteria liliputana
Höhe 5–8 cm

Epiphyllum-Hybride
Höhe 30 cm–1,50 m

Gymnocalycium mihanovichii 'Friedrichii'
Höhe 3,5 cm

Haworthia fasciata
Höhe 10 cm

Kalanchoe blossfeldiana
Höhe 25 cm

Lithops fulleri
Durchmesser 5–8 cm

Mammillaria zeilmanniana
Durchmesser 10–20 cm

Opuntia rufida
Höhe 30 cm

Parodia chrysacanthion
Höhe 5–8 cm

Rebutia minuscula
Höhe 2,5–4 cm

Sansevieria trifasciata
Höhe 30–45 cm

Sedum sieboldii
Kriechpflanze

Zwiebelpflanzen

Chionodoxa luciliae
'Gigantea'
Höhe 15 cm

Crocus neapolitanus-
Hybriden
Höhe 15 cm

Freesia-Hybriden
Höhe bis zu 45 cm

Hyacinthus orientalis-Hybride
Höhe 30 cm

Narcissus (Trompeten-Narzissen)
Höhe 50 cm

Narcissus (Tazetten-Narzissen)
Höhe 50 cm

Hippeastrum equestre
Höhe 50–70 cm

Iris reticulata
Höhe 15 cm

Nerine bowdenii
Höhe 30–45 cm

Ornithogalum nutans
Höhe 23 cm

Puschkinia scilloides
Höhe 10 cm

Scilla peruviana
Höhe 25 cm

Tulipa kaufmanniana
Höhe 25 cm

Sparaxis tricolor
Höhe 30 cm

Lilium auratum
Höhe 1,20–2 m

Vallota speciosa
Höhe 60 cm

Raumgestaltung mit Zimmerpflanzen

Sorgfältig ausgewählte Zimmerpflanzen am richtigen Platz verschönern jeden Raum, gleichgültig ob es sich um ein Schlafzimmer in einem kleinen Haus oder um eine offene, ebenerdige Appartementwohnung handelt.

Die Liebe zu Pflanzen kann auf verschiedene Weise beginnen. Vielleicht hat man ein sehr großes Fenster oder einfach zuviel freien Raum in der Eingangshalle und merkt plötzlich, daß eine Pflanze da Abhilfe schaffen könnte. Oder man sieht eine Pflanze, die man so schön findet, daß man nicht widerstehen kann, und es macht dann Spaß, den richtigen Standort für sie zu finden. Vielleicht bekommt man eine Topfblume geschenkt oder man versucht einen bestimmten Stil in der Einrichtung durch die richtigen Pflanzen wie Palmen, Kakteen oder japanische Zwergbäumchen (Bonsai) zu betonen. Irgendwie ist die Liebe zu Pflanzen angeboren, und man kann einfach nicht ohne sie leben.

Manche Pflanzen fügen sich ohne Komplikationen in den bestehenden Lebensstil. Andere dagegen müssen mit viel Zeitaufwand erst dazu gebracht werden. Eine kleine Sukkulente veranlaßt manchen zum Kauf von weiteren Exemplaren, und bevor man es merkt, hat man eine Sammlung. Bei gutem Gedeihen werden Zimmerpflanzen oft vom reinen Accessoire zum dominierenden Element im Raum. Es ist ein großer Irrtum zu glauben, daß eine Fülle von Pflanzen eine Wohnung quasi erstickt. Man kann sie bei aufmerksamer Pflege so ziehen, daß sie sich ganz den eigenen Wünschen anpassen.

Will man Pflanzen in die Raumplanung mit einbeziehen, muß man sich überlegen, wieviel Raum zur Verfügung steht, welche Pflanzen zur Einrichtung passen und wie sie sich mit ihrer Größe, Form, Textur und Farbe in das Ganze einfügen. Darüber hinaus spielt es eine Rolle, ob man mit ihnen besonders schöne Details effektvoll herausheben oder z. B. ein häßliches Rohr oder einen Flecken an der Wand kaschieren will. Man muß sich auch sorgfältig überlegen, ob beispielsweise ein großer Baum das Zimmer höher wirken läßt oder ob er nur als unglückliche Figur in einer Ecke steht. Es ist auch zu bedenken, ob man eine einzelne Pflanze wirkungsvoll mit Punktstrahlern zur Geltung bringen will oder ob man mehrere Gewächse zueinander gruppiert. Ein großer Raum verlangt vielleicht nach einer Aufgliederung, die sich mit einem Rankengewächs erreichen läßt. Ein Bogen wiederum wird anmutig und am vorteilhaftesten von zarten Efeuranken umschlungen.

Man muß sich natürlich nicht nur über die Funktion einer Pflanze in einem bestimmten Interieur im Klaren sein, sondern auch über die Standortbedingungen, die sie braucht. Es ist sinnlos, eine Azalee nur deshalb auf ein besonntes Fensterbrett zu stellen, weil das Licht so reizvoll auf ihre Blüten fällt. Bald wird sie nämlich welken und eingehen. Ebensowenig kann man blühende Geranien in eine schattige, dumpfe Ecke stellen. Die Raumplanung mit Zimmerpflanzen geht weit über rein ästhetische Erwägungen hinaus und nur derjenige, der die Bedürfnisse seiner Gewächse kennt, kann ihre Schönheit voll zur Geltung bringen.

In diesem luftigen Raum mit verschiedenen Wohnebenen bilden Pflanzen einen wesentlichen Bestandteil. Die Architektur ist schlicht: weiße Wände, Kiefernholz und Glas. Die Regale aus glänzendem Chrom bieten neue Aspekte für Topfpflanzen. Das an sich schon üppige Blattwerk spiegelt sich noch zusätzlich in einem großen Wandspiegel.

Am Anfang steht die Planung

Die meisten Pflanzensammlungen entstehen ohne bestimmte Planung: man bekommt die einzelnen Gewächse nach und nach geschenkt oder kauft sie aufs Geratewohl. Dadurch entstehen leicht Probleme wenn z. B. Pflanzen, die nicht zusammenpassen, nebeneinander stehen oder wenn sie nicht den richtigen Standort haben. Man glaubt vielleicht, es sei unnötig, für wenige Pflanzen einen Plan zu machen; es kann aber dann passieren, daß die Gewächse einen trostlosen Anblick bieten.

Pflanzenplanung bedeutet nun keineswegs, daß Abwechslung und Phantasie sich nicht entfalten dürfen. Man sollte jedoch einiges bedenken, bevor man sich Pflanzen ins Zimmer stellt. So ist vor allem zu überlegen, was einem Pflanzen wert sind, ob man überhaupt Zeit und Lust hat, sie richtig zu pflegen, ob man alleine lebt oder ob man eine große Familie besitzt und nicht zuletzt, ob vielleicht einzelne Familienangehörige zu Allergien neigen. Die Größe, die architektonische Besonderheiten und die Ausstattung des Raumes, der die Pflanzen aufnehmen soll, die Licht-, Feuchtigkeits- und Heizungsverhältnisse gilt es ebenfalls zu bedenken und außerdem muß man sich klar darüber sein, wie das Ganze schließlich wirken soll. Endlich muß man auch sich selbst richtig einschätzen. Manch einer ist sehr ungeschickt und richtet in kürzester Zeit etwa einen üppigen *Philodendron* zugrunde.

Wenn man mit der Anschaffung von Zimmerpflanzen beginnt, empfiehlt es sich zunächst, ein einfaches Gewächs zu wählen, z.B. eine *Hydrangea*. Die Farbe sollte zur Einrichtung passen. Wenn die Pflanze nicht gedeiht, wirft man sie ohne Umstände weg. An einem etwas kühlen, schattigen Platz fühlt sie sich aber im allgemeinen wohl und setzt einen dekorativen Akzent, ohne daß gleich das ganze Zimmer in Grün getaucht wird.

Nun gibt es freilich auch die Möglichkeit, durch eine einzelne, große Pflanze, etwa eine *Yucca,* die Wirkung eines Zimmers erheblich zu verändern. Dieser winterharte, anspruchslose Baum wird schnell zum Mittelpunkt. Den gleichen Effekt erzielt man mit einer größeren *Dracaena*-Art, oder einer hochgewachsenen Palme. Am richtigen Platz mit ausreichendem Licht vom Fenster oder von einem Punktstrahler verwandelt sich der Raum vollkommen.

Man kann sich aber auch dazu entschließen, die Natur mit ihrem Grün förmlich ins Haus dringen zu lassen. Hier muß nun aber eine sehr gründliche Planung einsetzen. Bei viel Platz, großen Fenstern, Regalen und Deckenbalken für Kletterpflanzen erzielt man mit den richtigen Gewächsen an den richtigen Stellen überraschende Effekte. Diese entstehen insbesondere durch den ständig wechselnden Kontrast zwischen Blüten und Blattwerk, großen und kleinen Pflanzen, rankenden Trieben und gedrungenen Kakteen.

Aufs sonnige Fensterbrett stellt man ein Fleißiges Lieschen, das schnell wächst und die Sonne verträgt. In Altbauwohnungen sind die Fenster oft so tief, daß sich seitlich Regale für Mammillarien und Opuntien anbringen lassen, die beide Sonne und Trockenheit lieben. Hoch angebrachte Regale eignen sich gut für Hängepflanzen. Eine *Tradescantia* bildet mit ihren Blättern eine wahre Kaskade; auch eine *Zebrina* fühlt sich überall wohl. *Chlorophytum* mit seinen spinnenartigen Ausläufern macht sich ebenfalls hübsch auf einem Regal mit viel Licht. Blattpflanzen wie z.B. *Dieffenbachia, Maranta* und *Begonia rex* können auf niedrige Regale plaziert werden, brauchen aber aufmerksame Behandlung, da sie Wärme mögen, jedoch direktes Sonnenlicht nicht vertragen. Ein *Rhoicissus* andererseits ist so unverwüstlich, daß er auch mit ungünstigen Bedingungen vorlieb nimmt. Mit ihm lassen sich Deckenbalken anmutig verzieren. Ebenso anspruchslos ist die *Aspidistra*, die sich überall wohl fühlt, wo sie keine direkte Sonne bekommt.

Durch phantasievolle Planung erhält ein und derselbe Raum die verschiedensten Aspekte. Es ist jedoch bei der Planung oder bei der Anschaffung neuer Pflanzen wichtig, daß Ihre persönlichen Interessen und die Ansprüche der Pflanzen nicht miteinander kollidieren.

Architektur und Zimmerpflanzen

Ein altes chinesisches Sprichwort sagt »Der überlegene Mensch macht sich die Umwelt untertan«. Die menschliche Gesellschaft gestattet die Durchführung dieser Ansicht aufs Ganze gesehen wohl nicht; in der Privatsphäre jedoch kann man sich seine Umwelt nach Belieben gestalten. Man braucht sich keinen Wohnstil aufzwingen lassen, gleichgültig ob man nun in einem Häuschen auf dem Land, in einem Stadt-Appartement oder in einem Künstleratelier lebt. Es ist selbstverständlich, daß auf die architektonischen Gegebenheiten Rücksicht genommen werden muß. Entsprechen sie dem eigenen Geschmack, sollte man sie sogar betonen. Es bleibt einem selbst überlassen, sich eine Umgebung zu schaffen, die die eigene persönliche Note zur Geltung bringt.

Mit der richtigen Möblierung, den passenden Accessoires und geeigneten Pflanzen läßt sich auch eine zunächst wenig verheißungsvoll scheinende Wohnung auf unterschiedliche Weise stimmungsvoll gestalten. Pflanzen unterstreichen entweder den Stil des Raumes harmonisch oder sie schaffen einen völlig neuen und andersartigen Stil. Trotz passender Tapete, Farbe, Möblierung und Stoffe wirkt ein Zimmer ohne die richtigen Pflanzen oft unbelebt. In einer nüchternen Einrichtung aus sterilem Glas und Chrom kann z. B. ein *Ficus benjamina* ein auflockerndes Element bilden, das aber keineswegs von den klaren Linien des im Raum vorherrschenden Designs ablenkt. Ohne die traditionellen Aspidistren Farne oder Palmen könnte eine im Stil des 19. Jahrhunderts eingerichtete Wohnung trotz Charme und Würde wie ein Museum wirken. Vielleicht will man aber auch seine Vorliebe für einen bestimmten Kulturkreis zum Ausdruck bringen. Eine Einrichtung, die z. B. die Einfachheit der fernöstlichen Welt wiedergibt, wirkt durch einen hübsch ausgewogenen Bonsai (japan. Zwergbaum) in seinem speziellen Behälter besonders gut, wenn man dessen Standort sorgfältig mit dem übrigen Raum abstimmt.

Andererseits kann man sich durchaus der Architektur einer Wohnung anpassen. Ein hübsches Blumenfenster oder ein schöner Wintergarten in einem Haus des vorigen Jahrhunderts können für die übrige Einrichtung stilbestimmend sein. Ein Häuschen auf dem Land mit dicken Mauern, winzigen Fenstern und Holzbalken verlangt geradezu nach den traditionellen Geranien oder süß duftenden Kräutern in dekorativen Töpfen, wie es sie schon immer auf dem Lande gab. Auch im Hochhaus einer Großstadt kann man am besonnten Fensterplatz hoch über der verschmutzten Straßenluft mit gutem Erfolg Pflanzen ziehen. Oft sind Wohnungen in der Stadt überheizt, so daß Gemüsearten wie Tomaten und Paprika oder exotische Pflanzen aus den Tropen gut gedeihen.

Dieser rustikale Stil wird durch *Hedera canariensis* und eine Vase mit Geranien noch unterstrichen (links).

In diesem konventionellen, modernen Eßzimmer mit seinen verstellbaren Jalousien sind üppige Blattpflanzen das richtige Dekor (rechts).

Eine Palme, ein Kaktus und eine *Dracaena* mit ihren strengen Formen passen gut zu den klassischen Linien dieses Appartements (links).

In dieser eleganten Diele glaubt man sich ins Freie versetzt. Kübel mit *Cyperus alternifolius* verstärken diesen Eindruck noch (unten).

Tapeten und Teppich sind in diesem Eßzimmer im Kolonialstil mit Blumen bedeckt. Harmonisch gesellen sich rankender Efeu und *Nephrolepis* mit seinen Farnwedeln dazu (oben).

Gefällt einem irgendetwas an der Architektur der Wohnung nicht, kann man es durch Pflanzen kaschieren. Eine winzige, aber helle Dachkammer, in der keine einheitliche Gestaltung möglich scheint, kann sich durch Pflanzen vollkommen verwandeln. Weitaus schwieriger liegt der Fall bei Kellerzimmern. Meist sind sie häßlich, feucht und düster. Hier stellt man schattenliebende Pflanzen ans Fenster. Da es ohnehin dunkel ist, wird man es kaum merken, daß sie Licht wegnehmen. Als Entschädigung mildern sie aber den Ausblick auf Mülltonnen und Mauern.

Vielleicht lebt man in einem Haus, das ursprünglich nicht als Wohnhaus geplant war: einem ehemaligen Lager, einer Kapelle, in einem aufgelassenen Bahnhofsgebäude, einem früheren Schuppen oder Stall. Hier sind die architektonischen Gegebenheiten in allem größer als in normalen Wohnungen. Riesige Dachbalken, große Fenster oder an sich reizvolle, aber funktionell wertlose technische Elemente können durch Pflanzen entweder effektvoll zur Wirkung gebracht oder kaschiert werden. Zu große Räume, in die man keine feste Wand einziehen will, können durch einen ›Raumteiler‹ aus beweglichen Pflanzenkästen aufgelockert werden.

Bezieht man Pflanzen in die Raumgestaltung ein und hat man sich ein Zuhause nach eigenem Geschmack und Lebensstil geschaffen, so darf man eines nicht vergessen: Pflanzen sind Lebewesen und ertragen es nicht, ständig von einer Ecke in die andere geschleppt zu werden. Sie brauchen als »Heimat« einen unveränderlichen Standort, wo sie die nötige Pflege und Behaglichkeit in Harmonie mit ihrer Umgebung finden.

In diesem kleinen, sonnigen Schlafraum wird ein üppiger *Philodendron* mit tief eingeschnittenen Blättern zum Blickfang (oben).

Ein idealer Standort für Pflanzen ist ein geräumiger, ehemaliger Speicher. Hier ist genügend Platz vorhanden (rechts).

Mit verschiedenen Palmen und einem *Chlorophytum* läßt sich auf einfache Weise antike Eleganz erzeugen (oben).

Ein Winkel wird durch ein tropisches Stilleben mit *Cordyline terminalis, Pachypodium* und einem japanischen Schirm verschönt (oben).

Pflanzen, die keine hohen Lichtansprüche stellen, verschönern den häßlichen Ausblick aus einem Kellerfenster (unten).

Pflanzen, Farbe und Gewebe

Bei der Verwendung von Pflanzen als dekorativer Zimmerschmuck ist das Nebeneinanderstellen von kontrastierenden Formen und Farben und der sichtbare Effekt, den man damit erzielen kann, besonders interessant.

Ebensowenig wie der Himmel einheitlich blau ist, sind die Pflanzen einheitlich grün. Tönungen, Schattierungen und Intensität der Farbe können ebenso unterschiedlich sein wie die Beschaffenheit eines Gewebes. Das Usambaraveilchen hat z.B. samtig weiche, eine *Monstera* dagegen leuchtend glänzende Blätter. Die Blütenfarbe reicht vom weichen, reinen Weiß der Kallablüte bis zu den üppigen, dunkelpurpurrot gefärbten Blüten von *Heliotropium*.

Die meisten Pflanzen passen gut zu Werkstoffen, wie Holz, Stein und Marmor, und natürlich zu anderen Pflanzen. Sie können einen reizvollen Kontrast zu leuchtenden Farben, ungewöhnlichen Geweben und Möbelstücken mit scharfen Konturen bilden. Weder die Pflanze noch der Hintergrund dürfen vertuscht werden. Je einfacher die Farbe der Pflanze, um so besser ist ihre Wirkung gegen einen sehr dekorativen Hintergrund; es eignet sich also eine *Aspidistra* mit rein grünen Blättern oder eine weißblühende *Hydrangea*. Gemusterte Tapeten oder Vorhänge bringen die etwas unauffällige *Aspidistra* zur Wirkung, während sich Kakteen und andere Sukkulenten mit einfacheren Farben und Blüten besonders gut vor einem Bild oder Wandbehang ausnehmen.

Andererseits beeinträchtigt jedes Muster die Wirkung eines hübschen Blattwerks. Auffallende Pflanzen wie *Dizygotheca* und die Kokospalme stellt man am besten vor einen neutralen Hintergrund, der ihrer Schönheit keine Konkurrenz macht. Wirkungsvoll ist auch ein vollkommener Farbkontrast, mit dem man erstaunliche optische Effekte erzielen kann. Eine rosa Begonie oder Azalee hebt sich reizvoll gegen eine dunkle Wand oder sogar einen orangefarbenen Hintergrund ab. Eine *Dieffenbachia* mit ihren großen, eiförmigen Blättern oder ein *Ficus lyrata* mit dunklem, glänzendem Blattwerk können sehr wohl alleine stehen, wenn man sie vor eine zinnoberrot oder purpurn gestrichene Wand plaziert. Eine rote *Cordyline* oder *Begonia rex* haben vor Grün oder Blau dieselbe Kontrastwirkung. Gegen dunkle Holztäfelung bilden die hellen, apfelgrünen Blätter von *Sparmannia* oder Farnwedel einen weichen Kontrast. Auf blaugrauem Hintergrund wirken die leuchtend kirschroten oder schillernd rosaroten Farbtöne von *Impatiens* und Geranien besonders schön.

Es lohnt sich auch, Unterschiede in der Textur besonders zu betonen. Farnwedel, behaarte oder flaumige Blätter, die mit einem weichen Hintergrund verschwimmen, kommen plötzlich mehr zur Geltung, wenn sie sich gegen leuchtende Farbe oder Marmor abheben. Vor grober Leinwand, Rollos aus Bambusstäbchen, vor naturfarbenen Grasfasertapeten und -jalousien, nehmen sich viele tropischen Blattpflanzen besonders gut aus.

Manche Pflanzen sind in sich selbst so vollkommen, daß sie einen ganz unaufdringlichen Rahmen benötigen. Dazu gehören z.B. *Maranta* und *Calathea* mit ihren komplizierten Blattmustern und zarten Farben. Andere wirken dagegen nur als Teile einer größeren Gruppierung von Pflanzen, eines Arrangements. In diesem Fall kann man mit sorgfältig ausgewählten Farbkombinationen und Unterschieden im Gewebe einen besonderen Akzent setzen.

Die folgenden Tabellen zeigen einige der beliebtesten Zimmerpflanzen; sie sollen dabei helfen, Pflanzen nach Farbe und Gewebe ihrer Blüten und Blätter auszuwählen.

Weiß/Grau/Silbern

Weiß blühende Pflanzen
Begonia semperflorens
z.B. 'Coffee and Cream'
Campanula isophylla 'Alba'
Chrysanthemum, viele Sorten
Cyclamen persicum, z.B. 'White Swan'
Gardenia jasminoides
Hyacinthus orientalis,
z.B. 'L'innocence'
Narcissus, viele Sorten
Stephanotis floribunda

Blattpflanze, Kakteen und andere Sukkulenten
Aglaonema crispum
Begonia rex, viele Sorten
Caladium-Bicolor-Hybriden
Echeveria-Arten
Fittonia argyroneura
Graptopetalum-Arten
Kalanchoe tomentosa
Pilea, viele Sorten

Geranien in lebhaften Farben (oben) unterstreichen die Wirkung des weißen Fensters in einer strengen, schwarzen Wand.

Der cremefarbene Weihnachtsstern (oben) und die streifenförmigen Wedel von *Pteris* passen gut zum hellen, schwarz geäderten Marmor.

Üppiges Grün (rechts) bildet einen Kontrapunkt zur weiß und silbern schimmernden Einrichtung.

Ein Kaktus in einem verwitterten
Topf (oben) wurde vor eine unver-
putzte Wand gestellt. Eine gelungene Harmonie rauher Strukturen!

Effektvoll stechen die Blätter
(rechts) einer sukkulenten Pflanze
gegen glänzendes Kiefernholz ab.

Rötliche Blätter harmonieren mit
der rostroten Glasur des Lampen-
ständers (unten); das Körbchen
paßt zum Gewebe des Schirms.

Anmutig heben sich die leuchtenden Palmwedel der *Howeia* (oben)
gegen die glänzenden, cremefarbenen Ziegelsteine ab.

Rustikale Eleganz durch Kombination von geschnitztem Kiefernholz,
mit *Chrysanthemum*, *Dieffenbachia* und *Codiaeum* (unten).

Purpur

Blütenpflanzen

*Browallia*arten
Brunfelsia pauciflora
Senecio-Cruentus-Hybriden
Crocus, viele Sorten
Saintpaulia-Jonantha-Hybriden
Streptocarpus, viele Sorten

Blattpflanzen

Gynura-Arten
Iresine herbstii

Angestrahlt wirkt eine *Browallia speciosa* mit blauen Blüten in indigoblauer Umgebung besonders gut (ganz links).

Graues und silbernes Blattwerk und weiße Blüten harmonieren mit der Eleganz pastellfarbener Polstermöbel (links).

Zu blauen Fliesen bilden die Wedel von *Adiantum raddianum* einen reizvollen Kontrast (oben).

Die Textur der Seidentapete wiederholt sich zart in den Blättern der *Aechmea* (links).

Die roten und grünen Blätter einer *Cordyline* passen gut zur gemusterten Tapete (oben).

34

Blau/Grün

Blütenpflanzen

Campanula-Arten
Hyacinthus, viele Sorten
Hydrangea-Macrophylla-
Hybriden
Ipomoea violacea
Passiflora caerulea
Plumbago auriculata

Blattpflanzen, Kakteen und andere Sukkulenten

Aechmea fasciata
Cereus chalybaeus
Crassula falcata
Eucalyptus-Arten
Sedum-Arten

Vor einer Wandbekleidung aus grobem Gewebe und interessant gemasertem Holz bildet *Solanum capsicum* einen lustigen Farbfleck (rechts).

Chlorophytum, Ficus pumila und *Begonia rex* vor einer mit Blättern gemusterten Tapete und alten Kacheln schaffen gelungene Harmonie zwischen Realität und bildlich Dargestelltem (oben).

Farne und Palmen mildern die strenge Wirkung von Karos in intensiven Farben (links).

Orange/Gelb

Blütenpflanzen

Begonia-Elatior-Hybriden, z. B.
'Eveleen's Orange'
Knollenbegonien-Hybriden, z. B.
'Guardsman'
Calceolaria-Hybriden,
viele Sorten
Chrysanthemum, viele Sorten
Citrus microcarpa (orange
Früchte)
Crocus, viele Sorten
Hibiscus rosa-sinensis, z. B.
'Miss Betty'
Narcissus, viele Sorten
Primula, viele Sorten
Thunbergia alata

Blattpflanzen

Codiaeum-Variegatum-Pictum-
Hybriden
Dieffenbachia-Maculata-
Hybriden

In einem Schlafzimmer, in dem
Gelb dominiert, hebt sich ein
dunkelgrüner *Philodendron* mit
seiner charakteristischen Form
besonders effektvoll ab (rechts).

Die Kombination cremeweißer
Blüten von *Chrysanthemum* und
Usambaraveilchen schafft sonnige und frische Rustikalität
(unten).

Den Hauch fernöstlicher Atmosphäre vermitteln Schalen mit
orangefarbenen und goldgelben
Chrysanthemen vor einem naturfarbenen Bambusrouleau
(unten links).

Chamaerops und *Cordyline* unterstreichen die strenge Eleganz
dieses primelfarbenen, polygo-
nalen Raumes (unten rechts).

Rosa/Rot

Blütenpflanzen

Achimenes erecta
Begonia, viele Sorten
Chrysanthemum, viele Sorten
Cyclamen, viele Sorten
Fuchsia, viele Sorten
Hyacinthus orientalis, z. B.
'Rosalie'
Hydrangea-Macrophylla-
Hybriden
Impatiens, viele Sorten
Primula, viele Sorten
Rhododendron-Simsii-Hybriden
Saintpaulia ionantha, z. B.
'Grandiflora pink'
Senecio cruentus, viele Sorten
Sinningia, viele Sorten

Blattpflanzen

Begonia-Rex-Hybriden
Caladium-Bicolor-Hybriden
Coleus-Blumei-Hybriden
Cordyline terminalis, z. B.
'Firebrand'
Iresine lindenii

Rosarot und apfelgrün sind die Farben in dieser Küchenecke; die Tapete mit ihrem strengen Blumenmuster harmoniert mit einem Alpenveilchen und einer kleinen Azalee (unten).

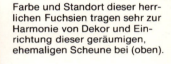

Farbe und Standort dieser herrlichen Fuchsien tragen sehr zur Harmonie von Dekor und Einrichtung dieser geräumigen, ehemaligen Scheune bei (oben).

Einen verblüffenden Effekt erzielt man mit einer grünen *Monstera* vor einem zinnoberroten Hintergrund (links).

Die Kombination von Scharlachrot, Rot und Orange wird durch die dunkelgrünen Begonienblätter noch unterstrichen (links).

Gruppenpflanzungen

Stellt man viele Pflanzen zusammen, so erzielt man die Wirkung eines ins Haus verlagerten Gartens. Schon rein optisch besteht ein Unterschied zwischen isoliert stehenden Pflanzen und einem Pflanzenarrangement, das einen ganzen Teil des Raumes mit Grün belebt. Eine Reihe kleiner Kakteen und Sukkulenten findet schon auf einer Tischecke genügend Platz, während eine große Banane oder ein Aronsstab kombiniert mit Epiphyten an bemoosten Ästen einen so wirklichkeitsnahen Dschungel bilden, daß man sich fürwahr in den Urwald versetzt glaubt.

Die Anzahl der Pflanzen, die man gruppieren möchte, hängt in erster Linie davon ab, wieviel Raum man für sich selbst beansprucht. Vielleicht steht aber auch ein Gewächshaus oder ein Blumenfenster zur Verfügung. Wenn nicht, muß man sich eben entschließen, ein Drittel der Bodenfläche, des Tischs oder der Fensterbank den Pflanzen einzuräumen.

Es gibt verschiedene Gründe für die Gruppierung von Pflanzen. Einmal gedeihen Pflanzen mit den gleichen Klima- und Standortansprüchen am besten, wenn sie beisammen stehen. Ein Arrangement erleichtert auch die Pflege, da man alle Pflanzen gleichzeitig gießen und absprühen oder sogar große Gefäße mit selbsttätiger Wasserversorgung verwenden kann. Außerdem wird auf natürliche Weise für Luftfeuchtigkeit gesorgt, da jedes Blatt sein Bestes zum erwünschten Grad an Feuchtigkeit beisteuert. Auch werden niedrig wachsende Pflanzen, die Halbschatten brauchen, von größeren überragt, wodurch die physiologisch richtigen Lichtverhältnisse auf ganz natürliche Art entstehen. Gleichzeitig erzielt man den Eindruck eines tropischen Urwalds.

Eine bewegliche Pflanzenwand in Eternit – oder auch Holzkästen unterteilen ideal einen offenen, zu großen Raum. Kleinere Arrangements füllen störende Nischen aus oder machen sich während des Sommers besonders gut im offenen Kamin. Einen wahren Hain oder eine richtige Hecke bilden große Pflanzen wie *Monstera, Ficus, Schefflera* und *Sparmannia*, wenn man sie zusammen in einer Zimmerecke gruppiert. Im Kleinen wirkt eine Gruppe hübscher Usambaraveilchen in der Mitte eines Tisches als dekorativer Blickfang.

Was die Auswahl für Arrangements anbetrifft, kann man sich von verschiedenen Gesichtspunkten leiten lassen, so z.B. von Blättern, Formen und Texturen. Man kann aber auch mehrere Vertreter ein und derselben Familie wählen. Ein einzeln stehender Kaktus, eine einzelne junge Avocado oder eine *Araucaria* wirken oft einsam und verlassen. Solche Pflanzen kommen erst voll zur Geltung, wenn man ihnen viele Bekannte aus ihrer Heimat zur Gesellschaft gibt. Auch so vertraute und unauffällige Gewächse wie Farne und *Tradescantia* gewinnen plötzlich an Bedeutung, wenn sie sich in ihrer speziellen Eigenart von anderen Pflanzen abheben.

Besonders reizvoll ist ein Arrangement verschiedener *Dracaena*-Arten. Ihre schlanken Stämme werden hoch, während jüngere und kleinere Pflanzen von unten her den leeren Raum mit Büscheln schmaler Blätter ausfüllen. So effektvoll eine einzelnstehende *Begonia rex* ist, ein Arrangement von mehreren Pflanzen bringt das samtige Gewebe und die große Vielfalt an Farben erst voll zur Geltung.

Mit unterschiedlichen Blattformen lassen sich eindrucksvolle Effekte erzielen. Hier wählte man wegen ihrem interessanten Blattwerks eine *Monstera*, einen *Ficus lyrata* und eine *Dieffenbachia*.

Ein Blickfang ist die Kombination eines hochgewachsenen *Philodendrons* mit einer untersetzten *Neoregelia* (links).

Ficus benjamina, F. radicans, Sparmannia africana, Fittonia und *Chlorophytum* stehen einträchtig beisammen (oben).

Die beiden *Aechmea fasciata* bilden einen aparten, heiteren Schmuck für den Eßtisch (oben).

Das hübsche Arrangement von Blütenpflanzen besteht aus Fuchsien, Geranien und *Plumbago auriculata* (rechts).

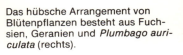

Einzelnstehende Pflanzen

Schon mit einer kleineren, allein stehenden Pflanze kann man bei der Raumgestaltung einen wesentlichen Akzent setzen. Natürlich ist die Wirkung einer ausladenden *Monstera,* die man als grünen Farbfleck in eine Zimmerecke postiert hat, auf jeden, der den Raum betritt, sehr groß. Manchmal kann man sich jedoch bei diesem Anblick des Gefühls nicht erwehren, daß sich diese große Pflanze hinter einem Lampenständer zu verbergen trachtet. Ein einfacher, hübsch gewachsener *Cyperus* an einem sorgfältig gewählten Platz kommt da bedeutend eindrucksvoller zur Geltung.

Gruppierungen von Pflanzen erfordern bestimmte Überlegungen. Etwas vollkommen anderes ist es jedoch, wenn man eine oder zwei Einzelpflanzen, die zu Schaustücken herangewachsen sind, besonders zur Wirkung bringen will. Es gilt, einen Standort zu wählen, der nicht nur der Pflanze zusagt, sondern auch ihre ganze Schönheit und Besonderheit ins rechte Licht rückt. So wirkt eine bronzefarbene *Dizygotheca* besonders hübsch, wenn sie sich als Silhouette gegen das Licht abhebt. Am ungünstigen Standort ist ein Frauenhaarfarn nur eine unauffällige, einfache Grünpflanze; fällt jedoch das Tageslicht von hinten auf seine gefiederten Wedel, kommt Leben in ihn, und er leuchtet in den verschiedensten Grünschattierungen.

Manche Pflanzen wirken am besten, wenn man sie in Augenhöhe stellt. Andere, wie z.B. die Bromeliaceen, muß man von oben betrachten, denn nur dann kann man Form und Farbe dieser seltsam abgeflachten Rosetten richtig würdigen. *Monstera* und *Schefflera* aber sind am reizvollsten aus der Entfernung anzusehen. Die Farben und Muster auf den Blättern von *Maranta* und *Calathea* wiederum zeigen sich besonders gut, wenn man sie aus unmittelbarer Nähe bewundert.

Alle Palmen kommen ausgesprochen gut zur Geltung, wenn sie allein stehen. Würde man eine andere Pflanze neben sie stellen, ginge ihre einzigartige Eleganz und Anmut verloren. Die Dattelpalme muß schon deshalb immer isoliert stehen, weil ihre Blattfiedern scharf und stachelig sind. Dasselbe gilt für *Pandanus.*

Selbstverständlich muß jede Pflanze, die man einzeln stellen will, in bester Verfassung sein. Neben sorgfältiger Pflege ist dafür die richtige Menge Licht, Feuchtigkeit und Wärme unerläßlich.

Der üppige *Adiantum raddianum* (oben) belebt sich, wenn Licht (aber keine pralle Sonne) auf seine gefiederten Wedel fällt.

Die wohl bekannteste Zimmerpflanze ist *Ficus benjamina* (links). Einzelstehend wirkt sie besonders attraktiv.

Die ganze Fremdartigkeit der Bromelien entfaltet sich bei *Nidularium*, der Nestrosette. Der Blütenkopf der Pflanze liegt wie ein Juwel geborgen in der Rosettenmitte, die ein Nest bildet (oben).

Großartig entfalten sich die blaßgrünen, fast durchscheinenden Blätter einer isoliert stehenden *Sparmannia africana* (unten).

Der unkonventionellen Einrichtung verleiht *Dracaena fragrans* (oben) mit ihren langen, gebogenen Blättern einen exotischen Reiz.

Die zeitlose Anmut der Palme in eleganter Umgebung verdeutlicht diese *Kentia forsteriana* (links), die als Blickfang plaziert wurde.

Überraschende optische Effekte wurden mit dieser kleinen, raffiniert gestellten *Howeia* erzielt (unten).

Pflanzen als Skulpturen

Wenn man mit Pflanzen lebt, erwacht nicht nur die Freude an ihren Farben und Mustern, sondern auch das Verständnis für ihre so unterschiedlichen Wuchsformen. Diese gleichen sich dauernd verändernden Skulpturen. Eine schön gewachsene Pflanze zieht wie eine eindrucksvolle Skulptur den Blick auf sich, man kehrt mit den Augen immer wieder zu ihr zurück. Wie z. B. eine Bronzefigur kann die interessante Wuchsform einer Pflanze zum Blickfang des gesamten Raumes werden.

Es gibt viele Wege, die eindrucksvollen, verborgenen Merkmale einer Pflanze ans Tageslicht zu bringen und ihre Schönheit als Skulptur zu betonen. Schon bei der Raumplanung sollte man sorgfältig auf den farbigen Hintergrund und die Lichtverhältnisse achten, um die Pflanze voll zur Geltung zu bringen. Jede Pflanze muß gleichzeitig auch als Skulptur betrachtet werden, ob es sich nun um ein großes Gewächs wie *Ficus rubiginosa*, eine kleine und untersetzte *Dieffenbachia*, eine schlanke *Dracaena*, ein buntblättriges *Codiaeum* oder um einen interessanten, stacheligen Kaktus handelt. Alle diese Eigenschaften kann man mit etwas Phantasie und Einfühlungsgabe noch unterstreichen, so daß der ganze Raum dadurch eine eigene Note bekommt.

Am gut gewählten Standort, wo ihre Form richtig gewürdigt werden kann, wirken Kakteen wie Skulpturen (links).

Kontrastreich, aber dennoch symmetrisch wurde hier eine anmutig zarte Palme mit einem Paar kräftiger Drazänen kombiniert. (rechts)

Ein hochgewachsener *Ficus* wird zum Mittelpunkt des großzügigen Raumes mit verschiedenen Wohnebenen (unten).

Auch kleinere Pflanzen können auffallen: hier bilden Bromelien mit ihren charakteristischen Blättern einen attraktiven Blickfang (oben).

Palmen in ihrer strengen Eleganz wirken noch auffallender, wenn sie an ungewohntem Standort stehen, wie hier auf einem Treppenabsatz (rechts).

43

Wie man Schönes betont . . .

Es gibt Räume, die schon von der architektonischen Planung her etwas Besonderes haben, wie z. B. ein großes Erkerfenster oder die in ihren Proportionen Geräumigkeit, Eleganz und Anmut besitzen. Oft sind diese Merkmale jedoch etwas verborgen und mehr persönlicher Natur; aber irgendwie sind sie die Ursache, daß man für eine bestimmte Zimmerecke eine spezielle Vorliebe hat. Diese Besonderheiten gilt es, bei der Planung der Einrichtung zu betonen, um eine ganz persönliche Note zu erzielen. Dabei spielt es keine Rolle, ob man in einer geräumigen, nur sparsam möblierten Wohnung lebt, oder in einem gemütlichen Nest mit niedriger Decke und noch niedrigeren Deckenbalken. Ein gutes Hilfsmittel, mit dem man räumliche Merkmale effektvoll zur Wirkung bringen kann, sind Pflanzen.

Bei der Einbeziehung von Pflanzen in die Raumplanung soll man sich nicht ausschließlich von rein ästhetischen Gesichtspunkten leiten lassen. Man muß einen Platz für sie finden, der nicht nur einem selbst, sondern auch der Pflanze zusagt. Am besten sind zugfreie Stellen mit viel Raum, Licht und frischer Luft.

In vielen Räumen bildet ein Fenster den Mittelpunkt. Sorgfältig ausgesuchte und gestellte Pflanzen ziehen sofort den Blick darauf.

Um ein großes Fenster mit schöner Aussicht zieht man einen Rahmen aus Pflanzen. Die Landschaft hinter dem Fenster wird dadurch zum Gemälde. An ein Fenster mit Abendsonne sollte man eine Kollektion aus Farnen stellen, deren zarte Wedel am Abend reizvoll das Licht filtern. Hübsch blühende Pflanzen, in Reih und Glied auf dem Fensterbrett arrangiert, schaffen Gemütlichkeit in rustikaler Atmosphäre. Je nach Richtung des Fensters kann man Kakteenarten, mehrere Tradeskantien oder Geranien an ein Fenster stellen. Die etwas starre Linie eines großen Panoramafensters wird ideal durch einen großen *Ficus benjamina* aufgelockert. Ein kleines Fenster im Hausgang, Bad oder Schlafzimmer wird erst interessant, wenn man davor eine oder zwei Begonien oder ein paar Farne stellt.

In einem offenen, ebenen Raum können Pflanzen unterschiedliche Wohnbereiche schaffen. Sie teilen z. B. den Arbeitsbereich von der Sitzecke ab, wobei sie aber keineswegs das eine vom anderen trennen und damit den freien Raum zersplittern. Eine einzelne, hochgewachsene Pflanze oder auch eine Gruppe von Pflanzen machen eine dekorative Nische, die sonst überhaupt nicht auffallen würde, sofort zum Blickfang. Ein Bogen wird von kräftigen

Kletterpflanzen wie *Cissus antarctica* oder Efeu zart umrankt. In großen Räumen kann man Pflanzen in die Mitte stellen, wo sie – in den Brennpunkt der Aufmerksamkeit gerückt – von allen Seiten bewundert werden. Will man die Höhe eines Raumes betonen, so erreicht man dies am besten mit Ampelpflanzen, die von der Decke herabhängen, oder einer bis zur Decke emporwachsenden Säule aus Pflanzen.

Besonders viel läßt sich mit Treppen und Treppenabsätzen anfangen. Der Schwung einer Treppe kommt z.B. besonders zur Geltung, wenn man eine hängende Grünlilie auf einem Pfosten postiert. Auf einem hellen, kühlen Treppenabsatz gedeihen *Schefflera* und *Crassula arborescens* besonders gut. Es ist auch reizvoll, Pflanzen auf einer Treppe aus verschiedenen Blickwinkeln heraus zu beobachten.

Natürlich kann man Pflanzen auch dazu verwenden, um auf ein ganz bestimmtes Möbel- oder Schmuckstück bzw. eine Skulptur aufmerksam zu machen. Die Pflanze dient in diesem Fall gewissermaßen als Blickfang. Dabei kann es geschehen, daß sich beide auf so vollkommene Art ergänzen, daß das eine ohne das andere gar nicht mehr vorstellbar ist.

Campanula isophylla 'Alba' mit ihren vielen Blüten unterstreicht die Schönheit des kleinen Bogenfensters (oben).

Südliche Atmosphäre vermittelt dieser geschwungene Durchgang mit *Crassula*, Geranien und *Chamaerops* (unten).

Das Fenster am Balkon wird von *Syngonium podophyllum* üppig umrahmt. Kamelien vermitteln einen Hauch von Luxus (links).

Im Sommer verschönt Frauenhaarfarn *(Adiantum raddianum)* mit seinen herrlichen grünen Blattwedeln den offenen Kamin (oben).

In diesem hohen, geräumigen Studio fungieren eine Hängematte, eine *Araucarie* und eine Palme als Raumteiler (unten).

. . . und Häßliches verdeckt

Wie alle Dinge auf der Welt, so sind auch Wohnräume nie vollkommen. Bei den meisten jedoch findet sich mit etwas Phantasie und Überlegung das richtige Rezept. Jeder Raum, gleichgültig welche Form und Größe er hat, gewinnt durch schöne Pflanzen. Sie machen ein Zimmer freundlich und belebt und tragen dazu bei, den Gesamteindruck einer Einrichtung zu heben.

Unvorteilhaftes in einem Raum ist oft auf Fehler in der ursprünglichen Architektur zurückzuführen, so z.B. eine störende Türe, eine viel zu hohe Decke, ein zu winziges Fenster oder ein Zimmer, das klein und quadratisch wie ein Zuckerwürfel ist. Dazu gehören aber auch störende Zugaben wie Heizkörper, Lichtschalter, Ventilatoren und andere unschöne Installationen. Oft ist auch die Aussicht ins Freie nicht so, wie man sie gerne hätte; oder man hat überhaupt nur Sicht auf eine gegenüberliegende Mauer. Letzteres trifft vor allem zu, wenn man im Erdgeschoß wohnt. Ein Zimmer kann auch zuviel oder überhaupt keine Sonne bekommen. Viele Besonderheiten, die man zunächst als häßlich empfindet, sind vielleicht mit einer bestimmten Art von Pflanzen zu verschönern oder wenigstens doch zu neutralisieren.

Es wäre jedoch verfehlt, wenn man beispielsweise mit einer *Monstera* die traurige Aussicht eines Südfensters zu verbergen suchte. Dagegen gedeiht diese Pflanze in einer halbschattigen Ecke gut und hilft vielleicht dort häßliche Rohre oder schadhafte Stellen in der Wand zu verdecken. Einen dichten Vorhang bilden auch *Cissus antarctica, Fatsia, Philodendron* und die unverwüstliche *Aspidistra*. Ein langer, schmaler, aber heller Gang wirkt verkürzt, wenn man am Ende eine imposante, große Pflanze, z.B. einen *Ficus benjamina*, aufstellt. Umgekehrt wirkt ein Raum etwas länger, wenn man Kletterpflanzen an der Wand entlang wuchern läßt. Ein zusätzlicher optischer Effekt wird erzielt, wenn man hinter einer Pflanze einen Spiegel anbringt. Jedes noch so trostlose Eckchen kann durch ein passendes Gewächs verzaubert werden, wenn es nur hell genug ist. Nord- oder Nordostfenster mit tiefen Fensterbänken lassen zwar nicht viel Licht herein, eignen sich aber ganz besonders gut als Standort für Farne, die nicht unbedingt Sonne brauchen und es außerdem kühl lieben.

Ebenso wie in der freien Natur sind auch Zimmerpflanzen dem jahreszeitlichen Ablauf unterworfen. Ein Heizkörper kann also nur im Sommer mit hübschem Blattwerk kaschiert werden, da die Pflanzen im Winter einen kühleren Standort benötigen. Ein im Sommer so öde wirkender offener Kamin läßt sich vorübergehend zum Heim eines Pflanzenarrangements umwandeln, das z.B. aus Farnen, Aronstab, Efeu und *Ceropegia* bestehen kann. Efeu und *Ceropegia* kann man vom Kaminsims herabranken lassen. Alle diese Pflanzen vertragen jedoch keine Zugluft und man sollte deshalb den Rauchabzug des Kamins schließen. Sobald die Heizperiode wieder beginnt, darf man natürlich nicht vergessen, den Abzug wieder zu öffnen. Ein großes Fenster läßt sich im Sommer durch einjährige Kletterpflanzen beschatten, so vielleicht *Ipomoea* oder auch einfach durch Stangenbohnen. Diese dekorativen Pflanzen, die nur kurzlebig sind, wird man im Winter wenig vermissen, da man dann ohnehin um jeden Sonnenstrahl froh ist, der ins Zimmer dringt.

In niedrigen Räumen wirkt die Decke höher, wenn man Pflanzen mit dünnem Stamm, z.B. eine *Dracaena* wählt. Jede einfarbige Wand ohne Dekor wird durch eine imposante, hübsche Pflanze verschönt. Interessante Schattenspiele entstehen durch ein Fenster im Hintergrund oder durch künstliche Beleuchtung.

Zum Verdecken der öden Aussicht über der Spüle (oben) stellt man Pflanzen auf ein quer im Fenster angebrachtes Brett. Bei der Wahl der Pflanzen entschied man sich hier für *Tradescantia, Asparagus* und *Zygocactus* (unten).

Ein *Philodendron scandens* mit üppigen, glänzenden Blättern verbirgt, optisch günstig plaziert, auffallend häßliche Rohre über den antiken Anrichte. *Glechoma hederacea* unterstreicht die Wirkung noch (oben und rechts).

Ein kleiner Winkel wird durch rankenden Efeu, *Fatshedera,* Kakteen und Platycerium zur traulichen Ecke (rechts).

Ein dreieckiges Schränkchen in der Ecke zwischen Tür und Wand ist von einem *Philodendron erubescens* gekrönt (oben).

Pflanzen im Badezimmer

In einem Badezimmer herrschen völlig andere Bedingungen als in einem Wohnraum. Abgesehen von meist dauerndem Lichtmangel wechseln feuchtwarme Perioden mit kühleren ab. Hier gedeihen am besten Pflanzen, die in der freien Natur an feuchten, schattigen und warmen Plätzen zu Hause sind. Keinesfalls kann man in ein Badezimmer Pflanzen stellen, die sich in der heißen Sonne am wohlsten fühlen wie z. B. Kakteen oder gar solche, die einen kühlen Standort benötigen, wie *Cyclamen* oder Usambaraveilchen.

Man darf natürlich nicht verallgemeinern, aber am besten scheinen in allen Badezimmern der Aronstab oder *Begonia rex* zu gedeihen. Eine Angehörige der Aronstabgewächse, *Monstera deliciosa*, ist z. B. überall zufrieden und wirkt sehr dekorativ. Ihr Verwandter, *Philodendron scandens*, mit seinen herzförmigen Blättern liebt ebenfalls einen schattigen Standort. Er kann als Kletter- oder Hängepflanze gezogen werden. Auch andere dekorative Philodendron-Arten gedeihen sehr gut im Bad. *Begonia-Rex*-Hybriden mit ihren asymmetrischen, spitzen Blättern gibt es in einer Vielzahl von Blütenfarben. Sie sind niedrigwachsend und wirken besonders gut, wenn man sie in Gruppen zusammenstellt. Ein guter Hintergrund für Pflanzen ist ein großer Spiegel. Ein kleiner Raum gewinnt dadurch optisch an Größe. Er wird außerdem heller, wenn man den Spiegel gegenüber einem Fenster anbringt.

Fast jede Pflanze, die leicht zu pflegen ist, gedeiht im Bad: Gummibäume, *Cissus antarctica*, Efeu und *Fatshedera*. Die Blätter sollte man ab und zu abwischen, denn es sammelt sich oft Puder oder ähnliches auf ihnen.

Efeu, *Ficus, Fatsia, Pteris, Asparagus* und *Zebrina* unterstreichen den Charm dieses Badezimmers (oben).

Eine nüchterne, eher häßliche Waschgelegenheit wird durch einen einzigen *Cyperus diffusus* belebt (rechts).

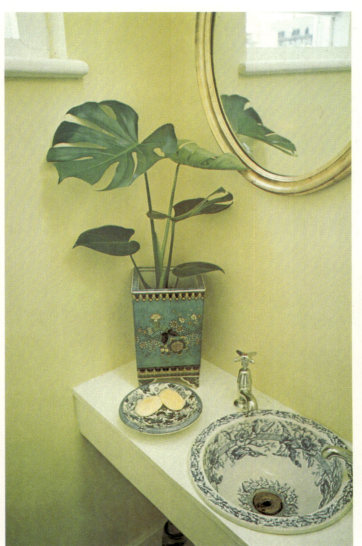

Die einzelne *Monstera* im chinesischen Topf ist eine hübsche Ergänzung zum verzierten Waschbecken (links).

Eine etwas ungewöhnliche Zierde für eine gefliese Dusche ist dieser üppige *Nephrolepis exaltata* (oben).

Chrom und Bronze, kombiniert mit den glänzenden grünen Blättern von *Spathiphyllum wallisii* und *S. floribundum,* verleihen diesem Badezimmer eine besondere Eleganz (oben).

Der Zauber eines altmodischen Badezimmers mit Marmor wird durch zwei herrliche *Rhaphidophora* und eine Schale mit goldgelben Chrysanthemen unterstrichen (rechts).

Eine einzeln stehende *Paspidistra* macht sich immer gut. Auch ist es sehr dekorativ, wenn man von einem Brett rankende Pflanzen wie Efeu, *Philodendron, Chlorophytum, Tradescantia* und *Zebrina* in Kaskaden herunterhängen läßt.

Zwei hübsche und doch anspruchslose Pflanzen sind *Grevillea robusta* und *Begonia metallica.* Beide gedeihen gut im Badezimmer, brauchen aber viel Licht. Sie wachsen stets der Lichtquelle entgegen und müssen deshalb von Zeit zu Zeit gedreht werden.

Auch anspruchslosere Farne fühlen sich im Bad wohl. Einer der hübschesten, die ich je gesehen habe, steht in einem dunklen Badezimmer auf einem Boiler, der durch die kräftigen Farnwedel etwas verdeckt wird. Besonders reizvoll machen sich im Bad robustere Farnarten wie *Asplenium, Blechnum* und *Pteris.* Allerdings lieben sie keine zu hohen Temperaturen. Man kann es auch mit Palmen versuchen, zum Beispiel mit einer *Howeia forsteriana.* Sie ist gegen Schatten unempfindlich und schafft eine elegante Atmosphäre.

Wie es in den meisten Räumen mit Zimmerpflanzen der Fall ist, müssen auch im Bad die Pflanzen immer wieder einmal von ihrem Platz gerückt werden. Manche Gewächse, die ihren Standort sonst in einem anderen Raum des Hauses haben, kann man vorübergehend ins Badezimmer stellen. Sehr dekorativ machen sich dort z. B. Geranien und Begonien während ihrer Blütezeit. Auch im Badezimmer bewahrheitet es sich, daß man mit ein wenig Experimentieren oft erstaunliche Resultate erzielen kann; denn eine Pflanze verändert jeden Raum.

In einem geräumigen Badezimmer kommt *Rhapis humilis,* eine Palmenart, die nicht zu groß wird, gut zur Geltung (unten).

Der Spiegel im Hintergrund verdoppelt den Reiz der beiden kleinen *Nephrolepis exaltata* (unten).

Badezimmer eignen sich auch als Anzuchträume für Gemüsepflanzen wie Kopfsalat oder Tomaten, die hier z. T. in Joghurtbechern gezogen werden (links).

Sehr wohl im warmen Bad fühlt sich *Asplenium nidus*, im Gegensatz zu anderen Farnen, die Kühle bevorzugen (rechts).

In einem Bad mit großen Spiegeln gedeihen *Nephrolepis, Adiantum, Philodendron* und Geranien (unten rechts).

Pflanzen in der Küche

Die Küche ist oft ein hektischer Arbeitsplatz. Deshalb sind hier Pflanzen mit ihrer ausgleichenden Wirkung besonders vonnöten. In Verbindung mit der Küche denkt man zuerst an Küchenkräuter, die besonders gut sind, wenn man sie frisch bei der Hand hat. Am besten eignen sich kleine Pflanzen für die Küche; Kräuter bescheiden sich mit kleinen Töpfen oder flachen Schalen. Pflanzen wie Grüner Pfeffer und Tomaten sind nützlich und gleichzeitig auch hübsch anzusehen. Gurken kann man dekorativ um ein Fenster ranken lassen. In Blumenkästen, die außen am Fenster angebracht sind, zieht man einen grünen Vorhang von Kletterbohnen, der nicht nur gegen neugierige Blicke schützt, sondern auch Früchte trägt. Geranien mit duftenden Blättern sind nicht allein schön, sie können auch als Würze für Drinks und Süßspeisen verwendet werden.

Keineswegs muß man sich auf Gemüse- und Gewürzpflanzen beschränken. Auch dekorative Pflanzen sollten in die Planung mit einbezogen werden; denn schließlich hält sich mindestens ein Familienmitglied täglich längere Zeit in der Küche auf. Jede Küche – egal ob rustikal oder hochtechnisiert – wird durch Pflanzen verschönert. Die Eßecke läßt sich gut mit einem *Cissus* oder einem *Philodendron* abteilen. Auch dem kahlsten Raum schenkt eine Palme einen Hauch von Luxus. Küchen aus Kiefern- oder Hartholz bilden einen idealen Hintergrund für die meisten Pflanzen. Lebendiges Grün nimmt der manchmal steril wirkenden Küche etwas von ihrer Strenge. Ausgediente Küchenutensilien wie Kupfertöpfe, Suppenschüsseln und sogar Teekannen lassen sich in attraktive Übertöpfe verwandeln, in die man blühende Pflanzen oder einen Efeu setzt, den man von einem Regal herunterranken läßt. Man wäscht auch lieber Geschirr ab, wenn man dabei einen Blick auf ein Arrangement mit einer rosa *Tradescantia*, einer *Zebrina* oder zinnoberroten Geranien hat, die sich auf dem Fensterbrett sonnen. Weitere Sonnenanbeter sind die stachelige *Euphorbia milii* und *Iresine herbstii* mit ihren lebhaft karminroten und purpurnen Blättern.

Es gibt eine Menge Pflanzen, die ohne Schaden zwischen Kochtöpfen und ähnlichen Dingen leben können. Dazu gehören *Fatsia japonica*, *Ficus benjamina*, *Dracaena*, *Impatiens* und *Chlorophytum*. Auch Avocados und die widerstandsfähige *Aspidistra* lassen sich gut in der Küche ziehen. Den Ausblick auf häßliche Mülltonnen mildert z. B. eine jugendliche *Grevillea robusta*.

Pflanzen in der Küche zu ziehen ist jedoch keine einfache Sache. Eine kleine Küche ist z. B. immer ungünstig. Die Temperaturschwankungen, die es in jeder Küche gibt, sind für Pflanzen ungesund. Ferner droht ihnen Gefahr durch Küchendünste und Dampf. Andererseits vergißt man in einer Küche nicht so leicht das Gießen. Und solange die Pflanzen das Wichtigste bekommen, was sie zum Leben brauchen, also Licht, Luft, Wasser, den richtigen Platz und möglichst wenig Veränderungen ihres Standortes kann man auch innerhalb des Hauses auf dem Fensterbrett seinen eigenen kleinen Küchengarten haben.

In dieser geräumigen Küche entschied man sich für *Nephrolepis* und *Chamaedorea* (Mitte links).

Pflanzen wie Weihnachtsstern, Usambaraveilchen, *Asplenium* und *Chlorophytum* stehen hier richtig auf der Fensterbank (oben).

In dieser geräumigen, offenen Küche finden auch ausladende Blattpflanzen wie *Chlorophytum, Cyperus, Pteris* und *Fatshedera* Platz (oben).

Pflanzen wie *Campanula, Syngonium* und *Adiantum* unterstreichen den rustikalen Charakter dieser Küche (rechts).

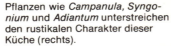

In einer engen Küche, in der viel gekocht wird, überleben nur die widerstandsfähigsten Pflanzen, wie *Hoya carnosa, Zygocactus, Crassula, Tradescantia* und *Callisia* (links).

In einem stillen, sicheren Winkel fühlen sich die Blütenbegonie und der zarte *Asparagus* wohl (rechts).

Pflanzen im Schlafzimmer

Ein Schlafzimmer läßt sich mit den richtigen Pflanzen in eine friedliche, grüne Oase verwandeln. Allerdings darf man nicht vergessen, daß Pflanzen bei Dunkelheit Sauerstoff atmen und Kohlendioxid abgeben (s. S. 86). Sie treten also während der Nacht mit dem Menschen in direkte Konkurrenz um die Atemluft. Man sollte daher immer auf gute Belüftung achten, vor allem bei kleinen Räumen.

Pflanzen finden hier gewöhnlich vieles, was ihnen zusagt; denn Schlafzimmer sind meist kühler, ruhiger und weisen weniger schädlichen Rauch und Dunst als andere Räume auf. Sie eignen sich also sehr gut als Standort für viele Pflanzen, die Kühle bevorzugen. Ist genügend Licht vorhanden, fühlen sich hier die meisten Pflanzen wohl, die keine Zentralheizung vertragen. Dies gilt z. B. für die *Araucaria*, die etwas aus der Mode gekommen ist, weil sie die Wärme im Wohnzimmer nicht aushält. In erster Linie kommen Farne in Betracht; denn auch ihnen schadet die warme, trockene Luft des Wohnzimmers. Ausgezeichnet gedeihen *Adiantum*, *Asplenium*, *Blechnum* und viele *Pteris*-Arten.

Blütenpflanzen brauchen meist viel Licht, bevorzugen aber kühlere Temperaturen als sie im Wohnzimmer herrschen. Für sie ist also das Schlafzimmer der ideale Standort. Gut gedeihen hier *Camellia*, Oleander, Myrte und Geranien mit duftenden Blättern. Außerdem sind *Bougainvillea*, *Ceropegia*, *Cyclamen*, *Hydrangea*, *Impatiens*, *Kalanchoe*, *Pelargonium*, *Pittosporum*, *Plumbago* und *Begonia rex* zu empfehlen. Auch Usambaraveilchen fühlen sich wohl, brauchen aber einen schattigen Platz. Ihre Verwandten, *Sinningia* und *Gloxinia* gedeihen ebenfalls gut im Schlafzimmer.

Unter den Blattpflanzen empfiehlt sich *Plectranthus*. Einer *Fatsia japonica* und einem *Ficus benjamina* sagt vor allem ein Nordfenster zu. *Ficus benjamina* wird zu einem kleinen Baum mit hängenden Zweigen; sein Standort muß also sorgfältig gewählt werden. *Grevillea robusta* wird zu einem federigen Baum von bis zu 2 m Höhe. Für sie braucht man einen hohen Raum. Die *Aspidistra* überlebt überall und fühlt sich auch im Schlafzimmer wohl.

Anspruchsvollere wählen verschiedene Kletterpflanzen, die sie als Rahmen um Spiegel, Türe oder Bögen ziehen. *Rhaphidophora*, *Philodendron scandens* und *Cissus rhombifolia* kommen mit wenig Licht und kühlen Temperaturen aus.

Für viele Pflanzen ist das Schlafzimmer der geeignete Standort zum Überwintern. Dies gilt z. B. für *Chamaerops*, *Fatshedera*, *Schefflera* und *Tradescantia*. Ein Zitronenbaum überwintert gern in einer hellen Ecke, wo er mit seinen ledrigen, immergrünen Blättern auch recht dekorativ wirkt. Kakteen und andere Sukkulenten überstehen im Schlafzimmer bestens ihre winterliche Ruhepause. Viele kleine Pflanzen stellt man auf ein Tablett ans Fenster, damit sie sich erforderlichenfalls schnell wegheben lassen. Im Herbst kann man auch zurückgeschnittene Geranien aufs Fensterbrett stellen, während im Sommer viele traditionelle Bauernblumen wie Begonien, *Chlorophytum*, *Echeveria* und *Billbergia* das Schlafzimmer mit ihren hübschen Blüten verschönen.

Wenn Sie eine schöne Blütenpflanze im Schlafzimmer wünschen, wählen Sie den *Streptocarpus*. Er hat etwas grobe Blätter und trompetenförmige Blüten. Die Pflanze wird monatelang blühen, wenn Sie sie an einen warmen, aber schattigen Platz stellen (links).

Einem einfachen, ungemütlichen Schlafzimmer verleiht eine große *Howeia* elegante Anmut (rechts).

54

Dem Schlafzimmer im althergebrachten Stil gibt eine *Sparmannia*
lichten Charme. Sie wächst rasch
und blüht weiß (links).

Im Sommer beleben *Pelargonium*,
Usambaraveilchen und *Primula*
wirkungsvoll den offenen Kamin
(unten).

Das Grün des Kanguruhweins *(Cissus antarctica)*, dunkelgrüne
Klimme *(Cissus rhombifolia)* und
kriechender Kletterficus *(Ficus pumila)* umranken dies luxuriöse
Himmelbett mit seinen Satinvor-
hängen (links).

Auf der Fensterbank im Schlafzimmer gedeiht *Campanula fragilis*.
Oft entwickeln sich an ihren leicht
hängenden Stengeln so viele blaue
Blüten, daß man die Blätter kaum
mehr sieht (unten).

Pflanzen im Gewächshaus

Ist man glücklicher Besitzer eines, auch noch so kleinen Gewächshauses, bieten sich viele Möglichkeiten für die Pflanzenzucht. Das Gewächshaus gehört allein den Pflanzen, es ist ihre Domäne. Ein Wintergarten dagegen ist eher als Aufenthaltsraum für die Besitzer gedacht.

Im Gewächshaus dominiert Feuchtigkeit, nicht Hitze. Im Winter jedoch dürfen die Temperaturen nicht viel unter +7° C sinken. Die Heizung erfolgt vom Haus aus; es gibt aber auch speziell für Gewächshäuser entwickelte Heizungen. Zur Temperaturregulierung ist ein Thermostat unerläßlich. Im Gewächshaus ist es relativ einfach, eine mit Wasser angereicherte Atmosphäre zu schaffen. Tiefe Beete mit viel Torf geben ständig Feuchtigkeit an die Luft ab. Bei unzureichender Luftfeuchtigkeit kann man auch den Fußboden bei Bedarf mit einem kräftigen Wasserstrahl abspritzen.

In dieser Umgebung werden viele Zimmerpflanzen doppelt so groß wie im Haus. Die *Hoya* gedeiht prächtig und die *Dieffenbachia,* die im Wohnzimmer oft die unteren Blätter abwirft, wird im Gewächshaus besonders schön. Ebenso verhält es sich mit der Kaladie, die hier auch gern in einer warmen, dunklen Ecke überwintert. Andere Pflanzen, die sich besonders gut eignen sind *Cordyline, Fittonia, Sonerila, Aglaonema* und viele Lilienarten.

In einem kühlen Gewächshaus dagegen zieht man Farne und Efeu, aber auch Orchideen wie *Odontoglossum, Paphiopedilum, Epidendrum, Dendrobium, Oncidium* und *Coelogyne.*

An Drähten und Stützen läßt man Kletterpflanzen ranken, wie *Thunbergia, Stephanotis,* Passionsblume, *Abutilon, Lapageria rosea* und *Philodendron.* In einem ausgehöhlten Baumstamm gedeihen Bromelien. Aronstab und Banane schaffen tropische Atmosphäre. Zur Beschattung des Gewächshauses im Sommer gibt es verschiedene Arten zweckmäßiger Jalousien. In dieser schattigen, feuchten Umgebung fühlen sich am Boden wachsende Farne und auch Baumfarne sehr wohl.

In dieser Eingangshalle mit viel Glas und zylindrischen Stufen haben *Asparagus, Cyperus, Cereus* und *Bougainvillea* einen idealen Standplatz gefunden (oben).

In dem lichten Raum gedeihen *Nephrolepis, Philodendron bipinnatifidum, Nicotiana, Blechnum, Ficus, Asparagus densiflorus* und *Coleus* (rechts).

Über eigenwillige Stufen schaut man in einen hellen Eßraum mit *Kentia, Jasminum, Cyperus* und *Chrysanthemum* (rechts).

In einem so großen Gewächshaus findet man Entspannung zwischen *Jasminum, Acacia, Eucalyptus, Phlebodium aureum, Nerium oleander, Chamaerops* und *Adiantum* (unten).

Pflanzen in der Diele und im Treppenhaus

Für Pflanzen, die Kühle bevorzugen und die eine relativ ruhige Umgebung und viel freien Raum brauchen, sind Diele und Treppenhaus, wenn sie ausreichend hell und zugfrei sind, der ideale Standort. Ein dunkler, schmaler Hausgang wirkt durch geschickt angebrachte Spiegel größer und heller. Auch die Pflanzen erhalten dadurch mehr Licht und kommen besser zur Geltung.

Zu den großen Pflanzen, die sich in der Diele besonders wohl fühlen gehören *Ficus benjamina*, *Dracaena*, *Monstera deliciosa* und *Schefflera*. Wirklich große Kübelpflanzen wie *Aucuba japonica*, die 2 m hoch wird, und kleine Bäume wie *Sparmannia* und *Crassula arborescens* gedeihen hier gut. Insbesondere *Phoenix*, die Dattelpalme, eignet sich hervorragend für eine großzügige Diele oder Treppe, da sie verhältnismäßig niedrige Temperaturen verträgt, aber viel Platz benötigt. Falls es hell genug ist, gedeiht auch *Grevillea robusta* in einer kühlen Diele. Wenn sie z. B. in einem Hausgang steht, in den von oben genügend Licht einfällt, wächst sie der Lichtquelle entgegen.

In einer Diele von bescheideneren Außmaßen ist es besonders hübsch, wenn man auf einen kleinen Tisch eine *Begonia rex* oder eine Grünlilie mit ihren herabhängenden Blättern und Ausläuferpflänzchen stellt. Auch *Cyrtomium* kommt auf einem kleinen Tischchen gut zur Wirkung.

Farne schmückten früher jede elegante Diele. Wo es nicht zu dunkel und kühl ist, fühlt sich der Nestfarn, *Asplenium nidus*, sehr wohl. Er sieht besonders hübsch aus, wenn man ihn auf einen Blumenständer oder auf eine Säule stellt. Eine ganze Gruppe von Farnen kann man in einer verglasten Vorhalle, die nach Norden oder Osten geht, halten. Führt die Vorhalle nach Süden, eignen sich eher Geranien oder sogar früchtetragende Tomaten.

Besonders dekorativ sind Hängepflanzen an einer Treppe. Ein Brett unter dem Oberlicht ist der ideale Standort für Efeu, *Ceropegia* und *Chlorophytum*. Auch von einem Treppenabsatz aus ranken sie sich anmutig in die Tiefe. Von unten kann man Pflanzen wie *Fatshedera lizei*, *Plectranthus* und *Philodendron scandens* emporwachsen lassen. Ein wuchskräftiger Kletterer ist auch *Rhaphidophora* (früher Scindapsus oder Pothos); ebenso wie *Cissus rhombifolia* gedeiht sie gut in einer dunklen Diele.

Während des Winters brauchen viele Pflanzen eine Ruhepause. Sie benötigen dann kühlere Temperaturen als sie normalerweise im Wohnzimmer herrschen. Pflanzen, die wenig Licht brauchen, kann man, da oft kein anderer Platz zur Verfügung steht gut in der Diele überwintern. Zu ihnen gehören Azalee, *Chamaedorea*, *Cissus antarctica*, *Fatsia*, *Fatshedera*, *Howeia* und andere Palmenarten sowie *Pteris*, *Schefflera* und *Tradescantia*. Stellt man sie alle zusammen, wirken sie so dekorativ, daß man sie am liebsten das ganze Jahr über an diesem Winterstandort belassen möchte.

Eine einzelne *Sparmannia africana* steht als freundlicher Willkommensgruß vor dieser Eingangstüre aus Glas (links).

In einem langen, kühlen Hausgang, in dem ein Muster aus Licht die einzige Dekoration darstellt, wird ein üppiger *Nephrolepis* zum Blickfang (rechts).

Ein *Nephrolepis* auf einer soliden Holzsäule betont die klassische Eleganz des Bogendurchgangs (oben).

Eine hölzerne Wendeltreppe wird anmutig von übereinander angeordnetem *Asparagus densiflorus* belebt (oben).

Räume mit verschiedenen Wohnebenen werden durch *Ficus, Cyperus, Sparmannia* und *Asparagus* aufgelockert (oben).

Üppiges Grün – *Zebrina, Kentia, Cordyline, Dracaena, Sparmannia* und *Maranta* – umrahmt die eiserne Wendeltreppe (unten).

Pflanzen im Büro

Viele Menschen müssen die meiste Zeit ihres Lebens im Büro verbringen. Es ist deshalb wichtig, daß solche Arbeitsräume möglichst freundlich sind. Nichts verleiht einem Raum mehr Leben und Atmosphäre als schöne Pflanzen. Sie bilden mit ihren weichen Formen einen reizvollen Hintergrund zu der nüchternen Möblierung eines modernen Büros mit seinen Wandkarten, Aktenschränken und Zeichenbrettern. Sie mildern die nüchterne Strenge eines solchen Raumes, indem sie ihm zwar nicht die Arbeitsatmosphäre nehmen, diese aber angenehmer machen.

Auch im Büro brauchen Pflanzen Licht, Luft, regelmäßiges Gießen und – was für sie sehr wichtig ist – einen unveränderten Standort. In mancher Hinsicht sind Büroräume oft günstiger für die Pflanzenhaltung als die Wohnung. Im Büro wird die Raumtemperatur z. B. meist das ganze Jahr hindurch konstant gehalten. Oft besteht auch ausreichend Platz für ausladende Pflanzen und bei Vorhandensein einer Klimaanlage ist die Luft relativ sauber. Auch die Lichtverhältnisse sind in der Regel besser als zu Hause. Andererseits kümmert sich an den Wochenenden und während des Urlaubs oft niemand um die Pflanzen. Hydrokultur könnte hier natürlich Abhilfe schaffen, zum mindesten aber die Pflege sehr erleichtern.

Man sollte sich gut überlegen, wo man die Pflanzen am besten hinstellen kann. Sie dürfen nicht stören. Am besten stehen sie sicher auf einem Aktenschrank oder finden einen ständigen und guten Platz auf einem großen, wenig gebrauchten Tisch oder Schreibtisch. Umfangreiche Aronstabgewächse wie *Philodendron domesticum* und die so anspruchslose *Fatsia japonica* machen sich sehr hübsch auf einem Schreibtisch. Eingangshallen und Empfangszimmer wirken mit schmückenden Gewächsen weitaus freundlicher. Pflanzen, die viel Licht brauchen, gedeihen hier im allgemeinen sehr gut. Allerdings schütze man sie vor Zugluft. Großräumige Büros kann man mit dem grünen Blattwerk von Kletterpflanzen wie *Cissus antarctica* geschickt unterteilen. Ein von einem hohen Regal herunterrankender Efeu sieht nicht nur hübsch aus, sondern er verschleiert auch den eher häßlichen Anblick eines Aktenschranks.

In erster Linie kommen langlebige, anspruchslose Pflanzen in Betracht. Ein fast unverwüstliches Gewächs ist die *Sansevieria*. Auch Palmen wie v. a. *Chamaedorea*, die eher einen schattigen Platz lieben, gedeihen gut im Büro. Ferner eignen sich alle Mitglieder der Gattung *Ficus* bestens als Büropflanzen, ebenso *Schefflera*, *Syngonium* und Aronstabgewächse wie *Monstera deliciosa* und *Philodendron scandens*, außerdem *Aglaonema*, *Aspidistra*, *Cissus antarctica*, *Cissus rhomifolia*, *Dieffenbachia*, *Dracaena*, *Fatshedera*, *Pandanus* und *Tradescantia*. Sie alle können zu richtigen Büroveteranen werden.

Wenn die Pflanzen nicht so groß sind, setzt man sie am zweckmäßigsten gruppenweise in Kübel oder Schalen. Die meisten Pflanzen gedeihen offensichtlich am besten, wenn sie gesunde Nachbarn haben; dabei spielt es keine Rolle, ob sie in einer Erdmischung wachsen oder in Hydrokultur gezogen werden.

Arrangements mit Blattpflanzen, die z. B. aus *Monstera*, *Ficus benjamina* und *Chlorophytum* bestehen, können immer wieder neu mit blühenden Exemplaren ergänzt werden. Im Sommer wählt man am besten einjährige Blütenpflanzen. Eine *Ipomoea* z. B. schlingt sich an Fäden empor und bildet einen richtigen Vorhang mit ihren Blättern und hellblauen, kurzlebigen Blüten. *Exacum affine* hat winzige blaue, duftende Blüten. Auch manche Blütenbegonie, *Sinningia* oder *Gloxinia* blühen ziemlich lange, wenn man sie hell, aber nicht in die pralle Sonne stellt.

Auch Gemüsepflanzen lassen sich im Büro ziehen. Auf hohen, hellen Fensterbänken gedeihen Tomaten, Grüner Pfeffer und sogar Melonen. Kräuter, z. B. Basilikum, entwickeln sich gut in Töpfen und fühlen sich an einem sonnigen Platz hoch über den Autoabgasen sehr wohl.

Schließlich sei erwähnt, welche Pflanzen sich nicht fürs Büro eignen. Kakteen und andere Sukkulenten blühen zwar im Sommer auf dem Fensterbrett, im Winter jedoch kränkeln sie in der Wärme und gehen ein, weil man ihnen ihre winterliche Ruhe vorenthält. Eine unglückliche Wahl würde man auch mit Farnen treffen, denn ein Büro ist für sie zu hell, zu warm und zu trocken. Man sollte sie deshalb nur vorübergehend dorthin stellen.

Die anspruchslose *Dracaena* paßt in jedes moderne Büro. Sie benötigt nur ein Minimum an Pflege (rechts).

Üppig und zwanglos klettert ein Efeu durchs ganze Zimmer an Wänden und Decken entlang (unten).

Diesem Arbeitsraum verleihen *Pelargonium, Begonia, Cyperus* und *Philodendron* eine persönliche Note (rechts).

An einem sonnigen Platz in einem Büro mit Klimaanlage fühlen sich diese jungen Auberginen wohl (unten).

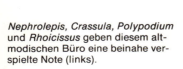

Nephrolepis, Crassula, Polypodium und *Rhoicissus* geben diesem altmodischen Büro eine beinahe verspielte Note (links).

Fast 2 m hoch wird die widerstandsfähige *Dracaena fragrans* 'Massangeana'. Sie kommt besonders in großen Empfangsräumen zur Wirkung (rechts).

Der richtige Standort

Pflanzen können fast überall im Haus gedeihen. Man muß jedoch für jede Pflanze den richtigen Standort wählen. Bevor man zum Kauf schreitet, ist es daher wichtig, sich zu überlegen, wo man das betreffende Gewächs am besten hinstellt. Leere Ecken lassen sich zwar hübsch mit Pflanzen ausfüllen; man muß dabei aber stets die Anforderungen der Pflanzen an Licht und Temperatur im Auge behalten. In einem Raum, in den man Pflanzen stellen will, ist die Menge an direktem Licht, das durch die Fenster einfällt, von Wichtigkeit. Man muß bedenken, daß die Pflanzen, unabhängig von der Größe des Fensters, im Zimmer nur etwa ein Viertel der Lichtmenge erhalten, die sie im Freien bekämen. Auch darf man nicht vergessen, daß sich die Temperaturen innerhalb eines Hauses während des Tages und auch während des Jahresablaufs ändern.

Licht ist zwar wichtig, aber es gibt nur ganz wenige Pflanzen, die es aushalten, an einem sonnigen Südfenster »gebraten« zu werden. Andererseits kann auch keine Pflanze, außer vielleicht die unverwüstliche *Aspidistra,* auf die Dauer in einer kalten, dunklen Ecke überleben. Die meisten Pflanzen gedeihen am besten, wenn sie gutes Licht erhalten, aber vor direkter Sonneneinstrahlung geschützt sind und wenn sie nicht zu nahe an Heizungen, Herden oder Kühlschränken stehen. Viele Pflanzen sollten nicht das ganze Jahr über am selben Platz stehen bleiben. Im Sommer bevorzugen manche einen warmen Standort. Dazu gehören z. B. *Drejerella, Ceropegia, Euphorbia milii, Impatiens, Iresine, Zebrina* und die meisten Kakteen. Im Winter aber muß man sie kühler stellen. Während der winterlichen Ruhepause sollte das Licht ebenfalls gut sein, die Temperatur jedoch nur etwa 5–15° C betragen.

Da jeder Raum und jedes Fenster wieder andere Bedingungen bietet, sind die Übergänge meist fließend. In Zweifelsfällen ist es am besten, man zeichnet einen kleinen Plan des Zimmers, überprüft, ob die Pflanzen, die man bereits besitzt, richtig stehen und erwirbt vielleicht mit Hilfe der nachstehenden Auflistung neue hinzu. Wachstum und gesundes Aussehen der Pflanzen zeigen bald, ob man den richtigen Standort gewählt hat. Oft sind aber auch zu große Trockenheit, stauende Nässe oder ein zu kleiner Topf schuld daran, wenn eine Pflanze kränkelt.

Für die nebenstehende Aufzählung der Standortbedürfnisse von Pflanzen wurden die Zimmer eines Hauses entsprechend den bestehenden Verhältnissen in warme, temperierte sowie helle, halbschattige und schattige Bereiche aufgeteilt. In der Mitte oben im Bild befindet sich die Nordwand des Hauses, unten die Südwand; Westen und Osten liegen links bzw. rechts davon. In einem nach Süden liegenden Raum ist der Fensterbereich heiß und hell, während der Fensterbereich eines Nordzimmers kühl und schattig ist. Bei Ost- und Westfenstern sind Licht und Temperatur je nach Sonnenstand einander ähnlich; sie fallen unter die Kategorie »warm und hell« oder »halbschattig«.

Temperiert/hell
Asparagus
Begonia 'Gloire de Lorraine'
Begonia semperflorens
Begonia (Knollenbegonien)
Citrus
Coleus
Dracaena marginata
Echeveria
Exacum affine
Gynura
Hoya carnosa
Impatiens

Temperiert/halbschattig
Aechmea
Begonia rex
Billbergia
Chamaedorea
Cryptanthus
Ficus benjamina
Ficus elastica
Howeia (Kentia)
Maranta
Monstera deliciosa
Peperomia
Philodendron scandens
Pilea
Schefflera
Zygocactus

Temperiert/schattig
Araucaria   *Platycerium*
Aucuba   *Pteris* und andere Farne
Asplenium   *Palmen*

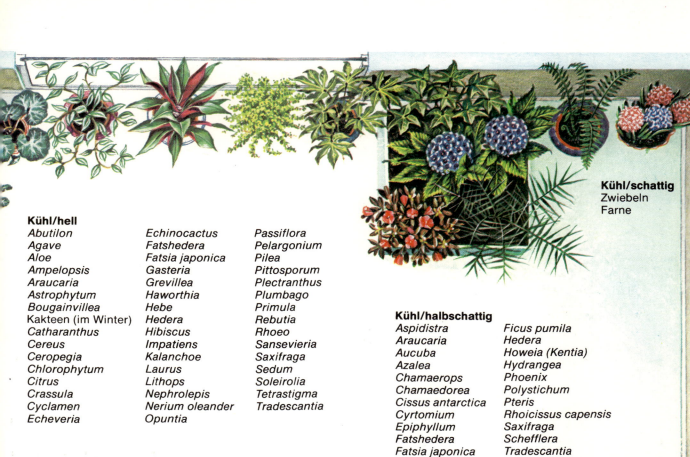

Kühl/hell

Abutilon	Echinocactus	Passiflora
Agave	Fatshedera	Pelargonium
Aloe	Fatsia japonica	Pilea
Ampelopsis	Gasteria	Pittosporum
Araucaria	Grevillea	Plectranthus
Astrophytum	Haworthia	Plumbago
Bougainvillea	Hebe	Primula
Kakteen (im Winter)	Hedera	Rebutia
Catharanthus	Hibiscus	Rhoeo
Cereus	Impatiens	Sansevieria
Ceropegia	Kalanchoe	Saxifraga
Chlorophytum	Laurus	Sedum
Citrus	Lithops	Soleirolia
Crassula	Nephrolepis	Tetrastigma
Cyclamen	Nerium oleander	Tradescantia
Echeveria	Opuntia	

Kühl/schattig
Zwiebeln
Farne

Kühl/halbschattig

Aspidistra	Ficus pumila
Araucaria	Hedera
Aucuba	Howeia (Kentia)
Azalea	Hydrangea
Chamaerops	Phoenix
Chamaedorea	Polystichum
Cissus antarctica	Pteris
Cyrtomium	Rhoicissus capensis
Epiphyllum	Saxifraga
Fatshedera	Schefflera
Fatsia japonica	Tradescantia

Warm/schattig

Asparagus	
Aspidistra	
Billbergia	
Cissus rhombifolia	
Dieffenbachia	
Dizygotheca	
Dracaena marginata	
Ficus	
Monstera	
Peperomia	
Philodendron	
Phlebodium	
Platycerium	
Rhaphidophora	
Sansevieria	
Syngonium	

Warm/halbschattig

Adiantum	Philodendron bipinnatifidum
Aglaonema	Plectranthus
Aphelandra	Rhaphidophora
Asplenium	Sansevieria
Calathea	Saintpaulia
Ceropegia	Sinningia
Columnea	Syngonium
Cordyline	
Crossandra	
Cyperus	
Dieffenbachia	
Dracaena sanderiana	
Euphorbia pulcherrima	
Ficus deltoidea	
Ficus lyrata	
Gynura	
Maranta	
Pandanus	
Pellaea	
Peperomia	

Warm/hell

Achimenes	Impatiens
Aphelandra	Iresine
Kakteen (im Sommer)	Pelargonium
Ceropegia	Sansevieria
Cocos weddeliana	Saintpaulia
Codiaeum	Zebrina
Coleus	
Coryline	
Dracaena godseffiana	
Euphorbia milii	
Hibiscus	
Hippeastrum	

Auswahl, Kauf und Transport von Pflanzen

Am besten kauft man Pflanzen bei einem guten Gärtner, bei dem man gleichzeitig etwas über ihre Haltungsbedingungen erfahren kann. Man erkundigt sich z. B. nach dem Wärme- und Feuchtigkeitsbedürfnis sowie den Anforderungen an Licht und Luft. Auch nach der richtigen Erdmischung fürs Umtopfen sollte man fragen. Wichtig ist ferner welcher Dünger ihnen am besten zusagt. Oft werden Pflanzen gleich mit einem Schildchen verkauft, auf dem Anweisungen für ihre Pflege stehen. Selbstverständlich sollten die Gewächse, die man erwirbt, gesund und kräftig sein.

Schon vor dem Kauf muß man sich Gedanken darüber machen, wo man die Pflanzen hinstellen möchte. Sonst ersteht man womöglich eine Pflanze, mit der man später nichts anfangen kann. Es ist z. B. falsch, blaß-blaugrüne Sukkulenten zu kaufen, wenn man ein Arrangement für eine etwas dunkle Ecke braucht. Wenn andererseits nur ein sonniges Fensterbrett zur Verfügung steht, wäre es verfehlt Farne nach Hause zu bringen, da diese einen kühlen Standort benötigen. Man muß eben die Temperatur-, Heizungs- und Lichtverhältnisse der eigenen vier Wände genau bedenken. Am besten entscheidet man sich zunächst für anspruchslose Gewächse, die unempfindlich sind und keine große Pflege benötigen.

Dasselbe gilt für Pflanzen, die man verschenken will. Manchen Leuten ist eine empfindliche Pflanze einfach lästig. Andere wieder wollen sich keinen »Riesenbaum« in ihr kleines Zimmer stellen, der dann eher erdrückend als belebend wirkt. Vor dem Kauf muß man sich also unbedingt überlegen, wie der Raum aussieht, in dem die Pflanze stehen soll.

Normalerweise werden Pflanzen nur transportiert, wenn man sie gerade gekauft hat oder umzieht oder wenn man sie Bekannten als Geschenk mitbringt. Bei jedem Transport jedenfalls sind bestimmte Regeln zu beachten.

Der Transport muß so kurz wie möglich sein. Zugluft sollte nie an die Pflanze kommen. Zarte Gewächse ertragen keine kalte Luft und Pflanzen, die kühle Temperaturen bevorzugen, dürfen auf dem Transport nicht förmlich gebraten werden. Manche Gewächse sind leicht zu transportieren. Sie mußten vielleicht schon die Reise zum Gartencenter oder Blumenladen überstehen. Große Kettenläden verkaufen heute viele gesund aussehende Zimmerpflanzen, die in Pappschachteln transportiert worden sind. Bei kleinen Pflanzen kann man den Topf in feuchten Torf setzen und das Ganze sorgfältig mit Zeitungspapier umhüllen.

Eigentlich sollte man Pflanzen nur in ihrer Ruhezeit transportieren, damit weder Blätter noch Blütenknospen beschädigt werden. Nicht eingetopfte Pflanzen wie z. B. Setzlinge, die man von Freunden geschenkt bekommt, sollte man mit feuchter Erde um den Wurzelballen transportieren. Das ganze hält man in einer Plastiktüte feucht. Auch eine über eine Topfpflanze gestülpte Plastiktüte erleichtert der Pflanze die Reise. Mit Stäben oder Stöckchen hält man die Tüte von den zarten Blüten und Blättchen fern.

Pflanzen mit stark ausgeprägter Ruhepause, wie z. B. *Cyclamen* im Sommer oder *Hippeastrum* im Winter, bilden bei einem Umzug überhaupt kein Problem. Während des Transports muß man lediglich darauf achten, daß die kühlen Temperaturen der Ruhezeit nicht wesentlich überschritten werden. Wenn es nicht unbedingt notwendig ist, sollte man Pflanzen nie allein auf die Reise schicken. Bei empfindlichen Pflanzen achte man beim Verpacken besonders darauf, daß die Plastikfolie das Laubwerk nicht abschnürt. Die Triebe großer, widerstandsfähiger Pflanzen bindet man vor dem Verpacken vorsichtig zusammen.

Bei der Ankunft sollte der Standort für die neue Pflanze schon festliegen und die Temperatur ihren Bedürfnissen entsprechen.

Beim Transport muß man besonders darauf achten, daß die Pflanze nicht beschädigt wird. Große Blätter bindet man lose an einen Stock (oben).

Zusätzlich schützt man die Pflanze mit einer Plastiktüte. Dadurch bleiben auch Temperatur und Feuchtigkeit konstant (oben).

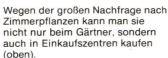

Im Gewächshaus einer Gärtnerei erfüllt ein Geruch von Pflanzen und feuchter Erde die Luft und verlockt zum Kauf (links).

Wegen der großen Nachfrage nach Zimmerpflanzen kann man sie nicht nur beim Gärtner, sondern auch in Einkaufszentren kaufen (oben).

Pflanzen müssen nach dem Kauf transportiert werden. Kleinere Exemplare legt man in eine Schachtel mit einer feuchten Erdschicht (oben).

Die Zwischenräume werden mit zusammengeknülltem Zeitungspapier ausgefüllt, damit die Pflanzen auf dem Transport nicht verrutschen (oben).

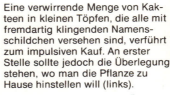

Eine verwirrende Menge von Kakteen in kleinen Töpfen, die alle mit fremdartig klingenden Namensschildchen versehen sind, verführt zum impulsiven Kauf. An erster Stelle sollte jedoch die Überlegung stehen, wo man die Pflanze zu Hause hinstellen will (links).

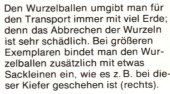

Den Wurzelballen umgibt man für den Transport immer mit viel Erde; denn das Abbrechen der Wurzeln ist sehr schädlich. Bei größeren Exemplaren bindet man den Wurzelballen zusätzlich mit etwas Sackleinen ein, wie es z. B. bei dieser Kiefer geschehen ist (rechts).

Töpfe und andere Pflanzgefäße

Jahrhundertelang hat man Zimmerpflanzen in Steingut- oder Tontöpfen gehalten. Vor etwa 50 Jahren begann man Plastiktöpfe herzustellen. Heute sind sie überall auf dem Markt, und Tontöpfe werden langsam seltener.

Vielen Leuten gefallen Tontöpfe besser als Plastiktöpfe; denn ihre natürliche Farbe harmoniert gut mit Blättern und Blüten. Ein Nachteil ist, daß der Ton viel Feuchtigkeit aufsaugt und nach außen verdunstet. Man muß Pflanzen in Tontöpfen deshalb häufiger gießen. Tontöpfe fassen auch weniger Erde als Plastiktöpfe desselben Durchmessers. Es kommt bei ihnen auch eher zu weißen Salzausblühungen an der Oberfläche.

Obwohl Plastiktöpfe nicht so hübsch sind, haben sie doch unbestreitbare Vorteile: sie sind billiger und zerbrechen nicht so leicht. Töpfe aus weichem, elastischen Plastikmaterial halten sogar ewig. Gärtner bevorzugen Plastiktöpfe. Sie sind so leicht, daß man eine große Anzahl von ihnen auf einmal transportieren kann. Als die Plastiktöpfe neu auf den Markt kamen, behandelte man sie wie Tontöpfe; die Pflanzen verfaulten und gingen zu Grunde. Schuld daran waren »natürlich« die neuen Töpfe. Man hatte aber einfach nicht beachtet, daß Pflanzen in Plastiktöpfen eben weniger gegossen werden müssen.

Für jede Topfart gibt es die passende Erdmischung. Mischungen für Plastiktöpfe trocknen im allgemeinen rascher aus. Für das Gedeihen einer Pflanze ist es unwichtig, ob man nun einen Tontopf wählt oder ob man sich für einen Plastiktopf entscheidet. Allein die nötige Sorgfalt und Pflege sind ausschlaggebend. Man kann natürlich sagen, daß Pflanzen, die viel Wasser brauchen, wie z. B. das Usambaraveilchen, in Plastiktöpfen leichter zu pflegen sind. Das stimmt, aber sonst spielt das Material des Topfes keine Rolle.

Jeder Topf muß einen guten Wasserabfluß haben. Die meisten Ton- und Plastiktöpfe besitzen ein Abzugsloch, manche sind sogar mit mehreren Löchern versehen. Töpfe für Zwiebeln brauchen besonders große Löcher. Je nach Material kann man mit einem Bohrer oder einer Feile ein vorhandenes Loch erweitern. Große Pflanzen lassen sich auch in einem entsprechenden Behälter ohne Abzugsloch halten. Geeignet sind schöne Schalen und Schüsseln aus Porzellan oder ein Kupfertopf. Solche Gefäße sollen aber ziemlich tief sein. Das fehlende Abzugsloch muß man nämlich durch eine Kiesschicht und eine Lage aus grobem, faserigem Torf am Boden des Gefäßes ausgleichen. Dies ist bei einem flacheren Gefäß aber nicht möglich. Die Erde würde sich beim Gießen bis obenhin voll Wasser saugen, stauendes Wasser aber schadet der Pflanze. Als Übertopf läßt sich ein flacheres Gefäß jedoch ohne weiteres verwenden.

Jahrhundertelang gab es nur gleichförmige, wenig dekorative Tontöpfe. Man behalf sich mit Übertöpfen, die meist aus verschiedenfarbigem, glasiertem Steingut bestanden. Gelegentlich findet man noch einen solchen Übertopf in einem Antiquitätenladen oder beim Trödler. Heute sind auch die Übertöpfe oft aus Plastik. Man kann aber fast jeden Behälter, den man im Hause entdeckt und der dekorativ ist, als Übertopf verwenden. Der Phantasie sind da keine Grenzen gesetzt. Übertöpfe können aus Glas, Steingut, Flechtwerk, Porzellan, Holz oder sogar aus rostfreiem Stahl sein. Auch kupferne Teekessel oder Saucieren lassen sich zu interessanten Übertöpfen ummodeln. Übertöpfe dienen einem doppelten Zweck: erstens sind sie hübsch und stechen farbig aus dem Grün der Pflanze hervor und zweitens können sie durchaus funktionell sein; denn der Raum zwischen dem Blumentopf und dem Übertopf kann mit feuchtem Torf oder Moos ausgefüllt werden. Dadurch bleibt die Feuchtigkeit besser erhalten. Besonders für Farne, die viel Feuchtigkeit brauchen, ist diese Schicht aus Torf oder Moos sehr günstig.

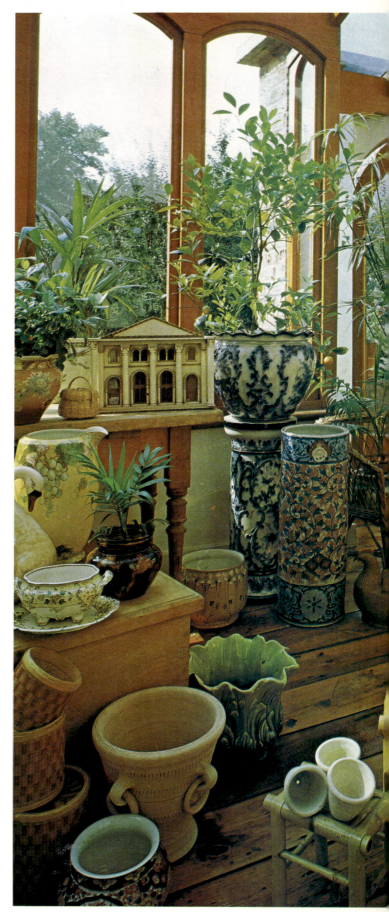

Jedes Gefäß, in das eine Pflanze paßt, kann als Übertopf verwendet werden: ein chinesischer Ingwertopf, ein kupferner Kessel, eine alte Teekanne, ein dekorativer Krug oder ein Gefäß aus Plexiglas. Bei schönen, aber leicht zerbrechlichen Behältern empfiehlt es sich, einen Ton- oder Plastiktopf in das Gefäß zu stellen. Man wünscht sich vielleicht etwas Extravagantes, aber man muß die Wahl auch davon abhängig machen, wo man den Topf hinstellen will. Exotische und prächtige Blattpflanzen, Farne und besonders Palmen verlangen geradezu nach einem schönen Übertopf, der ihre Schönheit voll zur Geltung bringt. Es ist immer reizvoll mit Kontrasten zu experimentieren, wie sie sich zwischen den von Menschenhand geschaffenen Mustern auf dem Übertopf und den natürlichen Mustern auf Blättern und Stengeln ergeben.

Bei der Wahl eines Behälters ist nicht nur das Aussehen, sondern ebenso die Frage wichtig, ob zu reichliches Gießwasser auch abfließen kann, damit die Pflanze keinen Schaden nimmt. Die meisten Blumentöpfe haben Abzugslöcher. Man stellt also am besten einen solchen Topf in den dekorativen Übertopf. In der Küche lassen sich Küchenutensilien wie Kupferkessel, Saucieren und Tonschüsseln oder -töpfe bestens als Behälter für Pflanzen verwenden. Viele leuchtend farbige Plastiktöpfe gibt es in modernem Design. Gegenüber den alten Keramiktöpfen weisen sie Vor- und Nachteile auf, so daß man sich bei der Wahl des Übertopfes am besten vom Stil der Einrichtung leiten läßt.

Ein- und Umtopfen

Bewurzelte Stecklinge und Sämlinge, die man im Anzuchtbeet herangezogen hat, müssen nach einiger Zeit in einen Topf mit einer anderen Erdmischung gesetzt werden, in der sie womöglich den Rest ihres Lebens verbringen. Diesen Vorgang nennt man Eintopfen. Anzuchterde besitzt keine Nährstoffe; sie soll nur zur Wurzelbildung anregen. Sobald sich Wurzeln gebildet haben und die Pflanze groß genug ist, pflanzt man sie in einen Topf mit der erforderlichen Erdmischung. Der erste Topf für eine Jungpflanze sollte nur etwa 8 cm, bei kleinen Stecklingen sogar nur 5 cm Durchmesser haben. Und bitte nicht zu viel gießen: denn die Wurzeln sollen sich mühen, Feuchtigkeit aufzunehmen. Der Kampf um die Feuchtigkeit macht sie kräftig.

Die Pflanze wächst. Nach einer Weile wird ihr der Topf zu klein und man muß sie in einen größeren setzen. Der Zeitpunkt, wann dies notwendig wird, ist leicht zu erkennen: entweder ist die Pflanze ganz offensichtlich zu groß für den Topf oder sie verlangsamt ihr Wachstum. Manchmal wachsen sogar die Wurzeln aus dem Abzugsloch heraus. Der richtige Zeitpunkt fürs Umtopfen ist das Frühjahr oder der Frühsommer. Beim ersten Umtopfen setzt man die Pflanzen in einen Topf, der 5 cm größer als der bisherige ist. Pflanzen aus Töpfen von über 18,5 cm Durchmesser setzt man dagegen in einen Topf, der nur 2,5 cm größer ist. Man darf nicht vergessen, Tontöpfe, die neu sind, vor dem Bepflanzen über Nacht in Wasser zu stellen und alte Ton- und Plastiktöpfe gut zu säubern. Bei Verwendung von lehmhaltiger Erde ist es wichtig, daß man das Abzugsloch mit einer Scherbe überdeckt. Bei torfhaltigen Mischungen oder Kunsterden ist dies nicht nötig, da hier das Wasser nicht so rasch abzieht.

Günstig ist es, wenn man beim Umtopfen eine Erdmischung verwendet, die der bisherigen etwa entspricht. Man muß sich deshalb erkundigen, wenn man die Pflanze kauft, ob sie in einer lehmhaltigen Mischung oder in Kunsterde wächst. Beide lassen sich leicht auseinander halten: die lehmhaltige Mischung ist heller, während eine torfhaltige Kunsterde dunkler und leichter ist. Meist schadet es der Pflanze jedoch nicht, wenn man eine andere Mischung verwendet. Ist die Pflanze z. B. so groß geworden, daß sie auch im neuen Topf kopflastig wird, nimmt man am besten eine schwerere Lehmmischung, um dem Topf mehr Gewicht zu geben.

Ältere Pflanzen setzt man meist in einen neuen Topf derselben Größe um. Dies gilt als letztes Mittel, wenn die Pflanze kümmert, was mehrere Gründe haben kann. Vielleicht muß sie nur gedüngt werden. Dann bekommt man bestimmt beim nächsten Gärtner, was man braucht. Hilft das nichts, nimmt man sie aus dem Topf und untersucht die Wurzeln. Sind diese gesund und locker, kann es der Fall sein, daß die Pflanze ihre maximale Wuchshöhe erreicht hat. Sind aber nur wenige faulig braune Wurzeln vorhanden und ist die Erde naß und übel riechend, bedeutet dies, daß der Topf für die Pflanze zu groß gewesen ist. Dann nimmt man einfach einen kleineren Topf. Wenn die Wurzeln jedoch gesund sind und einfach mehr Platz brauchen, muß man die Pflanze eben in einen größeren Topf setzen, auch wenn es nicht gerade der richtige Zeitpunkt zum Umtopfen sein sollte.

Einen Blumentopf mißt man vom inneren Rand weg quer durch den Topf. Normalerweise setzt man einen Setzling oder einen Steckling in einen Topf mit 5 cm Durchmesser. Später topft man ihn in einen 5 cm größeren Topf um. Ist der Topf zu groß, wird die Erde leicht sauer, weil sie zu wenig durchwurzelt ist. Ältere und große Pflanzen kann man in einen Topf derselben Größe umsetzen.

Man entfernt den bewurzelten Steckling oder Sämling aus der Anzuchterde. Den Steckling faßt man vorsichtig am Stamm, den Sämling an den Blättern an.

Neue Tontöpfe werden mehrere Stunden lang in ein Gefäß mit Wasser gelegt, bevor man sie bepflanzt. Plastiktöpfe wäscht man vorher gut aus.

Über das Abzugsloch legt man ein paar Deckscherben. Bei Plastiktöpfen und bei Verwendung einer Torfmischung ist dies nicht erforderlich, bei lehmhaltigen Mischungen ist dies jedoch angebracht.

Man streut etwas Blumenerde über die Deckscherben. Darauf setzt man das Pflänzchen ohne seine Wurzeln zu beschädigen. Dann wird mit Erde aufgefüllt und diese leicht angedrückt.

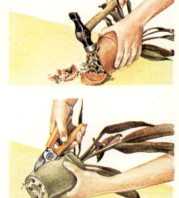

Für eine Pflanze ist das unterirdische Wachstum wichtiger als das oberirdische. Topft man die Pflanze zu früh um, ist der Wurzelballen noch nicht genügend entwickelt und bricht auseinander.

Der richtige Zeitpunkt zum Umtopfen ist gekommen, wenn die Wurzeln aus dem Abzugsloch herauswachsen. Allerdings läßt sich die Pflanze dann oft nur schwer aus dem Topf lösen.

Man hält die Pflanze an der Basis und bedeckt die Erde so gut es geht mit der Handfläche. Dann dreht man den Topf um und klopft auf die Unterseite.

Löst sich der Wurzelballen nicht, sollte man ihn nicht herausreißen, sonst beschädigt man die Wurzeln. Bei Tontöpfen greift man zum Hammer; Plastiktöpfe schneidet man mit der Schere auf.

Zunächst legt man bei dem neuen Topf Deckscherben über das Abzugsloch. Darüber kommt die Erde, wobei man darauf achten muß, daß die Pflanze in ihrem neuen Topf in der richtigen Höhe steht.

In große, dekorative Töpfe, die möglichst tief sind, gibt man zunächst eine ziemlich dicke Kiesschicht, die das Abzugsloch ersetzt. Darüber kommt schließlich die übliche Erdmischung.

Vorsichtig schüttet man die alte, lose Erde aus dem Wurzelballen heraus und senkt dann die Pflanze in ihren neuen Topf.

Um die Pflanze herum gibt man frische Erde, mit der man auch die Oberfläche bedeckt. Die Oberfläche der Erde muß dann etwa 2,5 cm unter dem Topfrand liegen.

Setzt man die Pflanze in einen nur 2,5 cm größeren Topf um, bringt man mit Hilfe eines Pflanzholzes die Erde in den zwischen Topf und Wurzelballen verbleibenden Raum.

Sachte klopft man den Topf auf einer Tischfläche auf, damit sich die Erde setzt und Hohlräume füllt.

Danach kann man nochmals eine Schicht Erde über die Oberfläche geben, so daß sich neu entstandene Hohlräume wieder füllen. Dann gießt man reichlich.

Rasch breiten sich die Wurzeln aus und bald beginnt die Pflanze wieder kräftiger zu wachsen und bekommt ein gesünderes Aussehen.

Blumenzwiebeln im Topf

Zwiebelpflanzen gehören zu unseren beliebtesten Frühlingsboten. Eine Blumenzwiebel ist praktisch nichts anderes als ein unterirdischer, kurzer, gedrungener Sproß mit fleischigen Speicherblättern. Diese dienen der Pflanze als Vorratskammern, die alle benötigten Nährstoffe enthalten.

Hyazinthen, Tulpen, Narzissen, Krokusse, *Scilla*, kleine Irisarten und *Chionodoxa* gehören zu den Zwiebelpflanzen, die sich besonders gut in Schalen züchten lassen. Experten bringen sie durch »Antreiben« zu verfrühtem Wachstum, so daß sie zu einer bestimmten Zeit blühen. Die meisten winterharten Zwiebelpflanzen kann man in guter Erde, einer speziellen Fasermischung aus Torf und Holzkohle oder in Hydrokultur ziehen. Zwiebeln kann man kein zweites Mal antreiben. Setzt man sie jedoch nach der Blüte in den Garten, kommen sie gewöhnlich im darauffolgenden Jahr wieder zum Blühen.

Frisch eingepflanzte Zwiebeln stellt man bei einer Temperatur von 5–7° C an einen dunklen Platz. Alle 2 bis 3 Wochen prüft man nach, ob die Erde nicht zu trocken ist.

Sobald sich die gelbgrünen Blätter zeigen, bringt man die Zwiebeln in einen Raum mit einer Temperatur von 10° C. Wenn die Knospen kommen, stellt man sie an einen Platz (16° C). Blühende Tulpen und Hyazinthen sind besonders zur Weihnachtszeit sehr hübsch. Verwelkte Blüten entfernt man. Nach der Blüte stellt man die Zwiebeln in einen kühlen Raum. Man gießt bis zum Frühjahr und setzt sie dann in den Garten.

Hyazinthen und Weihnachtsnarzissen (Tazetten) lassen sich auch in Wasser ziehen. Es gibt dafür spezielle, sehr dekorative Gläser in verschiedenen Farben, die zwischen 15 und 20 cm hoch sind. Man setzt die Zwiebeln im Spätherbst in diese Gefäße und stellt sie an einen kühlen Platz bis die Wurzeln 7,5–10 cm und die Blätter 2,5 cm groß sind. Hyazinthen brauchen einen halbdunklen Standort, Narzissen kann man einfach aufs Fensterbrett stellen. Das Wasser füllt man von Zeit zu Zeit auf; denn die Wurzeln müssen völlig wasserbedeckt sein.

Zu den Zwiebelpflanzen, die nicht im Freien gedeihen, gehören *Freesia, Nerine, Vallota* und *Lachenalia.* Man setzt ihre Zwiebeln in eine nährstoffreiche Erdmischung, gießt reichlich und hält sie bei konstanter Temperatur an einem hellen Platz. Die meisten dieser Zwiebelpflanzen gedeihen mehrere Jahre hindurch im gleichen Topf und in derselben Erde.

Nach der Blütezeit schneidet man nur die verwelkten Blüten ab, beläßt jedoch die grünen Schäfte. Dann düngt man und gießt reichlich. Bei laubwerfenden Zwiebelpflanzen wie *Lachenalia* und *Freesia* hört man zu gießen auf, wenn die Blätter gelb werden. Immergrüne Zwiebelpflanzen, wie z. B. die *Clivia* hält man das ganze Jahr hindurch feucht.

Winterharte Zwiebelpflanzen kann man außerhalb ihrer eigentlichen Blütezeit im Frühjahr durch Antreiben auch im Winter zum Blühen bringen. Am beliebtesten sind Narzissen, Tulpen und Hyazinthen, aber auch kleinere Pflanzen wie Krokusse lassen sich erfolgreich treiben. Außer gewöhnlichen Töpfen jeder beliebigen Größe und Form kann man auch speziell dafür entwickelte Treibgefäße aus Glas verwenden. Es ist reizvoll zuzuschauen, wie sich das Gewirr von weißen Wurzeln rasch entwickelt. Die Zwiebeln selbst dürfen dabei mit dem Wasser nicht in Berührung kommen.

Bei Verwendung eines Tontopfs bedeckt man das Abzugsloch mit Deckscherben. In einen Plastiktopf gibt man zuerst eine Torfschicht. Eine Schale ohne Abzugsloch benötigt am Boden eine Kiesschicht.

Nun schüttet man eine Schicht Erde darüber und drückt sie leicht an. Bis zum Einsetzen der Zwiebeln darf nicht gegossen werden. Die Erde muß trocken bleiben.

Die Zwiebeln setzt man nebeneinander mit dem spitzen Ende nach oben ein. Sie müssen einerseits fest sitzen, dürfen aber nicht »eingeschraubt« werden.

Den Topf mit den Zwiebeln stellt man dann in einen Eimer mit Wasser, und zwar so lange bis er sich vollgesaugt hat. Danach läßt man das Wasser abtropfen.

Die eingepflanzten Zwiebeln stellt man an einen kühlen, dunklen Platz, z. B. in einen Keller oder in einen Schrank. Dort beläßt man sie 6 bis 12 Wochen oder auch länger.

Wo es im Winter nicht allzu kalt wird, kann man die Töpfe auch in einer Kiste mit Stroh oder Torf gut abgedeckt im Freien stehen lassen. Sie dürfen dann aber keinem Frost ausgesetzt sein.

In der Zwischenzeit entwickeln die Zwiebeln ein kräftiges Wurzelsystem und fangen an, Blätter zu treiben. Vorsichtig nimmt man sie aus dem Topf und prüft, wie weit die Wurzeln schon sind.

Kleine Zwiebeln gedeihen gut in sogenannten Krokustöpfen, die seitlich mit mehreren Löchern versehen sind. In jedes der Löcher setzt man eine kleine Zwiebel.

Für größere Zwiebeln, z. B. Hyazinthen sind Treibgefäße aus Glas besonders beliebt (links).

Zwiebeln sind kurze, gedrungene Sprosse, an denen fleischige Speicherblätter stehen. Zu den Zwiebelgewächsen gehören z. B. Narzissen und Hyazinthen.
Knollen sind ebenfalls Speicherorgane. Je nachdem, aus welchem Pflanzenteil sie entstehen, werden sie als Sproßknollen (Alpenveilchen) oder Wurzelknollen (Dahlie) bezeichnet.
Rhizome dienen ebenfalls der Stoffspeicherung. Es sind unterirdische Erdsprosse, die Triebe über die Erdoberfläche schicken.

Sollen die Pflanzen lange blühen, kann man die Zwiebeln unterschiedlich tief einsetzen. Dadurch erreicht man, daß sie zu verschiedenen Zeiten zum Blühen kommen.

Der Topf wird so hoch mit Erde angefüllt, daß nur die Zwiebelspitzen herausschauen.

Während der dunklen Wintertage erfüllen Hyazinthen, die vorzeitig zum Blühen gebracht wurden, das Zimmer mit ihrem Duft (unten).

Sobald die Blattspitzen als blaßgrüne Punkte zu erkennen sind, bringt man die Töpfe an einen kühlen, hellen Ort, z. B. auf eine Fensterbank oder in ein Gewächshaus.

Wenn sich die Blätter entfaltet haben, benötigen die Pflanzen einen warmen Standort bei etwa 18° C. Denn jetzt entwickeln sich bald die Blüten.

Große Pflanzgefäße

Viele Pflanzen wirken und gedeihen besonders gut, wenn man sie gruppiert. Man kann die einzelnen Töpfe miteinander auf einem Tisch oder einem Regal plazieren. Schöner ist es, wenn man sie vorher zusammen in eine Schale stellt. Noch geeigneter ist eine tiefe Wanne, in der die Töpfe verschwinden und nur die Blätter und Blüten herausschauen.

Kästen und Wannen gibt es in verschiedenen Formen und Materialien. Den Boden dieser Behälter bedeckt man mit einer Kiesschicht, welche immer feucht gehalten werden muß. Durch Verdunstung entsteht dann um die Blumentöpfe herum ein Mikroklima – das den Pflanzen bestens bekommt. Zusätzlich kann man den Raum zwischen den Töpfen mit feuchtem Torf ausfüllen. Die auf diese Weise geschaffene dauernde Luftfeuchtigkeit wissen besonders Farne und Aronstabgewächse zu schätzen. Kleinere Pflanzen stellt man nicht direkt auf die Kiesschicht, sondern auf umgedrehte Töpfe oder Untersetzer, damit sie mit den größeren Gewächsen in einer Höhe stehen. Mit dem Gießen muß man bei diesen Arrangements vorsichtig sein. Sie brauchen weniger Wasser als einzeln stehende Pflanzen.

Wenn man sich entschließt, ganz auf einzelne Töpfe zu verzichten und die Gewächse direkt zusammenzupflanzen, muß man immer daran denken, daß nur Arten mit denselben Ansprüchen gut miteinander auskommen. Es wäre unsinnig, einen schattenliebenden Farn mit einer Chrysantheme, die Sonne braucht, zusammenzupflanzen. Die Gewächse sollten auch etwa gleich rasch wachsen, sonst nehmen die Schnellwüchsigen den anderen die Nährstoffe und das Licht. Reizvoll ist es, wenn man verschiedene Pflanzenarten derselben Gattung miteinander arrangiert; ein Kübel mit Farnen macht sich z. B. immer gut. Ein anderer Vorschlag wäre es, Pflanzen zu wählen, die in Farbe und Form kontrastieren. So kann man einen eleganten *Ficus pumila* mit einer hochgewachsenen *Sansevieria trifasciata* 'Laurentii' und einer *Fatsia japonica* zusammenpflanzen, oder auch eine runzlige, dunkle *Begonia rex* mit einer leuchtend grünen *Dieffenbachia*. Für kleine Schalen wählt man langsamwüchsige Pflanzen wie z. B. Usambaraveilchen.

Der bepflanzte Behälter muß natürlich Abzugslöcher besitzen. Ist dies nicht der Fall, sollte man welche bohren. Als Erde verwendet man eine Mischung aus einem Teil Lehm, zwei Teilen Torf und einem Teil scharfen Sand. Zwischen den Pflanzen läßt man genügend Abstand, damit sie ungehindert wachsen und sich ausbreiten können. Zunächst sieht die Bepflanzung wohl etwas dünn aus, aber dies gibt sich bald. In der Zwischenzeit kann man den freien Raum zwischen den Pflanzen mit hübschen Steinen und Mineralien dekorieren. Zu reichliches Gießen ist für die meisten Pflanzen gefährlich. Daher ist ein Feuchtigkeitsmesser zu empfehlen, den man tief in die Erde des Gefäßes stecken kann. Die Pflanzen wachsen meist schnell und müssen von Zeit zu Zeit zurückgestutzt werden. Das macht man am besten während der winterlichen Ruhepause. Umpflanzen sollte man im Frühjahr oder Frühsommer, wenn es so aussieht, als ob manche Gewächse ihre Nachbarn überwuchern würden oder wenn die Pflanzen plötzlich zu wachsen aufhören oder man ihre Wurzeln überprüfen will. Man bringt den Behälter dann an einen Platz, wo es nichts ausmacht, wenn Erde auf den Boden kommt. Danach gießt man reichlich, denn durch die Feuchtigkeit lösen sich die Wurzeln leichter. Vorsichtig nimmt man nun die Pflanzen heraus, entfernt welke Blätter und setzt sie schließlich, wenn sie in Ordnung sind, in frische Erde. Kränkelnde Gewächse werden durch gesunde neue ersetzt.

Sehr hübsch ist es auch, wenn man Topfpflanzen und Schnittblumen kombiniert: man bepflanzt einen Behälter mit den gewünschten Topfpflanzen und läßt dazwischen Platz für kleine Vasen. Die Vasen füllt man öfter mit frischen Schnittblumen.

In dieser Schale wurden Blüten- und Blattbegonien miteinander kombiniert. Der Boden der Schale ist mit Kies bedeckt.

In einer tiefen Wanne gedeihen einträchtig eine Geranie, eine *Fittonia* und eine *Dieffenbachia*. Kleinere Pflanzen stellt man auf umgedrehte Untersetzer, damit alle Töpfe dieselbe Höhe haben.

Ein günstiges Mikroklima entsteht, wenn man die Töpfe mit feuchtem Torfmull umgibt. Dies ist besonders für Pflanzen wie *Aspidistra*, Grünlilie und Zimmerhopfen zu empfehlen, die hier miteinander kombiniert sind.

Wenn man verschiedene Arten direkt zusammenpflanzt, muß man darauf achten, daß sie dieselben Ansprüche stellen. Dies ist bei den hier gewählten Pflanzen – Kanonierblume, *Sansevieria trifasciata* und Efeu – der Fall (unten).

Das elegante Arrangement besteht aus *Philodendron, Vriesea splendens* und *Chlorophytum* (oben).

In diesem geflochtenen Körbchen wirken die zarten Blüten der *Campanula* besonders dekorativ (unten).

Hängekörbchen

Manchmal kann man nicht alle seine Pflanzen auf der Fensterbank und am Boden unterbringen. Dann muß man sich mit Hängekörbchen behelfen. Es ist etwas schwierig, sie an der richtigen Stelle anzubringen. Sie dürfen nicht zu hoch hängen, daß man zum Gießen eine Leiter braucht und sie dürfen auch nicht so angebracht sein, daß Tische, Stühle oder gar man selbst von oben betropft werden. Außerhalb des Hauses aufgehängte Körbchen sollen wiederum kein Hindernis darstellen, weil sie vielleicht zu niedrig hängen. Obwohl sie einen unbestreitbaren Reiz besitzen, sind Hängekörbchen manchmal recht unpraktisch. Die ersten Erfahrungen sammelt man deshalb am besten im Gewächshaus oder im Freien.

Früher fütterte man die Hängekörbchen mit einer Schicht Sphagnum-Moos aus. Dies wirkt sehr hübsch und natürlich. Man geht heute jedoch immer mehr dazu über, die Körbchen mit Plastikfolie auszukleiden.

Hängekörbchen müssen aufmerksam beobachtet, ständig feucht gehalten und bei heißem Wetter täglich zweimal gegossen werden. Von Zeit zu Zeit stellt man sie in einen Eimer Wasser und wartet, bis keine Bläschen mehr aufsteigen. Auf diese Weise bleibt das Arrangement frisch. Außerdem muß man die Pflanzen oft zurückstutzen und alle verwelkten Blüten entfernen.

Mit Hilfe von Haarklammern hält man Schößlinge und Triebe möglichst dicht am Drahtgeflecht des Körbchens. Wenn nötig, müssen die Pflanzen in frische Erde gesetzt werden. Ist die Bepflanzung wegen Überalterung nicht mehr hübsch oder ist sie – bei einem Körbchen, das im Freien hing – dem Frost zum Opfer gefallen, wirft man sie weg, behält das Plastik- oder Sphagnumfutter und bepflanzt das Körbchen neu.

Schon immer hatte man Hängekörbchen aus Drahtgeflecht. Meist sind sie rund oder halbrund. Heute gibt es dekorative, moderne Behälter aus Glas oder Plastik. Manche von ihnen haben sogar eine Vorrichtung für die Aufnahme überflüssigen Gießwassers.

Körbchen müssen stabile Aufhängevorrichtungen besitzen, weil sie oft groß und – besonders nach dem Gießen – auch schwer sind. Man verwendet am besten die gebräuchlichen Haken für Decken oder Wandkonsolen, an denen sich alle möglichen Aufhängevorrichtungen anbringen lassen.

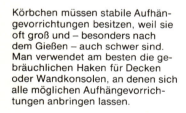

Bepflanzung

Es ist leicht, ein Hängekörbchen zu bepflanzen. Zur Auskleidung verwendet man meistens Plastik oder auch Sphagnum-Moos.

1 Man kleidet das Körbchen mit Plastikfolie aus.

2 In den Boden des Futters schneidet man kleine Löcher für den Wasserabfluß.

3 Ein Drittel des Körbchens füllt man mit einer guten Erdmischung.

4 Seitlich schlitzt man die Folie an mehreren Stellen auf.

5 Vorsichtig schiebt man dann die Wurzelballen oder Stecklinge in die Schlitze.

6 Die Wurzeln bedeckt man darauf mit Erde.

7 Den oberen Rand zementiert man, damit die Plastikfolie nicht verrutscht. In einem Eimer mischt man dafür zu gleichen Teilen Zement und Erde. Dann fügt man soviel Wasser hinzu, bis die Mischung lehmartig dick ist.

8 Der Zement wird geformt und um den Korbrand gelegt.

9 Den Zementrand hält man einige Zeit feucht, damit er nicht rissig wird.

10 Wenn das Hängekörbchen bepflanzt ist, läßt man es sich in einem Eimer mit Wasser vollsaugen und hängt es nach dem Abtropfen auf.

1

6

Bei der Bepflanzung eines Hänge-körbchens kann man mit allen möglichen Pflanzen experimentieren. Vor einem Fenster oder gegen eine weiße Wand wirken die ungewöhnlichsten Kombinationen besonders auffallend. In erster Linie kommen Hängepflanzen in Betracht, weil ihre belaubten Ranken an allen Seiten des Körbchens anmutig nach unten wachsen. Oft gedeihen sie so üppig, daß das Körbchen völlig unsichtbar wird. Um ein solches Wachstum mit Sicherheit zu erreichen, muß man die jungen Triebe regelmäßig zurückschneiden, damit sie sich reich verzweigen. In jedem Raum ziehen Fuchsien, die in leuchtenden Farben blühen, die Blicke auf sich (links).

Hängend kommen die langen, grünen Triebe der *Columnea* am effektvollsten zur Geltung (rechts). In scharfem Kontrast stehen rankender Efeu und *Peperomia* zu dem stattlichen, hochgewachsenen *Cyperus*, der sich reizvoll gegen die reinweiße Wand abhebt (ganz rechts).

2

3

4

5

7

8

9

10

Das geflochtene Körbchen und seine Anfertigung

Anstatt ein fertiges Körbchen zu kaufen, kann man es auch selbst basteln, um es in Form und Größe genau den ausgewählten Pflanzen und der Wohnungseinrichtung anzugleichen. Bindfaden oder Hanfschnur passen mit ihren natürlichen Farben ausgezeichnet zum Grün der Pflanzen, und herabrankende Triebe und Blüten wirken in einem Körbchen aus organischem Material, das in Makrameemanier geknüpft ist, besonders reizvoll. Bei der Gestaltung solcher Körbchen kann man seiner Phantasie freien Lauf lassen. Je nach Art der Pflanzen, die man zur Schau stellen will, kann man Steine, Bambus, Glasperlen oder auch verschiedenfarbige Schnüre dabei verwenden.

Bei dem hier abgebildeten Hängekörbchen beginnt man unten mit den Fransen und hört mit der Öse, an der das Ganze hängt, auf. Als Material benötigt man 6 Juteschnüre von je 6,50 m Länge und 24 Stückchen Bambusrohr von je 5 cm Länge. Das fertige Körbchen ist 1,20 m lang und für einen Topf von 15 cm Durchmesser geeignet. Diese Maße lassen sich je nach Bedarf abändern.

Für die Makrameearbeit verwendet man als Hilfsmittel am besten ein etwa 1,20 m × 15 cm großes Brett aus Sperrholz oder Kork, das man beim Basteln legen oder auch senkrecht stellen kann. Außerdem braucht man ein paar Reißbrettstifte und etwas zusätzliche Schnur.

Man nimmt eine 25 cm lange Hilfsschnur und bringt sie waagrecht am oberen Rand des Arbeitsbrettes an. Dann faltet man die 6 Juteschnüre auf die Hälfte zusammen und befestigt sie wie oben an der Hilfsschnur (Montageknoten).

Jetzt hat man 12 Enden, aus denen man 3 Gruppen mit je 4 Enden bildet. In 10 cm Abstand von den Montageknoten werden nun abwechselnd 12,5 cm an jeder Gruppe geflochten. Den linken Strang flicht man dabei hinter den

beiden mittleren Schnüren durch. Danach führt man den rechten Strang unter das Ende des linken Strangs über die beiden mittleren Schnüre durch die Anfangsschlinge des linken Strangs. So macht man den ersten Knoten. Den näch-

sten Knoten beginnt man mit dem Strang, der sich jetzt am weitesten links befindet. Nach ein paar Knoten drehen sich die Gruppen von selbst zur Kordel.

Von der Schnur, die noch übrig ist, schneidet man ein Stückchen ab und bindet die 3 Schnüre zusammen. An jeder Gruppe bringt man zwei Flachknoten an.

Um einen Flachknoten zu knüpfen, fertigt man zuerst einen Knoten wie oben an. Für den nächsten Knoten führt man den rechten Strang unter den beiden mittleren durch. Dann führt man den linken Strang unter dem Ende des rechten Strangs durch, und zwar über die beiden mittleren Stränge und durch die rechte Schlinge. Beide Knoten werden abwechselnd geknüpft.
Man läßt 5 cm – für größere Töpfe entsprechend mehr – frei und nimmt von jeder Gruppe zwei Längen. Dann knüpft man einen Flachknoten und zum Schluß bei jeder Gruppe noch einen halben Knoten dazu.
Danach läßt man 7,5 cm – für größere Töpfe entsprechend mehr – frei, faßt die einzelnen Längen wie ursprünglich für die Kordel zusammen und knüpft wieder 23 cm wie gehabt in Spiralen (die Gesamtlänge läßt sich hier variieren).

Bei jeder Länge fügt man ein Bambusröhrchen hinzu und knüpft dann 12,5 cm in Spiralen weiter, fügt nochmals Bambusröhrchen hinzu und arbeitet danach nochmals 15 cm in Spiralen dazu.

Nach den letzten Knoten läßt man 10 cm Abstand; dann hält man 11 Längen zusammen und wickelt die zwölfte 15 cm lang fest um die andere. Mit diesem Stück macht man eine Schlinge.

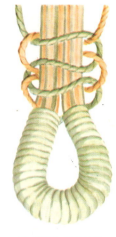

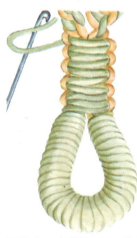

10 Stränge beläßt man, mit den beiden übrigen knüpft man über die 10 Längen, die man in der Hand hält, Flachknoten bis hin zu den spiraligen Kordeln. Mit einer Häkelnadel häkelt man die Enden der beiden Längen in die Kordel.

Dann schneidet man die Montageknoten am oberen Rand ab und macht die Fransen.

Die Naturfarbe der Kordel paßt ausgezeichnet zur Farbe der *Spathiphyllum*-Blätter.

Blumenkästen, vom Zimmer aus gesehen

Blumenkästen sind gewöhnlich als Zierde für die Außenseite des Hauses gedacht. Anderseits sollen sie aber auch eine Augenweide sein, wenn man von innen durch die Fenster schaut. Auch hier sind die Farben wichtig. So sollte z. B. die Begonien vor dem Fenster zum Vorhang passen. Für Passanten mag es reizvoll sein, wenn sich gelbe Narzissen vor einem Hintergrund mit dunkelgrünen Zwergzypressen freundlich abheben; aber man sollte auch vom Zimmer aus etwas von der gelben Pracht sehen.

Eine häßliche Aussicht oder trübe Tage wirken weniger bedrückend, wenn man durch goldgelbe Ringelblumen oder weiße und rosa Geranien nach draußen schaut. Ein sonniges Fenster mit Sicht auf eine Betonlandschaft bildet den idealen Platz für Kletterpflanzen wie Gartenwinden, Schwarzäugige Susanne oder Bohnen. Süß duftender Heliotrop, Goldlack und blühender Tabak lassen ihren Duft ins Zimmer strömen; ebenso Pflanzen mit aromatischem Blattwerk wie Rosmarin, Geranien und *Artemisia*. Ein vor dem Fenster angebrachtes Blumenkörbchen mit herabhängenden Begonien, Petunien, Geranien, Lobelien oder *Asparagus* macht sich mit Sicherheit ganz besonders hübsch.

Natürlich will man vor dem Fenster keinen dichten Vorhang aus Pflanzen, der Licht und Luft wegnimmt. Deshalb verwendet man für einen Blumenkasten am besten einjährige Pflanzen, die immer wieder neue Blüten treiben, wenn man die verwelkten regelmäßig auszupft. Fürs Frühjahr kann man auch Narzissen einpflanzen. Immergrüne, kleine Büsche vor dem Fenster verschönern die Aussicht nach draußen, auch im Winter. Blumenkästen bringt man dort an, wo sie am meisten Freude bereiten. Ist jemand z. B. bettlägerig, bildet das Schlafzimmerfenster den geeigneten Platz dafür. Auch wer am Schreibtisch arbeitet, schätzt Blumen vorm Fenster. In einem Küchenfensterkasten kann man gleichzeitig auch Kräuter ziehen.

Für jedes Fenster gibt es die geeigneten Gewächse. Ungünstig ist jedoch ein Fenster auf der Wetterseite. Am besten gedeihen Pflanzen an Südwestfenstern.

Ein Blumenkasten vor dem Kinderzimmer kann der Beginn eines Interesses an Pflanzen fürs ganze Leben sein. Kinder säen gerne raschwüchsige Verbenen, Kapuzinerkresse, Bohnen oder Radieschen, und man kann ihnen ruhig die Pflege überlassen.

Eine flache Schale eignet sich besonders gut für die Bepflanzung mit Mauerpfeffer *(Sedum)* und *Sempervivum*. Man verwendet eine kieshaltige Erdmischung und füllt den Raum zwischen den einzelnen Pflanzen mit dekorativen Steinen aus. Sehr hübsch sind auch Zwergnadelgewächse in Balkonkästen. Leere Kästen kann man im Winter als Futterplatz für Vögel verwenden.

Aus dem Zimmer fällt der Blick über einen Kasten mit Geranien, Efeu und *Coleus* in einen kleinen Innenhof, in dem eine herrliche *Aucuba japonica* steht.

Ein kleiner Kasten mit einjährigen Blütenpflanzen wie *Lobelia, Impatiens,* raschwüchsig rankender *Ipomoea* und Astern bietet für Bewohner wie Passanten einen erfreulichen Anblick.

Wo vor dem Fenster und auf der Fensterbank genügend Platz ist, kann man außen Geranien mit duftenden Blättern und innen z. B. Chrysanthemen halten (unten).

Von außen und innen ist der Anblick eines frei stehenden Kastens mit Petunien, Geranien und Efeu attraktiv. Im Vordergrund eine *Howeia* (links).

Blumenkästen sind eine beliebte Zierde für Balkone. Hier wurden Geranien, Lobelien und verschiedene Efeuarten in alle möglichen Behälter gepflanzt. Diese können nach Belieben umgruppiert werden.

Blumenkästen, von außen betrachtet

Blumenkästen erfüllen viele Funktionen: die nüchterne Außenseite eines Hauses wird durch sie verschönt, Vorübergehende erfreuen sich an dem hübschen Anblick und für die Bewohner des Hauses bilden sie eine Art Miniaturlandschaft.

Es empfiehlt sich keinesfalls, Kästen in knalligen Farben zu verwenden; denn für Farben sollen die Blumen sorgen. Die Kästen sollten vielmehr in dezenten Farben gehalten sein, also braun, hellgrau, weiß, blaugrau oder cremefarben. Wichtig ist auch die Farbe des Hauses und die Art des Verputzes. Man muß überlegen, ob sich der Blumenkasten farblich abheben (z.B. weiß auf rotem Backstein) oder ob er mit der Textur der Wand harmonieren soll.

Wo sich kein eigentlicher Blumenkasten anbringen läßt, setzt man die Pflanzen in einen Kübel oder Topf, stellt sie auf ein breites Fensterbrett, einen Balkon oder auf die Haustreppe. So macht man es in südlichen Ländern wie Frankreich oder Italien, wo Treppen und Balkone mit bepflanzten Ölfässern, Benzinkanistern und anderen Behältern vollgestellt sind, die vor leuchtenden Blüten förmlich überquellen.

In Kästen und Kübeln mischen sich die Farben der Pflanzen prächtig miteinander. Auf einer größeren Fläche, z.B. einem Gartenbeet, würde dies überladen wirken. Der Blumenkasten ist aber kleiner und die Farben sind in einen Rahmen aus Holz oder Stein gesetzt. Auch hier sollte man sich jedoch auf wenige Farben beschränken.

Zu bedenken ist ferner die Farbe des Hintergrunds. Rosarote oder zinnoberrote Geranien passen nicht vor eine rote Ziegelwand, während sie vor einer weißen oder grauen Wand sehr gut aussehen. Allen Farbkombinationen verleihen Weiß oder ein helles Grau einen hübschen Kontrast.

Für Blumenkästen muß man auch das geeignete Fenster haben. Die Fensterflügel müssen nach innen zu öffnen sein, sonst versetzt man den Pflanzen beim Öffnen jedesmal einen Schlag. Nach außen zu öffnende Fensterflügel und bepflanzte Blumenkästen vertragen sich also absolut nicht.

Gut geeignet sind breite Fensterbretter, auf denen die Kästen fest stehen. Befindet sich außen am Fenster kein Brett, muß man bei der Anbringung von Blumenkästen besonders sorgsam sein. Im Handel gibt es spezielle Träger aus Metall, die man an der Mauer befestigt. Zusätzlich kann man an den Seiten des Kastens und an der Mauer Haltestäbe anbringen.

Blühende Pflanzen in leuchtenden Farben, wie diese Begonien hier, kommen in Blumenkästen vor dem Fenster voll zur Geltung (oben).

Bei der Bepflanzung des Kastens muß die Farbe der Wand mit der Farbe der Pflanzen im Einklang stehen (rechts).

Nach den Geranien sind Petunien und Lobelien schon immer die beliebtesten Pflanzen für Blumenkästen gewesen. Mit ihren leuchtenden Farben betonen sie das stilvolle, alte Fenster (oben).

Geranien in verschiedenen Farben kommen in diesem strengen Kasten besonders gut zur Wirkung. Hängepflanzen oder Pflanzen verschiedener Wuchshöhe würden den Gesamteindruck hier nur stören (rechts).

Besonders beliebt sind Begonien, Geranien, Lobelien und Petunien. Ein Blumenkasten verleiht jedem Haus einen ganz besonderen Akzent. Man kann die Kästen so anbringen, daß es aussieht, als würden die Pflanzen direkt der Mauer entwachsen (oben), man kann mit ihnen die Konturen eines Fensters reizvoll betonen (links) oder man setzt den Blumenkasten einfach auf herkömmliche Weise vors Fenster (rechts).

Gestaltung von Blumenkästen

Wenn man sich etwas Mühe gibt, bleiben Blumenkästen fast immer ansehnlich. Mit Torf gefüllte Kästen kann man z. B. sehr lange blühend erhalten, wenn man abgeblühte Pflanzen ständig durch neue ersetzt.

Natürlich sind Blumenkästen im Sommer am schönsten; aber auch im Frühling erblühen in ihnen allerlei Zwiebelgewächse in üppiger Fülle und der Winter läßt sich mit einer Bepflanzung aus immergrünen Zwerggewächsen überbrücken.

Für die Pflege von Pflanzen in Kästen gilt dasselbe wie für ihren Anbau im Garten: Frostunempfindliche Arten pflanzt man im Winter und im Frühjahr, einjährige sät man im Frühjahr, empfindliche Gewächse pflanzt man im späten Frühjahr und Zwiebeln im Spätsommer oder Herbst.

Für Pflanzen in Kästen ist das Leben viel härter als für Gartenpflanzen. Sie haben oft nur wenig Schutz vor Sonne und müssen Zugluft und Trockenheit ertragen. Für dieses spartanische Leben wählt man deshalb am besten widerstandsfähige, anspruchslose Gewächse wie Geranien, Begonien, Margeriten, Lobelien, Petunien und Ringelblumen. Wo es sehr sonnig ist, gedeihen Petunien, Verbenen, Ringelblumen und Lobelien. Ein schattiges Fenster ist ein geeigneter Platz für Begonien und Stiefmütterchen. Kletterpflanzen wie *Ipomoea* (Prunkwinde) und *Cobaea scandens* klimmen an Schnüren empor; Hängepflanzen wie Kapuzinerkresse, Hängebegonien und Efeu wachsen mit ihren Ranken über den Rand der Kästen nach unten.

Ein Vorschlag fürs Frühjahr: im Herbst setzt man Zwiebeln von Narzissen, Hyazinthen, Krokussen, *Chionodoxa, Muscari* oder *Scilla sibirica.* Dazu wird buschiger Goldlack gepflanzt, den man als ersten in die Erde setzt. Sehr hübsch machen sich auch Vergißmeinnicht, die später durch *Nicotiana* ersetzt werden; die weiße Varietät wählt man wegen ihres Dufts, die grüne ihrer Farbe wegen. Kapuzinerkresse sät man zu Beginn des Sommers, damit man sich im Spätsommer an den schönen Blüten erfreuen kann.

Die Zwiebeln kann man später gleich fürs nächste Jahr im Kasten lassen. Blätter von Zwiebelgewächsen brauchen aber lange Zeit zum Einziehen und sehen dabei häßlich aus. Es ist deshalb vielleicht doch besser, die abgeblühten Pflanzen herauszunehmen und im Garten einzuschlagen.

Den Goldlack entfernt man nach der Blüte und setzt als Sommerbepflanzung z. B. Löwenmaul, Ringelblumen, Petunien, Geranien, Lobelien oder Steinkraut. Gleichgültig für welche Pflanzen man sich entscheidet, man muß in jedem Fall beachten, daß große Pflanzen im Kasten hinten stehen müssen, während kleine vorne hingehören. Im Spätsommer kann man dort, wo milderes Klima herrscht, Chrysanthemen einpflanzen. Im Winter sorgen Zwergnadelgewächse und winterharte Efeuarten für etwas Farbe. Auch *Hebe, Euonymus* und Heidekrautarten sind gegen Kälte relativ unempfindlich. Wo es aber sehr kalt wird, räumt man den Kasten besser bis zum nächsten Frühjahr.

Bei der Planung stehen viele Möglichkeiten offen. Man kann sich z. B. auf einige wenige Farben beschränken. Es macht auch Spaß, nach einem bestimmten Farbenplan vorzugehen und z. B. Gelb, Orange und Weiß oder Rosarot und Weiß, Weiß und Dunkelgrün oder auch Blau und Purpurrot auszuwählen. Reizvoll, aber etwas ausgefallen natürlich sind verschiedene Abstufungen derselben Farbe.

Bei allen Bepflanzungsplänen denke man daran, daß Weiß und Grau besonders hübsch wirken. Die silbergrauen Blätter von *Senecio bicolor* z. B. passen schlechthin zu allen leuchtenden Farben. Weiße Blüten vermitteln immer das Gefühl kühler Frische.

Selbstverständlich braucht man sich bei der Bepflanzung von Kästen nicht auf Blühendes zu beschränken; man kann ebensogut Küchenkräuter ziehen, die uns mit ihrem Duft erfreuen. Ein dekorativer Schmuck für einen wahren Gemüsekasten sind kleine Tomaten und Paprikaschoten.

Frühjahr

Zwiebelpflanzen gehören zu einer Frühjahrsbepflanzung. Hier entschied man sich für Narzissen, Krokusse, *Scilla,* Goldlack, Vergißmeinnicht und Efeu (oben).

Die Hyazinthen stehen wirkungsvoll vor dem *Juniperus horizontalis.* Dazu Tulpen, *Chionodoxa, Muscari,* Krokusse und eine hängende *Tradescantia* (unten).

Im Frühjahr lockert man die Erde des Blumenkastens, um sie zu durchlüften. Danach streut man Dünger.

Beim Einsetzen von Pflanzen dürfen die Wurzeln nicht beschädigt werden.

Nicht sehr kälteempfindliche einjährige Immerblüher sät man direkt in den Kasten.

Sommer

Winter

In diesem Kasten (oben) hat man die roten und goldgelben Farbtöne des Sommers eingefangen (Begonie, Pelargonie, Lobelien, Steinkraut und Stiefmütterchen).

Hier wirkt die Efeupelargonie besonders reizvoll. Margeriten, Petunien und die anderen Gewächse ergänzen diese hübsche Sommerbepflanzung (unten).

Für Gegenden mit milden Wintern empfehlen sich *Cotoneaster, Sempervivum, Chamaecyparis lawsoniana* 'Ellwoodii' und außerdem *Erica* und *Sedum spurium* (oben).

Ein leuchtender Rhododendron beherrscht diesen Blumenkasten, in dem auch *Hedera helix* 'Glacier', *Erica carnea, Chamaecyparis* und *Saxifraga* stehen (unten).

Im Sommer sind die Blumenkästen am schönsten. Allerdings brauchen sie auch viel Pflege. Wenn die abgeblühten Teile nicht regelmäßig entfernt werden, wirken alle Blütenpflanzen unordentlich. Zudem geht Samenansatz zu Lasten weiterer Blüten.

Geranien gedeihen in Blumenkästen, die vor Südfenstern hängen, am besten. Wenn sie verblüht sind, schießen sie leider unschön in die Höhe. Sie sollten deshalb – je nach Zustand – am Ende des Sommers auf 20–25 cm Höhe zurückgestutzt werden.

Alle 2 bis 3 Jahre muß man einen Blumenkasten völlig entleeren und mit frischer Erde füllen.

Vor dem Winter entfernt man alle verwelkten Blüten und abgestorbenen Blätter.

Gegen Ende des Herbstes setzt man Zwiebeln, z. B. von Narzissen und Hyazinthen, ein.

Herstellen und Bepflanzen eines Blumenkastens

In einschlägigen Geschäften kann man Blumenkästen aus ganz verschiedenen Materialien kaufen, z. B. aus Fiberglas, Keramik, Ton, Eternit, Plastik oder Holz. Wenn man ungestrichene Holzkästen mit einem Schutzmittel gegen Fäulnis behandelt, muß man darauf achten, daß das Mittel den Pflanzen nicht schadet.

Man kann Blumenkästen aber auch selbst herstellen, falls sie z. B. zu einem bestimmten Fenster passen sollen. Der Kasten muß mindestens 23 cm tief sein, sonst trocknet die Erde zu rasch aus. Unter den Kasten legt man Ziegel oder Holzleisten, damit die Luft zirkulieren kann. In den Boden des Kastens bohrt man Abzugslöcher.

Sobald man die Frage der sicheren Anbringung – was vor allem bei höheren Stockwerken wichtig ist – gelöst hat, beginnt man mit dem Bepflanzen. Zunächst wird der Boden mit einer gut durchlässigen Dränageschicht, z. B. Kies, bedeckt. Dadurch verhindert man, daß die Erde sauer wird. Über diese Schicht füllt man Torf oder eine Mischung aus gutem Humus und etwas organischem Dünger. Als Alternative kann man auch Grassoden verwenden, die man mit den Wurzeln nach oben in den Kasten legt. Als Pflanzerde wird eine düngerhaltige, fertige Mischung, mit der man den Kasten bis 2,5 cm unter dem Rand anfüllt, genommen. Die Erde überprüft man regelmäßig und achtet darauf, daß sich auf der Oberfläche nicht zuviel Staub ansammelt, oder daß sie zu fest wird. Einmal pro Woche lockert man die Erde, so bleibt sie durchlässig und wird nicht sauer. Einmal im Jahr sollte die Erde ausgewechselt werden. Gewöhnlich macht man dies im Winter.

Einjährige Pflanzen (dies sind Gewächse, die innerhalb eines Jahres blühen, Samen bilden und absterben) zieht man aus Samen, den man im Frühjahr sät. Mehrjährige Sommerblüher wie Geranien pflanzt man im Frühsommer und Zwiebeln im Herbst in den Kasten. Der ausgesäte Samen wird ganz leicht mit feiner Erde bedeckt. Sobald die Sämlinge groß genug sind, vereinzelt man sie

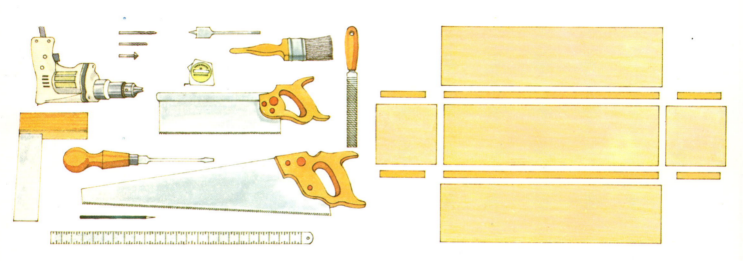

Zur Herstellung eines Blumenkastens benötigt man keine besondere Ausrüstung. Außer einem Bohrer für die Abflußlöcher hat man das Nötigste meist schon im Haus. Für die 2,5 cm großen Löcher braucht man einen entsprechenden Bohrer. Es empfiehlt sich, die Oberfläche des Holzes mit Sandpapier zu glätten. Man kann den Kasten aus weichem Sperrholz oder aus Hartholz herstellen.

Man sägt die Bretter und Leisten auf die richtige Größe. Der hier beschriebene Kasten paßt auf ein 90 cm langes Fensterbrett. Bei längeren Fenstersimsen baut man besser zwei einzelne Kästen, weil die Belastung des Kastens sonst zu groß wird. Für ein schönes Arrangement von Pflanzen genügt eine Kastenbreite von 25 cm. Bei einer Tiefe von ebenfalls 25 cm können sich die Wurzeln gut entwickeln.

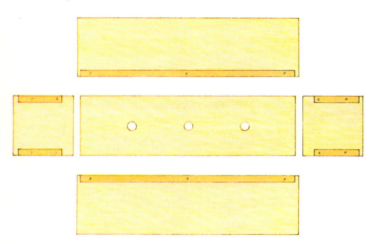

Besonders wichtig für die gesamte Konstruktion sind die Leisten. Mit ihnen wird der Kasten fest verbunden, sie verleihen ihm Stabilität. Mit einem guten Holzleim klebt man die Leisten auf die Bretter und verschraubt sie mit Messingschrauben.
In die Mitte des Bodens bohrt man alle 30 cm ein 2,5 cm großes Abzugsloch.

Nun leimt man zunächst die beiden langen Seiten zusammen. Die zwei Brettchen an den kurzen Seiten werden dann so angeleimt, daß sich die Leisten als Eckverstärker innerhalb des Kastens befinden.

Danach verschraubt man alle Teile. Nach der Grundierung wird der Kasten zweimal mit Ölfarbe gestrichen. Zum Schluß kleidet man ihn mit Plastikfolie aus.

wie auf dem Samenpäckchen angegeben. Einjährige Pflanzen brauchen genügend Raum für ihre Wurzeln, sonst werden sie schwächlich. Vor dem Einpflanzen durchnäßt man die Erde und gräbt mit einer kleinen Schaufel die nötigen Löcher. Die Erde um die Pflanzen muß fest angedrückt werden.

Nun heißt es mit Vorsicht gießen; denn bei zu nasser Erde gehen die Pflanzen ein. Man gieße also lieber etwas zu wenig. Bei heißem, trockenem Wetter brauchen die Pflanzen zweimal am Tag Wasser. Man gieße jedoch nie, wenn die Sonne hoch steht. Ist es kühl und bedeckt, muß man entsprechend weniger gießen und bei Regenwetter natürlich überhaupt nicht.

Die Erde düngt man im Frühjahr mit einem handelsüblichen Düngemittel. Im Herbst empfiehlt sich etwas Knochenmehl. Der Humusgehalt bleibt erhalten, wenn man ab und zu getrockneten Mist oder Torfdünger auf die Erde streut. Ein gutes organisches Düngemittel ist natürlich auch Kompost.

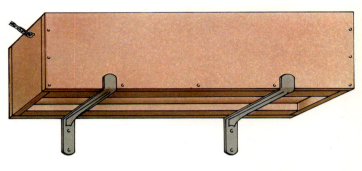

Bepflanzte Blumenkästen können sehr schwer sein. Sie sind auch Wind und Regen ausgesetzt. Daher ist es wichtig, daß sie fest und sicher angebracht werden. Man darf sie nicht einfach aufs Fensterbrett stellen. Mit Hilfe von Winkelhaken aus Metall, deren Enden aufgebogen sind, lassen sich Blumenkästen am einfachsten befestigen.

Diese hübsche Bepflanzung beruht auf der geschickten Zusammenstellung von zueinander passenden Pflanzen: Efeu und *Campanula*, die beide herabranken, bunte Geranien, *Coleus* und *Impatiens*. Das ganze wird von einem dekorativen *Chamaecyparis* gekrönt.

Auf einem breiten Fensterbrett mit stabilem Metallgitter steht ein Blumenkasten zwar absolut sicher, aber er bekommt leicht einen nassen Fuß. Zwei Leisten, mit Messingschrauben auf der Unterseite befestigt, verhindern, daß er bei Regenwetter im Wasser steht.

Ist das Fensterbrett schräg nach vorn geneigt, befestigt man am Boden des Kastens entsprechende Holzkeile. Aus Sicherheitsgründen ist es immer besser, wenn der Kasten mit seinem Gewicht mehr gegen die Hauswand hängt. Auch hier seitlich Haken anbringen.

Wichtig bei einem Blumenkasten ist das Anbringen von Abzugslöchern. Jedes Loch wird mit Tonscherben oder einem durchlöcherten Zinkblech bedeckt. Verwendet man Plastikfolie, muß man sie ebenfalls mit Löchern versehen. Auf den Kastenboden füllt man zunächst eine Kiesschicht; darauf kommt eine Torfschicht und schließlich füllt man den Kasten bis 2,5 cm unter den Rand mit Erde. In die Erde gräbt man Löcher, in die dann die Pflanzen gesetzt werden.

Licht und Temperatur

Fotosynthese

Der Begriff Fotosynthese bedeutet ›Zusammensetzung durch Licht‹. Sie ist vor allem für Zimmerpflanzen wichtig; denn diese sind direktem Licht weniger ausgesetzt als Pflanzen im Freien. Fotosynthese ist ein Prozess, bei dem die Pflanze Kohlendioxid der Luft und Wasser in die Aufbaustoffe Zucker und Stärke umwandelt. Durch die grünen, Chlorophyll enthaltenden Teile der Pflanze werden Lichtstrahlen der Sonne oder einer künstlichen Lichtquelle aufgenommen und als Energiespender verwendet.

Wird der gebildete Zucker nicht gleich benötigt, erfolgt eine Umwandlung in Stärke, die in den Wurzeln, Knollen, Rhizomen oder Zwiebeln gespeichert wird. Fotosynthese findet nur bei Tage statt, es sei denn, die Pflanze wird bei Kunstlicht gezogen.

Bei Tageslicht finden sowohl Fotosynthese als auch Atmung statt.

Bei Dunkelheit erfolgt ausschließlich Atmung.

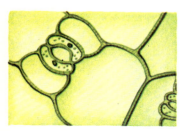

Die Chloroplasten enthalten das für die Fotosynthese so wichtige Chlorophyll.

Der Austausch der Gase Kohlendioxid und Sauerstoff erfolgt durch zahlreiche winzige Atemöffnungen (Stomata) in der Pflanzenhaut.

Atmung

Die Atmung ist der der Fotosynthese entgegengesetzte Vorgang. Der bei der Synthese entstandene Zucker wird in Fette, Proteine und andere Stickstoff enthaltende, lebenswichtige Aufbaustoffe umgewandelt. Bei diesem Prozeß wird die Energiemenge freigesetzt, die die Pflanze zum Wachsen und zu anderen Energie verbrauchenden Vorgängen in ihren Zellen benötigt. Gleichzeitig gibt die Pflanze durch die Atemöffnungen der Blätter Kohlendioxid und Wasser ab. Die Atmung findet sowohl bei Tag, als auch in der Nacht statt.

Die Blätter sind so angeordnet, daß sie das nötige Licht aufnehmen können. Leitgefäße transportieren von den Wurzeln aufgenommenes Wasser und Nährstoffe.

Die Wurzeln verankern die Pflanze im Boden. Von den Wurzelhaaren werden Wasser und mineralische Nährstoffe aufgenommen, die durch die Leitbündel in alle Pflanzenteile gelangen.

Wasser

Sauerstoff

Sonnenlicht

Zucker

Kohlendioxid

Zimmerpflanzen haben es in unseren Wohnungen oft schwer. Wir erwarten von ihnen, daß sie immer schön aussehen, auch wenn wir sie nicht richtig pflegen. Von der »idealen« Zimmerpflanze verlangt man, daß sie kräftig und anspruchslos ist, und wenn sie schon nicht dauernd blüht, sollte sie wenigstens schön grün sein. Trokkenheit, Rauch, Dampf, Zugluft und Temperaturschwankungen dürfen ihr nichts ausmachen. Sie muß selbst in zentralbeheizten, oft dunklen Räumen überleben und sogar gedeihen. Aber nur einigen Gewächsen, die ursprünglich in tropischen Regenwäldern und anderen Wäldern unserer Erde zu Hause waren, sagen die oft lichtarmen Räume unserer Häuser zu. Sie sind daher seit Jahrhunderten als Zimmerpflanzen beliebt.

Im allgemeinen aber brauchen Zimmerpflanzen Bedingungen, die denen ihrer Heimat wenigstens ähnlich sind. Vor allem benötigen sie Licht. Ohne Licht gibt es keine Fotosynthese und damit kein Wachstum bei den Pflanzen. Bei Lichtmangel kümmert jede Pflanze, die Blätter verlieren ihr volles Grün und sie blüht nicht mehr. Fehlt das Licht ganz, geht die Pflanze ein. Man kann nicht immer sagen, ob alle Pflanzen, die man besitzt, auch genügend Licht bekommen. Für Anfänger empfiehlt es sich daher, möglichst Pflanzen zu wählen, die auch in ihrer Heimat im Schatten leben. Dazu gehören Aronstabgewächse, Farne und Palmen. Später kann man erforderlichenfalls mit künstlichem Licht experimentieren.

Die Anforderungen an Licht und Schatten sind von Pflanze zu Pflanze ganz verschieden. Araceen, *Aspidistra* und Palmen fühlen sich in einem warmen Nord- oder Ostzimmer ohne allzuviel direktes Licht äußerst wohl. Begonien, Bromelien, *Chlorophytum, Dracaena, Fatsia, Ficus, Fittonia* und *Tradescantia* gedeihen gut, wenn sie etwas mehr Licht bekommen. Für Blütenbegonien, *Euphorbia* und *Saintpaulia* ist nur ein heller Standort ideal. Einen ganz besonders hellen Platz benötigen Kroton, *Impatiens, Pelargonium, Sinningia, Gloxinia* sowie alle Sukkulenten und Kakteen.

Von Zeit zu Zeit muß man alle Pflanzen drehen. Sonst wachsen sie schief und was man sieht, ist nur die Unterseite der Blätter, da diese sich mit der Oberseite dem Licht zuwenden. Beginnen die Pflanzen zu kümmern, rückt man sie versuchsweise näher ans Licht oder stellt sie weiter weg. Außer Licht, guter Erde und ordentlicher Pflege braucht eine Pflanze auch die ihr zusagende Temperatur und die nötige Feuchtigkeit. Die Anforderungen an die Temperatur hängen von der Art der Pflanze, von der Jahreszeit und dem Klima ihres Standortes ab. Deshalb muß jede einzelne Pflanze oder jede Pflanzengruppe für sich betrachtet werden. Man sollte unbedingt die ursprüngliche Heimat der Pflanzen kennen. Im allgemeinen reicht eine ständige Zimmertemperatur von 18–21° C für die meisten Zimmerpflanzen. Pflanzen, die kühlere Standorte brauchen, wachsen gut in der Diele, im Treppenhaus oder im Schlafzimmer. Keine Pflanze, die in Zimmerkultur gehalten wird, verträgt auf die Dauer eine Temperatur, die über 24° C liegt. In einem hellen Gewächshaus gedeiht sie bei dieser Temperatur allerdings recht gut.

Je näher am Fenster, desto besser ist das Licht. Deshalb muß man bei der Wahl des Standorts die Lichtbedürfnisse der Pflanzen beachten. *Codiaeum* und *Impatiens walleriana* brauchen direktes Licht. Bei

Blütenbegonien und Usambaraveilchen soll das Licht hell aber nicht unbedingt direkt sein. Weniger Ansprüche stellen *Fatsia, Ficus* und *Dracaena*. Farne und Palmen bevorzugen Schatten.

Viele Pflanzen sind ausgesprochen zugempfindlich. Deshalb darf man sie nie an einen zugigen Platz stellen. Zugluft kann fast überall entstehen: unter Türen, an nicht dicht schließenden Fenstern, aber auch

beim Lüften. Pflanzen sollten außerdem unter keinen Umständen in der Nähe von Hitze erzeugenden Geräten wie z. B. Kühlschränken, Zentralheizungen, Waschmaschinen und Kochherden stehen.

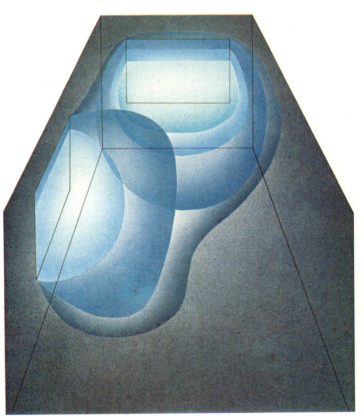

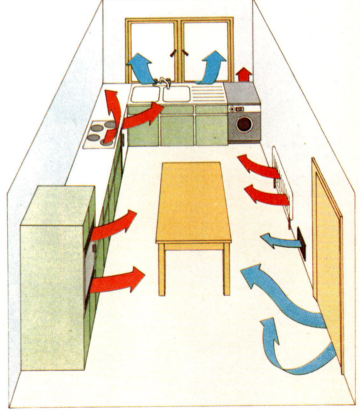

Gießen

Zum Gießen der Pflanzen nimmt man eine Gießkanne oder eine Flasche. Für Luftfeuchtigkeit sorgt man mit einem Sprühgerät. Zu trocken gewordene Pflanzen werden in einen Eimer Wasser gestellt. Wasser ist für Pflanzen lebenswichtig. Es wird durch die Wurzeln dem Boden entnommen und führt die mineralischen Nährstoffe mit sich. Das Wasser im Sprühgerät sollte nicht kalkhaltig sein, da der Niederschlag auf Blättern sonst zu häßlichen Flecken führt.

Wenn Pflanzen eingehen, ist in den meisten Fällen zu reichliches Gießen die Ursache. Es gibt keine feste Regel, wann und wieviel eine Pflanze Wasser braucht; hier ist vor allem die Umgebung maßgebend. Auch die Art des Topfes und der verwendeten Erde, die Raumtemperatur, die Jahreszeit und der Standort spielen eine Rolle.

Pflanzen in Tontöpfen muß man öfter gießen als solche in Plastiktöpfen; auch Pflanzen in lehmhaltiger Erde brauchen mehr Wasser als Pflanzen, die in einer torfhaltigen Mischung stehen. Hydrokulturgefäße haben einen Wasserstandsanzeiger, von dem man abliest, wann nachgefüllt werden muß.

Pflanzen wachsen nicht das ganze Jahr über gleichmäßig. Im Frühjahr und Frühsommer, wenn die jungen Triebe und Blätter rasch sprießen, muß reichlich gegossen werden. Dagegen schränkt man im Winter, wenn das Wachstum stark verlangsamt oder z. T. ganz eingestellt ist, die Wasserzufuhr bis auf ein Minimum ein. In einem Raum mit Zentralheizung muß jedoch immer ausreichend gegossen werden.

Auf der sonnigen Fensterbank brauchen Pflanzen mehr Wasser als in einer schattigen Ecke. Auch Töpfe, Kästen und Hängekörbchen im Freien müssen öfter gegossen werden als Pflanzen im Badezimmer oder in der Küche.

Wenn die Erdoberfläche trocken aussieht, braucht die Pflanze wahrscheinlich Wasser; zuvor aber muß man noch feststellen, wie es unter der Oberfläche steht. Bei einem Tontopf ist das einfach. Man klopft leicht dagegen: ein heller Ton bedeutet »Boden trocken«, ein dumpfer »Boden feucht«. Bei Plastiktöpfen steckt man einen Bleistift in die Erde; wenn welche daran hängen bleibt ist sie noch feucht genug. Man kann auch einen Feuchtigkeitsmesser verwenden.

Einerseits soll man Pflanzen nicht vertrocknen lassen, andererseits darf man aber auch nicht zu schnell mit dem Gießen bei der Hand sein; denn kräftiges Wurzelwerk bildet sich nur im ständigen Kampf um die Feuchtigkeit. Wenn man aber gießt, füllt man den

Oft weiß man nicht, wie feucht die Erde im Topf ist. In Zweifelsfällen hilft ein Feuchtigkeitsmesser, der genau anzeigt, wie feucht oder trocken der Boden ist. Solche Feuchtigkeitsmesser gibt es in mehreren, einfach zu handhabenden Ausführungen.

Wenn die Topferde ausgetrocknet ist, hat Gießen keinen Zweck mehr, weil das Wasser einfach ungenutzt durch den Topf läuft. Man muß dann den ganzen Topf bis über seinen Rand solange ins Wasser stellen, bis keine Luftblasen mehr aufsteigen.

Topf bis zum Rand; hier und da nur einige Tropfen sind unzureichend. Falls die Pflanze einmal so trocken geworden ist, daß der Erdballen sich zusammenzieht und kein Gießwasser mehr annimmt, stellt man den Topf samt der Pflanze in einen Eimer Wasser und wartet, bis er so vollgesogen ist, daß keine Luftblasen mehr aufsteigen. So erholt sich die Pflanze am schnellsten. Danach nimmt man den Topf heraus und drückt die Erde am Topfrand fest an.

Ein Fußbad in Topfuntersätzen muß man vermeiden; denn es führt zu stauender Nässe und Wurzelfäule. Um eine feuchte Atmosphäre zu schaffen, stellt man Pflanzen, die viel Luftfeuchtigkeit benötigen, am besten in einen Übertopf mit feuchtem Torf. Denselben Dienst erweist eine Schale oder Wanne mit feuchtem Kies. Häufiges Sprühen erzeugt ebenfalls Luftfeuchtigkeit in der Umgebung der Pflanzen.

Besonders vorsichtig muß man Pflanzen mit empfindlichen Blättern und Blüten gießen. Man verwendet hierzu am besten eine Gießkanne mit langem Gießrohr, mit dem man überall leicht hinkommt. Man kann aber auch den ganzen Topf in ein flaches Wasserbecken stellen, bis die oberste Bodenschicht von unten her feucht geworden ist. Auf diese Weise lassen sich *Simingia, Cyclamen* und *Saintpaulia* sehr schonend mit Wasser versorgen.

Während der winterlichen Ruhepause müssen Kakteen und andere Sukkulenten ziemlich trocken gehalten werden. Man überwintert sie am besten in der Diele oder im Keller und gießt nur gerade soviel, damit sie nicht vertrocknen.

Glücklich muß sich schätzen, wer einen zuverlässigen Freund oder Nachbarn hat, dem man in den Ferien seine Pflanzen anvertrauen kann. Ist dies nicht der Fall, greift man zur altbewährten Methode eines von einem Gefäß aus feucht gehaltenen Bandes aus Glasfiber oder Baumwolle oder man befestigt ein Band an einem tropfenden Wasserhahn. Heute hat man allerdings bessere, aber etwas teurere Methoden bzw. Geräte entwickelt, die sich auf lange Sicht jedoch als billiger erweisen.

Es gibt mehrere Systeme, die Pflanzen während des Urlaubs selbständig mit Wasser versorgen. Hier wurde ein Band mit dem einen Ende in eine Wasserschüssel gehängt; das andere Ende steckt in der Topferde.

Hier gelangt die Feuchtigkeit aus dem Wassergefäß unmittelbar an das Wurzelsystem der Pflanze. Allerdings muß zur Anbringung des Dochtes im Wurzelbereich die Pflanze zunächst aus dem Topf herausgenommen werden.

Ein Band wird in der Badewanne von einem tropfenden Wasserhahn aus über mehrere Töpfe gezogen. Der Anblick mag seltsam sein, aber die Methode ist wirkungsvoll, wenn niemand die Pflanzen versorgt.

In einer luftdicht verschlossenen Plastiktüte schlägt sich das von der Pflanze verdunstete Wasser nieder und gelangt so in die Erde. Die Pflanze kann so etwa eine Woche ohne Gießen überstehen.

Heute sind in einschlägigen Geschäften eine Reihe von bunten Plastikbehältern auch in modernem Design erhältlich, die selbsttätig für die Wasserzufuhr sorgen. Man verwendet sie vor allem in Büros oder dort, wo nicht regelmäßig gegossen werden kann. Ideal sind diese Behälter für Leute, die häufig längere Zeit von zu Hause fort sind oder natürlich für den Urlaub. Man muß lediglich dafür sorgen, daß das Reservoir voll ist und damit hat die Erde immer die richtige Feuchtigkeit. Alle 3 bis 4 Wochen füllt man den Tank auf.

Es gibt heute eine Menge Artikel, die für die richtige Feuchtigkeit im Boden sorgen können. Durch diesen porösen Frosch z. B. sickert das Wasser langsam, aber in ausreichender Menge in die Erde. Eine solche Vorrichtung versorgt die Pflanze 2 bis 3 Wochen mit dem nötigen Naß.

Es ist oft unbequem, Kübel, Schalen oder Hängekörbchen regelmäßig zu gießen, und man vergißt es deshalb leicht. Dieser poröse ›Benetzer‹ ist aus Ton. Er wird mit Wasser gefüllt und in die Erde zwischen die Pflanzen gesetzt. Das Wasser dringt langsam in den Boden ein.

Kunstlicht

In den modernen Bürobauten und Appartements unserer Städte sind die Zimmerpflanzen nicht mehr auf das durch die Fenster fallende Licht angewiesen. Große und stattliche Pflanzen gedeihen in einer Zimmerecke weit hinten im Raum, die man früher kaum für einen Farn als geeignet gehalten hätte. Daß Zimmerpflanzen heute auch im dunkelsten Winkel gehalten werden können, verdankt man einzig und allein dem Kunstlicht. Berufsgärtner züchten bei künstlicher Beleuchtung Orchideen; der Amateur beschränkt sich darauf, das bereits vorhandene Licht zu ergänzen, oder er legt sich eine Blumenvitrine mit künstlicher Beleuchtung an, in der er seine blühenden Pflanzen zieht.

In früheren Zeiten galten Pflanzen aus den tropischen Regenwäldern als die Zimmerpflanzen, die am einfachsten zu halten und am ausdauerndsten waren. In ihrer Heimat lebten sie nämlich ohnehin im Schatten und nur wenig Licht gelangte auf ihre Blätter. Die moderne Architektur, der Trend zu großen Fenstern und das immer stärker werdende Bedürfnis, das Wenige Grün in den Städten zu kompensieren, führten zu einem Boom an Zimmerpflanzen. Gleichzeitig ersann man Methoden, wie man in Stadtwohnungen dem Mangel an Sonnenlicht abhelfen könnte. Auch eine Pflanze, die direkt neben dem Fenster steht, bekommt ja nur ein Viertel des Lichtes, das sie im Freien hätte. In der Mitte des Zimmers erreicht sie vielleicht noch ein Zehntel. Ohne das nötige Licht kann eine Pflanze aber nicht richtig gedeihen. Sie wird blaß, weil die Fotosynthese nicht funktionieren kann, und sie treibt natürlich auch keine Blüten mehr. Vor etwa 30 Jahren versuchten zwei Gärtner in New York, Topfpflanzen unter normalen Glühbirnen zu ziehen, um so das Tageslicht zu verlängern. Zwanzig Jahre später hatte man den Beweis, daß fast jede Pflanze bei künstlichem Licht gut gedeihen kann.

Eine einfache Glühbirne kann das Wachstum einer Pflanze unterstützen, aber es gilt zunächst einige Regeln zu beachten und Grundsätzliches zu verstehen. Künstliches Licht besitzt nicht die Intensität des Sonnenlichts, und auch der Anteil an infraroter und ultravioletter Strahlung ist wesentlich geringer. Trotzdem erzeugt eine Glühlampe auf geringe Entfernung eine Hitze, die die Blätter einer Pflanze versengt. Gewöhnliche Punktstrahler, die direkt auf ein Gewächs gerichtet sind, unterstützen durch Licht und Wärme sein Wachstum und wirken im Zimmer dekorativ. Sie eignen sich aber nur für Blattpflanzen, die an sich wenig Licht brauchen. Ein

viel besserer Ersatz für das Tageslicht sind Neonröhren, die hell und kühl sind. Die Blätter nehmen bei einer Berührung mit der Röhre keinen Schaden. In Geschäften für Gartenbedarf sind spezielle Leuchtröhren erhältlich, die man sowohl für Blattpflanzen, als auch für die Pflanzenzucht aus Samen und Stecklingen verwenden kann.

Ein Behälter für Pflanzen, die bei künstlichem Licht gehalten werden sollen, ist einfach herzustellen. Sehr gut geeignet sind Bücherregale und Schränke, bei denen man die Pflanzen gut sieht, aber nicht geblendet wird. Zur besseren Reflexion des Lichtes streicht man das Holz weiß. Eine Leiste oder Blende verbirgt die Röhre. Hat man keine Lust zum Basteln, wählt man aus dem reichen Angebot, was einem zusagt. Es gibt quadratische und ringförmige Neonleuchten mit speziell entwickelten ›beleuchteten Gärten‹, die aussehen wie umgekehrte Tische mit einer Wanne für die Pflanzen. Ein oder zwei Neonröhren mit Reflektoren hängen über ihnen. Eine kleinere Variation, die einer Tischlampe ähnelt, ist mit einer runden Röhre ausgestattet. Viele dieser Konstruktionen sind mit automatischer Wasserzuführung und einem Zeitschalter versehen.

Für diese 3 hochgewachsenen, sukkulenten Euphorbien ist der kühle, nüchterne Stil dieses sehr modernen Interieurs der richtige Hintergrund. Durch einen einzigen, auf sie gerichteten Punktstrahler werden sie zum Blickfang des Raumes.

Pflanzen lassen sich auch in speziell konstruierten Schränken bei Kunstlicht halten, auch wenn sie dort nie ein Sonnenstrahl trifft. Derartige Schränke sind oft attraktive Raumteiler und ein dekorativer Zimmerschmuck. Hier sieht man u.a. *Columnea, Episcia, Kalanchoe* und Geranien auf dem oberen Brett und auf dem unteren *Begonia rex* und *Streptocarpus* (links).

Pflanzen, die sehr viel Licht brauchen, gedeihen gut, wenn man das Tageslicht künstlich verlängert. Drei tief herabhängende Lampen beleuchten hier *Nephrolepis, Peperomia, Crassula, Ficus* und *Calceolaria*, die alle etwa gleich hoch sind.

Will man Pflanzen bei künstlicher Beleuchtung halten, empfiehlt es sich, etwas über Fotoperiodismus zu wissen. Fotoperiodismus bedeutet die relative Lichtdauer, die eine Pflanze zum Leben braucht. Eine künstliche Umgebung mit regulierter Wärme, ohne Jahreszeiten und ohne bedeckte Tage, ist in ihrer monotonen Perfektion keineswegs immer ideal für jede Pflanze. Bei zuviel Licht neigen kleinere Pflanzen oft dazu, in die Höhe zu schießen, während andere wieder bei zu wenig Licht das Wachsen einstellen. Im allgemeinen brauchen Blattpflanzen ziemlich viel Kunstlicht für ein kräftiges Wachstum. Blütenpflanzen kann man, was künstliche Beleuchtung anbelangt, in drei Gruppen einteilen: zu den Pflanzen, die eine lange Zeit Licht brauchen (12 bis 16 Stunden), gehören Knollenbegonien, Astern und Pantoffelblumen. Mit weniger als 12 Stunden Licht am Tag kommen u. a. *Chrysanthemen*, die *Kalanchoe* und der Weihnachtsstern aus. Die dritte Gruppe ist nicht auf eine bestimmte Lichtdauer angewiesen. Zu ihr gehören das beliebte Usambaraveilchen und Rosen. Allgemein kann gesagt werden, daß Winterblüher weniger Licht benötigen als Sommerblüher.

Empfehlenswert bei Kunstlicht ist es, Pflanzen etwa der gleichen Wuchshöhe zu wählen; sonst bekommen die großen das Licht, das sie brauchen während die kleinen im Schatten vegetieren. Oder aber die kleinen erhalten das richtige Licht und die großen verbrennen. Es ist einfacher, niedrige, großblättrige Pflanzen zu beleuchten als große Gewächse, weil das Licht zur gleichen Zeit auf alle Blattoberflächen fällt. Dies ist der Grund, weshalb Arrangements mit Usambaraveilchen und Zwergbegonien so beliebt sind. Pflanzen, die teilweise oder völlig bei künstlichem Licht gehalten werden, setzt man in eine lehm- oder torfhaltige Erde oder zieht sie in Hydrokultur. Konstante Temperatur und Beleuchtung haben zur Folge, daß die Pflanzen in ihrem Wachstum nicht durch den Wechsel der Jahreszeiten beeinflußt werden.

Manche Gewächse, z.B. Geranien, wachsen deshalb rascher; daher muß man sie regelmäßig zurückstutzen. Alle abgeschnittenen Teile eignen sich zur Vermehrung, die in Zuchtkästen mit Kunstlicht weitaus erfolgversprechender ist.

Ideal ist die künstliche Beleuchtung für Pflanzen in Hydrokultur. Da es auf diesem Gebiete für den Berufszüchter wie den Amateur viele Möglichkeiten gibt, beschäftigt sich die Forschung in verstärktem Maße damit. In Amerika hat man eine neue Leuchte auf den Markt gebracht, die unter dem Namen »True-Lite« auch bei uns schon erhältlich ist und die ein natürlicheres Licht erzeugt. Auch dies wird dazu beitragen, daß die Pflanzenhaltung bei künstlichem Licht im Büro und zu Hause noch mehr zunimmt.

Mit Hilfe eines Lichtpaneels an der Wand und Punktstrahlern in der Decke werden *Howeia* und Begonien (oben) beleuchtet. Die an sich schon attraktiven Pflanzen kommen durch das Kunstlicht besonders wirkungsvoll zur Geltung.

Es gibt viele Versuche, Kunstlicht natürlich erscheinen zu lassen. Neonlicht wirkt oft ungemütlich. Die Neonröhre über dieser Kombination aus *Schefflera* und *Monstera* ist jedoch sehr geschickt in die Gesamtplanung mit einbezogen worden. Diese wurde dadurch sehr effektvoll. Außerdem kommen die Pflanzen durch diese Art der Beleuchtung erst richtig zur Wirkung (links).

Wenn man sie geschickt und hinreichend beleuchtet, sind Pflanzen ein dekorativer Schmuck für eine Wohnwand. Im milden Licht von Neonröhren leuchtet eine rosa Azalee (ganz links).

Dieses Arrangement aus *Aechmea, Aspidistra, Ficus elastica, Maranta leuconeura, Chrysanthemum* und *Ananas comosus* bildet einen üppigen Dschungel. Die Pflanzen dienen gleichzeitig als Raumteiler. Sie lockern das große, offene Zimmer auf, ohne es zu zerstückeln (rechts).

Geräte, Werkzeug und Material

Bei 10 oder 20 Zimmerpflanzen kann man sich auf wenige Utensilien beschränken. Mit einem alten Löffel oder einer alten Gabel lockert man die Erde, und zum Zurückstutzen oder Ausschneiden verwendet man ein scharfes Messer. Das Gießwasser kann man in ein oder zwei Flaschen aufbewahren.

Wenn man aber eine größere Anzahl Pflanzen besitzt, empfiehlt es sich unbedingt, die richtigen Geräte zu kaufen. Sehr wichtig ist eine geeignete Gießkanne mit tief angesetztem Gießrohr. Solche Kannen gibt es in leichtem Plastik, aber auch in verzinktem Blech oder aus Messing. Zum Anfeuchten von Torf verwendet man einen Plastikeimer. Feuchtigkeitsmesser für die Topferde sind im Handel erhältlich. Sie sagen einem im Zweifelsfällen, wieviel Wasser die Pflanze braucht. Von einem Hygrometer liest man die Luftfeuchtigkeit ab, und mit einem Thermometer überprüft man die Raumtemperatur.

Manche Pflanzen wie Farne müssen täglich abgesprüht werden; dazu verwendet man ein Sprühgerät oder eine Spritze. Sprühgeräte sind meist aus Plastik und sehr leicht. Pflanzen mit behaarten oder samtenen Blättern darf man nicht besprühen, man staubt sie mit einer kleinen, weichen Bürste ab. Von großen, ledrigen Blättern wischt man den Staub mit einem weichen Tuch ab, das man zuvor in lauwarmes Wasser taucht. Es gibt aber auch spezielle Sprays.

Ferner benötigt man zum Abtrennen von Ablegern und Stecklingen ein Messer, zum Stutzen und Entfernen von Triebspitzen eine Gartenschere und zusätzlich eine gewöhnliche Schere, mit der man z. B. Bindfaden und Schnur zerschneiden kann.

Mit einer kleinen, handlichen Kelle füllt man Erde in Töpfe. Mit einem kleinen Rechen lockert man sie. Für diese Arbeiten kann man selbstverständlich auch einen alten Löffel bzw. eine alte Gabel verwenden.

Wenn man auf Hydrokultur verzichtet, benötigt man Blumenerde, Anzuchterde für Sämlinge und Zwiebelpflanzen sowie eine spezielle Kakteenerde. Grüne oder naturfarbene Stöcke dienen zum Stützen der Pflanzen, die mit Bast, Bindfaden oder einer Plastikschnur daran festgebunden werden.

1 Maximum-Minimum-Thermo-
  meter
2 Halteringe
3 Luftfeuchtigkeitsmesser
4 Bodenbefeuchter
5 Bodenfeuchtigkeitsmesser
6 Blattblank-Spray
7 Flüssigdünger
8 Thermostat
9 Zerstäuber
10 Bindfaden

Erde und Düngung

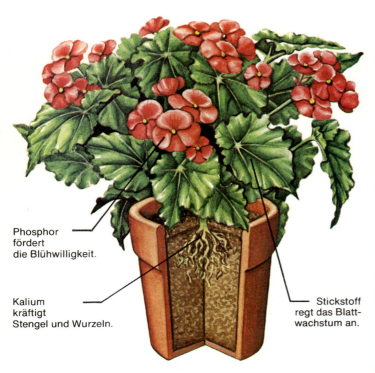

Phosphor
fördert
die Blühwilligkeit.

Kalium
kräftigt
Stengel und Wurzeln.

Stickstoff
regt das Blatt-
wachstum an.

Die drei Hauptnährstoffe für ein gesundes Pflanzenwachstum sind Stickstoff (N), Phosphorsäure (P) und Kali (K). N regt das Wachstum an und gibt den Blättern eine satt-grüne Farbe. P fördert die Blühwilligkeit und K kräftigt Stengel und Wurzeln. Erde enthält Kalzium, Kupfer, Eisen, Mangan, Schwefel, Zink und Aluminium als Spurenelemente.

Zu den vielen käuflichen Substraten und Dränagesubstanzen gehören (von links nach rechts) Füllsubstrat für Hydrokultur (Blähton), Kies, Steine, Holzkohle und Feinkies (hintere Reihe); Blutmehl, Kakteenerde, Humus, Topfpflanzenerde und Anzuchterde (mittlere Reihe); verschiedene Arten groben und feinen Sandes (vordere Reihe).

Die Erde oder Erdmischung, in der eine Pflanze wächst, trägt viel zu ihrem Gedeihen bei. In keinem Fall ist es damit getan, daß man einen Eimer voll Gartenerde nimmt, einen Blumentopf damit füllt, die Pflanze einsetzt und darauf vertraut, daß alles gut geht. Gartenerde besitzt nämlich nicht die richtige Zusammensetzung: sie enthält nicht genug Sand und Humus. Grober Sand hält die Erde porös und sorgt für guten Wasserabzug. Humus besteht aus organischen Substanzen in verschiedenen Stadien der Zersetzung. In ihm befinden sich viele wichtige Pflanzennährstoffe. Gartenerde enthält manchmal Spurenelemente wie Eisen, Magnesium und Kobalt, die manche Zimmerpflanzen nicht vertragen. Die beiden Hauptbestandteile der Erdmischung für Zimmerpflanzen sind Lehm und Torf. Lehm ist eine Mischung aus Sand, Ton und Humus. Torf besteht aus abgestorbenen Pflanzen, vor allem Moosen, die sich nur langsam zersetzen; er ist leicht, trocken und fasrig. Sand, den man Erdmischungen beifügt, sorgt für Wasserdurchlässigkeit. Kalk wirkt der Versauerung der Erde durch Torf, Phosphat und Kali entgegen.

Lehm, Kompost oder Mist sind oft schwer zu bekommen und ebenso schwer ist es, aus den einzelnen Bestandteilen die für die jeweilige Pflanze erforderliche Mischung herzustellen. Rhododendron und Farne z.B. vertragen keine kalkhaltige Erde. Es wäre also falsch, in diesem Falle der Erde Kalk beizufügen. Um uns die Sache nun zu erleichtern, hat sich die Wissenschaft des Problems angenommen und die verschiedensten Blumenerden entwickelt. Sie alle enthalten die wichtigsten Nährstoffe und sind frei von Unkrautsamen, Krankheitskeimen und Schädlingen.

Eine übliche Mischung, die hauptsächlich für langsamwüchsige Pflanzen verwendet wird, besteht aus 7 Teilen Lehm, 3 Teilen Torf und 2 Teilen grobem Sand sowie einer Beigabe von Kalk und Dünger. Die Mischung gibt es auch mit doppelt soviel Kalk und Düngemittel. In dieser Zusammensetzung ist sie besonders für Balkonkästen geeignet. Eine weitere Mischung besteht aus dreimal soviel Kalk und Dünger; sie wird für rasch wachsende Pflanzen, z.B. Tomaten, verwendet. In Gärtnereien oder den Blumengeschäften erfährt man, welche Erde zu welcher Pflanze paßt. Die Qualität der im Handel erhältlichen Blumenerden ist jedoch leider sehr unterschiedlich, denn es gibt in der Bundesrepublik dafür keine amtliche Kontrolle.

Ende der 50er Jahre ging man dazu über, Kultursubstrate auf Torfbasis (TKS) zu entwickeln. Torf besitzt beinahe überhaupt keine Pflanzennährstoffe, enthält aber Bestandteile, die solche Nährstoffe festhalten und speichern können. Auch viel Feuchtigkeit kann er absorbieren, ohne daß stauende Nässe entsteht; dies führt andererseits dazu, daß die Wurzeln genügend Luft bekommen. Wieviel Dünger dem Substrat beigegeben wird, hängt davon ab, wofür man es benötigt. Außer Licht, Wasser und Luft braucht die Pflanze noch verschiedene mineralische Nährsalze. Im Freien findet sie das ihr zusagende Nährstoffverhältnis in dem Boden, in dem sie wächst. Das ist die Erklärung dafür, warum bestimmte Pflanzen nur an bestimmten Stellen vorkommen. Der Humus ergänzt sich in der Natur ständig durch die Zersetzung abgestorbener Pflanzenteile. Er hält die Erde weich, krümelig und feucht. Humus läßt auch Säure entstehen, welche den Pflanzenwurzeln

Die Pflanzen müssen auch zur richtigen Zeit gedüngt werden. Einen Sämling z. B. darf man nicht düngen, wenn seine Wurzeln noch nicht voll entwickelt sind.

Während der Wachstumspause darf eine Pflanze ebenfalls nicht gedüngt werden.

Wenn eine Pflanze in voller Blüte steht darf nicht gedüngt werden, da sie bereits alle für das Blühen benötigten Nährstoffe aufgenommen hat.

Färben sich bei einem *Philodendron* die Blätter gelb, muß er gedüngt werden. Normalerweise braucht er nur 2 bis 3mal im Jahr Dünger.

helfen, die Nährstoffe aufzunehmen. Sowohl im Hause als auch im Garten muß man dem Boden in Form von Düngemitteln die Substanzen zuführen, welche die Pflanzen zu ihrem guten Gedeihen benötigen.

Es gibt zwei Gruppen von Düngemitteln: organische und mineralische. Kompost und Mist sind z. B. organische Düngemittel. Zu ihnen gehören aber auch Blut-, Knochen- und Fischmehl. Alle diese Dünger gibt es beim Gärtner zu kaufen. Gut verrotteter Mist enthält viele Nährstoffe; man kann ihn in einer dichtschließenden Verpackung kaufen.

Organische Düngemittel müssen durch Bakterien erst in eine von den Pflanzen aufnehmbare Form umgewandelt werden. Sie brauchen deshalb länger bis sie zur Wirkung kommen als mineralische Volldünger, die für Zimmerpflanzen geeigneter sind. Mineralische Volldünger enthalten alle Pflanzennährstoffe in einem ausgewogenen Verhältnis. Es gibt sie in Tablettenform, als Pulver und als Flüssigkeit.

Bei der Anwendung von mineralischem Dünger hält man sich streng an die Gebrauchsanweisung; die empfohlene Dosis darf nicht erhöht werden, denn zu viel Düngen kann einer Pflanze nicht wiedergutzumachenden Schaden zufügen. Ausgetrocknete Zimmerpflanzen dürfen nicht sofort gedüngt werden, weil die Wurzeln dadurch beschädigt werden können. Erst muß die Pflanze gut gegossen werden; danach muß sie sich ein paar Tage erholen, und dann erst kann man düngen.

Am Ende der Wachstumsperiode, im allgemeinen ist das der Herbst, hört man allmählich mit dem Düngen auf.

Pflanzen wie diese *Monstera* werden gedüngt, wenn sich z. B. ein neues Blatt auszurollen beginnt.

Eine Pflanze wird gedüngt, wenn sich Knospen zeigen wie bei diesem Oleander; denn dann braucht sie besonders viel Kraft.

Manche Blütenpflanzen wie diese *Clivia* sind als ›Vielfraße‹ bekannt, d. h. sie brauchen ständig Nachschub an neuen Nährstoffen. Sie bilden aber die Ausnahme. Die meisten Pflanzen müssen während ihrer Entwicklung nur in regelmäßigen Abständen gedüngt werden. Es wäre unklug, sie durch fortwährende üppige Ernährung treiben zu wollen.

Hydrokultur

Die moderne Entwicklung in der Zimmerpflanzenkultur führt immer weiter weg von der althergebrachten Blumenerde und greift zu völlig neuen Mitteln. Hydrokultur – wörtlich ›Zucht im Wasser‹ – ist eine Methode, bei der Pflanzen ganz ohne die herkömmliche Erde gehalten werden. Man verwendet statt dessen einen sterilen Bodenersatz in eigens dafür entwickelten Gefäßen.

Erst in den letzten hundert Jahren entdeckte man, daß die Wurzeln einer Pflanze nicht auf geheimnisvolle Art Erde verzehren, sondern, daß sie drei Hauptaufgaben zu erfüllen haben: 1. sie entnehmen dem Boden Wasser und die darin gelösten Pflanzennährstoffe, 2. sie absorbieren Sauerstoff, der u. a. die Assimilation von Eisen ermöglicht, und sie verankern 3. die Pflanze im Boden. Durch die Hydrokultur ist es möglich, allen diesen Aufgaben der Wurzeln gerecht zu werden. Man kann die Hydrokultur als eine natürliche Weiterentwicklung der Zimmerpflanzenhaltung in mit Dünger angereicherter Kunsterde betrachten. Oft wird sie in Verbindung mit künstlichem Licht betrieben.

Schon seit einer beträchtlich langen Zeit experimentiert man mit hydroponischer Pflanzenhaltung. Um die Jahrhundertwende wurde in der Schweiz z. B. ein tropischer Baum in einer Nährlösung gezogen; einem amerikanischen Professor gelang es in den 20er Jahren, in einer Nährlösung riesige Tomaten zu züchten. Erst nach dem Zweiten Weltkrieg jedoch ist die Hydroponik als kommerzielle Zuchtmethode entwickelt worden und seit jüngster Zeit kann sich auch der Laie ein Hydrokultursystem in seinem Haus einrichten. Heute ist diese noch vor kurzem kaum bekannte Methode der erdelosen Pflanzenhaltung beinahe in aller Munde.

Pflanzen kann man in Hydrokultur relativ einfach ziehen. Es ist aber nicht damit getan, daß man ein Gewächs mit seinen Wurzeln

Pflanzen in Hydrokultur sind meist gesund und wachsen üppig, wie z. B. dieses *Syngonium podophyllum.*

in ein Marmeladenglas mit Nährlösung stellt. Bei einer solchen Behandlung wird es rasch eingehen. Die Wurzeln brauchen nämlich auch Sauerstoff, damit u. a. die Assimilation von Eisen stattfinden kann, das die Pflanze zum Leben braucht. Zu jeder Hydrokultur gehört also die Zufuhr von Luft. Lange Zeit stellte dies das Hauptproblem dar. Die Pioniere der Hydroponik versuchten es mit der Aufstellung maschineller Pumpstationen in ihren Treibhäusern; im kleineren Rahmen verwendete man Fahrradpumpen, um Salatpflanzen ihre tägliche Sauerstoffration zu verabreichen. Dies war umständlich und stellte auf die Dauer keine Lösung des Problems dar. Eine kleine, lichtbedürftige Salatpflanze bleibt mit Hilfe eines Drahtgeflechts leicht in aufrechter Haltung; ein großes und kopflastiges Gewächs aber, wie der Gummibaum, benötigt hierzu eine stärkere Wurzelverankerung. Nach vielen Versuchen mit verschiedenen Materialien (normaler Kies, Bimskies usw.) wurden sterile Füllsubstrate entwickelt, die den Pflanzen nicht nur festen Halt bieten sondern auch ihren Wurzeln – wie normale Erde – die Aufnahme von Sauerstoff gestatten.

Es gibt heute mehrere Arten chemisch indifferenter Füllsubstrate zu kaufen. Vorzugsweise wird Blähton verwendet.

Wenn man sich erst einmal entschlossen hat, mit der Hydrokultur zu beginnen, ist der nächste Schritt einfach. Man kauft in einem Fachgeschäft ein entsprechendes Spezialgefäß, komplett mit Bepflanzung, Gebrauchsanweisung und oft einer Erfolgsgarantie für das erste halbe Jahr. Während dieser Zeit muß man sich nur wenig um die Pflanzen kümmern. Sie benötigen natürlich Licht, und die ihnen zusagende Temperatur. Sonst braucht man eigentlich nur noch darauf zu achten, daß der Stand der Nährlösung mit der vorhandenen Anzeigemarke übereinstimmt. Als begeisterter Pflanzenfreund will man mit der Zeit vielleicht seine eigene »Hydrogärtnerei«. Man kann dazu einfach eine alte Plastikschüssel verwenden und erntet bei sorgfältiger, täglicher Pflege auf klein-

Diese selbst gebastelte Hydroschale mit Löchern an einem Ende steht etwas schräg. Ihrem Füllsubstrat wird täglich Nährlösung zugeführt. Diese wandert durch das System und wird wieder verwendet.

Bei diesem System gelangt Nährlösung aus dem unteren Behälter über saugfähige Bänder durch kapillaren Aufstieg in das Füllsubstrat der oberen Schale. Die Nährlösung ist alle 14 Tage zu erneuern (unten).

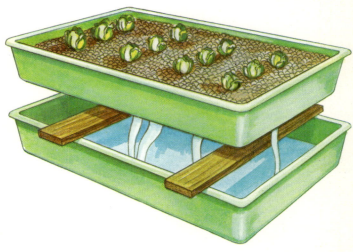

Bei dem unteren System wird eine einfache Aquariumpumpe verwendet, um die Nährlösung aus einem luftdichten Behälter in die Hydro-

schale zu pumpen. Ein automatischer Zeitschalter setzt die Pumpe 2 Stunden täglich in Betrieb. Wenn sie ausgeschaltet ist, läuft die Lösung in den Behälter zurück.

Einsatz

Mantelgefäß

Füllsubstrat

Wasserstandsanzeiger und Einfüllstutzen für die Nährlösung

Nährlösungsstand

Zu einem handelsüblichen Hydrogefäß gehört ein Einsatz – er enthält das Füllsubstrat und durch Öffnungen in seinem Boden gelangt die Nährlösung an die Wurzeln der Pflanze. Ein Wasserstandsanzeiger ermöglicht die Einhaltung der erforderlichen Flüssigkeitshöhe im Mantelgefäß, das Halt und Schutz gibt.

stem Raum große Mengen Gemüse oder zieht sich eine Gruppe dekorativer Pflanzen.

Die komplett eingerichteten Systeme eignen sich besonders für Büros und Ausstellungsräume, in denen sich übers Wochenende niemand aufhält; ebenso aber auch für Häuser, in denen Pflanzen, z. B. während des Urlaubs, sich längere Zeit selbst überlassen bleiben. Hydrokulturgefäße sind meist aus Plastik oder Keramik; es gibt sie in den verschiedensten Formen und Größen. Kleinere stellt man auf Tische, größere sind mit Rollen versehen und stehen auf dem Boden. Wenn man sich genau an die Anweisungen hält, werden kaum Probleme auftreten. Mißerfolge beruhen meistens auf einer Störung der Nährstoffkonzentration. Für die Nährstoffversorgung der Pflanze gibt es im wesentlichen zwei Methoden, zum einen durch flüssige Nährlösung, zum anderen durch ein Kunstharzgranulat, das Nährstoffe an das umgebende Wasser abgibt und dieses zudem enthärtet.

Gewächse in Hydrokultur entwickeln ein kleineres Wurzelsystem als Pflanzen in herkömmlicher Erde. Die Wurzeln werden deshalb nie zu groß für das Gefäß. Eine sehr stattliche Pflanze kann also in einem relativ kleinen Behälter genügend Platz für ihre Wurzeln finden. Es besteht allerdings die Gefahr, daß sie mit der Zeit kopflastig wird und umkippt. Bevor es soweit ist, muß man sie in einen größeren, stabileren Behälter umsetzen. Dies ist an sich einfach, wenn man die entsprechenden Anweisungen genau beachtet.

Pflanzen in Hydrokultur stellen dieselben Ansprüche wie Pflanzen in Erde. Trockenheit, Zugluft, Lichtmangel oder zuviel Besonnung beeinträchtigen ihr Wohlbefinden ebenso wie das herkömmlich gehaltener Zimmerpflanzen. Schädlingsbefall und Krankheiten sind dank des sterilen Füllsubstrats jedoch selten.

Der größte Vorzug der Hydrokultur besteht aber darin, daß die Pflanzen erheblich schneller wachsen, weil sie ständig mit einer ausgewogenen Nährstoffmenge und genügend Sauerstoff versorgt sind. Salat, der normalerweise nach acht Wochen geerntet werden kann, ist in knapp 6 Wochen erntereif. Blumen blühen schneller und Gemüseerträge lassen sich um das vier- bis fünffache steigern. Die Pflanzen wachsen auf lächerlich kleinem und gedrängtem Raum. Eine 1 m hohe Tomatenpflanze kann z. B. in einem Gefäß gezogen werden, das nicht größer ist als ein Blumentopf. Allerdings muß man sie gut abstützen.

Am besten verwendet man Pflanzen, die selbst in Hydrokultur gezogen wurden. Man kann aber auch eine Pflanze verwenden, die vorher in Erde gehalten wurde. Ihre Wurzeln müssen jedoch bei der Umstellung gründlichst gewaschen werden; denn schon die kleinsten Spuren von Erde stören das ganze Hydrokultursystem.

Wer sich für Hydrokultur interessiert, wird sich eingehend mit dem Thema beschäftigen. Umfassendste Information dazu bietet das Buch von Margot Schubert »Mehr Blumenfreude durch Hydrokultur«, erschienen in der BLV Verlagsgesellschaft, München, Bern, Wien.

Auch Gemüsepflanzen gedeihen gut in Hydrokultur, wie dieser gesunde Paprika beweist (oben).

Der *Philodendron scandens* kommt in diesem Hydrogefäß sehr gut zur Geltung (unten).

Trotz ihrer Höhe braucht diese Palme in Hydrokultur nur ein verhältnismäßig kleines Gefäß (oben).

Das Design von Hydrokulturgefäßen ist meist ziemlich neutral. Man kann sie deshalb gut sowohl zwischen antike als auch moderne Einrichtungsgegenstände stellen (oben).

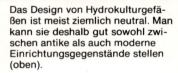

Ein *Ficus benjamina* (unten) wird effektvoll im Spiegel reflektiert. Der Pflanzbehälter ist als Hydrogefäß gar nicht zu erkennen (unten).

Auf einem Bambustischchen stehen als attraktives Paar zwei kleine, kompakte Behälter mit *Aglaonema* und *Philodendron* (oben).

Hydrogefäße gibt es in vielen Größen und Formen; jedes hat seinen eigenen Wasserstandsanzeiger. In dem Gefäß links wächst eine breitblättrige *Aglaonema (links)*.

Vermehrung

Hat man einmal mit der Pflanzenhaltung begonnen, entsteht bald der Wunsch, weitere Exemplare zu besitzen. Wenn man kein Geld dafür ausgeben will, zieht man sie am besten selbst. Außerdem macht es natürlich Freude, selbstgezogene Pflanzen zu verschenken. Sehr attraktive Gewächse kann man oft nicht kaufen, aber man kann sie sich verhältnismäßig einfach auf andere Weise beschaffen. Alle diese Überlegungen führen einen in die Welt der Pflanzenvermehrung.

Bei den Pflanzen unterscheidet man zwei Arten der Vermehrung: die vegetative und die generative. Der vegetativen Vermehrung dienen alle Arten von Stecklingen, die man aus Trieben, Blättern oder Wurzeln der Elterpflanze, durch Absenker oder Teilung von Wurzeln, Knollen und Zwiebeln gewinnt. Aus ihnen entsteht zunächst eine kleine Pflanze derselben Art mit den gleichen Erbanlagen wie die Mutterpflanze. Die generative Vermehrung erfolgt durch Samen oder Sporen. Manche Pflanzen wie z. B. das Korallenbäumchen oder den Zierpaprika zieht man am besten aus Samen. Dies ist die einzige Möglichkeit, neue Varietäten zu erhalten, die sich von der Mutterpflanze unterscheiden. Leider können nur wenige Zimmerpflanzen durch Samen vermehrt werden; meist benötigt man Stecklinge dazu. Durch vegetative Vermehrung kommt man aber schneller zu einer neuen Pflanze als durch generative Vermehrung.

Im Grunde genommen brauchen Samen und Stecklinge dieselben Bedingungen: konstante Feuchtigkeit und Wärme, damit die Stecklinge anwurzeln bzw. die Samen keimen. Man hat eine Vielzahl von ›Miniaturtreibhäusern‹ entwickelt, in denen man unabhängig von der im Zimmer herrschenden Temperatur und Feuchtigkeit ideale Wachstumsbedingungen schaffen kann. Solche speziellen Vermehrungskästen gibt es zu kaufen. Denselben Zweck erfüllt aber auch jeder kleine Behälter, den man mit Glas oder durchsichtigem Plastikmaterial abdeckt. Der einfachste Vermehrungskasten ist eine Samenschale, die an einen warmen, hellen Platz, jedoch nicht in die pralle Sonne gestellt wird. Darüber gibt man eine Glasscheibe oder feste Plastikhaube. Plastikhauben sind in vielen Formen und Größen erhältlich. Hat man nur einen einzigen Steckling stülpt man einfach ein Marmeladenglas darüber. Auch ein simpler Blumentopf mit einer Plastiktüte, die man mit Draht oder Stöckchen abstützt, ist geeignet. Manchmal genügt auch schon nur eine Plastiktüte mit etwas Anzuchterde. Ein ausgedientes Aquarium läßt sich ebenfalls sehr gut zum Vermehrungskasten umfunktionieren.

Manch einer füllt sein Haus nicht gern mit selbst ausgedachten Provisorien. In diesem Falle empfiehlt es sich, einen elektrisch beheizten Vermehrungskasten zu kaufen oder zu basteln. Es handelt sich hierbei um eine einfache, beheizte Kiste, die jeder Bastler leicht selbst herstellen kann. In allen guten Geschäften für Pflanzenartikel kann man auch Vermehrungskästen kaufen, in denen ein Thermostat für eine Temperatur zwischen 15 und 27 °C sorgt. Die Temperatur kann natürlich nur den jeweiligen Bedürfnissen der Sämlinge oder Stecklinge angepaßt werden. Vermehrungskästen werden mit normalem Strom betrieben. Sie sind sehr zu empfehlen.

Als Substrat für Vermehrungskästen kann man eine 1:1-Mischung aus Sand (oder Kies) und Torf, aus Vermiculit und steriler Erde, oder auch eine handelsübliche Anzuchterde verwenden. Diese Materialien enthalten keine Nährstoffe, begünstigen aber das Keimen und die Wurzelbildung.

Weder Stecklinge, noch Samen dürfen in normale Blumenerde gegeben werden; die kleinen Pflänzchen sollen nämlich nur Wurzeln entwickeln und brauchen zunächst keine zusätzlichen Nährstoffe. Erst wenn man ganz sicher ist, daß die Jungpflanzen genügend Wurzeln gebildet haben, kann man sie in gewöhnliche Blumenerde umsetzen.

Dieser Vermehrungskasten ist sehr geeignet, wenn man viele Samen zum Keimen bringen will.

Eine feste Plastikhaube stülpt man über einen Topf aus Ton oder Kunststoff.

Eine Plastiktüte mit Anzuchterde und Samen wird zugebunden, so daß eine warme und feuchte Atmosphäre entsteht.

Eine Holz- oder Plastikschale, die mit einer Glasplatte abgedeckt ist, dient hier als einfacher Vermehrungskasten.

Auch ein Marmeladenglas, das über eine Untertasse mit Anzuchterde gestülpt ist, schafft die nötige Atmosphäre.

Ein mit einer Glasplatte abgedecktes Aquarium ergibt ein sehr gutes Miniaturgewächshaus.

Ein einfacher Notbehelf ist eine Plastiktüte, die über einen Blumentopf gestülpt und mit Draht gestützt wird.

Ein elektrisch beheizter Vermehrungskasten sorgt für rasches Keimen und die für Samen nötige, gleichmäßige Bodentemperatur.

Es gibt verschiedene Arten zur Bewurzelung von Stecklingen. Manche Pflanzen mit weichen Stengeln, wie die *Tradescantia,* bewurzeln sich leicht. Man braucht nur einige gesunde, beblätterte Stengel in ein Glas Wasser zu stellen. Rasch entwickeln sich Wurzeln.

Geranien können aus Stecklingen gesunder Triebe, die man beim Zurückschneiden gewinnt, vermehrt werden. Der in einen Topf gesetzte Steckling soll es hell haben, verträgt aber keine Prallsonne.

Ein Steckling ist ein abgelöster Teil der Mutterpflanze. Von Stämmen, Blättern und Rhizomen lassen sich Stecklinge gewinnen. Die günstigste Zeit dafür liegt zwischen Frühjahr und Spätsommer; man sollte allerdings keine blühenden Triebe verwenden. Bei manchen Pflanzen, etwa Geranien und Fuchsien, trennt man Stecklinge beim Ausputzen vor dem Winter ab. Der Steckling besitzt alle Eigenschaften der Mutterpflanze; man gewinnt ihn deshalb am besten vom kräftigsten Teil einer gesunden Pflanze.

Stecklinge von Efeu, *Coleus, Impatiens,* Begonien oder Ampelkraut wurzeln leicht, wenn man sie in Wasser stellt. Geranien-, *Sparmannia-, Echeveria-* und *Cereus*-Stecklinge brauchen dagegen zum Bewurzeln Anzuchterde. Bis ein weichstengliger Steckling Wurzeln bildet, vergehen gewöhnlich 2 bis 3 Wochen; bei Stecklingen mit härteren Stengeln kann es viel länger dauern.

Kopfstecklinge werden von der Mutterpflanze mit einer scharfen Schere oder einem Messer abgetrennt. Sie sollten 3 oder 4 Blattknoten besitzen und je nach Größe der Mutterpflanze 7 bis 25 cm lang sein. Bis auf 3 oder 4 Blätter an ihrem oberen Teil werden alle anderen Blätter entfernt.

Usambaraveilchen, Begonien und *Cissus*-Arten werden meist aus Blattstecklingen gezogen. Aus einem gesunden Blatt entwickelt sich in etwa 10 Monaten eine Jungpflanze. Andere Gewächse, z. B. *Sansevieria* oder *Streptocarpus,* vermehrt man durch Blattabschnitte, die man der Breite nach abtrennt und in Anzuchterde setzt. Stecklinge von Sukkulenten wie z. B. *Echeveria* und *Crassula,* müssen vor dem Stecken etwa einen Tag abtrocknen. Dann setzt man sie in trockene Anzuchterde; sie dürfen nicht mit einer Haube oder Plastiktüte überdeckt werden, weil sie die dadurch entstehende Feuchtigkeit nicht vertragen.

Man kann auch stärkere Adern von *Begonia rex* und *Sinningia* auf der Blattunterseite mit einer Rasierklinge anschneiden. Das Blatt wird dann mit der glänzenden Seite nach oben in einen Topf mit feuchter Anzuchterde gelegt und mit Haarnadeln festgeheftet. Den Topf bedeckt man mit einer Glasplatte. Aus den Schnittstellen treiben nach einiger Zeit Jungpflänzchen. Wenn diese so groß sind, daß man sie ohne Beschädigung in die Hand nehmen kann, können sie einzeln in kleine Töpfe gesetzt werden.

Eine weitere Methode der Vermehrung ist die Teilung. Pflanzen mit dichten Wurzelballen, z. B. Usambaraveilchen, manche Farnarten, *Sansevieria* und *Cyperus,* können in ebenso viele Stücke geteilt werden wie sie Triebe an der Oberfläche besitzen.

Pflanzen mit behaarten Blättern, z. B. Begonien und Usambaraveilchen, lassen sich auch durch Blattstecklinge vermehren. Man nimmt von der Mutterpflanze ein Blatt und setzt es in einen Topf mit Erde.

Pflanzen mit langen Blättern, z. B. *Sansevieria,* vermehrt man durch Blattschnittlinge, die man mit einem scharfen Messer abtrennt und dann einpflanzt. Nur wenig gießen, da sie leicht faulen.

Nur wenige Zimmerpflanzen lassen sich durch Wurzelstecklinge vermehren. Eine davon ist die Knollenbegonie. Ihre Knolle wird in Teile geschnitten, wenn sie zu treiben beginnt. Dabei muß jeder abgeschnittene Teil einen Trieb haben. Die Schnittflächen sollten mit einem Fungizid behandelt werden, damit sie nicht faulen. Zwiebelpflanzen bilden Brutzwiebeln. Sie können entfernt und eingetopft werden; bis zur Blüte brauchen diese Pflanzen aber oft mehr als ein Jahr.

Einige Pflanzen vermehren sich durch Kindel. Man schneidet sie einfach mit einem Messer ab und setzt sie ein. Die Grünlilie bildet nach der Blüte an ihren langen, gebogenen Blütenschäften bewurzelte Ausläuferpflänzchen; dies ist auch bei *Saxifraga stolonifera* und *Episcia* der Fall.

Kletter- und Hängepflanzen, z.B. *Philodendron* und Efeu, werden vermehrt, indem man in den längsten Stengel einen kleinen Schnitt macht. Man kann stattdessen auch ein kleines Stück des äußeren Gewebes entfernen. Der Trieb mit der »Wunde« wird auf Anzuchterde gelegt und mit Kieseln niedergehalten. Nach der Wurzelbildung kann die neue Pflanze von der Mutterpflanze abgetrennt und eingepflanzt werden.

Wenn ein Gummibaum oder eine *Dracaena* zu groß wird, kann man sie abmoosen. So lassen sich auch die größeren Begonienarten, Kroton, Oleander und *Pandanus* vermehren. Man beginnt die Prozedur mit einem schrägen Einschnitt in den Stamm. Damit die »Wunde« nicht zuwächst, klemmt man ein Holzstückchen (Zahnstocher oder Streichholz) dazwischen. Dann wird die Stelle mit feuchtem Moos bedeckt, mit Plastikfolie umwickelt und diese an beiden Enden zugebunden. Das Abmoosen ist beendet, wenn man sieht, daß sich Wurzeln gebildet haben. Dann wird der Stamm unterhalb der neuen Wurzeln durchgetrennt. Die junge Pflanze kann danach eingetopft werden. Auch die Mutterpflanze beginnt, nach dem Abmoosen verjüngt, weiterzuwachsen.

Pflanzen mit dichtem Wurzelballen, z.B. Efeu und viele Farne, können durch Teilung vermehrt werden. Dabei versucht man die Wurzeln so wenig wie möglich zu beschädigen.

Blattknospenstecklinge bestehen aus einem Stengelstück, an dem sich in einer Blattachsel eine Knospe befindet, wie hier am Beispiel eines *Philodendron* dargestellt. Man pflanzt das Stengelstück waagrecht und flach ein. Nach seiner Bewurzelung bildet sich eine neue Pflanze.

Grünlilien bilden lange Ausläufer mit Jungpflänzchen. Diese können direkt neben der Mutterpflanze in einen Topf gesetzt und nach dem Anwurzeln abgetrennt werden.

Efeu und andere Kletterpflanzen vermehrt man, indem man die langen Ranken leicht einschneidet und mit Haarnadeln auf der Erde befestigt. Nach Wurzelbildung die Pflänzchen abtrennen!

Pflanzen mit verholzten Stengeln kann man abmoosen. Zunächst macht man einen schrägen Schnitt in den Stamm.

Der Schnitt wird mit zermahlener Holzkohle abgerieben. Dann hält man mit einem Streichholz die »Wunde« offen.

Feuchtes Sphagnum-Moos wird um den Schnitt gebunden. Auch die Verwendung von Torfmull ist möglich, aber schwieriger.

Über das Moos legt man Plastikfolie, die man an beiden Enden zubindet, damit die Feuchtigkeit nicht entweichen kann.

Nach 2 bis 9 Monaten hat sich ein neues Wurzelsystem gebildet. Sein Umfang ist schwierig zu erkennen, weil die Folie beschlagen ist. Sie wird jetzt vorsichtig, ohne die Wurzeln zu beschädigen entfernt.

Unterhalb der neuen Wurzeln schneidet man die Pflanze ab. Man hat jetzt 2 separate Gewächse. Es ist wichtig, sich nun zuerst mit der abgemoosten Pflanze zu beschäftigen; denn sie ist empfindlicher und leicht zu beschädigen.

Nach Entfernung des Streichholzes und der äußeren Sphagnumschicht wird der abgemooste Teil in einen Topf gepflanzt und mit einer Plastiktüte überdeckt. Dies schafft eine feuchtwarme Atmosphäre, die ein Welken der Pflanze verhindert.

Die geköpfte Mutterpflanze beginnt nun wieder kräftig zu wachsen. Durch das Abmoosen erhält man aus einer Pflanze, die vielleicht zu groß geworden war, zwei neue.

Die Vermehrung von Zimmerpflanzen durch Samen braucht mehr Zeit und Geduld, als die Vermehrung durch Stecklinge oder Zwiebeln; man züchtet nämlich die Pflanze sozusagen vom »Nullpunkt« an. Es empfiehlt sich, zuerst mit einfachen Gewächsen zu experimentieren, bevor man sich an schwierigere wagt. Im Frühling gesäte Buntnesseln blühen, z.B. ein halbes Jahr später, bei manchen Pflanzen muß man jedoch 5 Jahre bis zur Blüte warten.

Die Zucht aus Samen ist mitunter die einzige Möglichkeit, eine besondere Pflanze zu bekommen, die man im Blumenladen nicht findet. Auch gewinnt man auf billige Weise viele junge Pflanzen zum Verschenken. Stecklinge ergeben ein genaues Abbild der Mutterpflanze, während nach der Vermehrung durch Samen jede Pflanze ein neues Individuum ist.

Samen sollte man immer in einem guten Fachgeschäft kaufen; er stammt in der Regel von anerkannten Zuchtreihen. Selbst gezüchtete Samen ergeben in den seltensten Fällen gute Pflanzen. Auf der Samentüte stehen die Anweisungen zur Aussaat; es gibt aber auch einige allgemeine Regeln: Die meisten Samen sollten zwischen Frühjahr und Spätsommer gesät werden, weil andere Jahreszeiten für die Keimung nicht günstig sind. Die zwei Hauptbedingungen sind Feuchtigkeit und Wärme; besonders während der zwei- oder dreiwöchigen Keimzeit müssen sie sorgfältig dosiert werden. Man nimmt eine flache Schale oder einen Zuchtkasten mit guter Dränage, denn stauende Nässe richtet alle Samen zugrunde. Die Anzuchterde muß steril sein; am besten ist Vermiculit oder eine handelsübliche Mischung. Die kleinsten Samen sollten überhaupt nicht mit Erde bedeckt werden; größere werden mit ein wenig Erde bedeckt, die man mit einem Sieb darüberstreut. Man nimmt entweder einen beheizten Vermehrungskasten oder wählt einen warmen Platz.

Der Saatbehälter muß mit einer Glasplatte abgedeckt werden, um die Feuchtigkeit zu halten. Da die Samen im allgemeinen im Dunkeln keimen, stellt man ihn entweder in einen Schrank oder legt ein Blatt Zeitungspapier über das Glas. Die Behälter dürfen nicht bewegt werden.

Wenn die Sämlinge erscheinen, kann man sie ans Licht, aber nicht in die Sonne stellen. Das Glas wird entfernt. Die Sämlinge können das erste Mal umgepflanzt werden, wenn sich das zweite Blattpaar, die ersten echten Blätter also, gebildet haben. Die jungen Pflänzchen werden dann vorsichtig herausgenommen und entweder einzeln in kleine Töpfe oder in Reihen in Zuchtkästen gesetzt, bevor man sie später endgültig verpflanzt.

Vor der Aussaat ist der Saatkasten aus Plastik oder Holz gründlich zu reinigen. Ein guter Wasserabfluß ist wichtig. Den Boden bedeckt man mit einer Schicht Topfscherben.

Im Handel gibt es viele Anzuchterden. Zum Anwurzeln kann man der Erde steriles Vermiculit beimengen. Man kann aber auch eine spezielle Mischung verwenden.

Die Erde wird gut durchfeuchtet; überflüssiges Wasser läß man ablaufen. Während des Keimens nicht mehr gießen! Durch zuviel Nässe können Schimmel oder Krankheiten entstehen.

In 5 cm Abstand zieht man flache Furchen und streut die Samen durch leichtes Klopfen auf die Samentüte hinein. Dann gibt man mit einem kleinen Sieb eine dünne Schicht Erde darüber.

Der Kasten wird mit einer Glasscheibe abgedeckt, damit keine Feuchtigkeit entweicht. Zum Keimen bringt man die Samen in einen dunklen Schrank oder man bedeckt den Kasten mit Zeitungspapier.

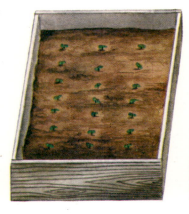

Sobald sich die Sämlinge zeigen, stellt man den Saatkasten ans Licht, jedoch nicht in die pralle Sonne. Ein paar Tage nach dem Keimen kann die Glasplatte entfernt werden.

Wenn sich die ersten echten Blätter gebildet haben, werden die Sämlinge sehr vorsichtig herausgenommen. Man hält sie dabei mit der Hand oder mit einer Pinzette an den Keimblättern fest.

Die Sämlinge werden entweder einzeln in 7,5 cm große Töpfe oder in Reihen mit mindestens 4 cm Abstand in Zuchtkästen gesetzt, damit sie bis zum endgültigen Eintopfen genügend Platz zum Wachsen haben.

Was wurde falsch gemacht?

Dieses Usambaraveilchen ist zu viel gegossen worden. Vor allem Pflanzen mit behaarten Blättern sollten immer vorsichtig von unten gegossen werden. Wassertropfen verursachen nämlich Flecken auf den Blättern, die zum Faulen führen können. Aber auch beim Gießen von unten ist Vorsicht geboten. Diese Pflanze z. B. hat man einfach in einem Untersetzer mit Wasser stehen lassen; deshalb entstand im unteren Teil des Tontopfes stauende Nässe, und die Wurzeln begannen zu faulen. Die Pflanze sieht dann welk aus und besitzt keine leuchtenden Farben mehr. In diesem Fall läßt man sie ein paar Tage lang austrocknen und stellt sie dann in ein Kiesbett mit Wasser. Danach erholt sich die Pflanze meist in kurzer Zeit wieder.

Es ist immer traurig, wenn man sieht, wie eine Pflanze verdurstet. Bei Blütenpflanzen, wie bei dieser *Primula vulgaris* werden zunächst die Blätter und Stengel welk und zu schwach, um die Blüten aufrecht zu tragen. Danach beginnen die Blüten zu welken und ihre Blätter abzuwerfen. Dann ist rasches Handeln geboten. Es genügt nicht, wenn man die Pflanze von oben gießt; denn der Erdballen ist ausgetrocknet und hat sich zusammengezogen. Er kann das Wasser nicht aufnehmen. Es läuft einfach durch den Topf durch. Der ganze Topf muß deshalb in einen Eimer mit Wasser gestellt werden, bis keine Luftblasen mehr aufsteigen. Bevor man die Pflanze wieder an ihren gewohnten Standort zurückstellt, läßt man sie gut abtropfen. Oft ist es erstaunlich, aus welchem Stadium sich eine Pflanze noch erholen kann.

Manchmal ist nur ein kleiner Fehler in der Pflege daran schuld, wenn eine Pflanze kränkelt. Oft läßt sich der Fehler ganz einfach beheben. Man darf nicht gleich beim geringsten Anlaß vermuten, daß die Pflanze von einem Schädling oder von einem gefürchteten Virus befallen ist. Erst muß man einmal überprüfen, ob sie die richtige Menge an Wasser und Licht erhält. Die hier abgebildete *Dracaena marginata* braucht zwar keine direkte Besonnung, sie darf aber auch nicht in einer dunklen Zimmerecke stehen. Aus Lichtmangel hängen die spitzen Blätter nach unten, die unteren werden gelb und fallen mit der Zeit ab. Sobald man die Pflanze etwas näher ans Licht – jedoch nicht in die pralle Sonne – stellt, erholt sie sich allmählich.

Die abgebildete *Monstera* ist ein klassisches Beispiel für eine große Pflanze, die in einem zu kleinen Topf steht. Die Wurzeln bilden ein dichtes Gewirr; sie umschlingen sich gegenseitig. Ein Blick auf die Unterseite des Topfes zeigt, daß die Wurzeln bereits aus dem Abzugsloch herauswachsen. Bei zu kleinem Topf bekommt die Pflanze nicht mehr genügend Nährstoffe. Schäden zeigen sich zunächst an den Blattspitzen, die sich blaßgelb färben. Die Pflanze wächst langsamer oder stellt das Wachstum ganz ein. Sie muß in einen größeren Topf umgesetzt werden. Wenn sie sich beim Umtopfen nicht mehr leicht aus dem Topf löst, zerschlägt man ihn mit einem Hammer oder schneidet ihn mit einer Schere auf, falls er aus Plastik besteht. Man achte besonders darauf, daß die Wurzeln nicht beschädigt werden. Im neuen Topf können sie sich wieder ausbreiten und bald zeigt die Pflanze ein gesundes Aussehen.

Buntnessel (oben), Kroton und Dieffenbachie gehören zu den Pflanzen mit leuchtend buntem Blattwerk, die etwa 15 Stunden Tageslicht benötigen. Bei Lichtmangel verblassen ihre typischen Blattmuster. Sie werden unansehnlich, uninteressant und zeigen keine Ähnlichkeit mehr mit ihrer leuchtenden Schönheit von früher. Bevor man der Pflanze mehr Dünger oder Wasser zuführt, sollte man überprüfen, ob sie genügend Licht erhält. Der richtige Standort für Pflanzen dieser Art ist ein sonniges Blumenfenster oder eine besonnte Fensterbank. Gibt man ihnen einen falschen Standort, nehmen sie Schaden.

Die Blätter der Hortensie sind besonders empfindlich und müssen mit Sorgfalt behandelt werden. Die Pflanze oben war an ein Südfenster gestellt worden. Durch die pralle Sonne sind ihre Blätter verbrannt. Vielleicht ist auch beim Gießen Wasser auf sie gekommen, das zu rasch von der Sonne getrocknet wurde. Sonnenhitze wirkt weitaus stärker, wenn sie durch eine Glasscheibe auf Wasser reflektiert wird. Die braunen, papierdünnen Flecken und das welke Aussehen der Blätter zeigen deutlich, was falsch gemacht worden ist. Die Pflanze muß sofort an einen Platz gebracht werden, wo sie zwar hell steht, aber nicht zu viel Licht bekommt.

Die *Tradescantia* ist eine sukkulente Pflanze, die in ihren dicken Stengeln Wasser speichern kann. Sie ist anspruchslos und kann lange Zeit ohne Pflege auskommen, bis sie schließlich doch austrocknet. Bei ihr dauert es lange, bis man erkennen kann, daß etwas nicht in Ordnung ist. Die hier gezeigte Pflanze leidet an Wassermangel. Im Gegensatz zu anderen Gewächsen wird sie nicht welk und matt, sondern ihre Stengel werden langsam dünn und schrumpfen ein. In Blattnähe nehmen sie eine blaßbraune Farbe an. Die Blätter selbst färben sich an der Spitze grünlich bis rosa. Man sieht daß die Pflanze nicht mehr zu retten ist. Von ihren kräftigsten Stengeln trennt man deshalb Stecklinge mit je 5 bis 6 Blättern ab. Sie wurzeln in einfacher Blumenerde rasch an, und bald besitzt man wieder neue Pflanzen.

Dieses *Pelargonium zonale* hat seine buschige Wuchsform ganz verloren. Die Pflanze ist hochgeschossen, kahl und ganz unansehnlich. Ihre Größe beträgt ungefähr 75 cm. Das ist absolut zu viel für eine Pelargonie. Den ganzen Sommer über stand sie auf einer hellen, sonnigen Fensterbank und wurde regelmäßig gegossen. Man versäumte jedoch, ihr für das kräftige Wachstum im Sommer den entsprechenden Dünger zuzuführen. Jetzt muß sie stark zurückgeschnitten werden. Manche Leute scheuen sich davor, ihre Pflanzen zurückzuschneiden. Für viele Blütenpflanzen, wie z. B. für Fuchsien und Pelargonien, garantiert der Rückschnitt jedoch gesundes, kräftiges Wachstum. Die Pflanze muß dabei auf eine Höhe von etwa 25 cm reduziert werden. Danach beginnt sie neu zu wachsen und blüht im nächsten Jahr wieder.

Krankheiten und Schädlinge

Als Schädlinge bezeichnet man all die vielen kriechenden, fliegenden und wühlenden Tierchen, denen ausgerechnet unsere Zimmerpflanzen als Hauptnahrung und Heimstatt für ihre zahlreiche Nachkommenschaft dienen. Sie werden meist von außerhalb durch geschenkte oder gekaufte Pflanzen eingeschleppt oder sie haben eine Gewächs befallen, das zum Übersommern im Freien stand. Manchmal gelangen sie auch durch ein offenes Fenster ins Zimmer.

Größere Pflanzenschädlinge befallen Zimmerpflanzen, die im Freien stehen, besonders gerne. Ihre Spuren sind nur selten zu übersehen; denn Raupen, Käfer oder Schnecken fressen große Löcher in die Blätter.

In einem Garten sind derartige Schädlinge ein Problem, im Hause jedoch kann man sie leicht von der Pflanze entfernen. Ernster zu nehmen sind die winzig kleinen Insekten, die man meist erst dann bemerkt, wenn die Pflanze schon stark befallen ist. Sie fressen nicht, sondern saugen; sie klammern sich an eine bestimmte Stelle eines Stengels, eines Blattes oder einer Knospe und saugen den Saft aus der Pflanze. Manche scheiden eine süße Flüssigkeit aus, den sogenannten »Blatthonig«, der auf der Pflanze eine klebrige Schicht bildet und oft zu einem Schimmelbefall führt, wenn man nichts dagegen unternimmt. Zu diesen Schadinsekten gehören die so häufigen grünen und schwarzen Blattläuse. Es gibt jedoch viele Schädlinge die nicht so leicht zu erkennen sind. Die ersten Anzeichen für einen Befall sind z. B. das Gelb- und dann Braunwerden der Blätter (Rote Spinne), gelbliche Blattflecken (Thrips) oder allgemeines Kränkeln (Wurzelälchen). Für letzteres können allerdings auch Wurzelfäule oder ein Virus die Ursache sein.

Am besten schützt man sich vor solchen Schädlingen durch Vorbeugen. Wenn man eine neue Pflanze kauft, untersucht man sie sorgfältig auf Befall. Dann kommt sie ein paar Wochen in Quarantäne, bevor man sie zu den anderen Zimmerpflanzen stellt. Abwaschen mit milder Schmierseifenbrühe ist ein gutes Vorbeugungsmittel. Blattknoten und Stengel werden regelmäßig auf Befallsanzeichen untersucht. Meist sind es gerade die schwer zugänglichen Stellen, an denen sich die Schädlinge einnisten. Leider entdeckt man sie dort meist relativ spät.

Haben sich Schädlinge aber einmal festgesetzt, ist rasches Handeln geboten. Größere Exemplare entfernt man, wie gesagt, mit der Hand oder einer Pinzette; kleinere wäscht man mit einem Wattebausch ab, der mit einer schwachen Seifenlösung getränkt ist. Bei leichtem Befall kann dies genügen. Ist die Pflanze aber stark befallen, muß man spezielle Schädlingsbekämpfungsmittel verwenden. Damit erzielt man rasche und durchgreifende Erfolge; man muß die Chemikalien aber sehr vorsichtig anwenden, weil sie z. T. stark giftig sind. Besonders für Kinder und Haustiere sind alle Schädlingsbekämpfungsmittel sehr gefährlich. Die aufgedruckten Anweisungen müssen genau beachtet werden; nie darf man bei einer Pflanze ein Mittel verwenden, das nicht speziell für sie geeig-

Blattläuse sind grün, schwarz oder rot. Sie sitzen in großen Mengen auf den Blattunterseiten oder an jungen Trieben und saugen Pflanzensaft. Man wäscht die Läuse mit Seifenlauge ab oder verwendet ein Insektizid.

Weiße Fliegen befallen die Unterseite von Blättern, die dadurch fleckig werden. Bei befallenen Pflanzen muß man die sich rasch vermehrenden Tierchen, ihre Eier und Larven einmal pro Woche mit einem Insektizid besprühen.

Nur wo es warm und trocken ist, saugt die kaum sichtbare Rote Spinne. Sie saugt Pflanzensaft aus den Blättern. Diese werden gelb, braun und runzlig. Befallene Pflanzen wäscht man mit Seifenlösung ab oder verwendet ein Insektizid.

Schmierläuse bedecken die Pflanze mit einer weißen, wolligen Substanz. Wenn man sie gleich entdeckt, lassen sie sich leicht bekämpfen. Man wäscht die Pflanze mit Alkohol ab oder taucht sie in ein Pflanzenschutzmittel.

net ist. Topfpflanzen besprüht man am besten im Freien oder schirmt das zu behandelnde Gewächs mit einer Zeitung ab, damit kein Spray auf seine Nachbarn oder die Möbel gelangt.

Eine Pflanze zeigt aber auch Krankheitserscheinungen, wenn sie von einem Pilz befallen ist. Ihre Blätter können dann z. B. mit weißem, pudrigen Schimmel bedeckt sein. Im Garten sind Pilze häufig. Eine Pflanze, die im Freien übersommert hat, kann im Herbst eine Pilzkrankheit leicht mit ins Haus bringen. Es ist deshalb ratsam, alle Pflanzen nach der Übersommerung mit einem milden Fungizid zu behandeln.

Krankheiten entstehen meist bei schlechten äußeren Bedingungen. Zu dicht gedrängte Wurzeln z. B. faulen, und eine Pflanze mit feuchtem und unbelüftetem Standort wird ziemlich sicher von Schimmel befallen. Nur bei ganz leichtem Pilzbefall hilft da das Versetzen der Pflanze an einen anderen Platz. Die befallenen Teile müssen aber immer rasch entfernt werden, damit sich die Krankheit nicht ausbreitet.

Bei sorgfältiger Pflege kann man die meisten Schäden vermeiden. Regelmäßiges Säubern der Blätter ist gut, weil auf schmutzigen Blättern Pilzsporen leichter haften. Wenn alle Versuche fehlschlagen, eine kranke Pflanze zu heilen, muß man sich von ihr trennen. Vielleicht ist sie von einem widerstandsfähigen Virus befallen, der den ganzen Bestand gefährden kann. Bevor man die Pflanze endgültig vernichtet, sollte man ihr durch eine längere Quarantänehaltung vielleicht eine letzte Chance geben.

Grauschimmel (Botrytis) greift Blätter und Stengel von vielen Zimmerpflanzen an. Er entsteht meist durch zuviel Feuchtigkeit und ungenügende Belüftung. Dieses Tomatenblatt zeigt flaumige, graue Flecken. Es beginnt zu faulen. Befallene Teile entfernt und vernichtet man. Dann wird die ganze Pflanze mit einem Fungizid besprüht.

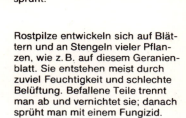

Rostpilze entwickeln sich auf Blättern und an Stengeln vieler Pflanzen, wie z. B. auf diesem Geranienblatt. Sie entstehen meist durch zuviel Feuchtigkeit und schlechte Belüftung. Befallene Teile trennt man ab und vernichtet sie; danach sprüht man mit einem Fungizid.

Wie diese Narzisse hier können auch andere Zimmerpflanzen von Viruskrankheiten befallen werden. Die Blätter sind danach gelblich gefleckt und gesprenkelt. Manchmal können sie auch verkrüppelt sein. Befallene Pflanzen müssen sofort vernichtet werden.

Bei manchen Pflanzen, z. B. bei Chrysanthemen, bildet sich auf Blättern und Stengeln eine weiße, pudrige Schicht. Die Ursache für diesen Mehltaubefall ist zu vieles Gießen und zu wenig frische Luft. Befallene Teile entfernt man; danach sprüht man mit einem Fungizid.

Meist werden Krankheiten durch Pflanzen, die man aus dem Freien wieder ins Zimmer bringt, eingeschleppt. Auch Raupen oder

Schnecken gelangen so gelegentlich ins Haus. Diese kann man, da sie groß genug sind, mit der Hand entfernen.

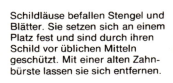

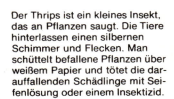

Schildläuse befallen Stengel und Blätter. Sie setzen sich an einem Platz fest und sind durch ihren Schild vor üblichen Mitteln geschützt. Mit einer alten Zahnbürste lassen sie sich entfernen.

Der Thrips ist ein kleines Insekt, das an Pflanzen saugt. Die Tiere hinterlassen einen silbernen Schimmer und Flecken. Man schüttelt befallene Pflanzen über weißem Papier und tötet die darauffallenden Schädlinge mit Seifenlösung oder einem Insektizid.

Zimmerpflanzen-Lexikon

Herkunft und Lebensbedingungen von mehr als 200 verschiedenen Gattungen von Zimmerpflanzen und ihre beliebtesten Arten werden hier besprochen. Außerdem findet man Anleitungen für ihre Pflege und Vermehrung. Meist illustriert eine Photographie eine der erwähnten Arten. Fünf große Gruppen werden unterschieden: Blattpflanzen, Farne, Blütenpflanzen, Zwiebelpflanzen, Kakteen und andere Sukkulenten. Innerhalb der Gruppen sind die Pflanzen alphabetisch nach ihren botanischen Namen geordnet. Über ein Register der deutschen Namen (soweit es welche gibt) können sie auch so aufgefunden werden.

Die meisten unserer Zimmerpflanzen stammen aus den Tropen oder Subtropen. Sie werden bei uns von Blumenzüchtern weiterentwickelt. Meist handelt es sich deshalb um Hybriden, die in der freien Natur nicht vorkommen. Entweder wollte man bei der Zucht eine ganz bestimmte Eigenschaft herausbilden oder die Pflanzen für die Zimmerkultur besonders geeignet machen. In den botanischen Namen spiegeln sich wissenschaftliche Erkenntnisse über die Wildart wider; sie weisen außerdem auf den Züchter hin. Der botanische Gattungsname, z. B. *Ficus, Blechnum, Thunbergia*, bezieht sich auf eine Gruppe von Pflanzen, die alle bestimmte gemeinsame Merkmale aufweisen, obwohl sie vielleicht auf der ganzen Welt verstreut vorkommen. So findet man z. B. Vertreter der Gattung *Blechnum* in allen Teilen der Erde; die Gattung *Ficus* kommt in Afrika und Ostindien vor, während man die Gattung *Thunbergia* nur im tropischen Mittel- und Südamerika antrifft. Innerhalb der Gattung sind die einzelnen Arten, die man wiederum nach bestimmten Merkmalen unterscheidet, mit einem zweiten botanischen Namen versehen. *Ficus elastica* hat z. B. einen einzelnen, aufrechten Stamm und große, eiförmige, glänzende Blätter; *Ficus deltoidea* besitzt dagegen kleinere, runde Blätter und neigt dazu, sich zu verzweigen. Gelegentlich ist ein dritter Name angegeben, dem die Abkürzung var. vorausgeht. Dies bedeutet, daß es sich hier um eine Varietät der ursprünglichen Art handelt, die manchmal auch in der freien Natur vorkommt. Meist hat man es dann aber mit einer Züchtung zu tun. Bei *Dieffenbachia picta* 'Exotica' bedeutet die dritte Bezeichnung die Sorte. Sie wird nicht kursiv gedruckt und ist mit einfachen Anführungszeichen versehen.

Blattpflanzen

Unter den Zimmerpflanzen stehen die Blattpflanzen an erster Stelle; auf eine Blütenpflanze kommen zehn Blattpflanzen. (Die hier verwendeten Begriffe sind im botanischen Sinne nicht korrekt, haben sich aber eingebürgert. Gemeint sind Pflanzen, die man wegen ihrer Blätter bzw. ihrer Blüten hält.) Bei richtiger Pflege sehen Blattpflanzen das ganze Jahr über schön aus. Am beliebtesten sind immergrüne Gewächse, bei denen zwar auf eine Wachstumsperiode stets eine Ruhezeit folgt, die aber nie ihre Blätter abwerfen. Viele von ihnen bevorzugen Halbschatten und lassen sich deshalb dekorativ plazieren. Oft wachsen sie nur langsam und werden daher nicht so rasch zu groß fürs Zimmer. Vor allem aber sind die Blattpflanzen wegen ihrer meist großen Widerstandsfähigkeit so beliebt.

Heute gibt es bei den Blattpflanzen viele reizvolle Varietäten. Verbesserte Transportmöglichkeiten und das Züchten von Hybriden führten dazu, daß jetzt eine Vielzahl von Pflanzen im Handel sind, die sich ebenfalls hervorragend für die Zimmerkultur eignen. Dazu kommt, daß durch die Architektur unserer Zeit die Räume heller geworden sind und sich schon dadurch mehr Möglichkeiten für den Zimmergärtner eröffnen. Viele Blattpflanzen sind einfach zu halten. Andere brauchen viel Luftfeuchtigkeit, wieder andere, bevorzugen ein Blumenfenster oder ein Terrarium. Näheres über die Gruppe der Farne wird in dem entsprechenden Kapitel gesagt.

Aechmea fasciata

Ampelopsis brevipedunculata ▷

Aechmea
Lanzenrosette

Wild wachsend trifft man diese reizvolle Vertreterin der Familie der Bromeliaceen als epiphytisches Gewächs in den tropischen Regenwäldern Mittel- und Südamerikas an. Eine sternenförmige Rosette von Blättern bildet eine Zisterne, der die Pflanze das nötige Wasser entnimmt. *Aechmea fasciata,* hat eine große Zisterne und ca. 60 cm lange Blätter, die grau-grün quer gestreift sind. Der Mitte entsprießt ein Blütenstand aus hell rosafarbenen, stacheligen Hochblättern und kleinen, malvenfarbenen Blüten. *A. fulgens* var. *discolor* ist schwieriger zu halten. Sie hat schmalere, ca. 30 cm lange, olivgrüne, schwertförmige Blätter, die unterseits purpurn sind. Auch die Blüten sind purpurfarben. Die Hochblätter sind leuchtend scharlachrot.

Standort: Hell, aber ohne direkte Sonne; im Zimmer oder im Blumenfenster.
Temperatur: Warm; 16 bis 24° C.
Gießen: Im Sommer füllt man die Zisterne mit Gießwasser; den Wurzelballen hält man mäßig feucht. An heißen Tagen Pflanze besprühen! Vor der Ruhezeit entleert man die Zisterne, falls die Temperatur nicht 20° C übersteigt.
Erde: Zu gleichen Teilen Lehm, Torf und Sand; Bromelienerde.
Vermehrung: Durch Kindel, die man entfernt und einpflanzt, wenn sie halb so groß sind wie die Mutterpflanze. 2 Wochen zuvor gießt man Wasser in die Zisterne der Kindel.

Aglaonema
Kolbenfaden

Die Heimat dieser Gattung von krautigen, kleinen, ausdauernden Pflanzen mit lederigen, meist bunten Blättern ist Malaya sowie die Inseln des pazifischen und indischen Ozeans. Bei *A. crispum* laufen die großen Blätter spitzoval aus; sie sind meist silbrig und mit dunkelgrünen Streifen versehen. Oft wird die Pflanze unter dem Sortennamen 'Silver Queen' angeboten.

Standort: Freier Stand im Tropenfenster bekommt ihr am besten.
Temperatur: Warm.
Gießen: Während der Wachstumsperiode reichlich gießen, im Winter sparsamer. Man verwende lauwarmes, enthärtetes Wasser.
Erde: Humose Mischung.
Vermehrung: Durch Teilung reifer Pflanzen oder durch Kopfstecklinge.

Aglaonema crispum

Ampelopsis
Scheinrebe

Viele Arten dieser Gattung kriechender oder rankender Pflanzen (man kauft sie oft als *Vitis,* da sie zu den Rebengewächsen gehört) sind ausgezeichnet zur Zimmerhaltung geeignet, da ihnen auch im Winter die warme, trockene Luft eines Wohnzimmers bekommt. *A. brevipedunculata* ist eine hübsche, bunte Art, die es jedoch im Winter kühl haben möchte. Besonders gern rankt sie an Säulen oder Wänden in unbeheizten Räumen oder im Gewächshaus. Ihre Blätter sind weiß, grün und rosa; die Stengel dagegen rot.

Standort: Halbschatten, nicht in die direkte Sonne stellen.
Temperatur: Im Sommer warm, im Winter kühl.
Gießen: Während des Wachstums feucht halten; im Winter sparsamer gießen.
Erde: Humose Mischung.

Ananas comosus
Ananas

Die Ananas hat bis zu 1,20 m lange, bestachelte Blätter, die in einer Rosette von ca. 60 cm Durchmesser angeordnet sind. Die purpurnen Blüten entwickeln sich in einer Ähre aus Hochblättern. Aus ihr wird später die eßbare Frucht. Viele Zwergformen sind heute als Topfpflanzen im Handel. Die kleinen Blüten bilden zusammen mit den stacheligen Hochblättern eine dichte

Anthurium crystallinum △

Ähre in der Mitte der Pflanze. *A. comosus* 'Variegatus' hat besonders reizvolle, schmale Blätter mit einem sich klar abhebenden grünen Streifen in der Mitte und cremefarbenem Rand. Die Pflanze erreicht einen Durchmesser von 60 cm.

Standort: Hell, im Sommer etwas schattig.
Temperatur: Warm.
Gießen: Gut gießen und für Luftfeuchtigkeit sorgen.
Erde: Humose Mischung.
Vermehrung: Durch sich immer neubildende Blattrosetten (Kindel).

Anthurium
Flamingoblume

Zu dieser Gattung gehört auch eine Art *(A. crystallinum),* die wegen ihres hübschen Blattwerks beliebt ist. Ihre Blätter sind herzförmig und samtig dunkelgrün mit silbernen Rippen.

Standort: Am besten gedeihen die Pflanzen im Tropenfenster.
Temperatur: Ständig 18 bis 20° C.

Feuchtigkeit: Normal gießen; benötigt viel Luftfeuchtigkeit.
Erde: Mischung aus Torf und Sphagnum.

Aphelandra
Glanzkölbchen

Bei *A. squarrosa* handelt es sich um eine immergrüne, etwa 30 cm hohe Pflanze mit breiten, dunkelgrünen, weiß oder gelb geäderten Blättern. Im Winter entwickeln sich kleine, gelbe Blüten in endständigen Kölbchen, die aus ebenfalls gelben, facettenartigen Hochblättern bestehen. *A. squarrosa* var. *louisae,* eine niedrig wachsende Hybride, ist als besonders dankbare Topfpflanze beliebt. Die gelben Blüten stehen an roten Stengeln.

Ananas comosus 'Variegatus'

Aphelandra squarrosa 'Louisiae'

Verwelkte Blüten entfernt man immer zusammen mit einem Blattpaar.

Standort: Hell, aber keine direkte Sonne.
Temperatur: Warm.
Gießen: Während Wachstumsperiode und Blütezeit gießt man besonders reichlich; alle paar Tage auch sprühen. Nach der Blüte Gießen einschränken. Am besten gießt man mit enthärtetem, lauwarmem Wasser.
Erde: Nahrhafte, humose Mischung.
Wichtig: Pflanze nach der Blüte stark zurückschneiden und im Frühjahr vor Wachstumsbeginn umsetzen.
Vermehrung: Im Frühjahr durch Stecklinge aus neuen Trieben.

Araucaria
Zimmertanne

In Ostaustralien und Neukaledonien ist dieser immergrüne Nadelbaum zu Hause. *A. heterophylla,* wird dort 60 cm hoch. Als Topfpflanze behält sie Jahre hindurch 1 m Wuchshöhe. Die nadelartigen Blätter stehen dicht an Stamm und Zweigen und verleihen dem Bäumchen ein »federiges« Aussehen. Wie bei der Zeder stehen die kleinen Zweige waagrecht am Hauptstamm.

Standort: Braucht vom Frühjahr bis zum Herbst viel frische Luft. Am besten stellt man sie an ein Nordfenster, wo sie ohne Nachbarn gut gedeiht. Vor praller Sonne schützen.
Temperatur: Kühl; im Winter nur 5 bis 10° C.
Gießen: Im Sommer nur mäßig, im Winter fast gar nicht gießen. Man verwende lauwarmes, enthärtetes Wasser.
Erde: Humose Mischung.
Vermehrung: Im Herbst oder Frühjahr durch Samen.

Asparagus
Zierspargel

Die Zierspargelarten sind Blattpflanzen, deren zarte Zweige mit nadelartigen Blättern bedeckt sind. *A. densiflorus* blüht nicht. Er hat relativ weit auseinanderstehende, etwas glänzende Blätter. *A. setaceus,* der Federspargel, besitzt zartere Blätter, die im rechten Winkel vom Stengel abstehen und so eine flache Ähre fiedrigen Blattwerks bilden. In der Jugend entwickelt die Pflanze rote Früchte. Nach mehreren Jahren beginnt sie zu klettern. ‚Nanus' ist eine kleinere Zuchtform.

Standort: Hell.
Temperatur: Warm. *A. setaceus* braucht eine winterliche Ruhezeit bei 8 bis 10° C.
Gießen: Das ganze Jahr hindurch mäßig mit enthärtetem Wasser gießen. Der Wurzelballen darf nicht austrocknen.
Erde: Nährstoffreiche Mischung.
Vermehrung: Durch Samen oder durch Teilung im Frühjahr.

Asparagus setaceus

Aspidistra
Schusterpalme

Die anpassungsfähige, immergrüne Blattpflanze (keine Palme, sondern ein Liliengewächs) wird wegen ihrer breiten, glänzenden und dunkelgrünen Blätter gehalten. Sie stammt aus den Gebirgen Japans und ist recht anspruchslos. Man trifft sie deshalb als Schmuck besonders in Hotels, Restaurants und Geschäften an.

Standort: Schatten.
Temperatur: Kühl.
Gießen: Mäßig gießen und für Luftfeuchtigkeit sorgen. Überschüssiges Gießwasser schadet sehr.
Erde: Normale Mischung.
Vermehrung: Durch Teilung im Frühjahr oder Sommer.

Aspidistra elatior

Araucaria excelsa

minrot und purpurfarben, aber auch grün und dunkelbraun. Riesengroße, beinahe schwarze Blätter mit einem silbernen Streifen und purpurner Blattunterseite hat die Sorte 'La Pasqual'. Bei 'King Henry' sind die Blätter in der Mitte dunkel und zudem mit einem silbernen Streifen, einem dunkelgrünen, silbern gesprenkelten Band und einem purpurnen Rand versehen. 'Silver Queen' hat silberne, unterseits purpurne Blätter. Bei *B. masoniana* sind die blaßgrünen Blätter mit einem braunen Kreuz in der Mitte versehen. Ihm verdankt die Pflanze den Namen »Eisernes Kreuz«. Die Blätter

von *B. manicata* sind oberseits mit roten Schuppen bedeckt und haben einen gekrausten Rand.

Standort: Schattig, am besten Nordfenster.
Temperatur: Mäßig warm; im Winter 15 bis 20°C.
Gießen: Während der Wachstumszeit reichlich mit lauwarmem, enthärtetem Wasser gießen. Nach der Blüte Gießen einschränken. Gelegentlich, jedoch nur indirekt sprühen; Blätter nicht benetzen.
Erde: Torfhaltige Mischung. Weite, flache Töpfe verwenden!
Vermehrung: Im Sommer durch Blattstecklinge.

Aucuba japonica
Aukube

Aucuba japonica

Der winterharte, immergrüne Strauch stammt aus Japan. Er kann 2 m hoch werden. Die Pflanze hat leicht gezähnte, zugespitzte, elliptische Blätter. Sie sind ledrig und von dunkelgrüner Farbe. Die Zuchtsorten 'Variegata' und 'Maculata' sind gelb gesprenkelt. Sie bekommen nach der Blüte hübsche, rote Beeren.

Standort: Schattig, z. B. in einer Diele oder im Treppenhaus.
Temperatur: Kühl; im Winter 4 bis 6° C oder nur wenig mehr.
Gießen: Im Sommer mäßig, im Winter selten gießen.
Vermehrung: Durch Stecklinge oder Samen.

Begonia
Begonie, Schiefblatt

In der freien Natur wächst diese Waldpflanze zum Beispiel am Fuß des Himalaja, Man unterscheidet Blüten-, Strauch- und Blattbegonien. Blüten- und Strauchbegonien werden im Kapitel Blütenpflanzen besprochen. Unter den Blattbegonien sind *Begonia rex* und deren Hybriden die bekanntesten. Die Blätter dieser Pflanzen können

bis zu 30 cm lang werden. Sie sind unterschiedlich gefärbt: metallisch silbern, rosa bis kar-

Begonia-Rex-Hybriden △ und ▽

117

Gießen: Im Frühjahr und Sommer reichlich mit Wasser versorgen. Vom Spätsommer an Gießen einschränken, bis die Blätter einziehen.

Überwintern: Pflanze einziehen lassen. Im Frühjahr setzt man 1 bis 3 Knollen in einen Topf, stellt ihn ins Warme (24 bis 16° C) und hält ihn feucht. Die Pflanze beginnt nach einiger Zeit zu treiben. Sobald sich Blätter zeigen, bringt man den Topf an einen etwas kühleren Platz.

Erde: Nährstoffreich, humos.

Vermehrung: Durch kleine Ableger (Seitenknöllchen), die abgetrennt werden können, sobald sie Blätter entwickelt haben.

Caladium
Buntwurz

Caladium-Hybriden △ und ▽

Zu den dekorativsten und bekanntesten Blattpflanzen gehört neben *Begonia rex, Coleus* und *Dracaena* die Gattung *Caladium*. Sie ist in den Tropen Südamerikas zu Hause. Die großen, pfeilförmigen Blätter hängen an zarten, langen Stielen. Sie sind etwas papierartig und variieren in allen möglichen Farben von blassem Creme und Grün bis Rosa und Karminrot. Das besondere Merkmal der Pflanze ist, daß das Muster auf den Blättern von der Blattmitte ausgehend der Blattäderung folgt. Bei den vielen Zuchtformen, die im Handel erhältlich sind, handelt es sich meist um Hybriden von *C. bicolor* und *C. schomburgkii*.

Standort: Im Tropenfenster schattig stellen.

Temperatur: Warm; im Frühjahr und Sommer 21 bis 24° C. Die Knollen überwintert man bei 18 bis 20° C. Antreiben: siehe unter Überwintern.

Calathea
Korbmarante

Der Strauch mit seinem bunten Blattwerk ist ein Verwandter der Gattung *Maranta*. Zu *Calathea* gehören 150 Arten, die man wild wachsend hauptsächlich auf den Inseln des Indischen Ozeans und des Malaiischen Archipels antrifft. Die langen, schmalen, speerförmigen Blätter sprießen direkt aus den Wurzeln. Sie sind unterschiedlich grün gemustert. *C. bachemiana* hat hellgrüne mit dunkleren Bändern versehene Blätter. Die Blätter von *C. lancifolia* sind am Rande gewellt und haben oberseits feine, ovale Flecken in einem dunkleren Grün. Die Blattunterseite ist dunkel kastanienfarben. 60 cm hoch kann die Pflanze werden. *C. makoyana* besitzt silbergrüne Blätter, die, von der Hauptader ausgehend, dunkler grün, auf der Blattunterseite kastanienbraun gefleckt sind.

Standort: Am besten im Tropenfenster schattig stellen.
Temperatur: Warm; im Winter
16 bis 18° C.
Gießen: Mit temperiertem, enthärtetem Wasser. Im Frühjahr
und Sommer benötigt die
Pflanze große Luftfeuchtigkeit.
Erde: Humose Mischung.
Vermehrung: Im Frühsommer
durch Teilung.

Calathea makoyana ▽

Callisia

Diese wuchernde Blattpflanze
hat Ähnlichkeit mit der Trades-
kantie, mit der sie auch verwandt
ist. Ihre leuchtend grünen Blätter
sind oberseits weiß und unterseits purpurn gestreift. Die Blätter überlappen sich am Stengel.

Pflege: siehe *Tradescantia*

Carex
Segge

Zu dieser Gattung von Sauergrä-
sern gehören über 1000 Arten,
die wild wachsend fast überall
vorkommen. Sie haben steife,
grasartige, oft glänzende Blätter,
die in Büscheln wachsen. Die
Blätter von *C. morrowii* 'Variegata' haben einen feinen, weißen
Rand. Sie stehen an der Basis

Callisia elegans △

gedrängt und fallen fontänenar-
tig auseinander. Die Pflanze wird
20 bis 30 cm hoch.

Standort: Vor direkter Sonne
schützen, sonst keine Standort-
ansprüche.
Temperatur: Mäßig warm bis
kühl; im Winter 8 bis 16° C.
Gießen: Feucht, aber nicht zu
naß halten.
Erde: Humose Mischung.
Vermehrung: Durch Teilung. Aus
Samen entwickeln sich nur einheitlich grüne Pflanzen.

Carex morrowii 'Variegata' ▷

Standort: Hell, im Sommer möglichst im Freien.
Temperatur: Im Sommer warm,
im Winter sehr kühl (4° C).
Gießen: Während des Sommers
gut gießen, im Winter dagegen
nur selten.
Erde: Humose Mischung.
Vermehrung: Durch Stecklinge,
die man im Sommer von der Basis der Pflanze abtrennt.

Chlorophytum comosum
Grünlilie

Diese dekorative, kräftige und
völlig anspruchslose Zimmerpflanze stammt aus Südafrika.
Sie besitzt schmale, bogenförmi-
ge Blätter von 20 bis 40 cm und
lange Blütenstengel, an denen
die jungen Ausläuferpflänzchen
entspringen. *C. comosum* ist
einfarbig grün. Die Zuchtform
C. comosum 'Variegata' hat zart
weiß und grün gestreifte Blätter.

Standort, Temperatur: Nimmt
mit allem vorlieb; ist absolut anspruchslos.
Gießen: Während der Wachstumszeit reichlicher gießen; je
nach Temperaturverhältnissen
im Winter Wasserzufuhr einschränken.
Erde: Eine etwas lehmhaltige Mischung. Gut auch in Hydrokultur.
Vermehrung: Durch Abtrennen
junger Pflanzen vom Blüten-
schaft oder durch Teilung.

Chamaedorea
Bergpalme

Die Heimat dieser kleinwüchsi-
gen Palmengattung ist Mittel-
und Südamerika. Meist haben
ihre Arten gefiederte, ungestielte
Blätter (Palmblattwedel), die zu
beiden Seiten der röhrigen Stengel angeordnet sind. *C. elegans*
wird 1,20 m hoch. Sie hat zarte,
schmale, 10 cm lange Blätter
und gilt als besonders dankbare
Zimmerpflanze. Die kleinere
C. metallica wird 80 cm hoch.

Standort: Hell, liebt aber keine
direkte Sonne.
Temperatur: Im Sommer mäßig
warm, im Winter kühl (12 bis
14° C).
Gießen: Im Sommer reichlich
gießen und an warmen Tagen
absprühen. Im Winter nur wenig
gießen. Enthärtetes Wasser verwenden.
Erde: Humose Mischung.
Vermehrung: Durch Samen im
Frühjahr. Keimtemperatur 24 bis
26° C. Man steckt immer 3 Samen in einen Topf und vereinzelt
später vorsichtig, damit die zarten Würzelchen nicht beschädigt
werden.

Chamaerops humilis
Zwergpalme

Als kleine Zimmerpflanze ist
diese aus den südlicheren Breiten Europas und Asiens stam-

mende Palme im Handel erhältlich. Die 45 cm großen, halb-
kreisförmigen und fächerartigen
Blätter teilen sich im Grunde in
viele, feine Abschnitte. Sie stehen
an 1 bis 1,20 m langen Stielen.

Chrysalidocarpus lutescens
Goldfruchtpalme

Mauritius und die Tropen sind
die Heimat dieser hübschen
Palmenart. Ihre Blattfächer bestehen aus langen, schmalen
Fiederblättchen. Die Pflanze
wird bis zu 6 m hoch. In der Jugend ist sie ein dankbarer Zim-
mergenosse, der im Topf 1,20
bis 2,50 m groß werden kann.

Standort: Braucht etwas
Schatten.
Temperatur: Sehr warm; tags-
über am besten 23 bis 29° C,
nachts 16° C.
Gießen: Reichlich gießen und für
dauernde Luftfeuchtigkeit
sorgen.
Erde: Humose Mischung.
Vermehrung: Im Frühjahr durch
Samen.

Cissus
Klimme

Man kann diese umfangreiche Gattung verschiedenartigster tropischer Pflanzen in zwei Gruppen einteilen: die seltenen, sukkulenten Arten, die hauptsächlich wegen ihrer ungewöhnlichen Wuchsform gehalten werden und die eher verholzten Kletterer, die besonders beliebte

Chlorophytum comosum 'Variegatum'

Zimmerpflanzen sind. *C. antarctica,* der Australische Wein, hat spitze, etwas gezähnte, glänzende Blätter. *C. discolor,* die Buntblättrige Klimme, ist ebenfalls eine Kletterpflanze. Sie besitzt rötliche Stengel sowie grün und

Cissus antarctica ▽

weiß marmorierte Blätter, die malvenfarbene bis rote Blattadern und Ränder haben. Auf der Unterseite sind die Blätter rot. Die zunächst aufrechtstehende Pflanze hält man am zweckmäßigsten in einem Tropenfenster.

Standort: Heller, aber nicht sonniger Platz im Zimmer.
Temperatur: Relativ temperaturunempfindlich (12 bis 24°C).
Gießen: Mäßig gießen und Staunässe im Topf vermeiden.
Erde: Humose Mischung (keine Torfmischungen verwenden).
Vermehrung: Im Frühjahr durch 3 bis 5 cm lange Stecklinge. Diese werden bei einer Bodentemperatur von 25 bis 30°C in eine spezielle Anzuchtmischung (Sand und etwas torfhaltige Blumenerde) gesetzt. Am besten verwendet man einen geschlossenen Vermehrungskasten.
Wichtig: Jährlich umtopfen; dabei die alte Erde am Wurzelballen lassen und für gute Dränage sorgen.

Citrus

Zu dieser Gattung immergrüner Sträucher und kleiner Bäume aus Ostasien gehören Orangen,

Zitronen und Pampelmusen. Nur junge Pflanzen eignen sich für die Zimmerhaltung. Wenn sie größer werden, blühen und Früchte tragen sollen, muß man sie ins Gewächshaus stellen. Die hübschen, glänzenden, dunkelgrünen Blätter haben eine spitzovale Form und stehen an verholzten Stengeln. *C. microcarpa,* die Zwergapfelsine, ist die bekannteste Zimmerpflanze der Gattung. Ihre Blätter sind ca. 5 cm lang und schmal eiförmig. Die Pflanze ist in der Jugend relativ blühwillig und bringt fast das ganze Jahr hindurch Blüten und Früchte hervor.

Standort: Hell; im Sommer, wenn möglich, ins Freie stellen.
Temperatur: Im Sommer warm; im Winter kühl, nicht über 4 bis 6°C.
Gießen: Während des Sommers gut gießen. Im Herbst und Winter nur den Wurzelballen etwas feucht halten.
Erde: Humose Mischung.
Vermehrung: Im Frühjahr durch Samen (siehe Kapitel »Kinder und Zimmerpflanzen«, Seite 224).

Citrus microcarpa ▽

Cleyera japonica
Sperrstrauch

Er stammt wie die mit ihm verwandte Kamelie aus Ostasien. Der kleine, langsamwüchsige, immergrüne Strauch wird im Topf ca. 1 m hoch. Er hat hübsche, glänzende, spitzovale Blätter von 6 bis 8 cm Länge. *C. japonica* 'Tricolor' ist eine bunte Hybridform. Ihre Blätter besitzen einen ungleichmäßig cremefarbenen Rand und zwei verschiedene Grüntöne.

Standort: Halbschatten, im Sommer möglichst ins Freie stellen.
Temperatur: Kühl; im Winter 10 bis 12°C.
Gießen: Das ganze Jahr hindurch mit enthärtetem Wasser gleichmäßig feucht halten. Blätter gelegentlich absprühen, um den Staub zu entfernen.
Erde: Humose Mischung.

Cleyera japonica 'Tricolor' ▷

Codiaeum
Wunderstrauch

Die Heimat dieses hübschen, immergrünen Strauchs ist Polynesien. Er trägt buntes Blattwerk unterschiedlicher Formen und Muster. Die meisten Pflanzen sind drei- oder vierfarbig, marmoriert, geädert oder gesprenkelt. Man bezeichnet die vielen Kreuzungen, die nicht mehr zu ordnen sind, heute einheitlich als *C. variegatum* var. *pictum*. Die Sorte 'Disraeli' hat Blätter, die oberseits gelb gefleckt und unterseits rot sind. 'Volcano' besitzt große, spitzovale Blätter, die zunächst gelb getönt sind und später rosa werden.

Standort: Hell, liebt aber keine direkte Sonne.
Temperatur: Gleichmäßige Luft- und Bodentemperatur; im Winter 16 bis 18°C.
Gießen: Im Frühjahr und Sommer feucht halten. Vom Herbst an weniger gießen; der Wurzelballen darf jedoch nicht austrocknen. Bei trockener Luft sprühen.
Erde: Humose Mischung.
Vermehrung: Nur in Warmhauskultur.

◁ Hybriden von *Codiaeum variegatum* var. *pictum*

122

Coffea arabica
Kaffeestrauch

Im Botanischen Garten wird der Kaffeestrauch 3 m und als Topf-pflanze kann er 2 m hoch wer-den. Normales Zimmermaß sind gewöhnlich aber nur 60 bis 80 cm. Die mittelgrünen, gewell-ten Blätter stehen gegenständig an den Zweigen. Als Zimmer-pflanze ist auch die Zwergform 'Nana' bekannt.

Standort: Halbschatten, keine pralle Sonne; im Winter heller stellen.
Temperatur: Warm; im Winter kühler (15 bis 20°C); die Boden-temperatur darf nicht unter 16°C sinken.
Gießen: Während des Sommers gut gießen und gelegentlich ab-sprühen, jedoch stauende Nässe vermeiden. Im Winter Gießen einschränken, Wurzelballen darf aber nicht austrocknen. Enthär-tetes Wasser verwenden.
Erde: Humose Mischung.
Vermehrung: Im Frühjahr durch Samen oder im Spätsommer durch Stecklinge von Seiten-trieben.

Coleus
Buntnessel

Die auffallend schönen Pflanzen, die als Kräuter und Halbsträu-cher in Asien und Afrika zu Hause sind, werden sowohl we-gen ihres Blattwerks als auch ih-rer Blüten wegen gezüchtet. Die Beschreibung der Blütenzüch-tungen erfolgt ausführlich im Kapitel Blütenpflanzen.
C.-Blumei-Hybriden gibt es mit den unterschiedlichsten Blattfär-bungen von Gelb, Rot, Grün bis Dunkelbraun. Die Farben über-ziehen von der Mitte ausgehend die Blätter, folgen häufig der Äderung und bedecken die Rän-der mit Tupfen.
Meist werden *C.-Blumei*-Hybri-den im Frühjahr gekauft und weggeworfen, sobald die Blätter welken. An einem warmen und hellen Standort kann man die Pflanze aber gut über den Winter bringen. Um einen kräftigen Wuchs zu erzielen, entfernt man im Sommer gleich die Blütenan-sätze. Bei Lichtmangel werden die Blätter grün; an einem hellen Standort erzielt man deshalb die schönste Blattfärbung.

Standort: Hell, z. B. an einem Südfenster, aber stets vor praller Sonne schützen.
Temperatur: Warm.
Gießen: Im Frühjahr und Som-mer reichlich gießen, an warmen Tagen häufig absprühen. Man verwende enthärtetes Wasser, da alle *C.-Blumei*-Hybriden sehr kalkempfindlich sind.
Erde: Kalkfreie Mischung.
Vermehrung: Im Frühjahr aus Samen oder zur gleichen Jahres-zeit, aber auch noch im Spät-sommer, durch Kopfstecklinge. Die Stecklinge läßt man in einer Mischung aus scharfem Sand und Torf anwurzeln. Man kann sie aber auch einfach in eine dunkle, mit Wasser gefüllte Fla-sche stellen und nach der Be-wurzelung in kalkfreie Blumen-erde einpflanzen.

◁ *Coffea arabica*

Coleus-Blumei-Hybriden ▽

Cordyline
Keulenlilie

Diese Gattung verschiedenartiger, kleiner Sträucher und Bäume stammt aus Südostasien und Australien. Bei *C. australis* sind die Blätter lang und schmal; sie wachsen von der Spitze eines einzigen Stammes bogenförmig nach außen und sind dunkelgrün oder bunt. Ältere Pflanzen können so groß werden, daß man sie nur noch in hohen Räumen halten kann. *C. terminalis* hat breite, glänzende, spitz eiförmige Blätter in interessanten Farben. Vertreter mit roten Mustern eignen sich für die Zimmerkultur. Die Sorte 'Firebrand' hat mittelgrüne Blätter, die am Saum leuchtend rot sind. Die Blätter von 'Tricolor' zeigen eine Farbmischung von Karminrosa, Creme und Dunkelgrün.

Pflege: siehe *Dracaena*

Cordyline terminalis ▷

lius, das wechselblättrige Zypergras, gehalten. Es hat viele, 30 bis 45 cm hohe, dunkelgrüne Stengel, von denen jeder mit einer Gruppe langer Deckblätter gekrönt ist, die rechtwinklig wie bei einem Schirm abstehen. Über diesen Hochblättern entwickeln sich in einer Rosette grünlichweiße kleine Blüten. *C. argenteostriatus* ist eine dichtere Zwergform, die nicht über 30 cm hoch wird, mit breiteren, sich verjüngenden Blättern.

Standort: Ziemlich hell.
Temperatur: Die Pflanze erträgt Temperaturen bis ca. 25°C. Im Winter jedoch liebt sie es kühler (10 bis 12°C).
Gießen: Man stellt den Topf in einen mit Wasser gefüllten Untersetzer.
Erde: Normale Mischung.
Vermehrung: Im Frühjahr durch Teilung oder durch junge Triebspitzen, die man mit 5 cm langem Stiel abschneidet und nach Einkürzen der Blätter in sandhaltige Anzuchterde setzt.
Wichtig: Wegen ihres raschen Wachstums sollte man die Pflanze jährlich umtopfen.

Cyperus
Zypergras

In freier Natur gedeiht diese Gattung grasartiger Pflanzen, zu denen übrigens auch der Papyrus gehört, in den Tropen, den Subtropen und sogar in den mittleren Breiten. Als Zimmerpflanze wird meist *C. alternifo-*

Buntblättriger *Cryptanthus* △

Cyperus argenteostriatus ▽

Cryptanthus
Versteckblüte

Zu den Bromelien gehört diese immergrüne Pflanze aus Südamerika. Die meist bunten, mit scharfer Spitze versehenen Blätter stehen in flachen Rosetten. *C. bivittatus* hat ca. 25 cm lange Blätter. In ihrer Mitte befindet sich ein grüner Streifen auf olivgrünem, rosarot getöntem Grund. Bei *C. zonatus* sind die Blätter schuppenförmig und mit gezähnten, querlaufenden Bändern versehen. Die Oberseite der Blätter ist kupferbraun und grau, unterseits sind sie silbergrau. Beide Arten stammen aus Brasilien.

Standort: Hell, aber vor direkter Sonne schützen.
Temperatur: Warm. Die erwähnten bunten Arten brauchen im Winter 20 bis 22°C. Andere Arten vertragen auch etwas niedrigere Temperaturen.
Gießen: Wenig gießen. Der Wurzelballen sollte aber nie trocken werden.
Erde: Humose Mischung mit etwas Sphagnum.
Vermehrung: Durch Kindel, die sich in den Achseln der Rosettenblätter bilden. Sobald sie groß genug sind, lösen sie sich von selbst ab.

Dizygotheca
Fingeraralie

Der elegante, tropische Baum stammt von den Neuen Hebriden. Seine zarten Blätter sind in 7 bis 10 von der Mitte ausgehende Blattfiedern gegliedert. Bei *D. elegantissima,* die ca. 1,20 m hoch wird, sind die Blattfiedern tief gezähnt, so daß sie etwas pfeilförmig wirken. *D. veitchii* 'Gracilliana' wird 60 cm hoch und hat speerförmige, leicht gewellte Blattfiedern, die im Aussehen einer offenen Hand gleichen.

Standort: Hell, aber keine Prallsonne. Liebt die Nachbarschaft anderer Pflanzen (Luftfeuchtigkeit).
Temperatur: Warm, nicht unter 15°C; die Bodentemperatur muß konstant 18 bis 20°C betragen.
Gießen: Während des Wachstums mäßig gießen und öfter absprühen. Im Herbst und Winter Gießen einschränken, wobei aber der Wurzelballen nicht austrocknen darf. Man verwende enthärtetes Wasser und sorge für ausreichende Luftfeuchtigkeit.
Erde: Humose Mischung.
Vermehrung: Durch Samen zu Anfang des Frühjahrs.
Wichtig: Während der Ruhepause die jungen Triebe entfernen.

Dizygotheca elegantissima △

Dieffenbachia
Dieffenbachie

Aus dem tropischen Amerika kommt diese widerstandsfähige, langsamwüchsige und immergrüne Blattpflanze. Sie trägt an dicken, etwas fleischigen Stengeln große, eiförmige, bunte Blätter. Im Gewächshaus wird die *Dieffenbachia* ca. 2 m hoch. Als Topfpflanze erreichen junge Exemplare eine Höhe von etwa 1 m. *D. amoena* hat dunkelgrüne Blätter, die weiß und hellgelb gezeichnet sind. Die größte Art, *D. bowmannii* besitzt dunkelgrüne, 75 cm lange und hellgrün gefleckte Blätter. Bei *D. maculata* sind sie ca. 25 cm lang, stumpf eiförmig und tragen eine cremeweiße Zeichnung. Ihre Adern und Blattränder sind grün. *D. maculata* 'Exotica' hat auf den Blättern eine hellgelbe Zeichnung auf dunkelgrünem Untergrund; bei 'Superba' sind die Blätter dick, glänzend und weiß gesprenkelt.

Standort: Etwas schattig, kein direktes Sonnenlicht; zugfrei.
Temperatur: Warm; im Winter bei 15 bis 18°C.

Cyperus alternifolius △

Gießen: Während des Wachstums reichlich gießen und für Luftfeuchtigkeit sorgen. Man verwende lauwarmes, enthärtetes Wasser. Im Herbst und Winter gießt man weniger. Pflanze gelegentlich absprühen oder Blätter mit lauwarmem Wasser abwaschen.
Erde: Nährstoffreiche, lockere Mischung.
Verjüngung, Vermehrung: Pflanzen, die ihre unteren Blätter verloren haben, werden durch Rückschnitt der Stengel bis auf 10 cm über der Erde verjüngt. Zur Vermehrung steckt man die abgeschnittenen Triebspitzen in einen Vermehrungskasten. Sie müssen 2 bis 4 Blätter haben und bei einer Bodentemperatur von 24 bis 26°C gehalten werden. Die Stecklinge benötigen viel Feuchtigkeit.

Dieffenbachia maculata 'Exotica' ▷

Dracaena deremensis

Dracaena-Hybride

Dracaena
Drazäne, Drachenlilie

Zu dieser großen Gattung baum- oder palmenartiger Gewächse gehören einige der dekorativsten Zimmerpflanzen. Meist sind sie mit einem Büschel lanzettförmiger Blätter gekrönt. *D. deremensis* 'Warneckii' hat eine Fülle schlanker, grün, silbern und grau gestreifter Blätter. Bei *D. fragrans* sind die Blätter breiter, 50 bis 70 cm lang sowie golden und grün gestreift. Sie neigen sich in einem lang gezogenen Bogen nach unten. *D. marginata* hat von allen Arten die schmalsten Blätter. Sie sind grasartig mit creme- und rosafarbenen Streifen. *D. godseffiana* ist eine sich weit verzweigende Pflanze mit lorbeerartigen, gelb gesprenkelten Blättern.

Standort: Man kauft die Pflanzen im Frühjahr und stellt sie in Fensternähe. Vor praller Sonne müssen sie geschützt werden.

Gießen: Während des Sommers mäßig gießen und im Winter noch weniger. Stauende Nässe und Ballentrockenheit müssen vermieden werden.
Erde: Nahrhafte, durchlässige und humose Mischung.
Vermehrung: Durch Stecklinge oder 8 cm lange Stammabschnitte, die man im Frühjahr oder Sommer in einen Vermehrungskasten pflanzt.
Wichtig: Junge Pflanzen jährlich im späten Frühjahr umtopfen.

Euonymus-Japonicus-Hybride

Euonymus japonicus
Spindelstrauch

Als Topfpflanze wird dieser winterharte Strauch aus Japan 2 m hoch. An sich verzweigenden Stengeln befinden sich die ovalen, ledrigen und glänzenden Blätter. Sie besitzen Ähnlichkeit mit den Blättern des Lorbeers, sind aber etwas weicher. *E. japonicus* 'Microphyllus' hat kleinere grüne, gelbbunte oder weißbunte Blätter. Eine bunte Form ist auch 'President Gauthier'. 'Aureomarginatus' hat dunkelgrüne, unregelmäßig eiförmige Blätter mit gelbem Rand.

Standort: Hell und luftig, abseits von anderen Pflanzen.
Temperatur: Kühl; im Winter 4 bis 6°C.
Gießen: Im Sommer reichlich gießen; vom Herbst ab weniger. Im Frühjahr braust man den Staub von den Blättern.
Erde: Humose Mischung.
Vermehrung: Bei grünen Pflanzen im Frühjahr durch Kopfstecklinge.
Wichtig: Im Frühjahr kräftig zurückschneiden. Junge Pflanzen jährlich im März umtopfen.

× Fatshedera
Efeuaralie

Sie ist eine Kreuzung von *Fatsia* und *Hedera* aus dem Jahr 1912. Als × *Fatshedera lizei* ist sie eine der beliebtesten Blattpflanzen für die Zimmerhaltung geworden. Sie hat einen aufrechten Wuchs und glänzend dunkelgrüne, handförmige Blätter, die bis zu 20 cm breit und 25 bis 30 cm lang werden. Die Blätter sind außerdem drei- oder fünffach spitz gelappt. Gibt man ihr eine Stütze, so wird die Pflanze 2 m hoch.

Pflege: siehe *Fatsia japonica*.
Wichtig: Um eine buschige Wuchsform zu erzielen, Pflanze jährlich etwas zurückschneiden.

Fatsia japonica
Zimmeraralie

In ihrem Heimatland Japan wird sie im Freien bis zu 5 m hoch. *Fatsia japonica* ist aber auch eine ideale Zimmerpflanze und erreicht als solche eine Höhe von etwa 1 m. Ihre glänzenden, lederigen Blätter haben 7 oder 9 spitze Lappen und wachsen an bis zu 40 cm langen Stielen.

Standort: Hell, aber ohne direkte Sonne. Idealer Platz: luftiges, zugfreies Nordfenster. Im Som-

✕ *Fatshedera lizei*

mer stellt man die Pflanze am besten an einen schattigen Ort im Freien.
Temperatur: Kühl; im Winter 6 bis 8° C.
Gießen: Während der Wachstumsperiode gut gießen. Vom Herbst an weniger. Verträgt weder stauende Nässe noch Austrocknen des Wurzelballens.
Erde: Lehmhaltige, humose Mischung.
Vermehrung: Am besten durch möglichst frischen Samen im Vermehrungskasten.

Ficus
Feigenbaum, Gummibaum

Zu dieser riesengroßen Gattung gehören sowohl Bäume als auch epiphytische Sträucher und Kletterpflanzen. Ihnen allen ist der Milchsaft gemeinsam, durch den einst *F. elastica,* der Gummibaum, zu so großer wirtschaftlicher Bedeutung gelangt ist. Zu den *aufrechten Arten,* die gewöhnlich im Zimmer gehalten werden, gehören *F. benjamina,* der kleinblättrige Gummibaum, *F. deltoidea,* die Mistelfeige und *F. elastica. F. benjamina* hat kleine, spitzovale Blätter und einen hellgrünen Stamm mit hübsch gebogenen Zweigen. Deshalb wird der Baum auch

Fatsia japonica ▽

»Birkenfeige« genannt. *F. deltoidea* ist kleiner. Er wird 60 bis 80 cm hoch, besitzt kleine, rundliche Blätter und bildet gelbe Früchte. *F. elastica* wiederum besteht aus einem einzigen, aufrechten Stamm mit großen, glänzenden, spitz eirunden, lederigen Blättern. Er wächst rasch und wird als Topfpflanze bis zu 3 m hoch. Schneidet man ihn zurück, läßt er sich auch als Kletterpflanze ziehen. Seine Zuchtformen 'Decora' und 'Variegata' haben beide buntes Laub. Bei der ersteren stehen die Blätter aufrecht, bei der zweiten hängen sie.
Zu den *Kletter- und Kriecharten* gehören u. a. *F. pumila,* der Kletterficus, und *F. radicans. F. pumila* hat unregelmäßige, dunkle und efeuähnliche Blätter. Er kann als Hänge- oder Kletterpflanze gezogen werden. *F. radicans,* die Kriechfeige, besitzt etwas größere, spitzovale Blätter. Von dieser Art gibt es besonders hübsche weißbunte Formen, z. B. 'Variegata'.

Standort: Hell und luftig, aber keine direkte Sonne.
Temperatur: Mäßig warm; Überwinterung bei 12 bis 15° C.
Gießen: Während des Wachstums reichlich gießen; vom Herbst an Gießen einschränken. Im Winter gerade nur feucht halten.
Erde: Mischung mit Sand und Torf.

Vermehrung: Durch Blattstecklinge mit Triebaugen im Vermehrungskasten bei einer Temperatur von 25 bis 35° C; durch Kopfstecklinge in Wasser oder Erde; durch Abmoosen (s. S. 105). Wichtig: Blattoberseiten regelmäßig mit einem feuchten Baumwollappen entstauben.

Ficus deltoidea △

Ficus elastica ▷

Fittonia verschaffeltii △   *Grevillea robusta* ▷

Fittonia

Die langsamwüchsigen, zum Teil kriechenden Pflanzen stammen aus Peru. Auffallende weiße oder rötliche Adern überziehen ihre Blätter mit einem netzartigen Muster. Bei *F. verschaffeltii* sind die Adern karminrot. 'Argyroneura', eine Zuchtform der zuletzt genannten Art, besitzt sogar eine silberne Blattäderung. Sowohl die Art als auch die genannte Sorte eignen sich gut für die Haltung in Flaschengärten.

Standort: Hell, aber ohne direkte Sonne im Tropenfenster.
Temperatur: Warm, 18 bis 20°C.
Gießen: Vom Frühjahr bis Herbst gut feucht halten; im Winter weniger gießen. Für Luftfeuchtigkeit sorgen und stets enthärtetes Wasser verwenden.
Erde: Humose Mischung.
Vermehrung: Im Sommer durch Teilung oder von Frühjahr bis Sommer durch Stecklinge im Vermehrungskasten.

Grevillea robusta
Australische Silbereiche

Der immergrüne Strauch mit seinen fiederigen Blättern ist in Neusüdwales (Australien) zu Hause. Normalerweise wird er im Topf 1 bis 2 m hoch, kann aber gelegentlich auch 3 m erreichen. Die zart gefiederten, mittelgrü-

nen Blätter sind ca. 45 cm lang. Sie werden mit zunehmendem Alter dunkler.

Standort: Im Sommer Halbschatten, im Winter hell stellen.
Temperatur: Kühl, 6 bis 10°C.
Gießen: Mäßig.
Erde: Humose Mischung.
Vermehrung: Durch Samen oder Stecklinge aus Seitentrieben im Frühjahr oder Spätsommer.

Guzmania

Zu dieser Gattung gehören Bromelien, die in Mittel- und Südamerika zu Hause sind. Wie *Neoregelia* bekommen Guzmanien während der Blütezeit eine Rosette von Hochblättern in leuchtenden Farben. Die Blätter der Pflanze bilden die für Bromelien typische Zysterne. *G. lingulata* hat 45 cm lange Blätter. Aus ihrer Mitte entwickelt sich eine 30 cm hohe Blütenähre aus roten Hochblättern mit gelben Blüten. *G. monostachya* besitzt eine große Rosette aus hellgrünen Blättern. Ihr entsprießt ein ca. 40 cm hoher Schaft mit weißen, von zinnoberroten Hochblättern umgebenen Blüten.

Standort: Halbschatten, am besten im Tropenfenster.
Temperatur: Im Sommer gleichmäßig warm, im Winter nicht unter 16°C.

Gießen: Im Frühjahr und Sommer Zisterne mit Wasser füllen und häufig sprühen. Nach der Blüte entfernt man das Wasser aus der Zisterne und hält die Pflanze lediglich feucht.
Erde: Mischung mit Torf- und

Guzmania monostachya

Sphagnum-Beimengung.
Vermehrung: Durch Kindel im Sommer.

Gynura

Bei *Gynura aurantiaca* handelt es sich um einen teilweise kletternden Strauch aus Ostasien, der bis zu 1 m hoch wird. Die langen, spitzen, gezähnten Blätter sind mit leuchtend purpurnen Härchen bedeckt. Dies verleiht der Pflanze ein samtenes Aussehen. *G. procumbens* ist eine ähnliche Kletterpflanze, die man an Stöckchen und Drähten ziehen kann.

Standort: Sonne.
Temperatur: Warm.
Feuchtigkeit: Während des Sommers reichlich gießen, im Winter trockener halten.
Erde: Humose Mischung.
Vermehrung: Durch Stecklinge im Herbst.
Wichtig: Junge Blütenstengel sollte man entfernen.

Gynura procumbens ▷

Hedera
Efeu

Zu der allgemein bekannten Gattung immergrüner Kletterpflanzen gehören viele winterharte Formen mit drei- oder fünffach gebuchteten Blättern. Mit ihren Haftwurzeln können sie sich an senkrechten Wänden emporranken. Man kann Efeu als Ampelpflanze halten, an Stützen oder Drähten in Töpfen ziehen oder ihm ein Spalier oder eine geeignete Wand zum Klettern geben. Die bekannteste Art ist *H. helix* mit seinen glänzenden, dunkelgrünen Blättern, die 8 cm Durchmesser erreichen können. Die Anzahl der im Handel erhältlichen Sorten, die sich zur Zimmerhaltung eignen, ändert sich ständig.

Eine kleinwüchsige Sorte mit dunklen Blättern und heller Äderung ist *H. helix* 'Pittsburgh'. Es gibt davon auch eine bunte Form mit gelben Blatträndern. Bei beiden sind die Blätter dreieckig oder bilden einen Stern mit 5 Zacken. 'Golden Heart' hat kleinere Blätter, die in der Mitte goldgelb sind und einen ganz dunkelgrünen Blattrand besitzen. *H. helix* ssp. *canariensis* verfügt über ein etwas helleres, grünes und glänzendes Blattwerk. Die Blätter messen 13 bis 20 cm im Durchmesser. 'Gloire de Marengo' hat sehr hübsche, kremigweiß marmorierte Blätter.

Standort: Am besten Halbschatten. Bunte Formen sind empfindlich gegen Prallsonne. Alle Formen verkahlen bei zu wenig Licht.
Temperatur: Im Sommer mäßig warm, im Winter kühl (unbeheizter, aber frostfreier Raum).
Gießen: In der Wachstumszeit feucht halten, aber stauende Nässe vermeiden; im Winter sparsamer gießen.
Erde: Torfreiche, durchlässige Erdmischung.
Vermehrung: Am besten aus Stecklingen im Herbst. Man hält sie unter einer Glas- oder Plastikhaube bei einer Bodentemperatur von 20° C bis sie gut bewurzelt sind.
Wichtig: Man sollte den Efeu einmal pro Jahr umtopfen, jedoch jeweils in ein nur wenig größeres Gefäß.

Diese Gruppe von Efeugewächsen zeigt, wie Wuchsform und Färbung innerhalb der Gattung variieren.

Helxine (Soleirolia)
Bubiköpfchen

Diese Gattung besteht aus einer einzigen Art: *H. soleirolii.* Es handelt sich dabei um ein kriechendes Gewächs mit runden, hellgrünen Blättern und rosa Stengeln, die laufend Wurzeln bilden. Die Sorte 'Argentea' hat eine silberne Blattzeichnung.

Standort: Hell, aber keine direkte Sonne.
Temperatur: Im Sommer mäßig warm, im Winter kühl (4 bis 7° C).
Gießen: Im Frühjahr und Sommer reichlich gießen, im Winter sparsamer.
Erde: Humose Mischung.
Vermehrung: Im Frühsommer durch bewurzelte Triebe.

Howeia belmoreana

Howeia
Kentiapalme

Zu dieser Palmengattung, die auf der Lord-Howe's-Insel im Pazifischen Ozean, nach der sie ihren Namen trägt, zu Hause ist, gehören nur zwei Arten: *H. belmoreana* und *H. forsteriana.* Letztere wird in ihrer Heimat etwa 15 m hoch. In Zimmerkultur sind die beiden Arten nur selten voneinander zu unterscheiden. Ihre dicht stehenden, aufrechten Stengel werden von der Wurzel an gemessen etwa 2 m hoch. Die eleganten Blattwedel der Pflanzen sind in viele lange Fiedern geteilt, die fächerartig nach außen gebogen sind. Beide Arten eignen sich ausgezeichnet für

die Zimmerhaltung. Sie stellen wenig Ansprüche an die Lichtverhältnisse.

Standort: Schatten.
Temperatur: Im Sommer warm, im Winter 14 bis 18° C.
Gießen: Das ganze Jahr hindurch maßvoll mit enthärtetem Wasser gießen.
Erde: Humose Mischung.
Wichtig: Von Zeit zu Zeit die Blätter mit Wasser vom Staub befreien.

Hypoestes taeniata ▷

Hypostes

Beide für eine Zimmerhaltung geeigneten Arten dieser Strauchgattung aus Madagaskar, *H. sanguinolenta* und *H. aristata,* sind dankbare Zimmerpflanzen. *H. sanguinolenta* hat runde, rosa und weiß gesprenkelte Blätter und im Sommer zarte, violette oder blaß purpurfarbene Blüten. *H. aristata* ist ein buschiges Gewächs mit ovalen oder länglichen Blättern. Sie bekommt im Herbst röhrige, purpurne Blüten.

Helxine soleirolii 'Aurea' △

Standort: Luftig; im Blumenfenster, aber nicht direkt in der Sonne.
Temperatur: Warm (18 bis 20° C).
Gießen: Reichlich mit enthärtetem Wasser gießen und im Sommer für Luftfeuchtigkeit sorgen.
Erde: Humose Mischung.
Vermehrung: Im Frühjahr durch Stecklinge im Vermehrungskasten.

Jacaranda mimosifolia △

Iresine herbstii

Iresine

Die Gattung umfaßt dekorative, einjährige Pflanzen aus dem tropischen Südamerika. Dazu gehören *I. herbstii* und *I. lindenii*, die beide mit bunten Blättern und Stengeln ausgestattet sind. Bei *I. herbstii* hat die Oberseite der Blätter eine glänzend dunkelpurpurne Farbe. Äderung und Blattunterseite sind karminrot. Die Blätter von *I. lindenii* sind schmaler, tief rot und tragen in der Mitte einen helleren Streifen. Auch in der Sonne bleibt die Färbung der Blätter erhalten.

Standort: Heller Platz im Tropenfenster.
Temperatur: Warm.
Gießen: Reichlich mit lauwarmem Wasser gießen und für Luftfeuchtigkeit sorgen.
Erde: Humose Mischung.
Vermehrung: Im Frühjahr und Herbst durch Kopfstecklinge im Vermehrungskasten.

Jacaranda mimosifolia
Palisanderbaum

Der zum Teil immergrüne Baum ist im tropischen Brasilien beheimatet. Im Kübel wird er etwa 3 m hoch. Er hat vielfach gefiederte, grüne, ca. 45 cm lange, farnarti-

ge Blätter. Solange der Baum jung ist, eignet er sich für die Topfhaltung, sollte aber auf Dauer im Gewächshaus oder Tropenfenster stehen.

Standort: Hell, aber keine direkte Sonne.
Temperatur: Warm; im Winter nicht unter 16° C.
Gießen: Während des Sommers nur wenig, im Winter noch sparsamer gießen. Immer enthärtetes Wasser verwenden und für genügend Luftfeuchtigkeit sorgen.
Erde: Humose Mischung.

Maranta
Pfeilwurz

Diese Gattung niedrigwachsender, immergrüner Pflanzen ist in Brasilien zu Hause. Die oberseits grünen Blätter von *M. bicolor* haben beiderseits der Hauptader regelmäßige, hellbraune Flekken. Die Blattunterseite ist purpurfarben. Von *M. leuconeura*, einer Art mit weißer Äderung, gibt es eine Sorte 'Erythrophylla' mit hervortretenden hell zinnoberroten Adern und einem blaßgrünen fischgrätenähnlichen Muster entlang der Mittelader. 'Kerchoveana' hat graugrüne Blätter mit einer helleren Äderung und dunkelbraunen Flecken zu beiden Seiten der Mittelader.

Standort: Hell, aber ohne direkte Sonne; wenn möglich im Tropenfenster.
Temperatur: Tagsüber im Sommer 22° C, im Winter 18 bis 20° C. Nachts 16 bis 18° C.
Gießen: Während des Sommers reichlich gießen, aber stauende Nässe vermeiden. Im Herbst und Winter Gießen einschränken, Wurzelballen darf aber nicht austrocknen. Immer lauwarmes, enthärtetes Wasser verwenden.
Erde: Humose Mischung.
Vermehrung: Durch Teilung beim Umsetzen Ende des Winters.

Maranta leuconeura 'Erytrophylla'

Microcoelum
Kokospälmchen

Microcoelum weddelianum

Die kleine Palmenart kommt aus Brasilien. Sie ist am besten für eine Haltung im warmen Gewächshaus geeignet. In ihrer Jugend gedeiht sie aber auch gut im Zimmer.
M. weddelianum mit gebogenen Blattstengeln und langen, schlanken, sich verjüngenden Blattfiedern wird im Zimmer 1,20 m hoch. Im Winter leidet sie in beheizten Räumen oft unter Lufttrockenheit und bekommt braune Blätter.

Standort: Hell, aber keine direkte Sonne.
Temperatur: Im Sommer warm; im Winter 16 bis 18°C.
Gießen: Im Frühjahr und Sommer gut gießen und für Luftfeuchtigkeit sorgen. Während des Winters nur soweit feucht halten, daß der Wurzelballen nicht austrocknet. Im Untersetzer läßt man immer etwas Wasser stehen.
Erde: Zu gleichen Teilen Lehm, Humus und scharfer Sand.

Mimosa
Sinnpflanze

Sperrig wachsende, ausdauernde Pflanze aus dem tropischen Amerika, die im Hause gewöhnlich nur 1 Jahr gehalten wird. *M. pudica* hat tief eingeschnittene Blätter, die aus vier handförmig von einem Punkt ausgehenden Teilen mit elliptischen Blattfiedern bestehen. Man gab ihr den Namen Sinnpflanze, weil sich ihre Blätter schon bei der leisesten Berührung zusammenfalten. Nach einiger Zeit breiten sie sich wieder aus. Ausgewachsene Pflanzen erreichen eine Höhe von etwa 50 cm. Ihr Stamm ist meist verholzt.

Standort: Hell, aber ohne direkte Sonne.
Temperatur: Stets 20 bis 22°C.
Gießen: Im Frühjahr und Sommer reichlich gießen; immer für Luftfeuchtigkeit sorgen.
Erde: Humose Mischung.
Vermehrung: Im Frühjahr aus Samen.

Monstera
Fensterblatt

Die Pflanzen haben lederige Blätter, die bei vielen Arten, besonders bei älteren Gewächsen, eingeschnitten oder durchlöchert sind (Name!). In ihrer Heimat, Mittel- und Südamerika, wird die *Monstera* über 10 m hoch. *M. deliciosa* hat tief fiederspaltige, 40 bis 70 cm breite und 60 bis 80 cm lange Blätter. Sie kann im Kübel mit einer Stütze 2,50 m hoch werden. *M. obliqua* hat viel Ähnlichkeit mit ihr, ist jedoch kleiner. Die Sorte 'Leichtlinii' hat durchlöcherte Blätter, aber einen ganzen Blattrand. *M. pertusa* ist eine Kletterpflanze mit dichtem Laub. Die Blätter von älteren Pflanzen sind ebenfalls durchlöchert. Etwa 25 verschiedene *Monstera*-Arten befinden sich im Handel. Alle sind dankbare Zimmerpflanzen. Lediglich gegen niedrige Temperaturen sind sie empfindlich.

Standort: Schatten.
Temperatur: Mäßig warm; im Winter 14 bis 16°C.
Gießen: Im Frühjahr und Sommer reichlich gießen; im Winter sparsamer. Man verwende immer lauwarmes Wasser.
Erde: Humose Mischung.
Vermehrung: Im Sommer durch Kopfstecklinge oder durch Stammstücke im warmen Vermehrungsbeet in einer Mischung aus Torf und Sand.

Monstera deliciosa

Mimosa pudica

Neoregelia-Hybride △   *Nidularium fulgens* ▽

Neoregelia

Zu dieser Gattung gehören einige der auffallendsten epiphytischen Vertreter der Bromelien. Ihre Rosetten aus gezähnten, linealischen Blättern haben je nach Art verschiedene Muster; aber bei allen werden die inneren Blätter, die die zentrale, mit Wasser gefüllte Zisterne umgeben, zur Blütezeit rot oder purpurn. Die Blätter von *N. carolinae* sind leuchtend grün. In ihrer Mitte bilden sich zur Blütezeit dunkel purpurne Brakteen, denen ein Büschel purpurner Blüten entwächst. *N. carolinae* 'Tricolor' hat Blätter mit einem weißen Mittelstreifen; zur Blütezeit ist die ganze Pflanze wie dunkelzinnoberrot angehaucht; die Zisternenblätter werden karminrot. *N. spectabilis* besitzt olivgrüne Blätter mit einem roten Fleck an der Spitze. Die inneren Blätter werden zur Blütezeit dunkelrot.

Standort: Hell, ohne direkte Sonne; nach Möglichkeit im Tropenfenster.
Temperatur: Im Frühjahr und Sommer warm (22 bis 25°C), im Herbst und Winter mäßig warm (15 bis 18°C).
Gießen: Im Frühjahr und Sommer in Zisterne gießen. Im Winter Zisterne entleeren und nur Wurzelballen feucht halten.
Erde: Bromelienmischung.
Wichtig: Umtopfen ist nicht erforderlich, da die alten Rosetten absterben und sich neue bilden.

Nidularium
Nestrosette, Nestananas

Diese Gattung stammt aus Brasilien. Sie gehört ebenfalls zu den Bromeliaceen, hat große Ähnlichkeit mit *Neoregelia,* ist aber empfindlicher. Wie *Neoregelia* bildet *Nidularium* Blattrosetten, die eine zentrale Zisterne umgeben. Die Blüte wird von rot oder orange gefärbten Hochblättern umrahmt. *N. innocentii* hat gezähnte, grüne Blätter, die oberseits purpurn überhaucht und unterseits dunkelrot sind. Die weißen Blüten sind von kurzen, orangefarbenen Hochblättern umgeben. *N. fulgens* besitzt lange, glänzende Blätter und bildet blaue Blüten, die von roten Hochblättern umrahmt sind. *N. striatum* hat grüne, gelb gestreifte Blätter.

Standort: Halbschattiger Platz im Tropenfenster.
Temperatur: Im Sommer warm, im Winter etwas kühler.
Gießen: Man gießt im Sommer Wasser in die Zisterne und sorgt für Luftfeuchtigkeit. Im Winter läßt man etwas Wasser in der Zisterne und hält die Erde feucht.
Erde: Zu gleichen Teilen Lehm, Humus, Torf und Sand.
Vermehrung: Durch Seitentriebe, die sich bilden, wenn die Blüten verwelken und die ursprüngliche Rosette abstirbt. Man entfernt die Seitentriebe mit einem scharfen Messer, läßt sie 1 oder 2 Tage abtrocknen und pflanzt sie ein. Diese Weiterkultur der Pflanze ist jedoch nur bei guter Bodenwärme von Erfolg.

Pandanus veitchii △

Pandanus
Schraubenbaum

Die meisten Vertreter dieser Gattung immergrüner Bäume und Sträucher kommen aus Indonesien. Sie haben schmale, spiralig um den Stamm angeordnete Blätter, die 1 bis 2 m lang werden können. Nach 4 oder 5 Jahren erhebt sich die Pflanze auf Luftwurzeln, die den unteren Teil des inzwischen abgestorbenen Stammes ersetzen. An diesen Stelz- oder Stützwurzeln bilden sich Ableger, die man belassen oder zur Vermehrung verwenden kann. *P. utilis* ist die größte Art; sie hat dunkelgrüne, bis 1,50 m lange, mit roten Stacheln besetzte Blätter. Die Pflanze ist sehr temperaturempfindlich. Wegen ihrer Größe ist sie gut für ausgedehnte Büroräume geeignet. *P. sanderi,* wird nicht so hoch. Er besitzt schmalere, blaßgrüne 80 bis 100 cm lange Blätter mit weißen Streifen oder weißem Rand. *P. veitchii,* von ähnlicher Wuchshöhe wie *P. sanderi,* ist als Zimmerpflanze am bekanntesten. Seine Blätter weisen feine, dunkelgrüne Streifen auf, die zwischen breiteren, gelbgrünen verlaufen.

Standort: Hell, aber keine direkte Sonne.
Temperatur: Im Sommer braucht die Pflanze eine Mindesttemperatur von 20 bis 25°C, im Winter 18 bis 22°C.
Gießen: Reichlich gießen; während der Wachstumszeit auch gelegentlich absprühen und für ständige Luftfeuchtigkeit sorgen. Im Herbst und Winter sparsamer gießen.
Erde: Humose Mischung.
Vermehrung: Durch Ableger.

Peperomia
Pfeffergesicht, Zwergpfeffer

Die niedrigen, meist sukkulenten Pflanzen sind in Mittel- und Südamerika beheimatet. Ihr Laub hat oft eine zarte Zeichnung in Weiß oder einem helleren Grün. Entlang den Blattadern befinden sich oft tiefe Furchen. Die Blüten sind meist blaßgelb und stehen in langgestreckten Ähren. Man kann die Gattung in drei Hauptgruppen gliedern: 1. buntblättrige Arten, 2. grünblättrige Arten, von denen es jedoch viele bunte Zuchtformen gibt, und 3. Arten mit kriechenden oder hängenden Trieben. Am bekanntesten sind die buntblättrigen Arten. Zu dieser Gruppe gehören *P. argyreia* mit schildförmigen, weißlichen, dunkelgrün geäderten Blättern an roten Stielen sowie *P. caperata* mit dicken, fleischi-

gen, dunkelgrünen Blättern, die tiefe Runzeln und Furchen entlang der Blattadern aufweisen. Bei *P. caperata* 'Emerald Ripple' haben die Blätter am Rand einen silbergrauen Schimmer. *P. griseo-argentea,* eine ihr ähnliche Pflanze, hat weniger tief gekerbte, rundere Blätter mit leichtem Silberschimmer. *P. obtusifolia* ist eine stark verzweigte Art mit ovalen, glänzend grünen Blättern an purpurnen Stielen. Bei *P. obtusifolia* 'Variegata' handelt es sich um die wohl am weitesten verbreitete Sorte. Ihre in der Jugend weißlichen Blätter ändern mit zunehmendem Alter ihre Farbe und nehmen verschiedene Grünschattierungen an. *P. fraseri* ist eine dunkelgrünblättrige Art mit deutlichen, rötlichen Adern und roten Blattstielen. Die Blüten sind weißlich gelb und kugelig. Die stark verzweigte *P. glabella* hat grüne, wächserne und ligusterartige Blätter. 'Variegata' ist eine ihrer Sorten, die man am häufigsten antrifft. *P. serpens* – bekannteste Sorte: 'Variegata' – hat kriechende Triebe. Diese Pflanze eignet sich deshalb besonders zur Bepflanzung von hängenden Gefäßen. Die spitz auslaufenden, herzförmigen Blätter sind bei jungen Pflanzen zunächst cremeweiß, werden aber mit der Zeit hellgrün. Der cremefarbene Blattsaum bleibt jedoch erhalten.

Standort: Hell, aber ohne direkte Sonne im Tropenfenster.
Temperatur: Warm. Buntblättrige Arten brauchen im Winter 18 bis 20°C, grünblättrige dagegen nur 15°C.
Gießen: Im Sommer mäßig gie-

Peperomia griseo-argentea ▽

ßen und für Luftfeuchtigkeit sorgen; im Winter Gießen ziemlich einschränken. Nur lauwarmes, enthärtetes Wasser verwenden. Erde: Humose Mischung. Vermehrung: Buntblättrige Arten durch Kopfstecklinge; grünblättrige sowohl durch Kopf- als auch Blattstecklinge.

Philodendron

Zu dieser Gattung gehören kletternde oder strauchartig wachsende Blattpflanzen mit großen, ledrigen Blättern. *P. scandens* ist eine der bekanntesten Kletterpflanzen. Ihre glänzenden, herzförmigen, leuchtend grünen Blätter sind in der Jugend 8 cm und später bis zu 30 cm lang. *P. erubescens* ist ebenfalls eine Kletterpflanze mit großen, glänzenden Blättern, die in der Jugend rosarot sind. Eine langsam wachsende Kletterpflanze ist *P. ilsemannii* mit bis zu 20 cm langen, pfeilförmigen Blättern. Sie sind in der Jugend rosafarben und bekommen später eine weiße und grüne Marmorierung. *P. elegans* und *P. laciniatum* sind Klettergewächse mit gefiederten Blättern. Bei *P. elegans* sind sie dunkelgrün und dreifach gebuchtet, tief gekerbt und eingeschnitten. *P. laciniatum* hat breite, eingeschnittene, dreieckige Blätter. *P. melanochrysum*, eine weitere kletternde Art, besitzt herzförmige, dunkelolivgrüne Blätter, die unterseits blaßrosa bis purpurn sind. Die Blätter können 60 cm lang werden. *P. bipinnatifidum* ist eine aufrechte Pflanze mit tief eingeschnittenen Blättern. Sie sind am Rand gewellt und können 60

Philodendron bipinnatifidum

bis 90 cm lang werden. Bei *P. martianum* handelt es sich um ein

hübsches, nicht kletterndes Gewächs mit speerförmigen, glänzenden, bis zu 65 cm langen Blättern. Die beiden zuletzt genannten *Philodendron*-Arten werden für die Zimmerhaltung zu groß.

Standort: Ein lichtarmer Platz genügt; nie direkte Sonne.
Temperatur: Mäßig warm (14 bis 16°C) im Winter; buntblättrige Arten benötigen im Winter 18°C. Bodenwärme ist günstig.
Gießen: Im Frühjahr und Sommer reichlich gießen; danach sparsamer. Man verwende lauwarmes Wasser und sorge für Luftfeuchtigkeit. Letzteres gilt besonders für samtblättrige oder bunte Arten.
Erde: Humose Mischung.
Vermehrung: Im Sommer durch Stecklinge oder Teilung.

Phoenix
Dattelpalme

In ihrer Jugend sind die Vertreter dieser Palmengattung mit ihren gefiederten Blättern hübsche Topfpflanzen. Ihre Heimat ist Südostasien und Nordafrika. *P. canariensis* stammt von den Kanarischen Inseln. Sie eignet sich am besten für die Zimmerhaltung. Die Pflanze hat halb aufrechte, gebogene Wedel mit vielen, hellgrünen Fiederblättern. Die Echte Dattelpalme, *P. dactylifera*, trägt in ihrer Heimat als Früchte die allgemein bekannten Datteln. Sie wird größer als *P. canariensis*, hat ähnliche, blaugrüne Wedel, jedoch mit weniger Blattfiedern.

Standort: Sonnig; im Sommer wenn möglich ins Freie stellen. Solange die Pflanzen aber jung

Philodendron scandens ▽

sind, vertragen sie keine pralle Sonne.
Temperatur: Im Winter kühl. *P. canariensis* begnügt sich zum Überwintern mit einem frostfreien Platz (4°C); *P. dactylifera* überwintert man bei 8 bis 10°C.
Gießen: Im Sommer reichlich gießen, dabei für guten Wasserabzug sorgen. Im Winter Gießen einschränken. Man verwende lauwarmes Wasser.
Erde: Humose Mischung.
Vermehrung: Im Frühjahr aus Samen.

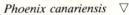

Phoenix canariensis ▽

◁ *Peperomia magnoliifolia* 'Variegata'

Pilea
Kanonierblume

Meist behandelt man diese Gattung immergrüner, ausdauernder Gewächse, die überall in den Tropen zu Hause sind, als Wegwerfpflanzen. Sie verlieren nämlich durch unschönes Längenwachstum mit der Zeit ihren ursprünglichen Reiz. *P. cadierei* wird bis zu 1 m hoch. Sie ist eine stark verzweigte, aufrecht wachsende Art mit eiförmigen, fleischigen Blättern von etwa 8 cm Länge. Zwischen den Adern haben sie einen silbernen Schimmer. *P. involucrata* ist kleiner. Sie hat dunkelgrüne, »steppdeckenartige« Blätter, die paarig an kurzen, purpurbraunen Stengeln stehen. *P. involucrata* 'Norfolk' besitzt paarig angeordnete, ovale, purpurgrüne Blätter. Diese sind deutlich gekennzeichnet durch drei hervortretende Adern und eine längs verlaufende silberne Bänderung.

Standort: Luftiger, schattiger Platz.
Temperatur: Mäßig warm; 10 bis 20°C im Winter.
Gießen: Mit einsetzendem Wachstum für gleichmäßige Luftfeuchtigkeit sorgen und gut gießen. Im Winter trockener halten.
Erde: Humose Mischung.
Vermehrung: Durch Kopfstecklinge im Frühjahr oder Samen.

Pisonia

Von dieser pantropischen Gattung gibt es nur eine einzige Art – *Pisonia alba* – in Zimmerkultur. Es handelt sich hier um einen

Pisonia alba

Strauch mit ledrigen, in der Form dem Gummibaum ähnlichen Blättern, die unregelmäßig cremeweiß gezeichnet sind und verschiedene Grüntöne aufweisen. In seiner Heimat wird der Strauch 6 m hoch, als Topfpflanze jedoch nur 60 cm bis 1,20 m.

Pflege: siehe *Ficus*
Vermehrung: Durch Stecklinge mit einem Auge, die man bei einer Bodentemperatur von 25°C in eine Mischung aus Sand und Torf pflanzt.

Pittosporum
Klebsame

Aus Ostasien stammt diese Gattung immergrüner Sträucher und Bäume mit ihren glänzenden Blättern, die meist quirlig um den Stamm geordnet sind. Die Blüten haben eine röhrige Form. Am beliebtesten ist *P. tobira* mit länglichen, glänzenden und lederartigen Blättern, von denen je 5 sternenförmig an gestreckten Stielen wachsen. Die Blüten duften, sind blaßgelb und bilden sich während des Sommers in endständigen Büscheln.

Pilea-Hybriden △

Standort: Sehr hell.
Temperatur: Kühl; im Winter 4 bis 8°C.
Gießen: Gleichmäßig feucht halten.
Erde: Humose Mischung.
Vermehrung: Im Frühjahr aus Samen oder im Sommer aus Stecklingen von Seitentrieben.

Pittosporum tobira ▽

Plectranthus
Harfenstrauch

Diese pantropische Gattung aufrecht wachsender oder kriechender Pflanzen hat unterschiedliche Blattformen. Zu ihr gehören einige Arten mit fingerhutähnlichen, röhrigen Blüten. *P. fruticocus,* der »Mottenkönig«, wird etwa 1 m hoch. Er hat eiförmige, gezähnte Blätter, die paarig angeordnet sind. Im Winter bildet die Pflanze zahlreiche Rispen mit blauen Blüten. *P. coleoides* ist eine niedrige Art mit behaarten, ovalen Blättern. *P. coleoides* 'Marginatus' stellt eine besonders schöne Sorte dar mit deutlich weißen Rändern an den gezackten Blättern. *P. oertendahlii* ist eine kriechende Art, die sich gut als Ampelpflanze oder Bodendecker eignet. Sie

Plectranthus coleoides 'Marginatus'

hat rötliche Stiele mit fast kreisrunden Blättern, die silbern geädert sind. Ihren hohen Blütenstengeln entspringen rosarote, röhrige Blüten.

Standort: Sonniger Platz auf der Fensterbank.
Temperatur: Mäßig warm; im Winter 12 bis 15° C.
Gießen: Das ganze Jahr hindurch reichlich gießen, nach der Blüte etwas weniger. Dann schneidet man die Pflanze auch zurück und hält sie für einige Wochen bei einer Temperatur von 10 bis 12° C.
Erde: Nährstoffreiche Mischung.

Rhaphidophora
Efeutute

Diese Gattung umfaßt vor allem große Kletterer, die sich nicht fürs Zimmer eignen. Die einzige Art, die als Zimmerpflanze gehalten wird, ist *R. aurea.* Bis vor kurzem war sie unter dem Namen *Scindapsus aureus* bekannt. Sie hat etwas steife, kantige Stengel und unregelmäßige, spitzeirunde Blätter, die weiß und gelb gestreift sind. Die weißen Blätter der Sorte 'Marble Queen' sind grün gefleckt.

Standort: Hell, aber keine direkte Sonne.
Temperatur: Warm; im Winter 15 bis 18° C. Hellere Zuchtformen brauchen etwas mehr Wärme.
Gießen: Im Sommer feucht halten; im Winter mäßig gießen. Während der Wachstumsperiode sorge man für genügend Luftfeuchtigkeit.
Erde: Humose Mischung.
Vermehrung: Durch kurze Stengelstücke mit einem oder zwei Blattknoten oder aus bewurzelten Triebenden.

Rhapis excelsa
Steckenpalme

In China und Japan ist diese Zwergpalmenart zu Hause. Ihre gefiederten Blätter gliedern sich in feine, streifenförmige Segmente mit länglichen Adern. Die Stengel sind schilfähnlich. *R. excelsa* wird im Topf 1,20 bis 2 m hoch.

Standort: Hell.
Temperatur: Im Sommer warm, im Winter kühl (7° C).
Gießen: Reichlich gießen und im Sommer gelegentlich sprühen. Im Winter schränkt man das Gießen ein; der Wurzelballen darf jedoch nicht austrocknen.
Erde: Lehmhaltige Mischung.

◁ *Rhaphidophora aurea*   *Rhapis excelsa* ▽

Rhoicissus rhomboidea △

und Neuseeland in der Zimmerkultur vertritt. Im Topf oder Kübel wird sie innerhalb mehrerer Jahre zu einem 2 m hohen Gewächs. Die glänzenden, herabhängenden Blätter wachsen in sternförmigen Gruppen endständig an langen Blattstielen. In der Jugend sind es nur 3 bis 5 Blätter je Gruppe; ihre Anzahl nimmt mit dem Alter der Pflanze zu.

Standort: Luftiger, heller Platz ohne direkte Sonne. Im Sommer möglichst ins Freie stellen.
Temperatur: Mäßig warm; nicht unter 12° C oder über 16 bis 18° C.
Gießen: Gut gießen und für ständige Luftfeuchtigkeit sorgen.
Erde: Humose Mischung.
Vermehrung: Aus Samen, im Frühjahr.

Senecio
Kreuzkraut

Über 1000 Arten rechnet man zu dieser Gattung: Sträucher, Bäume, Kletterpflanzen und Sukkulenten. *S. cruentus,* auch als *Cineraria cruenta* bekannt, gehört zu den wegen ihrer Blüten beliebten Pflanzen der Gattung. *S. macroglossus* 'Variegatus' ist eine immergrüne Kletterpflanze mit efeuartigen, dunklen, glänzend grünen Blättern. *S. mi-*

Rhoeo spathacea var. *vittata* △   *Schefflera actinophylla* ▷

Rhoeo

Rhoeo spathacea ist die einzige bekannte Art dieser Gattung. Sie stammt aus Mexiko und ist eine nahe Verwandte der *Tradescantia*. Die speerförmigen, fleischigen, 20 bis 30 cm langen Blätter sind oberseits grün und unterseits rötlich bis purpurn. Sie sind in einer lockeren Rosette um den Stamm angeordnet. Die Zuchtform 'Vittata' hat bunte, weiß und gelb gestreifte Blätter.

Standort: Im Sommer halbschattig, im Winter hell, aber nie direkte Sonne.
Temperatur: Mäßig warm, im Winter nicht unter 16° C.
Gießen: Während des Sommers reichlich gießen und für Luftfeuchtigkeit sorgen. Mit Beginn des Herbstes schränkt man das Gießen ein und hält die Pflanze im Winter trockener.
Erde: Humose Mischung.
Vermehrung: Durch Seitentriebe oder im Frühjahr aus Samen.

Rhoicissus

Diese Gattung von Kletterpflanzen stammt aus Südafrika. *R. capensis,* die Kapland-Klimme, hat braun behaarte, verholzte Triebe und rebenähnliche, dunkelgrüne Blätter; sie können einen Durchmesser von 16 bis 18 cm erreichen. *Rhoicissus rhomboidea* (neuere Bezeichnung: *Cissus rhombifolia)* ist eine immergrüne, 1,20 bis 2 m hohe Kletterpflanze. Sie hat rhombische Fiederblätter mit gezähntem Rand, die in Dreiergruppen wachsen.

Pflege: Siehe *Cissus antarctica*. Wegen ihrer verholzten Triebe ist die Pflanze für Ampeln ungeeignet.

Schefflera
Strahlenaralie

S. actinophylla ist die Art, die diese Gattung hübscher, immergrüner Bäume aus Australien

kanioides, der Sommerefeu, besitzt sukkulente Triebe und gerollte Blätter mit scharfen Spitzen, die ebenfalls dem Efeu ähneln. Beide sind raschwüchsige Kletterer, die am besten im Gewächshaus gedeihen.

Standort: Hell, aber keine Prallsonne.
Temperatur: Warm.
Gießen: *S. macroglossus* 'Variegatus' wenig gießen; *S. mikanioides* gleichmäßig feucht halten.
Erde: Lehmhaltige Mischung mit etwas Sand.
Vermehrung: Durch Triebspitzen.

Sparmannia africana
Zimmerlinde

Im Gewächshausbeet wird der immergrüne Strauch 2,50 m, im Topf nur 60 bis 90 cm hoch. Er hat blaßgrüne, große, ovale, eckig ausgebuchtete Blätter, die beiderseits mit einem weichen Flaum bedeckt sind. Im Sommer trägt er in endständigen Büscheln weiße Blüten mit purpurnen und gelben Staubbeuteln. Die Zwergform wird 80 cm hoch.

Standort: Luftig und hell, ohne Nachbarschaft.

Temperatur: Kühl; im Winter nur 6 bis 10°C.
Gießen: In der Wachstumszeit gut gießen und für guten Wasserabzug sorgen. Im Winter sparsamer gießen; der Wurzelballen darf aber nicht austrocknen.
Erde: Humose Mischung.
Vermehrung: Im Frühjahr durch Kopfstecklinge aus jungen Trieben.

Syngonium
Purpurtute

Nahe verwandt mit *Philodendron* und *Monstera* ist diese Gattung kriechender oder rankender Pflanzen aus Mittel- und Südamerika. Sie enthalten eine milchige, weiße Flüssigkeit und verändern ihr Blattwerk mit zunehmendem Alter. Zuletzt haben die Pflanzen mehrfach geteilte Blätter. Die Teilblätter sind spitzoval und unterschiedlich lang. Sie tragen in der Jugend ein Muster von hellerem Grün. *S. vellozianum* hat fünfgeteilte dicklich grüne Blätter. Der Mittelteil ist der längste. Ihm schließen sich zu beiden Seiten zwei kleinere Teile an. Schließlich befindet sich noch ein winziges Paar dicht am Stiel des fußförmigen Blattes. *S. podophyllum* besitzt

Buntblättriges *Syngonium* △

dunkelgrüne, glänzende und pfeilförmige Blätter, die im Alter gefiedert sind und an steifen Stielen stehen. Von dieser Art gibt es viele bunte Zuchtformen. So zum Beispiel 'Albovireus' mit weißen Blättern, die einen grünen Rand haben.

Standort: Hell, aber ohne direkte Sonne.
Temperatur: Warm.
Gießen: Im Sommer reichlich gießen und für Luftfeuchtigkeit sorgen; im Winter weniger gießen.
Erde: Humose Mischung.
Vermehrung: Im Sommer durch Kopfstecklinge oder Stammabschnitte mit einem Auge.

Sparmannia africana

Tetrastigma
Kastanienwein

Die Gattung ist mit *Cissus* verwandt und umfaßt immergrüne
Kletterpflanzen aus dem tropischen Ostasien. *T. voinierianum*
ist eine kräftige Kletterpflanze,
die in der Umgebung von Tong-
king (Vietnam) zu Hause ist. Im
Zimmer zieht man sie an stabilen
Stöcken. Sie hat glänzende, gezähnte drei- oder fünfzählige
Blätter. Jedes Blatt kann 25 cm
groß werden. Innerhalb eines
einzigen Jahres wird die Pflanze
mehrere Meter lang.

Standort: Hell, aber keine direkte
Sonne.
Temperatur: Mäßig warm; im
Winter nicht unter 12°C.
Gießen: Im Sommer reichlich, im
Winter sparsamer gießen.
Erde: Humose Mischung.

Tetrastigma voinierianum ▽

Tolmiea menziesii
Henne mit Küken

Dieser niedrigwachsende Vertreter der Steinbrechgewächse ist
die einzige Art der Gattung *Tolmiea*. Ihre deutschen Namen
»Henne mit Küken« oder »Kindchen im Schoß« verdankt sie
den kleinen, bewurzelten Pflänzchen, die sich an der Basis der
zimmerlindenähnlichen Blätter
bilden. Die Pflanze erreicht eine
Höhe von etwa 15 cm und wird
ca. 40 cm breit. Ihre grünen Blätter sind gerundet, samtig beflaumt und am Rande etwas gekerbt. Anfang des Sommers bilden sich grünlich weiße Blüten
an traubigen Blütenständen.

Pflege: siehe *Saxifraga stoloni-
fera*.
Vermehrung: Durch bewurzelte
Brutpflänzchen.

Tradescantia
Dreimasterblume

Im 17. Jahrhundert kamen winterharte Pflanzen dieser Gattung, die nach John Tradescant
– er war Hofgärtner bei Karl I.
von England – und seinem Sohn
benannt wurden, nach Europa.
Die erste, nicht winterharte Art
kam im 19. Jahrhundert aus dem
tropischen Südamerika zu uns.
Seit der Zeit sind die Tradeskantien zu unseren bekanntesten,
kriechenden und hängenden

Tradescantia fluminensis △

Zimmerpflanzen avanciert. Sie
haben saftige Stengel und spitzovale Blätter von 2 bis 4 cm
Länge, die an ihrer Basis die
Blattknoten umschließen. Im
Winter oder Frühjahr bilden sich
an den Achseln der oberen Blätter Blüten. *T. albiflora* ist die einzige einfarbig grüne Art. Ihre
Zuchtform 'Albovittata' hat Blätter mit malvenfarbenen und weißen, längs verlaufenden Streifen.
Eine andere Art, *T. fluminensis*,
hat kürzere, grüne oder purpurne Stengel mit leuchtend grünen, spitzovalen, unterseits oft
purpurnen Blättern. Die Sorte
'Variegata' besitzt gelb gestreif-
tes Blattwerk. *T. blossfeldiana* ist
eine ausdauernde Kriechpflanze
mit Blättern, die oberseits bräun-
lichrot und unten rot sind. Sie
bekommt viele rosafarbene und
weiße Blüten. *T. pexata* ist eine
Pflanze mit eher steifen Stengeln
und Blättern, die mit weichen,
weißen Härchen bedeckt sind;
unterseits haben sie einen purpurnen Schimmer. Im Sommer
und Herbst blüht diese Art dunkelrot.

Standort: Hell.
Temperatur: Mäßig warm, nicht
unter 10°C.
Gießen: Im Sommer gut gießen,
im Winter sparsamer.
Erde: Humose Mischung.

ist *Z. pendula;* sie hat zarte, spitzovale etwa 6 cm lange Blätter, deren grün und purpurn gefärbte Oberseite zwei silberne Streifen durchziehen. Die Unterseite ist purpurn. 'Quadricolor' ist ihre »exotischere«, bunte Zuchtform mit etwa 45 cm langen Stengeln und rosigpurpurn, weiß, dunkel- und hellgrün gestreiften Blättern, die auf der Unterseite purpurn sind.

Yucca aloifolia 'Tricolor' △

Standort: Hell.
Temperatur: Mäßig warm; im Winter nicht unter 15°C.
Gießen: Im Sommer reichlich, im Winter sparsamer mit enthärtetem Wasser gießen.
Erde: Humose Mischung, der man etwas Sand zusetzt.
Vermehrung: Im Frühjahr durch bewurzelte Stecklinge.

Yucca aloifolia △

Vermehrung: Altpflanzen jährlich im Frühjahr durch bewurzelte Stecklinge ersetzen. Dabei setzt man mehrere in einen Topf.

Yucca
Palmlilie

Für die Zimmerkultur eignen sich die stammbildenden Arten dieser Gattung von Bäumen aus Nord-, Mittel- und Südamerika gut. *Y. aloifolia* bildet einen schuppigen Stamm mit endständigen Büscheln aus 45 bis 60 cm langen Blättern. Die Pflanze wird im Kübel 1,20 bis 2 m hoch. Buntblättrige Sorten sind 'Tricolor' und 'Quadricolor'.
Standort: Hell und sonnig. Im Sommer möglichst ins Freie stel-

len; im Winter brauchen die Pflanzen im Hause einen hellen Standort.
Temperatur: Im Sommer möglichst warm, im Winter kühl (6°C).
Gießen: Während des Sommers gut gießen, aber stauende Nässe vermeiden. Im Winter ziemlich trocken halten.
Erde: Humose Mischung.
Vermehrung: Durch Teilung des Wurzelstocks.

Zebrina
Zebrakraut, Ampelkraut

Die Gattung umfaßt kriechende, ausdauernde Pflanzen mit fleischigen Stengeln. Ihre Heimat ist Mittelamerika. Am bekanntesten

Zebrina pendula ▷

Farne

Auf der ganzen Erde gibt es etwa 10 000 verschiedene Farnarten. Man findet sie überall, wo es feucht und schattig ist, vorwiegend jedoch in feuchtwarmen Tropengebieten. Die Zentralheizung vertrieb die einst so häufig gehaltenen Farne aus unseren Wohnungen.

Im Augenblick erfreuen sie sich aber wieder zunehmender Beliebtheit. Mit ihren zarten Blättern und ihrer intensiv grünen Farbe sind sie besonders dekorative Zimmerpflanzen.

Die meisten Farne bevorzugen einen schattigen, kühlen und feuchten Platz. Im Terrarium oder Blumenfenster gedeihen sie gut. Da Farne viel Feuchtigkeit benötigen, stellt man den Topf mit der Pflanze am besten in einen Übertopf und füllt den Zwischenraum mit feuchtem Torf oder Moos aus. Gruppiert man mehrere Pflanzen, bringt man sie in einer Wanne unter und füllt die Zwischenräume ebenfalls mit feuchtem Torf oder Moos aus.

Farne wirken immer dekorativ, ob sie nun alleine oder in Gruppen stehen. Man kann sie in Ampeln setzen oder auf einen Ständer stellen. Sie sind auch ideale Pflanzen fürs Badezimmer.

Manche Gewächse, die aussehen wie Farne, sind in Wirklichkeit ganz andere Pflanzen. Dazu gehören besonders tropische Vertreter der Gattung *Selaginella* (Mooskraut oder Moosfarn). Sie brauchen dieselbe Pflege wie Farne und werden deshalb auch hier in diesem Kapitel genannt.

Adiantum hispidulum △

Adiantum raddianum △

Adiantum
Frauenhaarfarn

Adiantum-Arten mit ihren zarten, fiedrigen Blättern findet man sowohl in den mittleren Breiten, als auch in den Tropen. *A. capillus-veneris* kommt in Europa und in den USA vor. Seine zarten, drahtigen und dunkel gefärbten Stengel tragen feine, lichtgrüne Wedel mit gezähnten Fiederblättchen. Die Pflanze wird etwa 60 cm hoch. Jeder Wedel wächst 15 bis 25 cm in die Höhe und biegt sich dann nach unten. *A. hispidulum* hat Blattwedel, die sich an der Basis gabeln, was den Eindruck von Zweigen vermittelt. Die runden, behaarten Fiederblättchen sind in der Jugend rötlich bronzefarben. Auch diese Pflanze wird 60 cm hoch.

Standort: Schattig und zugfrei. Für eine Weile gedeiht sie auch gut im Badezimmer.
Temperatur: Im Sommer warm, im Winter nicht unter 18°C.
Gießen: Reichlich gießen und für Luftfeuchtigkeit sorgen. Am besten nimmt man lauwarmes, enthärtetes Wasser. Falls die Pflanze einmal zu sehr ausgetrocknet ist, stellt man den Topf in lauwarmes Wasser, bis sich der Wurzelballen vollgesaugt hat. Im Winter Gießen einschränken.
Erde: Handelsübliche Torfmischung.
Vermehrung: Durch Teilung oder durch Sporen (in feuchtem Torf) im Frühjahr.

Asplenium
Streifenfarn

Zwei verschiedene Pflanzengestalten gibt es bei dieser Gattung hübscher Farne, die in Australien, Neuseeland und den Tropen beheimatet sind. So hat *A. bulbiferum* als Vertreter der einen Form zart gefiederte, mittelgrüne Wedel mit Adventivknospen, aus denen sich kleine Pflänzchen entwickeln. Die Wedel werden bis zu 60 cm lang. *A. nidus,* der Nestfarn, andererseits ist eine epiphytische Art. Seine ganzrandigen, glänzend blaßgrünen aufrecht stehenden Blätter bilden eine nach außen gebogene Rosette. Die Blätter werden zwischen 60 cm und 1,20 m lang.

Standort: *A. bulbiferum* schattig und isoliert stellen; *A. nidus* schattiger Platz im Tropenfenster.
Temperatur: Im Sommer warm, im Winter nicht unter 18°C.
Gießen: *A. bulbiferum* gießt man im Sommer reichlich und sorgt für Luftfeuchtigkeit. Zur Pflege von *A. nidus* vgl. *Aechmea;* Wasserzufuhr aber über die Wurzeln!
Erde: Handelsübliche Torfmischung.
Vermehrung: Durch Sporen oder durch Teilung im Frühjahr.

Blechnum
Rippenfarn

Farne dieser tropischen Gattung haben kräftige, gebogene Wedel,

Blechnum gibbum △

Asplenium nidus

die häufig gezähnte Fiederblättchen besitzen. *B. gibbum* ist von ihnen als Zimmerpflanze besonders beliebt. Er wird ca. 1 m hoch und hat lichtgrüne, glänzende Wedel. *B. spicant* besitzt dunkelgrüne, lederige Wedel. Er erreicht ebenfalls etwa 1 m Wuchshöhe. Bei *B. capense* handelt es sich um eine aufrecht wachsende Art mit palmenartigen Wedeln, die an der Basis rund oder herzförmig sind. Die Sporen entwickeln sich an besonderen ca. 15 cm langen Wedeln. *B. discolor* zeigt in der Jugend kupfergrüne Wedel, die später glänzend grün werden und unterseits grau oder bräunlich sind.

Standort: Luftiger, schattiger und freier Platz.
Temperatur: Warm; im Winter jedoch nicht über 18° C.
Gießen: Im Frühjahr und Sommer reichlich gießen, danach weniger. Alle *Blechnum*-Arten brauchen Luftfeuchtigkeit.
Erde: Handelsübliche Torfmischung.
Vermehrung: Durch Teilung oder Sporen im Frühjahr.

Cyrtomium falcatum

In Indien ist diese hübsche Farnart zu Hause. Sie hat immergrüne Wedel mit spitzovalen Fiederblättern. Ihre etwas verholzten Stengel sind 30 bis 60 cm lang. Die Zuchtform 'Rochfordianum' besitzt größere Blätter mit gewelltem Rand. Sie ist dichter als die ursprüngliche Art. Nur selten wird sie jedoch über 30 cm hoch. Beide gedeihen gut an einem schattigen Standort. Sie sind anspruchslos und vertragen trockene Luft und Zug.

Lichtbedürfnisse, Standort: Schatten.
Temperatur: Im Sommer warm, im Winter 10 bis 12° C.
Gießen: Während der Wachstumsperiode gut gießen und häufig sprühen; im Herbst und Winter Gießen einschränken.
Erde: Gartenerde mit etwas zusätzlichem Humus.
Vermehrung: Durch Teilung.

Cyrtomium falcatum 'Rochfordianum' △

Davallia

Zwei Arten dieser Gattung laubabwerfender Farne aus den mittleren Breiten eignen sich für die Zimmerkultur: *D. canariensis* hat einen braunen, behaarten Wurzelstock, der gewöhnlich über den Topfrand hängt. Die 30 bis 45 cm langen Wedel sind lederig und haben tiefe Fiedern. *D. mariesii* besitzt eigenartige Rhizome, die manchmal eine kugelige Gestalt annehmen. Die hellgrünen, 20 bis 30 cm großen Wedel haben tiefe, lange Blattfiedern.

Standort: Schatten.
Temperatur: Im Sommer warm, im Winter 14° C.
Gießen: Im Sommer reichlich, im Winter sparsamer gießen.
Erde: Torfhaltige Mischung.
Vermehrung: Durch Teilung oder durch Stecklinge aus Rhizomen im zeitigen Frühjahr.

Davallia canariensis

Didymochlaena truncatula

Es handelt sich um eine pantropische Farnart, die eine dankbare Zimmerpflanze ist. Sie hat glänzende, etwas ledrige, ovale Blattfiedern, die gegenständig in Paaren angeordnet sind und mit zunehmendem Alter ihre Farbe von Gelbgrün zu Dunkelgrün ändern. Die Pflanze erreicht eine Wuchshöhe von ca. 45 cm.

Standort: Schatten.
Temperatur: Im Sommer warm, im Winter 14 bis 16° C.
Gießen: Während des Sommers reichlich gießen und zweimal täglich mit lauwarmem Wasser absprühen. Im Winter schränkt man das Gießen ein.
Erde: Humose Mischung.
Vermehrung: Durch Sporen.

Nephrolepis
Schwertfarn

Diese Gattung umfaßt Farne mit einfach oder mehrfach gegliederten Blattwedeln, die in Abständen aus den Rhizomen wachsen. Am dekorativsten sind sie als Ampelpflanzen oder als Säulenschmuck. *N. exaltata,* eine hochwachsende Pflanze, hat dunkelgrüne Wedel, die je

Didymochlaena truncatula △

Pellaea rotundifolia
Rundblättriger Pellefarn

Wie schon der Artname besagt, hat dieser kleine Farn runde Fiederblättchen. Sie sind wechselständig an den rostfarbenen, drahtigen Stielen der Wedel angeordnet. Die buschige Pflanze

Nephrolepis exaltata ’Bostoniensis‘ △

nach Sorte gefiedert oder vielfach gegliedert sind. Sie kann bis zu 1,20 m hoch werden. ’Elegantissima‘ hat leuchtend grüne, kräftige Wedel. ’Bostoniensis‘ besitzt einen kaskadenartigen Wuchs. Ihre sich verjüngenden Wedel werden bis zu 1 m lang.

Standort: Zugfrei und hell, aber (die meisten Arten) nicht in die Prallsonne.

Temperatur: Im Sommer warm, im Winter 14 bis 16° C.
Gießen: Während der Wachstumszeit gut, im Winter weniger gießen.
Erde: Zwei Teile Lehm und ein Teil scharfer Sand.
Vermehrung: Durch Abtrennen junger Pflanzen, die aus den Rhizomen wachsen.

Nephrolepis exaltata ▷

◁ *Pellaea rotundifolia*   *Platycerium bifurcatum* ▽

kann 20 cm hoch werden. Im Handel sind noch andere Arten erhältlich.

Standort: Hell.
Temperatur: Im Sommer warm, im Winter 12 bis 15°C.
Gießen: Im Sommer normal, im Winter weniger gießen. Der Wurzelballen darf nie austrocknen.
Erde: Torfmischung.
Vermehrung: Durch Teilung der Rhizome oder durch Sporen im Frühjahr.

Phyllitis
Hirschzunge

Einzige Art der Gattung ist *P. scolopendrium*. Die Pflanze hat bis zu 45 cm lange, einfache, linealische und ganzrandige Blätter. Sie ist in vielen Ländern der Erde zu Hause. Von *P. scolopendrium* gibt es zahlreiche Zuchtformen. Eine der schönsten und dekorativsten ist 'Undulatum'. Wie der Name andeutet, haben ihre Blätter einen gewellten Rand. 'Capitata' weist eine interessante rispige Kammbildung auf. Bei 'Crispa' sind die Blattränder gekräuselt.

Standort: Schatten.
Temperatur: Im Sommer warm, im Winter 14 bis 16°C.
Gießen: Während des Sommers braucht die Pflanze viel Wasser und Luftfeuchtigkeit. Im Winter sparsamer gießen.
Erde: Handelsübliche Torfmischung.
Vermehrung: Nur bei der Art durch Sporen. Sonst durch Teilung.

Platycerium
Geweihfarn

Die Arten dieser Gattung ungewöhnlicher Farne aus Ostindien sind Epiphyten. Man unterschei-

det bei ihnen zwei verschiedene Blattarten: die breiten, unfruchtbaren Nischen- oder Mantelblätter und die fruchtbaren Sporenblätter, die einem Geweih ähneln. An der Basis sind sie

schmal, werden gegen die Spitze zu breiter und verzweigen sich dann. Bei manchen Arten können die Blätter 1 m lang werden. Meist hält man diese Farne in Pflanzgefäßen zum Aufhängen oder auf Epiphytenstämmen. Als Substrat für die Wurzeln nimmt man eine torfhaltige Mischung. Zweckmäßigerweise sollte die Pflanze vorsichtig mit Blumendraht gegen Herabfallen gesichert werden. Wenn sie festgewurzelt ist, kann man den Draht entfernen. Es ist auch möglich, diese Farne in Töpfen zu halten. Am häufigsten begegnet man in der Zimmerkultur *P. bifurcatum*. Die sporentragenden Blätter von 60 cm bis 1 m Länge verzweigen sich bei ihm zwei- oder dreimal. Bei *P. grande* sind die dreieckigen Sporenblätter jeweils an der Spitze geteilt.

Standort: Hell, aber ohne direkte Sonne.
Temperatur: Im Sommer warm, im Winter 16 bis 18°C.
Gießen: Während der Wachstumszeit reichlich gießen; im Winter sparsamer, jedoch darf die Pflanze nie austrocknen. Man verwende zum Gießen lauwarmes Wasser.
Erde: Eine Mischung im Verhältnis 1 : 1 aus handelsüblicher Torferde und Sphagnum-Moos.
Vermehrung: Durch Abtrennen der kleinen Jungpflanzen, die sich aus den Wurzeln bilden.

Phyllitis scolopendrium

Polypodium diversifolium

Polypodium aureum ▽

Polystichum setiferum △

Polypodium
Tüpfelfarn

Diese Gattung niedrig wachsender tropischer Farne besitzt
hohe, biegsame Stengel, die in
Abständen aus dem Wurzelstock
herauswachsen. Die Wedel sind
lederig und von mittelgrüner
Farbe. Sie können ganzrandig
oder gefiedert sein. *P. angustifolium* hat hübsche, tief eingeschnittene, fiederspaltige Wedel
von bis zu 1,20 m Länge. Das
Rhizom ist mit orangebraunen,

flaumigen Schuppen bedeckt.
Bei *P. angustifolium* 'Glaucum'
sind die Wedel blaugrün.

Standort: Schatten.
Temperatur: Im Sommer warm,
im Winter 14 bis 18°C.
Gießen: Während des Sommers
gut feucht halten; im Winter
sparsamer gießen.
Erde: Lehmhaltige Mischung.
Vermehrung: Durch Teilung des
Rhizoms oder durch Sporen im
Frühjahr.

Standort: Schatten.
Temperatur: Im Sommer warm; grüne Arten überwintert man bei 10 bis 12°C, bunte Formen bei 16 bis 18°C.
Gießen: Man sorgt für Luftfeuchtigkeit und gießt während des Wachstums reichlich. Im Winter weniger gießen. Möglichst lauwarmes, enthärtetes Wasser verwenden.
Erde: Handelsübliche Torfmischung.
Vermehrung: Durch Teilung oder durch Sporen im Frühjahr.

Selaginella
Mooskraut

Diese Gattung blütenloser Pflanzen ist mit den Farnen verwandt. Die meisten Arten stammen aus den Tropen und Subtropen. Es gibt aufrecht wachsende, kriechende oder hängende Formen. Das Blattwerk besteht aus einer dichten Fülle sich verzweigender Stengel, die mit feinen, muschelförmigen Blättern besetzt sind. *S. apoda*, eine kriechende Art, hat moosartige Blätter an 2,5 bis 10 cm hohen Stengeln. *S. martensii* ist ebenfalls eine kriechende Art. Ihre 15 bis 30 cm langen, flachen Stengel sind mit kleinen eiförmigen Blättern besetzt. *S. braunii*, eine aufrecht wachsende Pflanze, hat 30 bis 45 cm hohe, hellbraune Stengel mit kleinen, dreieckigen Blättern. Jeder Zweig ähnelt einem einzelnen Farnwedel. Besonders gut kommt *Selaginella* zusammen mit anderen Pflanzen im Flaschengarten zur Geltung.

Standort: Schatten.
Temperatur: Im Sommer warm, im Winter 14 bis 16°C.
Gießen: Während der Wachstumszeit gut gießen; im Winter Gießen einschränken. Man verwendet enthärtetes Wasser.
Erde: Torfmischung.
Vermehrung: Im Frühjahr durch Teilung oder Stecklinge von kleinen, beblätterten Trieben.

Pteris cretica 'Whimsettii' ▽   *Selaginella apoda* △

Polystichum
Schildfarn

Nur wenige Arten dieser Gattung terrestrischer Farne eignen sich fürs Zimmer. *P. tsussimense*, eine Farnart aus China und Japan, hat elegant gebogene Wedel mit kleinen, gegenständig und paarig angeordneten Blattfiedern. Von *P. setiferium* gibt es eine Anzahl Sorten mit dichten, stark gefiederten Wedeln, die an Nadelgewächse erinnern.

Pflege: siehe *Pteris*

Pteris
Saumfarn

Auffallend an dieser Gattung aus den Tropen und Subtropen sind die besonders schönen, mannigfaltig geformten Wedel. *P. cretica* mit ihren vielen Zuchtformen ist wohl die bekannteste Art. *P. multifida* ist kleiner. Die Sorte 'Cristata' hat zarte, grasartige Fiederblätter. Eine große, dekorative Pflanze ist *P. tremula* mit ihren aufrechten, 1,20 m hohen Wedeln, die, vielfach gegliedert, ein duftiges, gefiedertes Blattwerk bilden. Die Stengel sind leuchtend rot-braun.

◁   *Polystichum setiferum* 'Proliferum densum'

149

Blütenpflanzen

Als Blütenpflanzen werden Gewächse bezeichnet, die bei richtiger Pflege mehr als einmal blühen und die in erster Linie wegen ihrer Blüten gehalten werden. Manche Bromelien z. B. blühen zwar, werden aber vor allem wegen ihres Blattwerks gehalten. Auch viele Kakteen und andere Sukkulenten entwickeln Blüten; sie werden hier aber nicht zu den Blütenpflanzen gezählt, sondern – ebenso wie die Zwiebelgewächse – in gesonderten Kapiteln besprochen. Die meisten Blütenpflanzen brauchen mehr Licht als die Blattpflanzen. Manche, z. B. Geranien, fühlen sich auf einem besonnten Fensterbrett wohl und stellen wenig Ansprüche. Andere, wie z. B. Begonien, brauchen mehr Pflege und schließlich sind viele exotische Pflanzen, darunter die Orchideen, sogar sehr anspruchsvoll.

Blütenpflanzen blühen oft nur kurze Zeit und brauchen nach der Blüte eine Ruhepause. Viele werden als sogenannte Wegwerfpflanzen betrachtet; bei guter Pflege bringt man sie jedoch oft auch im nächsten Jahr wieder zum Blühen.

Abutilon striatum
'Thompsonii' ▷

Abutilon
Zimmerahorn

Tropische, immergrüne Sträucher, die man wegen ihrer Blätter auch Schönmalven nennt. Ihre zahlreichen Hybriden haben glockenförmige, orange, gelbe oder purpurne Blüten. In Kübeln können sie bis zu 2,5 cm hoch werden. *A. megapotamicum* ist ein ausladender Strauch. Er trägt herabhängende Blüten mit gelben Blütenblättern und ca. 4 cm langen, roten Kelchblättern. Die Blütezeit reicht vom Frühsommer bis in den Herbst. Die Blüten von *A. striatum* sind orange mit einer karminroten Äderung.

Standort: Hell, ohne direktes Sonnenlicht; im Sommer möglichst ins Freie stellen.
Temperatur: Warm; im Herbst und im Winter 15° C.
Gießen: Im Sommer gut feucht halten, wenn nötig, auch zweimal täglich gießen; im Winter Gießen einschränken.
Erde: Humose Mischung.
Vermehrung: Durch Kopfstecklinge.

Standort: Hell, jedoch keine direkte Sonne.
Temperatur: Mäßig warm; im Winter 4 bis 6° C.
Gießen: Immer, besonders aber im Winter mäßig gießen.
Erde: Humose Mischung.
Vermehrung: Im Frühjahr durch Samen oder im Sommer durch Kopfstecklinge.

Acalypha
Nesselschön

Wegen ihrer langen, schwanzähnlichen, roten Blütenstände wird *A. hispida* auch »Katzenschwanz« genannt. *A.-Wilkesiana*-Hybriden hält man auch ihres hübschen, besonders dekorativen Laubes wegen.

Standort: Hell, aber kein direktes Sonnenlicht.
Temperatur: Warm; nicht unter 16 bis 17° C im Winter.
Gießen: Während der Blütezeit gut feucht halten.
Erde: Humose Mischung.
Vermehrung: Im Frühjahr oder im Sommer durch Kopfstecklinge.
Wichtig: Seitentriebe an jungen Pflanzen entfernen und im zweiten Jahr Pflanze zurückschneiden.

Acacia armata
Känguruhdorn

Ein farnartiger Strauch, der aus Australien stammt. An den leicht gebogenen Zweigen wachsen dunkelgrüne, stachlige »Blätter« (besser: Phyllodien). Im Frühjahr sind die Zweige mit gelben, kugeligen Blütchen übersät. Die Pflanze kann 3 m hoch werden.

◁ Acacia armata

Achimenes
Schiefteller

Eine Pflanze aus Mittelamerika, die viele trompetenförmige Blüten in den Farben Rosa, Rot, Purpur, Gelb und gelegentlich auch Weiß hervorbringt. *A. grandiflora* wird bis zu 60 cm hoch und hat rosa-purpurne, 5 cm große Blüten. *A. longiflora* ist

Acalypha hispida ▽

Allamanda cathartica

Erde: Torfmischung.
Vermehrung: Durch Stecklinge im Frühjahr.

Allamanda

Die Heimat dieser Gattung von Sträuchern oder kräftigen Kletterpflanzen ist Südamerika. Sie haben Büschel von gelben Blüten und oleanderartige Blätter mit einer dünnen Spitze, die in Wirteln um die Stämme stehen. Man hält die Pflanzen ihrer Größe wegen – *A. cathartica* wird bis zu 6 m hoch – am besten im Gewächshaus oder in einem schattigen, großen Wintergarten. In Töpfen gezogen, benötigen sie eine Stütze aus Draht oder Rohr. Alle müssen jährlich einmal umgetopft werden. *A. cathartica* ›Grandiflora‹ hat gelbe Blüten von ca. 8 cm Durchmesser.
Bei 'Hendersonii' sind die Blüten eher golden und noch größer. Die Blüten von *A. neriifolia*, ei-

nem z. T. kletternden Strauch von bis zu 1 m Wuchshöhe, sind innen mit zarten, blaßbraunen Streifen verziert.

Standort: Hell, aber keine direkte Sonne.
Temperatur: Warm; im Winter nur 13° C.
Gießen: Im Sommer reichlich gießen und sprühen, im Winter trockener halten.
Erde: Humose Mischung.
Vermehrung: Im Frühjahr oder im Sommer durch Kopfstecklinge.

Aeschynanthus pulcher

eine rankende Art mit nicht so großen, röhrenförmigen Blüten in vielen Farbschattierungen von Purpurblau bis Lavendel und Rosarot. Die Pflanze ist besonders für Ampeln geeignet. Man bekommt im Handel auch bereits blühende Exemplare.

Standort: Hell, aber keine Prallsonne.
Temperatur: Warm; im Winter jedoch nur 13° C.
Gießen: Im Sommer gießt man reichlich und sorgt für Luftfeuchtigkeit.
Überwintern: Nach Abwelken der Blätter Pflanze erdgleich abschneiden. Die Wurzelknollen

bewahrt man in trockenem Sand bei 10° C auf.
Im Frühjahr werden sie in eine Mischung aus torfhaltigem Kompost, Sand und Lehm gesetzt. In einen Topf mit 15 cm Durchmesser pflanzt man 6 bis 8 Knollen. Zunächst nur wenig gießen!
Erde: Humose Mischung.
Vermehrung: Durch Teilung der Wurzelknollen beim Umtopfen.

Aeschynanthus

Die verschiedenen, rankenden Arten dieser immergrünen Epiphyten eignen sich besonders gut als Ampelpflanzen. Sie benötigen, insbesondere im Sommer und während der Blütezeit, Wärme und Luftfeuchtigkeit.
A. speciosus hat große, röhrenförmige orangefarbene oder scharlachrote Blüten, die einen gelben Hals und eine hübsche Krone aus hellen Staubbeuteln tragen. *A. pulcher* besitzt kleinere, leuchtend rote und gelbe Blüten.

Standort: Halbschatten.
Temperatur: Warm; im Winter 18 bis 21° C.
Gießen: Man sorge für Luftfeuchtigkeit und gieße im Sommer reichlich, im Winter dagegen etwas weniger.

Achimenes-Hybride

153

Anthurium scherzerianum

Anthurium
Flamingoblume

Dieser farbenprächtige Vertreter aus der Familie der Aronstabgewächse stammt aus Mittelamerika. Die Hybridformen von *A. scherzerianum*, werden bis zu 45 cm hoch. An langen Stielen tragen sie große, dunkelgrüne Blätter. Ihre roten, rosaroten oder weißen, lilienartigen »Blüten« bestehen aus einer blattartigen Spatha und einem geringelten Kolben. Die Hybriden von *A. andreanum* werden größer; ihre Blätter sind herzförmig. Die Spatha ist leuchtend rot oder orange. Sie wird von einem gelben Kolben gekrönt. Gut für Hydrokultur geeignet.

Standort: Hell, aber keine Prallsonne.
Temperatur: Warm; im Winter nicht unter 15° C.
Gießen: Reichlich mit enthärtetem Wasser gießen und für Luftfeuchtigkeit sorgen.
Erde: Mischung aus brockigem Torf, Sphagnum und Erde.
Vermehrung: Durch Teilung oder im Frühjahr durch Samen.

Antigonon leptopus

Eine ausdauernde Kletterpflanze mit pfeilförmigen Blättern und rosaroten Blütenbüscheln. Sie gedeiht am besten im Gewächshaus. Die langen Ranken zieht man an Drähten oder Schnüren.

Standort: Hell, aber keine Prallsonne.
Temperatur: Warm.
Gießen: Sommer wie Winter für Luftfeuchtigkeit sorgen und reichlich gießen.
Erde: Humose Mischung.
Vermehrung: Im Frühjahr durch Samen oder im Sommer durch Kopfstecklinge.

Antigonon leptopus

Ardisia crenata
Spitzblume

Das kleine, immergrüne Bäumchen stammt aus Südamerika. Als Zimmerpflanze kann es 60 cm hoch werden. Aus den sommerlichen, süß duftenden, weißen Blütenbüscheln werden im Herbst dunkelrote Beeren, die mehr als 6 Monate an den Zweigen bleiben.

Standort: Hell und sonnig.
Temperatur: Im Winter nicht über 15 C; bei mehr Wärme fallen die Beeren ab.
Gießen: Häufig mit lauwarmem Wasser absprühen.
Erde: Humose Mischung.
Vermehrung: Durch Stecklinge, die man aus ganzen Seitentrieben vom Frühjahr bis in den Herbst gewinnt oder im Frühjahr durch Samen.

Ardisia crenata

Wichtig: An den Blatträndern entwickeln sich manchmal Knoten, in denen wichtige Bakterien leben und die man nicht entfernen sollte.

Begonia
Schiefblatt

Begonien gehören zu den beliebtesten Zimmerpflanzen. Nachstehend werden ausschließlich Blütenbegonien besprochen (Blattbegonien siehe Seite 117). Die Blütenbegonien sind je nach Art von unterschiedlicher Größe und Wuchsform. So findet man Pflanzen mit großen, gefüllten, rosenähnlichen Blüten. Es gibt auch Arten mit ganz kleinen, einfachen Blüten. Zu ihnen gehört *B. semperflorens*. Auch rankende Arten und eine Vielzahl von Hybriden mit mittelgroßen Blüten sind im Handel erhältlich.
Man unterscheidet die »eigentlichen« Blütenbegonien, die Knollenbegonien und die Strauchbegonien.
Zu den **Knollenbegonien** gehören u. a. die Grandiflora-Formen mit großen Blüten in vielen Farben, von denen folgende Züchtungen hier genannt seien: 'Wedding Day', 'Corona', 'Guardsman' und 'Harlequin'. 'Guardsman' hat dunkel orangefarbene, 'Harlequin' weiße Blüten mit dunkelrotem Rand. Vertreter der sogenannten Pendula-Gruppe (Hängebegonien) eignen sich besonders als Ampelpflanzen. Ihre weichen, etwas durch-

Begonia 'Fireglow'

Begonia × *tuberhybrida* 'Guardsman'

scheinenden, herabhängenden Stengel tragen 5 bis 8 cm große Blüten in vielen Farben. Die dritte, die sogenannte Multiflora-Gruppe, ist durch eine Fülle von kleinen, einfachen Blüten gekennzeichnet. Viele Knollenbegonien-Arten haben fleischige Stengel.

Standort: Hell, doch ohne direkte Sonne.
Temperatur: Warm.
Gießen: Während der Blüte- und Wachstumszeit reichlich gießen. Nach der Blüte läßt man die Pflanze eintrocknen.
Überwintern: Sobald die Blätter abgefallen sind, schneidet man die Stengel zurück. bringt die Knollen an einen kühlen, frostsicheren Platz und schlägt sie dort am besten in trockenen Sand ein. Im Frühjahr werden sie wieder in Töpfe gesetzt. Bis zum deutlichen Einsetzen des Wachstums, hält man die Topferde lediglich feucht.
Erde: Zu gleichen Teilen Humus und scharfer Sand.
Vermehrung: Durch Zerteilen der Knollen. Jeder Teil muß mindestens einen Trieb haben.

Blütenbegonien blühen entweder im Winter (z. B. 'Gloire de Lorraine' und die Hiemalis-Formen) oder das ganze Jahr hindurch wie z. B. *B. semperflorens*. Die Lorraine-Begonien haben 1 bis 2 cm große, einfache rosafarbene Blüten und kleine, runde Blätter. Bei den Vertretern der Hiemalis-Gruppe sind die leuchtend roten Blüten etwas größer. Zu den schönsten gehören die *B. Elatior*-Hybriden, darunter be-

sonders 'Fireglow' und 'Schwabenland'. Ihre großen, ungefüllten, leuchtend roten Blüten sind in der Mitte gelb und bilden einen hübschen Kontrast zu den glänzenden, grünen Blättern. Diese Begonien haben sehr kleine Knollen und Faserwurzeln. Sie brauchen dieselbe Pflege wie die anderen Begonien mit Faserwurzeln. Es ist jedoch überaus schwierig, sie über den Winter zu bringen. *B. semperflorens* entwickeln eine üppige Fülle von kleinen, einfachen Blüten, deren Farbe von Weiß über Rosa bis Rot reicht.

Standort: Hell, jedoch ohne direkte Sonne.
Temperatur: Nach dem Kauf stellt man die Pflanze am besten für 2 bis 3 Tage an einen kühlen Platz (12 bis 15° C).
Danach bringt man sie ins Warme (18 bis 20° C).
Gießen: Reichlich, mit enthärtetem Wasser gießen und für Luftfeuchtigkeit sorgen.
Erde: Nährstoffreiche Humusmischung.
Vermehrung: Im Frühjahr oder im Sommer durch Blatt- oder Kopfstecklinge. Zuchtformen von *B. semperflorens* werden jährlich vom Züchter aus Samen gezogen.
Wichtig: Bei Lorraine-Begonien muß man die Samenbildung verhindern. Nach der Blüte wirft man die Pflanzen weg.

Zu den **Strauchbegonien** gehört z. B. *B. maculata*. Sie hat längliche, weiß gefleckte Blätter, rote Blütenstengel und rötliche Blüten. Die Triebe der Strauchbego-

nien sind generell spröder und brechen leicht ab. Diese Pflanzengruppe benötigt mehr Schatten, gleichmäßige Temperatur und nährstoffreiche Erde. *B. fuchsioides* wird ca. 1 m hoch. Sie blüht im Winter und im Frühjahr. Die 80 cm hoch werdende *B. metallica* entwickelt Büschel von mittelgroßen, roten oder weißen Blüten.

Standort: Etwas schattig, keine Zugluft. Topf nicht drehen!
Temperatur: Gleichmäßig etwa 18 bis 20° C. *B. metallica* sollte man jedoch bei 12 bis 15° C überwintern.

Gießen: Während der Wachstums- und Blütezeit reichlich gießen, jedoch stauende Nässe vermeiden. Ebensowenig darf der Wurzelballen austrocknen. Strauchbegonien brauchen Luftfeuchtigkeit und müssen öfter abgesprüht werden. Dabei darf kein Wasser auf die Blüten gelangen.
Erde: Nährstoffreiche Humusmischung.
Vermehrung: Im Frühjahr oder Sommer durch Blatt- oder Kopfstecklinge.

Begonia (Pendula) 'Riga'

Billbergia
Zimmerhafer

Diese Gattung von Bromelien ist auch im Zimmer leicht zu halten und sehr blühwillig.
B. nutans hat einfache, dunkelgrüne, grasartige Blätter. Wenn sie blüht, erscheinen reizvolle, rosarote Hochblätter mit herabhängenden Büscheln von glockigen, grünen und purpurnen Blüten. Die Pflanze wächst rasch, sie läßt sich leicht teilen und wird am besten im Sommer umgetopft. *B. × windii* hat graugrüne Blätter. Die gebogenen Stengel tragen kleine bläulichgrüne Blüten, die von zarten hellrosa Hochblättern umgeben sind. Die Blattrosette von *B. pyramidalis* entwächst ein Strauß roter und blauer Blüten.

Standort: Hell, jedoch ohne direkte Sonne.
Temperatur: Warm, erträgt jedoch im Winter kurzzeitig auch kühlere Temperaturen.
Gießen: Im Sommer reichlich gießen und für Luftfeuchtigkeit sorgen; im Winter trockener halten.
Erde: Humose Mischung mit Sphagnum.
Vermehrung: Durch Teilung oder durch Kindel im Sommer.

Bougainvillea

Der hübsche Kletterstrauch trägt seinen Namen zu Ehren des französischen Admirals de Bougainville. Im späten Frühling und im Frühsommer sind die Zweige mit einer Fülle scharlachroter, orangefarbener oder purpurner Hochblättern bedeckt. Die eigentlichen Blüten in ihrer Mitte sind unbedeutend. Wildwachsend kann die *Bougainvillea* 3 bis 4 m hoch werden. Für die Topfhaltung eignen sich nur bestimmte Arten, z. B. *B. × buttiana* und *B. glabra*. Diese Pflanzen werden 90 bis 120 cm hoch. Die

»Blüten« von *B. × buttiana* sind rosakarminrot. *B. glabra* hat gefüllte, rose »Blüten« und leuchtend grüne Blätter.

Standort: Hell, aber ohne direkte Sonne.
Temperatur: Im Sommer warm; an warmen Tagen sorgt man für Luftzufuhr. Im Winter und Frühjahr 6 bis 8° C.
Gießen: Im Sommer ausgiebig gießen, im Winter weniger.
Erde: Humose Mischung.
Wichtig: Bei kühlem Regenwetter verblassen die Hochblätter, sie erholen sich jedoch später wieder.

Bouvardia

Die Hybride *Bouvardia × domestica* ist ein immergrüner Strauch, der im Spätsommer an den Enden der schlanken Zweige hängende Dolden mit süß duftenden, roten, rosa oder weißen Blüten trägt. Er gedeiht am besten in einem Gewächshaus oder im Wintergarten, wo er ca. 60 cm hoch wird. Wenn er im Sommer voll erblüht ist, bringt man ihn ins Haus. Besonders üppig blüht dieser Strauch wenn man ihn im Frühling oder Frühsommer zurückstutzt. Auch nach der Blüte kann man ihn stark zurückschneiden.

Standort: Hell, aber keine Prallsonne.
Temperatur: Kühl; Winter wie Sommer 13° C.
Gießen: Im Sommer gut feucht halten, im Winter weniger gießen.
Erde: Humose Mischung.
Vermehrung: Im Frühjahr durch Kopfstecklinge.

Bouvardia × domestica 'Pink Giant'

Brassia

Eine einfach zu pflegende Orchideengattung, deren Vertreter 50 cm hoch werden können. Bei *B. maculata* stehen die Blüten eng beisammen; sie sind gelb, braun gesprenkelt und haben eine dreieckige, spitze Form. *B. maculata* und *B. verrucosa* blühen beide im Frühsommer.

Standort: Halbschatten.
Temperatur: Warm (18 bis 20° C).
Gießen: Während der Wachstumsperiode reichlich, im Winter sparsam gießen.
Erde: Zwei Teile Osmundafaser, ein Teil Sphagnum.

Browallia

Diese tropischen Nachtschattengewächse sind nach dem finnischen Bischof und Botaniker Browallius benannt. Viele Vertreter der Gattung sind einjährige Pflanzen. *B. speciosa* entwickelt eine Menge lilablauer Blüten mit weißem Schlund, die sich lange halten. Bei einer Temperatur von 16° C sät man im Frühjahr Samen aus und setzt später die Jungpflanzen zu dritt in einen Topf. Die normale Blütezeit ist der Sommer. Will man die Pflanzen im Winter zum Blühen bringen, wird im Spätsommer gesät.

Standort: Hell, aber ohne direkte Sonne.
Temperatur: Mäßig warm.
Gießen: Normal gießen.
Erde: Humose Mischung.
Vermehrung: Durch Samen im Frühjahr oder Spätsommer.

Brunfelsia

Linné nannte diesen immergrünen kleinen Strauch nach dem Deutschen Professor und berühmten Botaniker Otto Brunfels, der im 15. Jahrhundert gelebt hat. Die Brunfelsien sind in Mittel- und Südamerika zu Hause. Sie gedeihen bei uns am besten im Gewächshaus, fühlen sich aber auch in Zimmerkultur meist wohl. Die Blüten von *B. pauciflora* sind violett bis malvenfarbig und erscheinen vom späten Frühjahr bis zum Spätsommer.

Standort: Im Sommer halbschattiger Platz und viel frische Luft; im Winter heller stellen.
Temperatur: Mäßige, aber gleichmäßige Temperatur (13 bis 16° C). Reagiert empfindlich auf Temperaturschwankungen.
Gießen: Im Sommer sorgt man für etwas Luftfeuchtigkeit und gießt reichlich; im Winter trockener halten.
Erde: Handelsübliche Torfmischung.
Vermehrung: Im Sommer durch Kopfstecklinge.

Browallia speciosa △   *Brassia brachiata* ▽

Brunfelsia americana ▽

Calceolaria
Pantoffelblume

Sie stammt aus den südamerikanischen Andenwäldern und trägt ihren deutschen Namen wegen der pantoffelartig aufgeblasenen Unterlippe ihrer Blüten. *Calceolaria-Hybriden* bilden eine Fülle gelber, oranger oder roter Blüten. Sie sind in einem dunkleren Rot oder purpurn gesprenkelt und stehen über großen, weichen, behaarten Blättern. Die Pflanzen werden etwa 30 cm hoch. Gewöhnlich kauft man das einjährige Gewächs blühend im Frühsommer. Stellt man es dann an einen kühlen, schattigen Platz, halten die Blüten sehr lange. Viele Sorten, z. B. 'Grandiflora' oder 'Multiflora Nana' sind erhältlich.

Standort: Verträgt keine Sonne; am besten an ein Nordfenster stellen.
Temperatur: Kühl (10 bis 12° C).
Gießen: Reichlich gießen und gut belüften.
Erde: Humose Mischung.
Vermehrung: Aus Samen oder bei krautigen Arten durch Stecklinge, die man im Spätsommer aus nicht blühenden Seitentrieben gewinnt.

Callistemon
Zylinderputzer

Die Heimat dieser Gattung immergrüner Sträucher ist Australien. Ihre Blätter sind lanzettlich und dunkelgrün. Den Namen verdankt die Pflanze ihren karmin- oder zinnoberroten Blütenähren, die wie Flaschenbürsten geformt sind und fast zur Gänze aus Staubblättern bestehen. *C. citrinus* wächst oft im Freien und wird dort 3 m hoch. Auch im Topf oder im Kübel gedeiht die Pflanze gut und kann 1 m Wuchshöhe erreichen.

Standort: Im Sommer hell und luftig.
Temperatur: Im Sommer warm, im Winter kühl (6 bis 8° C) halten.
Gießen: Mäßig gießen.

Callistemon citrinus ▽

Calceolaria × *herbeohybrida*

Camellia
Kamelie

C. japonica ist eine Verwandte des Teestrauchs, *C. sinensis*. Das immergrüne Gewächs mit seinen glänzenden, dunkelgrünen Blättern ist in Japan zu Hause. Seine hübschen rosa oder roten, rosenähnlichen Blüten entwickeln sich im Frühjahr. Aber auch winterblühende Zuchtformen sind bekannt. Man kauft *C. japonica* als 2 Jahre alte Topfpflanze mit ca. 60 cm Wuchshöhe. Sie kann nach einigen Jahren bis zu 3 m hoch werden. Das »Rezept« für das Gedeihen und Blühen der Pflanze ist kühle Temperatur und gleichbleibende Pflege.

Standort: Halbschatten; im Sommer wenn möglich ins Freie stellen, am besten auf einen zugfreien Balkon.
Temperatur: Kühl (10 bis 12° C), bis sich die Knospen öffnen, aber auch dann nicht über 16° C. Ist die Blütezeit vorbei, benötigt die Pflanze 6 bis 10° C.
Gießen: Immer mit lauwarmem, enthärtetem Wasser gießen; im Winter und Frühjahr nur mäßig feucht halten, im Sommer bis Juli normal gießen, ab Ende Juli Gießen einschränken. Auch im Winter braucht die Pflanze etwas Luftfeuchtigkeit; Blätter abwaschen.
Erde: Kalkfreie Mischung.

Campanula
Glockenblume

Die Gattung umfaßt Stauden, die im Sommer weiß oder blau blühen. Als Zimmerpflanzen geeignet sind *C. fragilis* und *C. isophylla* mit sternförmigen Blüten. *C. pyramidalis* mit großen, glockenförmigen Blüten ist zweijährig. Da sie 1,50 m hoch werden kann, hält man sie am besten im Gewächshaus und bringt den Kübel, wenn die Pflanze blüht, ins Zimmer.

Standort: Hell, aber ohne direkte Sonne. *C. fragilis* und *C. isophylla* kann man im Sommer an einen geschützten Platz auf dem Balkon stellen. Alle Arten sind frostempfindlich.
Temperatur: Im Spätherbst und Frühjahr 6 bis 8° C; ab April stellt man die Pflanzen ins Warme.
Gießen: Im Frühjahr und Sommer normal gießen, im Winter weniger, der Wurzelballen darf aber nie austrocknen.
Erde: Humose Mischung.
Vermehrung: Durch Stecklinge im Frühjahr.

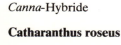
Canna-Hybride

Catharanthus roseus

Die einjährige Pflanze ist eine tropische Verwandte des bekannten Immergrün. Am besten gedeiht sie im Gewächshaus. Sie hat kleine, ovale, glänzend dunkelgrüne Blätter. Die flachen, endständigen, tiefrosa Blüten tragen in der Mitte ein dunkleres Auge. Die Blütezeit reicht vom Sommer bis in den Herbst.

Standort: Hell, aber keine Prallsonne; für Belüftung sorgen.
Temperatur: Warm.
Gießen: Vom Frühjahr bis Herbst reichlich, im Winter weniger gießen.
Erde: Handelsübliche Torfmischung.
Vermehrung: Im Frühjahr aus Samen oder im Sommer durch Kopfstecklinge.

Canna
Blumenrohr

Zu dieser Gattung gehören tropische Pflanzen von 1 bis 2 m Wuchshöhe. An ihren hohen, von breiten Blättern umgebenen Stengeln bilden sich rote oder bronzefarbene Blüten. Für die Zimmerkultur eignen sich besonders Zwergformen der *C.-Indica*-Hybriden. Sehr beliebt ist die Sorte 'Luzifer' mit zinnoberroten, am Rande gelben Blüten. Die gelben Blüten von 'J. B. van der Schoot' sind innen rot gefleckt.

Standort: Hell, aber keine direkte Sonne.
Temperatur: Im Sommer warm.

Camellia japonica 'L'Avenir'

Gießen: Im Frühjahr wenig, im Sommer reichlicher gießen. Im Herbst Pflanze einziehen lassen und an einem warmen Platz überwintern.
Erde: Humose Mischung.
Vermehrung: Durch Teilung des Wurzelstocks.

Campanula isophylla 'Alba'

Capsicum
Paprika

Die Heimat dieser Gattung kleiner, krautiger Pflanzen ist das tropische Amerika. Sie sind wegen ihrer leuchtenden, bunten Früchte beliebt, welche vom Spätsommer bis in den Winter reifen. Als Zimmerpflanze begegnet man meist *C. annuum*, dem Zierpfeffer oder Zierpaprika mit dekorativen, roten und grünen Schoten. Die Früchte seiner Zuchtsorten haben unterschiedliche Formen und Farben. 'Christmas Greeting' z. B. bringt kleine Schoten in gelben, violetten und roten Farbtönen.

Standort: Hell, aber ohne direkte Sonne.
Temperatur: Kühl.
Gießen: Mäßig gießen.
Erde: Humose Mischung.
Vermehrung: Im Frühjahr aus Samen.

Capsicum annuum

Catharanthus roseus ▽

Celosia argentea

Gewöhnlich kauft man diese einjährige Pflanze, die im tropischen Asien beheimatet ist, blühend. Sie wird 60 cm hoch und hat hellgrüne, leicht gezähnte Blätter. Im Sommer oder Herbst erscheinen dichte Büschel oder flache Köpfe mit winzigen, seidigen Blüten. *C. argentea* var. *cristata*, der Hahnenkamm, hat rot, orange oder gelb gefärbte Blütenköpfe und eiförmige Blätter. Die Pflanze wird nur 30 cm hoch. *C. argentea* var. *plumosa* die Federbusch-Celosie, entwickelt eine Fülle von federartigen Blüten, die je nach Sorte rot oder gelb sind.

Standort: Braucht Licht und gute Belüftung, darf aber nicht in der Sonne stehen.
Temperatur: Warm.
Gießen: Gut gießen.
Erde: Humose Mischung.
Vermehrung: Im Frühjahr aus Samen.

Chorizema

Die Pflanze gehört zu den Leguminosen und hat rote und gelbe Blüten. *C. cordatum* ist ein Strauch mit zarten Zweigen und Blättern, die eine spitze Zähnung tragen. Die Blüten haben eine orange, rote und purpurne Zeichnung; sie blühen im Sommer. Am wohlsten fühlt sich die Pflanze im Gewächshaus. Schneidet man sie im Frühsommer zurück, wächst sie sich zu einem lockeren Busch aus. Ohne Rückschnitt bedeckt sie ein Spalier von etwa 1,20 × 1,20 m. Bei

Celosia argentea 'Pyramidalis'

regelmäßigem Rückschnitt wird *C. ilicifolium* zu einem niedrigen, kriechenden Strauch. Er ist eine dankbare Zimmerpflanze.

Standort: Hell, aber keine Prallsonne.
Temperatur: Warm; an sehr warmen Tagen belüften!
Gießen: Im Sommer reichlich

gießen, aber vor dem Gießen etwas austrocknen lassen.
Vermehrung: Im späten Frühjahr durch Stecklinge.

Chrysanthemum
Chrysantheme, Wucherblume

Die Gattung gehört heute zu den bekanntesten Zimmerpflanzen. Manche Arten sind auch winterhart. Unsere Zimmerpflanzen sind Hybriden und Zuchtformen von *C. indicum* und *C. millefoliatum*. Diese werden ca. 45 cm hoch. Man kann die Pflanzen in den verschiedensten Blütenfarben und -formen bekommen. Zur Weiterkultur für ein zweites Jahr schneidet man sie im Spätherbst bis auf Fingerlänge zurück.

Standort: Verträgt keine direkte Sonne.
Temperatur: Kühl, braucht gute Belüftung.
Gießen: Gut gießen.
Vermehrung: Im Frühjahr durch Kopfstecklinge.

Cineraria cruenta

Neuerdings wird diese Art zur Gattung *Senecio* gestellt. Die *Senecio-Cruentus*-Hybriden sollte man nur als einjährige Pflanzen halten. Man kann sie leicht aus Samen ziehen. Ihre roten, rosa, purpurnen oder weißen Blüten sind gänseblümchenartig. Die Pflanzen werden 35 bis 75 cm hoch.

Chorizema cordatum ▽

Chrysanthemum-Hybride ▷

Standort: Vor direkter Sonne schützen. Im Sommer möglichst ins Freie stellen.
Temperatur: Kühl.
Gießen: Reichlich gießen.
Erde: Normale Mischung.
Vermehrung: Aus Samen.

Cineraria-Cruenta-Hybride

Clerodendrum
Losbaum

Es handelt sich um eine tropische Gattung von aufrechten oder kletternden Sträuchern. *C. thomsoniae* hat dunkelgrüne, herzförmige Blätter. Er blüht im Frühjahr dunkelrot. Die schnell vergänglichen Blüten sind von weißen Kelchblättern umgeben, die lange halten und den eigentlichen Schmuck der Pflanze ausmachen. *C. splendens,* ebenfalls eine Kletterpflanze, wird 4 m hoch und blüht im Sommer scharlachrot. 3 m hoch wird *C. ugandense.* Seine Blüten sind malvenfarben bis blau. Blütezeit ist das Frühjahr. Die Pflanze kann aber auch bis in den Winter hinein blühen. Der besonders auffallende *C. speciosissimum* hat immergrüne, große herzförmige Blätter und lockere Büschel scharlachroter Blüten. Diese können einen Durchmesser von 25 cm erreichen. Die Staubfäden sind sehr lang. Alle Losbäume brauchen zum guten Gedeihen Wärme.

Standort: Hell, aber keine direkte Sonne.
Temperatur: Im Sommer warm, im Winter 10 bis 12° C.
Gießen: Im Sommer reichlich gießen und für Luftfeuchtigkeit sorgen; im Winter Gießen einschränken.
Erde: Humose Mischung.
Vermehrung: Im Frühjahr aus Samen oder im Sommer durch Kopfstecklinge.
Wichtig: Die Pflanze wirft im Winter ihre Blätter ab und sollte im Frühjahr zurückgeschnitten werden.

Clivia miniata
Klivie

Auch nach ihrer langen Blütezeit bietet die Klivie noch einen hübschen Anblick. Sie ist anspruchslos und deshalb begegnet man ihr besonders häufig in Hotels und Restaurants. Ihre Blätter sind paarig, linealisch und immergrün. Im Frühjahr und Sommer trägt die Klivie Dolden von trompetenförmigen, orangeroten Blüten. Klivien kauft man gewöhnlich blühend; sie treiben Jahr für Jahr Blüten und Kindel, so daß man ganze Familien erhält. Am besten bekommt es ihr, wenn man sie jahrelang am gleichen Platz stehen läßt, und zwar möglichst an einem Ostfenster. Junge Pflanzen topft man jährlich im Frühherbst um, ältere Pflanzen seltener.

Clerodendrum thomsoniae

Standort: Hell, aber keine Prallsonne.
Temperatur: Kühl; im Winter nicht über 12 bis 15° C.
Gießen: Im Sommer reichlich gießen; die Erdoberfläche sollte jedoch zwischendurch gut abtrocknen. Im Winter nur wenig gießen.
Erde: Humose Mischung.
Vermehrung: Durch Kindel nach der Blütezeit.

Clivia miniata ▽

Coleus
Buntnessel

Außer dekorativen Blattpflanzen gehören zu dieser Gattung auch einige Arten mit hübschen Blüten. Die einjährige Art *Coleus fredericii* wird ca. 1 m hoch. Sie hat im Winter dunkelblaue Blütenbüschel. *C. thyrsoideus* bildet lange Blütenrispen in einem helleren Blau. *C. pumilus* ist eine hängende Art, die sich gut als Ampelpflanze eignet.

Standort: Hell, aber keine Prallsonne.
Temperatur: Warm.
Gießen: Im Winter und Frühjahr gut gießen, im Sommer weniger. Am besten enthärtetes Wasser verwenden.
Erde: Humose kalkfreie Mischung.
Vermehrung: Im Frühjahr oder Spätsommer durch Samen oder Kopfstecklinge.

Columnea

Ursprünglich kommen die rankenden und kriechenden Epiphyten dieser Gattung aus Mittel- und Südamerika. Die kriechenden Arten, darunter besonders *C. gloriosa* und *C. microphylla*, eignen sich gut für Ampeln. Sie besitzen paarig angeordnete, immergrüne Blätter und bekommen im Winter und Frühling rote und gelbe, röhrenförmige Blüten.

Standort: Hell, jedoch keine direkte Sonne.
Temperatur: Warm; im Winter nur 15 bis 18° C.
Gießen: Normal gießen (enthärtetes Wasser!) und für Luftfeuchtigkeit sorgen.
Erde: Humose Mischung mit Sphagnum oder eine Torfmischung.
Vermehrung: Im Sommer durch Kopfstecklinge.

Columnea microphylla 'Grandiflora' ▽

Coelogyne

Coelogyne ist eine Gattung von Baumorchideen, die aus Ostasien stammen. Sie ist eine der wenigen Orchideen, die sich gut zur Haltung im Zimmer eignen. Man pflanzt sie am besten in ein Orchideenkörbchen. Spät im Winter und im Frühjahr erscheinen die Blüten, die weiß, gelb bis rosarot oder lohfarben sein können. Die häufigste Art, *C. cristata,* besitzt weiße Blüten mit gelber Zunge. Sie werden bis zu 10 cm groß. Bei älteren Pflanzen erscheinen oft Dutzende von Blüten auf einmal.

Coelogyne △

Standort: Hell, aber keine Prallsonne; am besten Ostfenster.
Temperatur: Kühl; im Winter 14 bis 15° C.
Gießen: Im Sommer gut gießen; im Winter Gießen stark einschränken.
Erde: Mischung aus Sphagnum und Osmundafaser.
Vermehrung: Im Frühjahr durch Teilung.

Coleus thyrsoideus ▽

Convallaria majalis

Convallaria
Maiglöckchen

Streng genommen ist das allgemein bekannte Maiglöckchen, das in den mittleren Breiten unserer Erde wild wächst, keine Zimmerpflanze. Kauft man jedoch im Winter besonders präparierte Keime, so kann man sie im Frühjahr im Zimmer zum Blühen bringen. Die Keime werden in einen Behälter mit Moos gesetzt und warm und feucht gehalten. Sobald sich Triebe zeigen, entfernt man die oberste Moosschicht und stellt die Pflanzen ins Kühle (12° C) an einen hellen Platz. Die Blüten halten dann ziemlich lange. In einem normal beheizten Raum verblühen sie schon innerhalb weniger Tage. Man kann Maiglöckchen auch in sogenannten »Wundertöpfchen« kaufen, die erst 10 Tage dunkel und nach Erscheinen der Triebe bei einer Temperatur von 12° C ins Helle gestellt werden müssen.

Crossandra

C. infundibuliformis stellt die einzige Art dieser in Indien beheimateten Gattung dar, die man bei uns in Europa erhält. Ihre Haltung als Zimmerpflanze bringt jedoch einige Schwierigkeiten mit sich. Dagegen ist die Sorte ›Mona Wallhed‹ mit ihren breiten, eiförmigen Blättern ziemlich anspruchslos. Die weichen Blüten sind orangegelb und ähneln einer Krinoline.

Standort: Hell, aber keine Prallsonne.
Temperatur: Warm, nicht unter 18° C.
Gießen: Während des Wachstums gut mit enthärtetem Wasser gießen, nach der Blüte weniger. Kein Wasser auf die Blüten bringen, sonst werden sie fleckig.
Immer für Luftfeuchtigkeit sorgen.
Erde: Humose Mischung.
Vermehrung: Durch Stecklinge im Frühling, die jedoch nur bei einer Bodenwärme von 20° C bewurzeln.

Crossandra infundibuliformis

Cyclamen persicum
Alpenveilchen

Diese immergrüne Pflanze aus dem östlichen Mittelmeergebiet bevorzugt einen kühlen Raum. Deshalb gedeiht sie besser im Schlafzimmer oder im Flur als im manchmal zu warmen und trockenen Wohnzimmer. Die ursprüngliche Art blüht rosa. Ihre Zuchtformen haben viele Farben von Weiß bis Karminrot. Die festen, herzförmigen Blätter sind meist mit einer silbrigen, symmetrischen Zeichnung versehen. Eine solche Zeichnung zeigen auch die Blätter der Sorten ›Rex‹ und ›Shell Pink‹. ›Rosalie‹ hat helle Blüten in einem weichen, rosa Farbton, ›White Swan‹ besitzt dagegen leuchtend weiße Blüten.
Nach dem Erwerb stellt man die Pflanze an ein kühles, schattiges Plätzchen im Haus und hält lediglich die Erde feucht. Am besten ist es, wenn man den Topf in ein Gefäß mit feuchtem Torf stellt. Liegen die Knollen über der Erde, kann man in der üblichen Weise gießen. Befinden sie sich jedoch in der Erde, muß man das überschüssige Wasser im Untersatz nach einer halben Stunde unbedingt wegschütten. Dicht beblätterte und blühende Pflanzen brauchen oft zweimal am Tag Wasser.
Alpenveilchen werden oft weggeworfen, wenn sie abgeblüht haben. Bei guter Pflege können sie jedoch mehrere Jahre lang zum Blühen gebracht werden. Sobald die Blätter gelb werden und sich keine Knospen mehr zeigen, ist das Gießen allmählich einzustellen. Schließlich bringt man den Topf in einen dunklen, kühlen Raum und legt ihn auf die Seite. Die Pflanze ist frostempfindlich. Deshalb kann man sie erst im Frühsommer ins Freie an einen kühlen, schattigen Platz stellen. Sie darf bis zum Erscheinen der Blätter nicht gegossen werden. Danach pflanzt man sie um. Die Knolle muß dabei zur Hälfte aus der Erde ragen. Bis sich Blütenknospen zeigen, stellt man den Topf wieder schattig. Danach braucht die Pflanze etwas mehr Licht.

Standort: Schatten.
Temperatur: Kühl; im Winter 8 bis 10° C.
Gießen: Während der Wachstumszeit gut gießen, danach sparsamer und während der Ruhepause überhaupt nicht.
Erde: Humose lehmhaltige Mischung.
Wichtig: Verwelkte Blüten und gelbe Blätter muß man sorgfältig entfernen.

Cyclamen-Persicum-Hybride

163

Cymbidium

Die meisten Arten dieser Gattung sind terrestrische Orchideen, die am besten im unbeheizten Gewächshaus gedeihen. Jedoch gibt es neuere Zuchtformen und Hybriden, die sich gut für die Zimmerkultur eignen. Allerdings bevorzugen sie viel Licht, Luft und Kühle. Vom Herbst bis ins Frühjahr hinein erscheinen an jedem Stengel 6 bis 8 herrlich gefärbte Blüten, die sich ausgezeichnet zum Schnitt eignen und auch recht lange in der Vase halten. ›Vieux Rose‹ hat dunkelrote, gestreifte Blüten; bei ›Rosanna Pinkie‹ sind sie weiß mit rosa und karminrot gezeichnetem Kelch.

Standort: Sehr hell, aber keine Prallsonne; liebt freien Standort ohne Nachbarn.
Temperatur: Kühl, im Winter 7 bis 12° C.
Gießen: Im Sommer gut gießen, nach der Blüte im Herbst und Winter weniger.
Man verwende enthärtetes, temperiertes Wasser.
Erde: Lehm, Torf und Sand oder Torf und Sphagnum.
Vermehrung: Durch Teilung nach der Blüte.

Cymbidium-Hybride ▽

Dendrobium

Zu dieser Orchideengattung aus Ostasien gehören einige Arten, die leicht im Zimmer zu halten sind. Besonders *D. nobile* ist dafür geeignet. Im Frühjahr bekommt die Pflanze eine Fülle von 5 bis 8 cm großen Blüten, deren Farbe je nach Sorte verschieden ist. *D. chrysanthum* entwickelt im Spätsommer und Frühherbst dunkelgelbe Blüten. *D. densiflorum* blüht im Frühling und Frühsommer in dichten Trauben mit vielen gelben Einzelblüten. Die Blüten von *D. wardianum* besitzen Kelch- und weiße Blütenblätter mit purpurnen Spitzen.

Standort: Hell, ohne direkte Sonne; am besten in der Nähe eines Südfensters.
Temperatur: Während des Wachstums warm (24° C), in der Ruhezeit 8 bis 10° C.
Gießen: Während der Wachstumsperiode gut gießen und für Luftfeuchtigkeit sorgen. In der Ruhezeit trockener halten.
Erde: Sphagnum und Osmundafaser.

Dipladenia

Diese sich lianenartig schlingenden, immergrünen Sträucher stammen aus Südamerika. Sie gedeihen während des Sommers gut im Zimmer. Wenn sie abgeblüht haben, werden sie meist weggeworfen. Man kann sie aber auch überwintern. Blütezeit Sommer bis Spätherbst. Die Blüten sind rosarot, 15 bis 20 cm lang und trompetenförmig. Sie halten sich oft länger als 1 Woche. Bei *D. sanderi* ›Rosea‹ haben die großen, rosafarbenen Blüten einen gelben Schlund; bei *D. boliviensis* sind sie weiß mit ebenfalls gelbem Schlund. In der Jugend ist die *Dipladenia* buschig, sie entwickelt sich aber bald zur Kletterpflanze und muß gestützt werden. Manche Arten

Dipladenia boliviensis

werden 4,50 m hoch. Das Hauptproblem bei der Zimmerhaltung ist einmal die hohe Luftfeuchtigkeit, die die Pflanze braucht, und zum andern ihre Wuchshöhe.

Standort: Halbschatten.
Temperatur: Warm; bei 12 bis 15° C überwintern.
Gießen: Im Sommer reichlich, im Winter sparsamer gießen.
Erde: Humose, lehmhaltige Mischung.
Vermehrung: Im Frühjahr durch Stecklinge aus 8 cm langen Stammabschnitten mit je einem Blattpaar. Die Stecklinge brauchen Bodenwärme.

Dendrobium xanthecentrum ▷

Drejerella
Zimmerhopfen

Die Pflanze ist bekannter unter dem Namen *Beloperone guttata*. Sie hat weiße Blüten, die aus Büscheln sich überlappender, blütenblattartiger Hochblätter hervorsprießen. Deren Farben sind rötlich braun, violett oder gelb. Die Blütezeit dauert fast das ganze Jahr hindurch. Die Pflanze wird im Frühjahr zurückgeschnitten.

Standort: Hell.
Temperatur: Im Winter kühl, 12 bis 15° C.
Gießen: Im Sommer reichlich, im Winter wenig gießen.
Erde: Humose Mischung.
Vermehrung: Durch Stecklinge im Frühjahr oder Sommer im Warmbeet.

Episcia
Schattenröhre

Diese kriechenden Pflanzen aus Südamerika werden hauptsächlich wegen ihrer kleinen, bunten Blüten gehalten.
E. cupreata wird geschätzt weil sie schöne Blätter mit einem roten und silbernen Band in der Mitte hat. Die Blüten sind rot.
E. reptans ist eine kleinere Art mit Kupfergrünen, runzeligen und silbern geäderten Blättern. Die kleinen, scharlachroten Blüten sind trompetenförmig.
E. dianthiflora dagegen blüht weiß. Ihre Blütenblätter enden in zarten, weißen Fransen.

Pflege: siehe *Fittonia*.

Erica
Glockenheide

Im Herbst und Winter kann man die immergrüne Glockenheide rosarot blühend kaufen. Sie stammt aus Südafrika. Bei *E. gracilis* entwickeln sich im Herbst und Winter Büschel von dunkel rosaroten Blütenglocken. Die Pflanze wird etwa 45 cm hoch. *E. hiemalis* und ihre Hybriden tragen zu Beginn des Frühjahrs weiße bis rosa und auch lachsrote, röhrenförmige Blüten.

Standort: Im Sommer luftig und sonnig.
Temperatur: Im Winter kühl 6 bis 8° C.
Gießen: Im Sommer reichlich, während des Winters sparsamer gießen. Enthärtetes Wasser verwenden.
Erde: Kalkfreie Torfmischung.
Vermehrung: Im Spätsommer durch Stecklinge aus jungen Seitentrieben.

Drejerella-Hybriden △

◁ *Erica* × *hiemalis*

Episcia dianthiflora ▽

Euphorbia fulgens △

Euphorbia pulcherrima △   Exacum affine ▽

Euphorbia
Wolfsmilch

Zu der Gattung gehören ganz unterschiedliche Pflanzen, darunter sukkulente, krautige und strauchförmige Arten. Viele von ihnen sind bekannte Zimmerpflanzen. Alle sind stark giftig. *E. fulgens* ist ein immergrüner Strauch, der im Zimmer etwa 1 m hoch wird. Fast zu jeder Jahreszeit kann man ihn zum Blühen bringen. Gewöhnlich im Herbst und Winter. Sehr dekorativ ist *E. milii* der Christusdorn. Seine verholzten Stengel sind mit Dornen bewehrt. Sie tragen kleine, apfelgrüne Blätter. Er blüht vom Spätwinter bis in den Frühsommer hinein mit scharlachroten oder gelben Blüten. Die Pflanze wird ca. 1 m hoch. Sie liebt einen sonnigen Standort und gedeiht im Winter gut in der trockenen Wohnzimmerluft. Unser Weihnachtsstern, *E. pulcherrima* ist ein dekorativer, weihnachtlicher Zimmerschmuck. Einen besonderen Reiz bilden seine scharlachroten, rosafarbenen oder weißen Hochblätter, die einer breitblättrigen, sternförmigen Blüte gleichen. Die Pflanze braucht nur wenig Licht. Zuviel Licht über einen längeren Zeitraum verhindert die Bildung der farbigen Hochblätter. Nach der Blüte schneidet man das Gewächs auf 10 cm zurück und beläßt nur ein paar Triebe.

E. fulgens
Standort: Hell, aber keine Prallsonne.
Temperatur: Im Sommer warm, im Winter kühl.
Gießen: Im Sommer reichlich, im Herbst weniger gießen und im Frühjahr fast trocken halten.

Erde: Sandige Lehmmischung.
Vermehrung: Durch Stecklinge im Frühjahr.

E. milii
Standort: Hell; im Sommer möglichst ins Freie stellen.
Temperatur: Warm.
Gießen: Mäßig gießen, im Winter nur soviel, daß der Wurzelballen nicht austrocknet.
Erde: Sandige, humose Mischung.
Vermehrung: Im Frühjahr aus Samen oder Stecklingen; letztere gewinnt man am besten aus älteren Triebstöcken.

E. pulcherrima
Standort: Hell, aber ohne direkte Sonne. Kurztagspflanze!
Temperatur: Warm; im Winter 18 bis 20° C.
Gießen: Im Sommer und Herbst mit lauwarmem Wasser reichlich gießen, nach der Blüte im Frühjahr weniger.
Vermehrung: Im Sommer aus Triebspitzen.

Wichtig: Wenn giftiger Wolfsmilchsaft auf die Haut gelangt, muß er sofort mit kaltem Wasser abgewaschen werden. Am besten verwendet man bei entsprechenden Arbeiten Handschuhe.

Exacum affine
Blaues Lieschen

Die kleine, buschige, einjährige Pflanze besitzt glänzende grüne Blätter und süß duftende, purpurblaue Blüten, die in der Mitte gelb sind. Sie blüht vom Sommer bis oft in den Spätherbst hinein. Man kauft die Pflanze meist im Juni. Sie wird ca. 15 cm hoch. ›Atrocoeruleum‹ ist die häufigste Sorte.

Standort: Hell, jedoch ohne direkte Sonne.
Temperatur: Mäßig warm bis kühl.
Gießen: Normal gießen; Ballentrockenheit vermeiden. Möglichst enthärtetes Wasser verwenden.
Erde: Humose Mischung.

Gardenia jasminoides ▷

Fuchsia
Fuchsie

Die Heimat dieser Gattung blühender Sträucher ist Mittel- und Südamerika. Sie eignen sich besonders für Gewächshaus, gedeihen aber auch für kurze Zeit gut als Topfpflanzen im Zimmer. Die hängenden Blüten haben eine gefüllte Glocke aus vielen Blütenblättern in meist zwei kontrastierenden Farben und herausragende Staubblätter. Die vielen Arten und Hybriden zeigen unterschiedliche Blütenformen und Farben von Weiß und Rosa bis zu Rot und Purpurn.

Standort: Luftiger, halbschattiger Platz.
Temperatur: Im Sommer warm, im Winter 10 bis 12° C.
Gießen: Im Sommer gut gießen und für Luftfeuchtigkeit sorgen; im Winter ziemlich trocken halten.
Erde: Humose Mischung.
Vermehrung: Im Frühjahr oder Spätsommer durch Kopfstecklinge.

Gardenia
Jasmin-Rose

Viele Vertreter dieser Sträucher mit glänzenden dunkelgrünen Blättern und rosenähnlichen, weißen Blüten sind in der Pflege sehr anspruchsvoll. Sie gedeihen noch am besten im Gewächshaus. Die im Winter blühende G. jasminoides und deren kleinblütigere Sorte ›Veitchii‹ sind dagegen für das Zimmer geeignet. Bei guter Pflege halten sie sich mehrere Jahre und werden 30 cm bis 2 m hoch. Wäh-

Fuchsia 'Dr. Foster'

rend der Wintermonate muß man die Pflanze immer vor Kälte schützen. G. j. ›Fortuniana‹ hat weiße, wächserne gefüllte Blüten mit einem Durchmesser von ca. 10 cm.

Standort: Hell, aber nicht in die Sonne stellen; gut belüften.
Temperatur: Warm, 16 bis 18° C; konstante Bodentemperatur von 18 bis 20° C.
Gießen: Mit enthärtetem, lauwar-

mem Wasser mäßig gießen. Durch Sprühen sorgt man gleichzeitig für Luftfeuchtigkeit.
Erde: Nährstoffreiche, kalkfreie Mischung mit Torfzusatz.
Vermehrung: Aus Triebspitzen im Frühjahr. Um dabei Luftfeuchtigkeit und Bodenwärme zu erzielen, stülpt man eine Plastikhaube über den Trieb.
Wichtig: Beim Umtopfen Wurzeln nicht beschädigen und nicht tiefer setzen als vorher.

Gloriosa
Ruhmeskrone

Am besten eignet sich diese Gattung zarter, ausdauernder Kletterlilien mit knollenartigen Rhizomen fürs Gewächshaus. Sonst gedeiht sie nur in sehr warmen Gebieten. Ihre Heimat ist das tropische Afrika. Die länglichen, spitz zulaufenden Blätter enden in dünnen Haltevorrichtungen. G. rothschildiana wird etwa 2 m hoch; vom Früh- bis zum Spätsommer trägt sie karminrote, gelbrandige Blüten, die einzeln oder in Gruppen stehen. G. superba hat kleinere Blüten mit anfangs grünen, später gelben und zuletzt roten Blütenblättern. Die Pflanzen benötigen ein Spalier zum Hochranken.

Standort: Hell, aber keine direkte Sonne.
Temperatur: Im Frühjahr und Sommer warm.
Gießen: Im Sommer normal gießen.
Einpflanzen und Überwintern: Im späten Frühjahr setzt man die Rhizome in neue Erde und bringt sie bei 16 bis 19° C zum Austreiben. Ab diesem Zeitpunkt immer für Luftfeuchtigkeit sorgen. Nach Einziehen der oberirdischen Pflanzenteile im Herbst, läßt man die Rhizome im Topf, hält sie trocken und überwintert sie bei 10 bis 13° C. Im Februar/März werden die alten Wurzeln entfernt und die Rhizome in neue Erde eingepflanzt.
Erde: Humose Mischung.
Vermehrung: Durch Teilung der Rhizome (schwierig!) oder durch Ableger.

Gloriosa rothschildiana

Heliotropium
Heliotrop

Die Blüten dieser ausdauernden, aber meist einjährig gezogenen Pflanzen gehören zu den aromatischsten der Welt. Ihre Farbe reicht vom dunkelsten Violett über helle, malvenfarbene Töne bis zum Weiß. Blütezeit ist der Sommer und Frühherbst. Die Pflanzen eignen sich für Blumenkästen und andere Behälter im Freien, gedeihen aber auch als Zimmerpflanzen recht gut. Als Busch wird der Heliotrop ca. 30 cm hoch; er kann aber auch mit einem einzigen Stamm gezogen werden und wird dann bis zu 1,20 m hoch.

Standort: Hell und luftig.
Temperatur: Im Sommer warm, im Winter kühl.
Gießen: Mäßig gießen; der Wurzelballen darf jedoch niemals austrocknen.
Erde: Nährstoffhaltige Mischung.
Vermehrung: Im Herbst oder Frühjahr durch Kopfstecklinge.

Hibiscus
Eibisch

Der *Hibiscus* gehört zur Familie der Malven. Das Gewächs kann als Topfpflanze dort wo es ihm behagt 2 m hoch werden. Seine prächtigen, weiten, trompetenförmigen Blüten mit ihren herausragenden Staubblättern sind von unterschiedlichster Farbe. Bei den verschiedenen Arten

Heliotropium-Hybride △

und Sorten reicht die Skala vom leuchtenden Orange über Rosa und Blutrot bis zum tiefen Scharlachrot. Jede Blüte bleibt 1 bis 2 Tage geöffnet. In der Blütezeit, die gewöhnlich vom Sommer bis in den Herbst reicht, erscheinen jedoch ständig neue Knospen in ununterbrochener Folge. Zu den Zuchtformen von *H. rosa-sinensis,* dem Chinesischen Roseneibisch, die sich am besten als Zimmerpflanzen eignen, gehören die Sorten ›Apricot‹, ›Cooperi‹ mit ihren bunten Blättern und cremefarbenen oder dunkelroten Blüten. Auch die Sorte ›The President‹ mit tiefdunklen, rosa Blüten, deren Staubblätter gelb sind, zählt dazu.

Standort: Hell, aber keine direkte Sonne.
Temperatur: Im Sommer warm, im Winter mäßig warm (12 bis 15° C).
Gießen: Reichlich gießen – im Sommer, wenn nötig, zweimal täglich, im Herbst und Winter weniger; gelegentlich sprühen.
Erde: Humose Mischung.
Vermehrung: Im Frühsommer durch wenig verholzte Kopfstecklinge bei einer Bodentemperatur von 24–26° C.

Hoya carnosa △

Hibiscus-Rosa-Sinensis-
Hybride

168

Hoya
Wachsblume

Die Gattung *Hoya* umfaßt kräftige, immergrüne Kletterpflanzen, die aus dem Fernen Osten stammen. Sie haben Dolden von sternförmigen, wächsernen, weißen Blüten. Als Zimmerpflanzen werden Wachsblumen meist an Drähten oder Stöcken gezogen. Besonders beliebt sind bei uns zwei Arten: *Hoya carnosa* mit den Sorten ›Variegata‹ und ›Compacta‹ (erstere hat dunkelgrüne Blätter mit rosarotem Rand, bei letzterer sind die Blätter auffallend um den Stamm gewunden) sowie *Hoya bella,* eine kleinwüchsige Form mit hängenden Zweigen, die sich sehr gut als Ampelpflanze im Blumenfenster eignet. Ihre weißen, sternförmigen Blüten tragen in der Mitte einen erhabenen, roten Stern.

Standort: Hell, jedoch keine direkte Sonne; gute Belüftung, aber kein Zug.
Temperatur: Im Sommer warm, im Winter 10–12° C. Auch diese Pflanzen sollten vor der Blütezeit 2 Wochen lang kühl (15–18° C) stehen.
Gießen: Im Sommer mäßig, im Winter noch weniger gießen.
H. bella: Man sprüht vor dem Austrieb, dann jedoch nicht mehr bis nach der Blüte.
Erde: Lehmhaltige, sandige Mischung.
Vermehrung: Im Sommer durch Kopfstecklinge.
Wichtig: Abgeblühte Blütendolden nicht entfernen.

Hydrangea-Macrophylla-
Hybride

Hydrangea
Hortensie

Dieser bekannte und beliebte Strauch stammt aus Kleinasien; man findet ihn aber auch in Nord- und Südamerika, wo er wild 4 m hoch wird, Sorten von *H. macrophylla* sind meist winterhart. Sie werden im Topf etwa 1 m hoch. Der Strauch besitzt breite, eiförmige, gezähnte Blätter und große kugelige Blütenköpfe, deren Farbe je nach Züchtung von Weiß und Rosa bis zu Karminrot oder Blau reicht. (Blaue Blüten erzeugt man künstlich durch Einbringen von Aluminiumphosphat in die Erde.) Verwelkte Blüten entfernt man zusammen mit einem oder zwei Blattpaaren.

Standort: Im Frühjahr bevorzugt die Pflanze einen schattigen Platz mit guter Belüftung. Im Sommer stellt man sie möglichst auf einen schattigen Balkon oder ans offene Fenster.
Temperatur: Kühl; im Winter 4–8° C.
Gießen: Reichlich, wenn erforderlich zweimal täglich, möglichst mit kalkfreiem Wasser gießen. Der Wurzelballen darf nie austrocknen.
Erde: Humose, kalkfreie Mischung.
Vermehrung: Nur im Warmbeet aus Kopfstecklingen.

Impatiens
Springkraut, Balsamine

Impatiens ist eine Gattung von sich vielfach verzweigenden Stauden mit dicken, fleischigen und fast durchscheinenden Trieben. Die leuchtenden Blüten entwickeln sich in großer Zahl; sie

Impatiens 'New Guinea'

sind orange, zinnoberrot, scharlachrot oder malvenfarben.
I. walleriana wegen ihres ausdauernden Blühens unter dem Namen Fleißiges Lieschen bekannt, hat rote Sprosse und scharlachrote Blüten mit flachen, 2,5 bis 5 cm großen Blütenblättern. Das ganze Jahr hindurch entwickeln sich neue Blüten. Die Art wird 30 bis 60 cm hoch. *I. balsamina* ist eine fast winterharte, einjährige Pflanze von niederem Wuchs. Sie blüht im Sommer rosa.

Standort: Hell, aber kein volles Sonnenlicht. Im Herbst und Frühjahr wird Halbschatten bevorzugt.
Temperatur: Auch im Winter benötigt die Pflanze etwa 20° C.

Bei schlechten Lichtverhältnissen genügen 15° C.
Gießen: Der Wurzelballen muß feucht gehalten werden. Blüten nicht sprühen, sonst werden sie fleckig.
Erde: Humose Mischung.
Vermehrung: Durch Stecklinge oder aus Samen.

Ipomoea
Prunkwinde

Prunkwinde wird diese Pflanze wegen ihrer prächtigen, weichen, trompetenförmigen Blüten genannt, die sich aber nur einen einzigen Tag lang halten. Die Gattung stammt aus den Tropen. Sie umfaßt einjährige, kräftige Kletterpflanzen. *I. purpurea* hat purpurfarbene Blüten. Die Pflanze blüht im Sommer. Der Blütendurchmesser beträgt ca. 8 cm. Die Sorte ›Scarlet O'Hara‹ besitzt dunkle, zinnoberrote Blüten. *I. violacea* hat eine Fülle blasser, violettblauer Blüten von bis zu 13 cm Durchmesser.

Standort: Hell, aber keine Prallsonne.
Temperatur: Warm.
Gießen: Normal feucht halten.
Erde: Humose Mischung.
Vermehrung: Im Frühjahr durch Samen.

Ipomoea violacea

Ixora coccinea 'Peter Rapsley'

Ixora coccinea

I. coccinea, ein immergrüner Strauch aus dem tropischen Indien, ist mehr eine Gewächshauspflanze. Sie gedeiht aber auch im Tropenfenster und wird dort bis zu 1 m hoch. Zwischen ihren grünen, lederigen Blättern erscheinen im Sommer an roten Stengeln große scharlachrote Blütenbüschel. Je nach Sorte blühen die Pflanzen auch in anderen Farben.

Standort: Im Frühjahr und Sommer stellt man die Pflanzen an einen etwas schattigen Platz im Tropenfenster.
Temperatur: Im Winter nicht unter 16–18° C bei einer Bodentemperatur von 18–20° C.
Gießen: Im Frühjahr und Sommer reichlich gießen, im Herbst und Winter weniger. Die Pflanze benötigt dauernde Luftfeuchtigkeit.
Erde: Humose Mischung.

Jacobinia

Als Zimmerpflanzen eignen sich drei Arten dieser aus dem tropischen Amerika stammenden Sträucher. *J. carnea* hat federartige, rosa- oder orangefarbene Blüten. Diese entwickeln sich im Sommer an 10 bis 15 cm langen Blütenständen. *J. pauciflora* hat ähnliche Blüten mit gelber Spitze. Sie blüht im Winter und im Frühjahr. *J. pohliana* wird 1,20 m hoch. Sie trägt große, endständige Büschel mit rosa oder karminroten Blüten.

J. carnea, J. pohliana
Standort: Am besten ist ein halbschattiges Blumenfenster mit viel Platz.
Temperatur: Warm; im Winter 18–20° C.
Gießen: Reichlich gießen, für Luftfeuchtigkeit sorgen.
Erde: Humose Mischung.
Vermehrung: Aus Stecklingen im Frühjahr, wobei eine Bodentemperatur von 20–22° C erforderlich ist.

J. pauciflora
Standort: Hell. Im Sommer sollte man die Pflanze möglichst an einen sonnigen Platz im Freien stellen.

Jacobinia pohliana

Temperatur: Im Herbst und Winter 8 bis 10° C.
Gießen: Während der Wachstumsperiode gießt man häufig mit lauwarmem, enthärtetem Wasser. Im Frühjahr sorgt man durch Sprühen für Luftfeuchtigkeit.
Erde, Vermehrung: s. *J. carnea*

Jasminum
Jasmin

Die Gattung *Jasminum* stammt aus China. Außer dem bekannten Gartenjasmin gehören zu ihr blühende Klettergewächse, die auf der Grenze zwischen Freiland und Zimmerpflanzen stehen. Die meist weißen oder gelben, röhrenförmigen Blüten öffnen sich zu einem Stern. An den schlanken, gebogenen Zweigen wachsen dunkelgrüne Blätter mit spitzovalen Blattfiedern. Die Pflanze benötigt eine Stütze.
J. mesnyi hat halbgefüllte, blaßgelbe Blüten von 5 cm Durchmesser. Die Pflanze blüht ab Frühling bis Sommeranfang.
J. polyanthum wird 3 m hoch. Im Winter und Frühjahr entwickeln sich Büschel von weißen und rosa Blüten, die stark süßlich duften.

Standort: Hell, aber keine direkte Sonne.
Temperatur: Im Sommer warm, im Winter kühl.
Gießen: Während des Sommers reichlich gießen, im Winter trockener halten.
Erde: Humose Mischung.
Vermehrung: Im Frühjahr oder Herbst durch Kopfstecklinge.

Jasminum polyanthum

Kohleria

Diese Gattung stammt aus Mittel- und Südamerika. Zu ihr gehören viele Arten, die sich als Zimmerpflanzen eignen. Ihre etwas fingerhutähnlichen Blüten öffnen sich in gesprenkelten Lappen.
Sie entwickeln sich im Sommer und Herbst in den Blattachseln der Haupttriebe. *K. amabilis* wird 60 cm hoch. Sie hat dunkelgrüne Blätter mit purpurner bis schwarzer Äderung. Ihre tief rosafarbenen Blüten sind purpurrot gefleckt. Bei *K. eriantha* sind die dunkelgrünen Blätter etwas feiner zugespitzt. Am Blattsaum stehen rötliche Härchen und auch Blattstiel und Blütenstengel sind rötlich. Die leuchtend scharlachroten Blüten tragen auf der Unterlippe gelbe Flecken.

Standort: Hell, aber ohne direkte Sonne.
Temperatur: Bei Wachstumsbeginn braucht die Pflanze 21° C, während der Blüte aber etwa 18° C.
Gießen: Im Frühjahr nur mäßig gießen, im Sommer dagegen reichlicher. Wenn die Blätter eingezogen haben, allmählich mit dem Gießen aufhören.
Überwintern: Man stellt die Pflanzen an einen trockenen Platz mit 12° C.

Lycaste

Diese Orchideengattung stammt aus Guatemala. Zu ihr gehören einige der am leichtesten zu kultivierenden Orchideen. Unter den vielen Hybriden ist besonders die Auburn-Gruppe mit Blüten in allen Schattierungen von Rosa bis Rot erwähnenswert. *L. virginalis* hat weiße, rosa überhauchte Blüten.

Standort: Schatten und gute Belüftung. Nie in die pralle Sonne stellen.
Temperatur: Kühl.
Gießen: Reichlich gießen.
Erde: Mischung aus Lehm, Osmundafaser, Humus und Sphagnum.
Vermehrung: Durch Teilung im Frühjahr.

Miltonia

Diese Orchideengattung hat Ähnlichkeit mit *Odontoglossum* und *Oncidium*. Sie stammt aus Südamerika. Ihre Blüten sind etwas dem Stiefmütterchen ähnlich. Im oberen Teil bestehen sie aus spitzovalen Blütenblättern, die untere Hälfte der Blüte hat die Form einer doppelt gelappten Lippe. Die Einzelblüten stehen meist zu mehreren an gebogenen, 30 bis 45 cm langen Stielen. Die langen, schmalen Blätter entwickeln sich alle von der Basis der Pflanze aus. Bei *M. candida* befinden sich an einem Blütenstengel 3 bis 6 Blüten. Ihre oberen gelblichgrünen Blütenblätter tragen eine rotbraune

Erde: Humose Mischung.
Vermehrung: Durch Teilung der Rhizome im Frühjahr oder durch 8 cm lange Kopfstecklinge im Sommer.

Zeichnung; die Lippe ist von einem leicht rosa getönten Weiß. Die Blüten erscheinen im Herbst. *M. regnellii* hat weiße oder hellrosa Blüten von 5 bis 8 cm Durchmesser mit einer purpurroten Lippe und einem gelben Kamm. *M. spectabilis* entwickelt an jedem Blütenstengel nur eine einzige Blüte. Diese hat jedoch einen Durchmesser von 8 bis 10 cm. Neben rosa getönten oberen Blütenblättern besitzt

Lycaste 'Auburn'

diese im Herbst blühende Art eine rosigpurpurne Lippe mit weißem Rand.

Pflege: siehe *Odontoglossum*

Kohleria-Hybride

Miltonia-Hybriden

Myrtus
Myrte

M. communis, die Brautmyrte, wird seit alters her gerne für Brautsträuße verwendet. Sie ist ein immergrüner Strauch. Die hübschen, cremefarbenen Blüten, die von einem Stern aus Staubblättern gekrönt sind, entwickeln sich im Frühsommer in reicher Fülle. Sie bilden einen reizvollen Kontrast zu den dunkelgrünen, spitzovalen Blättern.

Standort: Helligkeit und gute Belüftung sind erforderlich.
Temperatur: Im Sommer warm, im Winter nur 4 bis 6° C.
Gießen: Mit enthärtetem Wasser mäßig gießen.
Erde: Nährstoffreiche, kalkfreie Humusmischung.
Vermehrung: Durch Kopfstecklinge, die man im Sommer aus Blütentrieben gewinnt.

Myrtus communis ▷

hängenden Blütenstielen, die jeweils 80 bis 90 Blüten von ungewöhnlicher Farbe (gelblichgrün, hellgelb und rotbraun) tragen. Blütezeit ist der Herbst.

Standort: Schatten.
Temperatur: Je nach Art verschieden. Siehe Anweisungen beim Kauf der Pflanze.
Gießen: Mäßig gießen.
Erde: Zwei Teile Osmundafaser und ein Teil Sphagnum.

Oxalis
Sauerklee

Die hier besprochenen Arten dieser Gattung stammen aus dem tropischen Südamerika. Sie besitzen kleeartige Blätter und bekommen eine Fülle kleiner Blüten mit je 5 Blütenblättern in mehreren Farben. Die Blütezeit dauert vom Frühjahr bis in den Herbst. *O. bowiei* hat rosa bis malvenfarbene Blüten; *O. rubra* dagegen rosarote. Wegen seiner vierzähligen Blätter wird *O. deppei,* der »Glücksklee« in Europa gerne als Neujahrangebinde und Glücksbringer verschenkt. Seine hell karminroten Blüten sind in der Mitte gelb. Man kann die Pflanze auch selbst anziehen, wenn man 4 bis 6 Knöllchen in einen Topf setzt, den man dann an einen kühlen Platz stellt (6 bis 8° C). Bis sich die Triebe zeigen gießt man wenig. Blüte nach etwa einem Vierteljahr.

Standort: Sonne.
Temperatur: Kühl, 12 bis 14° C.
Gießen: Wenig gießen.
Erde: Lehmhaltige Mischung.
Vermehrung: Durch abgetrennte Seitenknöllchen oder durch Samen im Herbst.

Standort: Schatten.
Temperatur: Kühl.
Gießen: Feucht halten.
Erde: Zwei Teile Osmundafaser und ein Teil Sphagnum.

Oncidium

Es handelt sich um eine der größten Gattungen der Orchideenfamilie. Wie *Odontoglossum,* stammen ihre Vertreter aus Mittel- und Südamerika. Zu den Arten, die sich besonders gut für die Zimmerhaltung eignen, rechnet man *O. ornithorhynchum* mit rosafarbenen, duftenden Blüten mit gelbem Kamm und die besonders auffallende Art *O. varicosum* mit bis zu 1 m langen,

Odontoglossum

Diese epiphytische Orchidee stammt aus den tropischen Regenwäldern Mittel- und Südamerikas. Sie hat zarte, vielgestaltige Blüten von bisweilen 16 cm Durchmesser an langen, hängenden oder auch aufrecht stehenden Blütenstengeln. Die recht empfindlichen Pflanzen können zum Teil in Töpfen oder Orchideenkörbchen im Haus gehalten werden. Die mexikanischen Arten und ihre Hybriden

Odontoglossum crispum △

eignen sich dafür am besten. Zu ihnen gehören *O. grande* und dessen Hybriden, die an 30 cm langen Ähren schmetterlingsähnliche Blüten von bis zu 18 cm Durchmesser tragen. *O. crispum* entwickelt, insbesondere im Frühjahr, mehrere 10 cm große Blüten. Ihre weißen, krausen Blütenblätter sind rosa, karminrot und gelb angehaucht.

Oncidium-Hybride ▷

Oxalis rubra

Standort: Hell, aber keine Prall-sonne.
Temperatur: Mäßig warm, im Winter 15° C.
Gießen: Während der Wachstumszeit reichlich mit weichem, lauwarmem Wasser gießen. Im Winter trockener halten, aber gelegentlich sprühen.
Erde: Lehmhaltige, humose Mischung.
Vermehrung: Im Frühjahr oder Sommer durch Kopfstecklinge, die man beim Zurückschneiden der Pflanze gewinnt.

Paphiopedilum
Venusschuh

Den Namen Venusschuh tragen die Vertreter dieser Gattung wegen der pantoffelartigen Lippe ihrer Blüten. Beheimatet sind sie in Ostasien und auf den pazifischen Inseln. Zur Gattung gehören hauptsächlich terrestrische Orchideen. Die hohen Blütenschäfte von *P. insigne* entwickeln sich im Herbst und Winter.

Jeder von ihnen trägt eine einzige Blüte, die einen Durchmesser von 8 bis 10 cm erreicht. Sie ist gelblichgrün mit purpurbraunen Flecken. Zu den bekanntesten unter den vielen Sorten gehören 'Aureum', 'Chantinii', 'Harefield Hall' und 'Sanderae'. *P. glaucophyllum* stammt von Java. Auf seinen 40 cm hohen Blütenschäften entwickeln sich das ganze Jahr hindurch mehrere Blüten von 10 cm Durchmesser.

Standort: Hell.
Temperatur: Mäßig warm; im Winter 12 bis 15° C.
Gießen: Im Sommer reichlich gießen, im Winter spärlicher. Immer kalkfreies Wasser verwenden und für Luftfeuchtigkeit sorgen.
Erde: Am besten eine Mischung aus Osmundafaser, Sphagnum und Lehm.
Vermehrung: Im Frühjahr durch Teilung.

Paphiopedilum glaucophyllum

Pachystachys lutea

Diese aufrecht wachsende Pflanze hat in der Struktur ihrer Blüten Ähnlichkeit mit *Beloperone guttata* (im Handel auch als »Gelbe Beloperone«). Die zarten, cremeweißen Blüten wachsen an endständigen gelben Ähren, die aus lange haltbaren Hochblättern gebildet werden. Blütezeit Frühjahr bis Winter.

Pachystachys lutea ▽

Passiflora
Passionsblume

Zur Gattung *Passiflora* gehören
schnell wachsende Klettersträu-
cher aus dem tropischen Südamerika. Im Hause läßt man sie
an Drähten oder Stützen ranken.
Die großen Blüten haben je nach
Art einen Durchmesser von 5 bis
10 cm. Ihre Blütenblätter und
Staubgefäße sind so angeordnet,
daß sie einen Strahlenkranz bilden, der einer Legende zufolge
die Dornenkrone versinnbild-
licht. Aus der Blütenmitte ragen
bizarr die drei Stempel (Symbol
der Kreuzesnägel) und der
Fruchtknoten an einem ver-
schmolzenen Stiel heraus.
P. quadrangularis ist eine sehr
große und ungewöhnliche Art,
deren weiße Blütenblätter rosa
und dunkelpurpurn überhaucht
sind. Die langen Staubfäden sind
purpurn, weiß und blau gestreift.
Die Blüten erscheinen im
Sommer.

Standort: Hell an einem gut
belüfteten Platz.
Temperatur: Im Sommer mäßig
warm, im Winter kühl (6 bis
8° C).
Gießen: Im Sommer reichlich,
wenn nötig zweimal täglich gießen; im Winter trockener halten.
Erde: Nährstoffreiche Humus-
erde mit etwas Lehm.
Vermehrung: Ableger abtrennen
und einzeln eintopfen.
Wichtig: Vor dem Umtopfen im
Frühjahr schneidet man die alten
Blütenstengel auf 6 bis 8 Augen
zurück.

Passiflora quadrangularis △

Passiflora caerulea △

Pelargonium
Pelargonie, Geranie

Diese Gattung stammt aus Südafrika. Sie umfaßt über 200 Arten. Unsere Balkon- und Zim-
mergeranien gehören zu vier
großen Hauptgruppen von
Zuchtformen, von denen nur
noch eine – die Geranien mit
duftenden Blättern – eine Reihe
ursprünglicher Arten umfaßt. Zur
ersten Gruppe zählen die *P.-
Grandiflorum*-Hybriden. Sie haben große Blüten in verschiedenen Farben, die während des
Sommers in dichten Büscheln
erscheinen. Ihre Farbskala reicht
von Weiß über Rosa und Rot bis
zu tiefem Violett. Die zweite und
dritte Gruppe, die *P.-Zonale* und
P.-Peltatum-Hybriden, eignen
sich besonders gut zur Haltung
in Balkonkästen. Die Hybriden
von *P. zonale* sind aufrecht
wachsende Pflanzen mit einfa-

chen oder gefüllten Doldenblü-
ten in allen Schattierungen von
Rot und Rosa. Sie blühen vom
späten Frühjahr bis in den
Herbst hinein. *P.-Peltatum*-Hy-
briden, die Hängegeranien oder
Efeupelargonien, haben weiche,
verzweigte, hängende oder kriechende Triebe, die bis zu 45 cm
lang werden. Ihre Blüten sind
einfach oder gefüllt und erscheinen zur selben Zeit wie die Blüten von *P. zonale*. In den Farben
sind sie jedoch etwas blasser.
Die letzte Gruppe, die Geranien
mit duftenden Blättern, findet
man weniger häufig. Sie haben
kleine, verhältnismäßig unbe-
deutende Blüten, aber ein reiz-
volles Blattwerk.
Bei *P. capitatum* und *P. radens*
duften die Blätter nach Rosen,
bei *P. crispum* und bei *P. odora-
tissimum* nach Zitrone. Die bekannteste und häufigste in dieser Gruppe ist *P. graveolens,* die
Rosenpelargonie.

Pelargonium grandiflorum:
Standort: Hell und luftig.
Temperatur: Im Sommer warm,
im Winter nicht über 10 bis 15° C.
Gießen: Während der Wachs-
tumszeit reichlich gießen, im
Winter trockener halten.
Erde: Nährstoffreiche, humose
Mischung.
Vermehrung: Im Frühjahr oder
im Herbst durch Stecklinge. Man
setzt die Stecklinge in Anzucht-
erde und stellt sie an einen hel-
len Platz, jedoch nicht in die
Sonne.

Pentas lanceolata

Pelargonium zonale 'Dr. Muir'

P. zonale und *P. peltatum:*
Standort: Im Sommer ins Freie
stellen; im Winter sorgt man für
Licht und gute Belüftung. *P. zonale* verträgt Sonnenlicht, während *P. peltatum* Halbschatten
bevorzugt. Ansonsten gilt für
Pflege und Vermehrung dasselbe wie für *P. grandiflorum*.

Geranien mit duftenden Blättern:
Standort: Im Sommer am besten

174

an einen sonnigen Platz im Freien stellen.
Pflege: wie *P. grandiflorum*.

Pentas lanceolata

Eine im Winter blühende Pflanze mit behaarten Blättern und Büscheln trompetenförmiger, weißer, hellrosa oder karminroter Blüten. Um einen buschigen Wuchs zu erzielen, schneidet man bei jungen Pflanzen die Triebe zurück.

Standort: Hell, aber ohne direkte Sonne.
Temperatur: Warm; im Winter 14 bis 16° C.
Gießen: Bis die Blüten welken gut gießen, danach sparsamer.
Erde: Humose Mischung.
Vermehrung: Im Frühjahr durch Kopfstecklinge von nicht blühenden Trieben.

Plumbago
Bleiwurz

Nur ein einziger Vertreter dieser Gattung von Sträuchern aus den Tropen und Subtropen ist als Zimmerpflanze interessant: *P. auriculata* (auch unter dem Namen *P. capensis* bekannt). Diese Pflanze ist ein Strauch mit endständigen Blütenbüscheln von 25 bis 30 cm Durchmesser. Die trompetenförmigen, blaßblauen Einzelblüten enden in fünf einfachen, ca. 2,5 cm großen Blütenblättern. Am besten zieht man die Pflanze an Stöcken oder Drähten.

Standort: Im Sommer, wenn möglich, an einen etwas schattigen Platz stellen.
Temperatur: Im Sommer warm. Nach Laubfall Winterruhe bei 6 bis 8° C. Auch im Frühling noch kühl halten, um Austrieb und Blütebeginn hinauszuzögern.
Gießen: Im Sommer reichlich gießen, im Winter trockener halten.
Erde: Nährstoffreiche Mischung.
Vermehrung: Durch Stecklinge im Spätherbst oder Frühjahr. Die Bodentemperatur sollte 20 bis 25° C betragen.

Primula
Primel

Die Gattung stammt aus den gemäßigten Zonen und ihre Vertreter – meist winterharte Pflanzen – blühen im Frühjahr. Einige von ihnen eignen sich für die Zimmerhaltung. Die Primeln haben ungefüllte, röhrige Blüten mit weit ausgebreiteten Blütenblättern. Ihre Blätter sind weich und leicht gezähnt. Von der Kissenprimel, *P. vulgaris* gibt es heute Hybridformen, die man an einem sehr kühlen Platz auch im Zimmer halten kann. Der Blattrosette an der Basis der Pflanze entwachsen die Blüten einzeln an je einem Stengel. Die Blütenfarbe reicht von Weiß über Gelb und Rot bis Dunkelblau.
P.×. kewensis ist eine Hybride mit Büscheln von zitronengelben Blüten, die im Frühjahr an langen Stengeln erscheinen. Alle Pflanzenteile außer den Blüten sind weißlich bereift. Bei *P. malacoides* stehen die Blüten in unterschiedlicher Höhe an Stengeln, die einer Blattrosette entwachsen. Sie sind kleiner und erscheinen im Spätwinter und Frühjahr in mehreren Farben. Die Becherprimel, *P. obconica*, ist in China zu Hause. Alle grünen Pflanzenteile sind mit Flaum bedeckt, Blätter und Blütendolden stehen an langen, aufrechten Stielen. Der Durchmesser der mehrblütigen Dolden kann 9 cm erreichen. Die Pflanze blüht in verschiedenartigen Pastelltönen; ihre Blütenblätter sind leicht eingekerbt. Normalerweise liegt die Blütezeit im Frühjahr; man kann die Becherprimel aber auch zu jeder anderen Jahreszeit zum Blühen bringen. Ihr ähnelt, was Größe und Form anbelangt, die Chinesenprimel, *P. praenitens*. Ihre Blütenblätter sind jedoch leicht gezähnt und die Pflanze blüht vom Beginn des Frühlings bis in den Spätsommer hinein. Auch diese Art ist an allen grünen Teilen mit zartem Flaum bedeckt.

P.×. kewensis, P. malacoides, P. vulgaris:
Standort: Hell, aber keine direkte Sonne. Für Belüftung sorgen.
Temperatur: Kühl, nicht über 10 bis 12° C.
Gießen: Reichlich gießen und stets darauf achten, daß der Wurzelballen nicht austrocknet. Die Pflanze braucht auch etwas Luftfeuchtigkeit.
Erde: Humose Mischung.
Vermehrung: Durch Samen gleich nach Reife oder im Frühjahr.
Wichtig: *P. vulgaris* muß man den Sommer über ins Freie stellen, wenn sie schon im zweiten Jahr blühen soll.

P. obconica, P. praenitens:
Standort: Hell, aber keine direkte Sonne.

Plumbago auriculata

Temperatur: Kühl; im Winter nicht über 12 bis 14° C.
Gießen: Reichlich gießen. Wurzelballen darf nie austrocknen!
Erde: Humose Mischung.
Vermehrung: Durch Samen gleich nach Reife oder im Frühjahr.
Wichtig: Diese Pflanzen können die Ursache von Hautallergien sein!

Primula malacoides

Punica granatum
Granatapfelbaum

2,50 bis 3 m hoch kann dieser langsamwüchsige Strauch aus Südeuropa werden. Er hält sich mehrere Jahre hindurch gut im Gewächshausbeet oder im Kübel. Seine Blüten sind scharlachrot und glockenförmig. Sie erscheinen im Sommer und Herbst. Von einem glänzenden Grün sind die festen, schmalen Blätter. Bei der Zwergform 'Nana' sind die Blüten röhrig; diese Sorte eignet sich besonders gut als Topfpflanze.

Standort: Wenn möglich im Sommer an einen sonnigen, zugfreien Platz ins Freie stellen. Im Zimmer fühlen sich die Pflanzen dort am wohlsten, wo sie luftig stehen aber keine Zugluft bekommen.
Temperatur: Im Sommer warm, im Winter kühl (4 bis 6° C).
Gießen: Im Sommer gut feucht halten; im Winter nur soviel gießen, daß der Wurzelballen nicht austrocknet. Im Frühjahr allmählich wieder etwas stärker gießen.
Erde: Humose Mischung.
Vermehrung: Im Frühjahr aus Samen oder im Sommer durch Stecklinge aus Seitentrieben.

Rechsteineria

Diese Gattung kräftiger, mehrjähriger Knollenpflanzen stammt aus Südamerika. Sie haben große, weich behaarte Blätter und quirlig angeordnete Blütenstände mit röhrenförmigen Blüten. *R. cardinalis,* die Scharlachrote Rechsteinerie, blüht im Sommer wie der Name sagt, scharlachrot; sie wird 45 cm hoch. *R. leucotricha* besitzt silbergraue, fein behaarte Blätter und blüht im Herbst korallenrot.

Standort: Hell, aber nicht direkt in der Sonne, an einem zugfreien Platz.
Temperatur: Gleichmäßig kühl.
Gießen: Braucht viel Wasser und Luftfeuchtigkeit. Man verwendet am besten lauwarmes Wasser.
Überwintern: Sind die Blätter verwelkt, läßt man die Pflanze allmählich eintrocknen und stellt sie bis zum Frühjahr ohne zu gießen in einen Raum mit 12 bis 15° C.
Erde: Humose Mischung.
Vermehrung: Durch Teilung der Knollen, durch Wurzelschößlinge mit einem Stück Knolle oder aus Samen.

Punica granatum 'Nana' ▽   *Rechsteineria leucotricha* ▷

Rhododendron

Anfang des 19. Jahrhunderts kam diese heute altvertraute Gattung blühender Sträucher aus Asien zu uns nach Europa. Im Winter und Frühjahr kann man sie blühend kaufen. Die Größe der Sträucher ist sehr unterschiedlich. Einige Sorten werden im Gewächshausbeet 3 m, im Topf oder Kübel 1,20 m hoch. Die Blüten sind breit und trompetenförmig; es gibt sie in herrlichen Farben von Weiß bis Tiefrot, einfach oder gefüllt. Die immergrünen, elliptischen Blätter sind klein und lederartig fest. *R. simsii,* und *R. indicum,* beide als Azaleen bekannt, sind dankbare Zimmerpflanzen. Sie werden bis zu 60 cm hoch und tragen endständige Büschel wunderschöner Blüten. Die Pflanzen blühen von Weihnachten bis in den Frühsommer. Kauft man sie mit Knospen und will man sie später ins warme Zimmer stellen, so sollte man sie vorher für 1 oder 2 Tage in einem schattigen Raum mit einer Temperatur von 10 bis 12° unterbringen.

Standort: Schattig, ohne direkte Sonne, und gut belüftet.
Temperatur: Am besten kühl, 10 bis 12° C.
Gießen: Mäßig gießen und für Luftfeuchtigkeit sorgen.
Erde: Kalkfreie Mischung auf Humusgrundlage.
Vermehrung: Aus Samen, oder durch Kopfstecklinge, die man im Sommer oder Frühherbst gewinnt.
Wichtig: Verwelkte Blüten muß man mit dem Stiel entfernen.

Rosa chinensis
Chinesische Rose

Die Sorte 'Minima' wird nur 20 bis 25 cm hoch. Sie bekommt im Sommer kleine, hellrosa, gefüllte oder einfache Blüten. Die meisten dieser kleinbleibenden Rosen, die sich für die Zimmerhaltung eignen, gehen auf Hybridformen von *R. chinensis* und *R. noisettiana* zurück. Es gibt sehr viele von ihnen in allen möglichen Farben von Weiß und Gelb über Rosa bis Dunkelrot. Dazu gesellen sich die sogenannten Holländischen Zwergrosen, die 20 bis 30 cm hoch werden und besonders üppig blühen.

Rhododendron-Simsii-Hybride

Standort: Zwergrosen lieben einen hellen, sonnigen und luftigen Platz. Man schütze sie jedoch vor Prallsonne.
Temperatur: Mäßig warm; im Winter kühl (6 bis 8° C).
Gießen: Während der Wachstumsperiode nur mäßig gießen; nach der Blüte trockener halten. Die Pflanzen brauchen Luftfeuchtigkeit.
Erde: Humose Mischung.
Vermehrung: Aus Samen; nach sechs Monaten hat man blühende Pflanzen.

Saintpaulia ionantha
Usambaraveilchen

Das Usambaraveilchen ist eine niedrige, dicht rosettenförmig wachsende, einjährige Pflanze aus Ostafrika. Es hat dunkelgrüne, runde Blätter. In lockeren Dolden sitzen die einfachen, fünfblättrigen blauen Blüten an dünnen Stielen. Fast das ganze Jahr hindurch bringt die Pflanze immer wieder neue Blüten hervor. Man hat weiß-, rosa- und malvenfarben blühende sowie einfache und gefüllte Hybriden gezüchtet.

Standort: Im Sommer schattig stellen und gegen Zugluft schützen; im Winter braucht es mehr Licht, aber keine direkte Sonne.
Temperatur: Im Sommer kühl; am besten an ein Nordfenster stellen. Im Winter Temperatur konstant bei 16 bis 18° C halten.
Gießen: Enthärtetes, lauwarmes Wasser in den Untersatz gießen. Im Winter Gießen einschränken.
Erde: Humose, torfhaltige Mischung.
Vermehrung: Blattstecklinge, die man zur Bewurzelung in Sand setzt oder ins Wasser stellt, entwickeln sich in 6 Monaten zu blühenden Pflanzen.
Wichtig: Besser in Schalen als in Töpfe pflanzen. Wassertropfen verursachen Flecken auf den Blättern.

Saxifraga
Steinbrech

Nur eine einzige Art dieser aus den Gebirgen der mittleren Breiten stammenden Blütenpflanzen trifft man gewöhnlich in Zimmerkultur an: die Hängepflanze *S. stolonifera*, den Judenbart. Er ist in China und Japan zuhause. An den Enden seiner bis zu 45 cm langen Triebe entwickeln sich fast immer Jungpflänzchen. Die kleinen, weißen, gelb punktierten Blüten erscheinen im Sommer. Beliebt ist auch die Sorte 'Tricolor' wegen ihres bunten Blattwerks.

Rosa chinensis var. *minima* 'Pink Carol' △

Saintpaulia-Ionantha-Hybride

Standort: Gute Belüftung, aber zugfrei und hell stellen. Gegen pralle Sonne sehr empfindlich. Außerdem steht die Pflanze gern allein.
Temperatur: Kühl; im Winter 8 bis 12° C. Die Sorte 'Tricolor' blüht auch im warmen Wohnzimmer.
Gießen: Vom Frühjahr bis in den Herbst gleichmäßig feucht halten; danach sparsamer gießen.

'Tricolor' braucht mehr Wasser als andere Sorten.
Erde: Humose Mischung.
Vermehrung: Im Sommer durch Abtrennen der Jungpflänzchen von den Triebenden. Man setzt sie danach in Dreiergruppen in einen Topf.

Sinningia-
◁ Hybride

Sinningia
Gloxinie

Diese Gattung ausdauernder Knollenpflanzen stammt aus Südamerika. Sie besitzen samtene Blätter und herrliche, trompetenförmige Blüten. *S. regina* entwickelt im Sommer violette, fingerhutartige Blüten. Die besten Züchtungen sind die Sorten von *S. speciosa*. Ihren rosettenförmig angeordneten Blättern entwächst in der Mitte ein Büschel großer, purpurner, malvenfarbener oder roter Blüten. Manche zeigen, je nach Zuchtreihe, einen weißen Rand. Die Sorten haben klingende Namen wie 'Defiance', 'Emperor Frederick', 'Mont Blanc', 'Prince Albert' oder 'Reine Wilhelmine'. Die Blüten bestehen aus einer breiten Rüsche aus lappigen Blütenblättern und einem tiefen, röhrigen Schlund. Die Blütezeit reicht von Sommer bis Herbst.

Standort: Hell, aber keine Prallsonne.
Temperatur: Im Sommer kühl, im Winter etwa 15° C.
Gießen: Muß feucht gehalten werden. Man darf die Pflanze aber nicht absprühen, da sie sonst fleckig wird. Nach der Blüte Gießen einschränken. Gießwasser soll lauwarm und enthärtet sein.
Überwintern: Will man die Pflanze für ein weiteres Jahr behalten, läßt man sie nach dem Welken der Blätter allmählich austrocknen. Die Überwinterung erfolgt am besten an einem temperierten, trockenen Platz bei ca. 15° C. Anfang des Frühjahres nimmt man die Knolle aus dem Topf, entfernt die alten Wurzeln und beläßt ihr nur ein oder zwei Triebe. Danach wird sie wieder eingepflanzt, darf aber nur mit 2 cm Erde bedeckt sein. Jetzt nur sparsam gießen und die Knolle bei 18 bis 20° C austreiben lassen.

Smithiantha-Hybride   ▷

Smithiantha

Aus den tropischen Bergwäldern Mexikos ist diese Gattung ausdauernder Rhizompflanzen zu uns gekommen. Ihren Namen verdankt sie Matilda Smith, die sich in London als Pflanzenmalerin betätigte. Die eigentlichen Arten der Gattung sind in der Zucht meist durch eindrucksvollere Hybriden verdrängt worden. Die Smithiantha besitzt behaarte Blätter und an saftreichen, aufrechten Stengeln bunte, fingerhutähnliche Blüten. Sie kann 60 bis 90 cm hoch werden. *S. cinnabarina* mit samtenen, herzförmigen Blättern, die rötlich angehaucht sind, hat zinnoberrote Blüten mit gelbem, rot gepunktetem Schlund. Sie blüht im Sommer. *S. zebrina* wird etwas höher. Ihre langen, scharlachroten, hängenden Blüten haben einen gelben Schlund. Sie erscheinen im Sommer. Es gibt eine große Anzahl von Sorten, die in vielen Farben blühen: von Goldorange über Scharlachrot

und Rosa bis Weiß. Für die Zimmerkultur empfiehlt es sich, neue Pflanzen aus Rhizomen zu ziehen.

Standort: Etwas schattig im Tropenfenster.
Temperatur: Mäßig warm.
Gießen: Während der Blüte feucht halten.
Überwintern/Vermehrung: Nach der Blüte und dem natürlichen Absterben der oberirdischen Teile überwintert man die Pflanze bei 10 bis 12° C. Gegen Winterende werden 3 bis 4 Rhizome in einen größeren Topf gepflanzt und mit 2 cm Erde bedeckt. Bis sich die Blüten zeigen, sorgt man für eine Bodentemperatur von 22° C. Mäßig gießen.
Erde: Humose Mischung.

Solanum capsicastrum

Solanum
Nachtschatten

Zu dieser Gattung gehören mehrere Gemüsearten (z. B. Kartoffel und Tomate) und auch einige Pflanzen, die wegen ihres dekorativen Fruchtschmucks gehalten werden. *S. capsicastrum* stammt aus Südamerika und *S. pseudocapsicum,* der Korallenstrauch, von Madeira. Beide haben kleine Blüten. Sie erscheinen ab Mai und entwickeln sich zu scharlachroten Früchten, die bis zum Spätherbst halten, wenn die Pflanze kühl steht.

Standort: Sonne.
Temperatur: Vom Frühjahr an Pflanze zunehmend wärmer stellen.
Gießen: Nur im Sommer reichlich gießen.
Erde: Lehmhaltige, humose Mischung.

Spathiphyllum
Einblatt

Es handelt sich um eine zu den Aronstabgewächsen gehörende Gattung von Blütenpflanzen mit dunkelgrünen Blättern an langen Stielen. Die Blüten stehen an einem aufrechten Kolben, den eine blattartige Blütenscheide (Spatha) mit feiner Spitze umgibt. *S. floribundum* wird 30 bis 40 cm hoch und blüht im Sommer weiß. *S. wallisii* ist etwas kleiner, hat auch einen kleineren Kolben und eine ovale, weiße Spatha. Bei der Sorte 'Mauna Loa' entwickeln sich das ganze Jahr hindurch Blüten.

Standort: Schatten.
Temperatur: Zimmertemperatur, nicht unter 16 bis 18° C.
Gießen: Im Sommer gleichmäßig feucht halten und während der Knospenbildung gelegentlich sprühen; im Winter weniger gießen.
Erde: Humose Mischung mit etwas Torf und Sphagnum.
Vermehrung: Im Frühjahr beim Umtopfen durch Teilung oder aus Samen.
Wichtig: Verträgt während der winterlichen Ruhezeit keine trockene Luft.

Stephanotis floribunda

Stephanotis floribunda
Kranzschlinge

Diese Pflanze stammt aus Madagaskar. Sie hat lederartig feste, glänzend dunkelgrüne Blätter. Ihre weißen, sternförmigen, süß duftenden Blüten wachsen in strahlenförmigen Trugdolden aus den Blattachseln. Man kann

Spathiphyllum wallisii

den Strauch, der bis zu 3 m hoch wird, gut an einer Gewächshauswand oder an Stöcken und Drähten auch als Zimmerpflanze ziehen. Er blüht während des Sommers und im Frühherbst.

Standort: Viel frische Luft, aber keine Zugluft, ferner Helligkeit ohne direkte Sonne und genügend Platz.
Temperatur: Im Sommer warm, im Winter 12 bis 14° C.
Gießen: Im Frühjahr und Sommer gut mit lauwarmem, enthärtetem Wasser gießen und bis August auch öfter sprühen. Ab Herbst schränkt man das Gießen

allmählich ein. Der Wurzelballen darf aber nie austrocknen.
Erde: Lehmhaltige, humose Mischung.
Vermehrung: Im Frühsommer durch Stecklinge von nicht blühenden Seitentrieben.
Wichtig: Pflanze nicht drehen oder bewegen! Führt zum Abfallen von Knospen und Blättern.

Strelitzia reginae
Paradiesvogelblume

Diese immergrüne, ausdauernde Pflanze, deren außergewöhnliche Blüten einem Vogelkopf ähneln, stammt aus Südafrika. Als Topfpflanze wird sie 1 bis 1,50 m hoch. Die 45 cm langen, stumpf eiförmigen Blätter sind in fächerartigen Rosetten angeordnet. Die Blüten entwickeln sich an 1 m hohen Blütenstengeln. Diese bilden zunächst ein langes, rötlich angehauchtes, schnabelartiges Hochblatt, über dem dann – eine nach der anderen – mehrere blaue und orangefarbene Blüten erscheinen.

Standort: Viel Licht, aber keine Prallsonne. Im Sommer möglichst ins Freie stellen.
Temperatur: Im Sommer warm, im Winter etwa 10° C.
Gießen: Im Frühjahr und Sommer reichlich gießen; im Winter trocken halten.
Erde: Lehmhaltige, humose Mischung.
Vermehrung: Aus Samen oder durch Teilung. In jedem Fall braucht die Pflanze mehrere Jahre bis sie blüht.

Strelitzia reginae

halb für die Zimmerhaltung nicht geeignet. Als einjährige Balkontopfpflanze ist *T. alata,* die Schwarzäugige Susanne, beliebt. An Stöcken oder Drähten gezogen wird sie in einem Sommer bis zu 3 m hoch. Ihren Blattachseln entwächst ein üppiger Blütenflor. Die Einzelblüten sind goldgelb mit dunklem Auge in der Mitte und einem purpurnen Schlund.

Standort: Im Frühsommer auf dem Balkon in die Sonne stellen.
Temperatur: Im Sommer warm, im Winter kühl (8 bis 10° C).
Gießen: Während des Sommers gut gießen.
Erde: Nährstoffreiche Mischung mit etwas Kalk.
Vermehrung: Im Frühjahr durch Samen. Wenn keine Nachtfröste mehr zu erwarten sind, ins Freie stellen.

Tillandsia cyanea

Streptocarpus
Drehfrucht

Aus Südafrika stammt diese niedrige, krautige, zweijährige Pflanze. Ihre weichen, grünen Blätter haben Ähnlichkeit mit den Blättern der Primel. An einem 25 cm hohen Stiel entwikkeln sich hübsche, trichterförmige Blüten in vielen Farben von Weiß über Rosa und Rot bis Dunkelblau. Die *Streptocarpus*-Hybridensorte 'Constant Nymph' blüht fast das ganze Jahr hindurch lavendelblau. Die Sorte 'Wiesmoor' hat karminrosa Blüten mit einem scharlachroten und weißen Schlund. Sie blüht im Herbst oder Frühjahr.

Standort: Viel Licht und ein luftiger Platz. Die Pflanze darf aber nie in die direkte Sonne gestellt werden.
Temperatur: Warm; im Winter 18 bis 20° C.
Gießen: Während des Sommers gut gießen und für Luftfeuchtigkeit sorgen; im Winter trockener halten. Man verwende lauwarmes, enthärtetes Wasser.
Erde: Humose Mischung.
Vermehrung: Aus Samen oder durch Teilung im Frühjahr. Eine Vermehrung ist auch durch Blattstecklinge möglich. Hierzu zerschneidet man im Sommer die Blätter entlang der Hauptader und läßt die Teilstücke in feuchtem Sand anwurzeln.

Thunbergia

Vor allem umfaßt diese aus den Tropen stammende Gattung ausdauernde Schlinggewächse, deren lange, trichterförmige Blüten weit ausgebreitete Blütenblätter besitzen. Die *Thunbergia*-Arten blühen in zahlreichen Farben. Viele Angehörige der Gattung werden sehr groß. Sie sind des-

Tillandsia

Die Gattung umfaßt immergrüne, ausdauernde Bromeliengewächse. Ihre Heimat ist Mittel- und Südamerika. *T. cyanea* hat schmale senkrecht gerippte, gebogene Blätter, die 40 cm lang werden können. In ihrer Mitte bildet sich eine federartige Ähre aus dunkelrosa- bis malvenfarbenen Hochblättern. Diesem Gebilde entwachsen im Sommer zahlreiche blaue, trichterförmige Blüten.

Standort: Hell, am besten im Tropenfenster.
Temperatur: Warm.
Gießen: Mäßig gießen und für hohe Luftfeuchtigkeit sorgen.
Erde: Zu gleichen Teilen Sand, Torf und Osmundafaser.
Vermehrung: Im Sommer durch Abtrennen gut entwickelter Ableger.

Thunbergia alata

Vriesea splendens

Vriesea

Zu dieser interessanten Gattung von Bromelien aus Südamerika gehören Arten, die auch wegen ihrer dekorativen Blätter gehalten werden. Einige Arten jedoch sind ihrer Blüten wegen besonders beliebt. Bei *V. psittacina* z. B. wächst aus einer Rosette hell gelblichgrüner Blätter ein 25 bis 30 cm hoher Stengel hervor. An ihm bildet sich ein federartiger Blütenstand. Er besteht aus eng beieinander stehenden Hochblättern, die in Stengelnähe rot und gegen die Spitze zu gelb sind. Zwischen ihnen ragen die kleinen, grünen Blüten hervor. *V. splendens,* hat Blätter mit dunkelgrünen und purpurnen Querstreifen. Ihr 45 cm hoher Blütenstengel trägt eine schwertförmige Ähre. Diese besteht aus roten, sich überlappenden Hochblättern, die gegen die Spitze zu gelb werden. Der Form ihrer Blütenstände verdankt die Pflanze den Namen »Flammendes Schwert«.
V. psittacina und *V. splendens* gedeihen nur im beheizten Blumenfenster. Seit einiger Zeit ist man jedoch bemüht, Sorten zu züchten, die sich auch für eine normale Zimmerhaltung eignen.

Standort: Im beheizten Blumenfenster, jedoch nicht in der prallen Sonne.
Temperatur: Warm; die Boden- und Lufttemperatur muß mindestens 18 bis 20° C betragen.

Gießen: In die Zisterne gießen und auch das Erdreich feucht halten. Man verwende nur enthärtetes, lauwarmes Wasser. Nach der Blüte entfernt man das Wasser aus der Zisterne. Die Pflanze braucht ständig viel Luftfeuchtigkeit.
Erde: Mischung aus Torf, Sand und Sphagnum.
Vermehrung: Im Frühjahr und Sommer durch bewurzelte Kindel.

Zantedeschia

Die aus südafrikanischen Sumpfgebieten stammende Gattung gehört zu den Aronstabgewächsen. Ihre Blüten stehen an einem kurzen, gelben Kolben, der von einem trompetenförmig gebogenen Hüllblatt (Spatha) umgeben ist. Dessen Farbe kann je nach Art verschieden sein. Die Blätter sind gewöhnlich ziemlich groß, weich, dunkelgrün und herz- oder breitpfeilförmig.
Z. aethiopica, die Zimmerkalla, besitzt eine rein weiße Spatha und mittel- bis dunkelgrüne Blätter von 60 bis 90 cm Länge. Die Blütenschäfte, die sich im Frühjahr und Sommer entwikkeln, können 1,50 m hoch werden. *Z. elliottiana* hat dunkelgrüne, herzförmige Blätter von etwa 30 cm Länge mit durchscheinen-

Zantedeschia elliottiana ▷

den Flecken. Ihre Spatha ist am Grunde glockig und blaßgrün; sie wird nach außen zu dunkelgelb. Blütezeit ist der Sommer.
Z. rehmannii besitzt schmale, speerförmige Blätter mit durchscheinenden Streifen und eine tiefe, glockige Spatha, deren sortenbedingte Färbung von Blaßgrün über Gelb und Rosarot bis zu Purpur und Creme reicht. Die Blüten erscheinen im Frühjahr und Sommer.

Standort: Hell, aber keine Prallsonne. Im Frühjahr und Sommer Pflanze möglichst ins Freie bringen.

Temperatur: Im Sommer warm, im Winter kühl (8 bis 12° C).
Gießen: Während der Wachstumszeit reichlich gießen, nach der Blüte trocken halten. Vom Frühjahr an allmählich wieder mit dem Gießen beginnen.
Erde: Handelsübliche Torfmischung.
Vermehrung: Durch Ableger oder beim Umtopfen durch Teilung der Rhizome.
Wichtig: Beim Umtopfen im Herbst Pflanze nicht tiefer setzen als vorher!

Zantedeschia rehmannii ▽

Zwiebelpflanzen

Bei den seidigen Schuppen einer Zwiebel handelt es sich, vereinfacht gesagt, um die äußeren Hüllschichten einer im Boden ruhenden Knospe. Die nötigen Nährstoffe, die die Pflanze zum Wachsen braucht, sind in den konzentrisch angeordneten dicken Zwiebelblättern gespeichert. Diese Vorratsstoffe bestehen hauptsächlich aus Stärke. Mit Hilfe der Zwiebel, die wie die Knolle eine verdickte Sproßbasis ist, vermag die Pflanze kalte Winter oder – in semiariden Gebieten – Trockenperioden zu überstehen. Besonders beliebt sind Zwiebelpflanzen im Frühjahr. Ihre Blüten sind die ersten Frühlingsboten für Garten und Zimmer. Die winterharten Zwiebelpflanzen, die in den mittleren Breiten zu Hause sind, können im Zimmer früher als im Freien zum Blühen gebracht werden. Zu ihnen gehören Hyazinthen, ungefüllte und gefüllte Frühjahrstulpen, Narzissen, großblütige Krokusse, Blaustern, Zwergiris und Schneestolz. Nach der Blüte läßt man die Pflanzen einziehen und setzt die Zwiebeln ins Freie, weil man sie im Zimmer nicht mehr zum Blühen bringt. Im Gegensatz hierzu blühen andere Zwiebelgewächse, wie *Freesia, Nerine* und *Vallota,* mehrere Jahre im Zimmer; man kann sie allerdings nicht antreiben und zieht sie am besten im Gewächshaus. Dasselbe gilt für Lilien. Wie man Zwiebeln antreibt, ist in einem gesonderten Kapitel (Seite 70/71) beschrieben. Manchmal werden Pflanzen mit Rhizomen oder Wurzelknollen zu den Zwiebelpflanzen gerechnet. Von ihnen ist jedoch in anderen Kapiteln die Rede.

Chionodoxa

Diese Gattung kleiner Blütenpflanzen aus Kleinasien hat linealische Blätter und einen traubigen Blütenstand. Die meist blauen Blüten öffnen sich vom beginnenden Frühjahr an zu einem sechszipfeligen Stern. *C. luciliae*, der Schneestolz, ist 15 cm hoch und trägt blaue Blüten mit weißer Mitte. *C. luciliae* ›Alba‹ besitzt weniger, aber größere, weiße Blüten. ›Gigantea‹ hat veilchenblaue, große Blüten von ca. 4 cm Durchmesser. Die Blüten von *C. sardensis* sind dunkelblau und tragen ein winziges, weißes Auge.

Kultur: Im Frühherbst setzt man die Zwiebeln in Gruppen 8 cm tief in Erde. Dann stellt man den Topf an einen hellen Platz und gießt reichlich.

Crocus
Krokus

Diese Zwiebelpflanzen stammen größtenteils aus dem Mittelmeergebiet und Kleinasien. Die Gattung umfaßt Arten, die im Frühjahr, im Herbst oder im Winter blühen. Manche Arten und Sorten lassen sich gut in flachen Schalen ziehen und einige kann man im Zimmer schon zu Beginn des Frühjahrs zum Blühen bringen. Die Blüten sind kelchförmig und fast stengellos. Sie werden etwa 15 cm hoch. Im Vergleich zu den Blüten sind die grasartigen Blätter weniger auffallend. Es gibt Krokusarten in vielen Farben von Weiß, über Goldgelb, Bronze, Rosa und Hellblau bis zu einem dunklen Purpurrot. *C. neapolitanus* mit seinen vielen Hybriden ist eigentlich die bekannteste Art. Die Blüten erscheinen im Frühjahr. *C. chrysanthus*, *C. longiflorus* und *C. kotschyanus* gehören zu den schönsten Frühjahrsblühern.

Crocus-Neapolitanus-Hybride

Chionodoxa sardensis △

Freesia-Hybride ▽

Kultur: Man setzt die Zwiebeln im Herbst 5 bis 8 cm tief und mit einem Abstand von 1 bis 2 cm in eine flache Schale (siehe auch Seite 70/71).

Freesia
Freesie

In den mittleren Breiten ist diese Gattung der Schwertlilien-Familie zu Hause. Die Blüten mit ihrem herrlichen Duft sind trompetenförmig und etwa 5 cm lang. Sie stehen in Gruppen nur an einer Seite der schlanken, etwas steifen Stengel, die ca. 45 cm hoch werden können. *F. refracta* hat goldgelbe Blüten; Hybriden gibt es in vielerlei Farben. Am besten gedeihen Freesien in einem kühlen Gewächshaus, wo man ihnen eine Stütze aus Draht gibt. Sie sind auch dankbare Schnittblumen, die sich längere Zeit frisch halten.

Kultur: Im Spätsommer oder Herbst setzt man die Knollen mit 5 bis 8 cm Abstand in Töpfe oder Schalen. Bis das Wachstum einsetzt nur wenig gießen. Vom Herbst an sollte die Temperatur

ständig 5° C betragen. Sobald sich Blütenknospen zeigen, gießt man mehr.

Haemanthus
Blutblume

Zwei Arten dieser Gattung aus Afrika eignen sich für die Zimmerhaltung: *H. albiflos*, das Elefantenohr, ist eine Pflanze mit fleischigen Blättern. Die kugeligen Blütenstände sind Dolden, aus deren zahlreichen, weißen Blüten die gelben Staubbeutel an weißen Staubfäden weit herausragen. Ein wenig gleicht die Blüte einem Malerpinsel. Die zweite Art ist *H. katharinae*. Sie hat dünne Blätter. Ihr Blütenstand, der sich im Sommer an einem etwa 30 cm hohen Schaft entwickelt, besteht aus einer großen, sternförmigen Dolde mit zahlreichen, leuchtend rosafarbenen Blüten. Er kann einen Durchmesser von ca. 25 cm erreichen. Eigentlich ist *H. katharinae* eine Gewächshauspflanze; sie kann aber auch im Wohnzimmer gedeihen.

H. albiflos:
Standort: Immer am gleichen, sonnigen Platz belassen!
Temperatur: Mäßig warm; im Winter 12 bis 15° C.
Gießen: Wenig gießen.
Erde: Humose Mischung.
Vermehrung: Am besten als Familiengemeinschaft in einem Topf gedeihen lassen.

H. katharinae:
Standort: Leichter Schatten.
Temperatur: Warm.
Gießen: Mäßig gießen, noch weniger im Herbst und Winter.
Erde: Humose Mischung.
Vermehrung: Die Pflanze läßt sich aus Samen ziehen, blüht aber dann erst nach mehreren Jahren.

Hippeastrum
Ritterstern, »Amaryllis«

Die Gattung *Hippeastrum* umfaßt lilienartige Pflanzen, die aus Mittel- und Südamerika stammen. Ihre Hybriden blühen weiß und rosa bis dunkelrot. Die Sorte ›Jenny Lind‹ besitzt kirschrote Blüten; ›Nivalis‹ hat zarte, weiße Blüten, die in der Mitte gelb sind; bei ›Johnsonii‹ sind sie leuchtend blutrot und weisen in der Mitte der Blütenblätter einen einzelnen weißen Streifen auf. Im Winter und Frühjahr entwickeln sich die Blüten. Erst im Sommer erscheinen dann die Blätter.

Kultur: Der Wachstumszyklus von *Hippeastrum* reicht von Winter zu Winter. Die Zwiebel wird nach dem Kauf bis zur Hälfte in Erde gesetzt. Dann stellt man den Topf an einen warmen Platz (25° C) und gießt mäßig. Sobald sich die Knospen zeigen, gießt man etwas mehr und bringt die Pflanze an einen hellen Platz. Will man die Blütezeit verlängern, stellt man sie ins Kühle, sobald die Blüten erscheinen. Zur Kräftigung der Zwiebel muß die Samenbildung verhindert werden. Die Blütenschäfte erst abschneiden, wenn sie getrocknet sind. Nach der Blüte stellt man die Pflanze an einen sonnigen, gut belüfteten Platz; denn kräftige Blätter gewährleisten eine gute Entwicklung der Zwiebel. Die Ruhezeit beginnt im Spätherbst. Langsam vermindert man die Wasserzufuhr und stellt schließlich 6 Wochen vor Beginn des neuen Wachstumzyklus das Gießen ganz ein. Dann bringt man die Töpfe an einen Platz, wo sie kühl (10–12° C) stehen. Nach 6 Wochen Pflanze in einen etwas größeren Topf umsetzen. Nun beginnt alles wieder von vorne.

Hippeastrum 'Jenny Lind'

Hyacinthus
Hyazinthe

Wildwachsend findet man verschiedene Hyazinthenarten in Südafrika und im Mittelmeergebiet. Nur eine einzige Art, *H. orientalis,* und ihre Varietät, *H. orientalis* var. *albulus* sind jedoch für die Zimmerhaltung geeignet. Sie blüht im Winter und Frühjahr. 30 cm hoch wird diese Pflanze. Sie hat schmale, glänzende und spitz auslaufende Blätter. Der kolbenartige Blüten-

stand trägt viele dicht stehende, glockige Blütchen. Bei *H. orientalis* gibt es sie in vielen Farben von Weiß über Gelb und Rosa bis Rot und Dunkelblau. Die bekannteste Sorte ist wohl ›Delfter Blau‹. *H. orientalis* var. *albulus* ist kleiner und hat weiße oder hellblaue Blüten.

Kultur: Man legt die Zwiebeln im Frühherbst in Erde, so daß die Spitzen gerade noch herausschauen (siehe auch Seite 70/71).

Hyacinthus 'Blue Jacket'

Iris
Schwertlilie

In den meisten Ländern der Nordhalbkugel unserer Erde gibt es Irisgewächse. Zu ihnen gehört z. B. die kleine *I. reticulata,* die zu Beginn des Frühlings blüht. Sie wird 15 cm hoch, hat schmale, linealische, spitze Blätter und hübsche Blüten in den Farben Blau bis Purpur mit gelber Zeichnung.

Kultur: Im Spätsommer setzt man jeweils 6 Zwiebeln in einen Topf und stellt diesen an einen kühlen, hellen Platz z. B. an ein Nordfenster. Man gießt mäßig und bringt die Pflanzen zur Blütezeit ins Wohnzimmer.

Iris reticulata 'Harmony'

Lilium
Lilie

Zu dieser Gattung meist winterharter Pflanzen aus Ostasien gehören auch einige Arten, die sich für die Zimmerhaltung eignen. Die Zwiebeln kann man zu jeder beliebigen Zeit pflanzen, um im Frühjahr, Sommer und Winter blühende Lilien zu haben. *L. auratum,* die Goldbandlilie, ist die größte Art. Sie hat große, offene, trompetenförmige und duftende Blüten, die 20 bis 25 cm breit werden. Sie sind weiß, golden gestreift und stehen an 1,20 bis 2 m langen Stielen. Zu den vielen Sorten, die es in den unterschiedlichsten Farben gibt, gehört auch die bekannte, orangerote ›Enchantment‹. Sie wird 75 cm hoch. ›Destiny‹ ist goldgelb und wird 60 cm groß. Rot und gelb blüht

die 50 bis 75 cm große Sorte ›Harmony‹.

Kultur: Sobald wie möglich nach dem Kauf werden die Zwiebeln in eine Mischung aus Sand, Torf und etwas Knochenmehl gepflanzt. Man sorge dafür, daß sich direkt unter den Zwiebeln eine dünne Sandschicht befindet und daß das Wasser gut abfließen kann. Sobald sich Triebe zeigen bringt man den Topf in einen warmen Raum und gibt ihm einen hellen, luftigen Platz, wo er vor Prallsonne geschützt ist.

Lilium auratum

Muscari
Traubenhyazinthe

15 bis 30 cm hoch werden diese winterharten Zwiebelpflanzen. Mit ihren Blütenständen, die aus traubig angeordneten, kleinen, glockigen Blütchen bestehen, sehen sie beinahe aus wie Miniaturhyazinthen. *M. botryoides* hat dunkelblaue Blüten; ihre Sorte ›Album‹ ist weiß. *M. x aucheri,* eine zweifarbige Hybride, hat dunkelblaue Blüten im oberen Teil des Blütenstandes, im unteren Teil sind sie hellblau. Die Pflanzen blühen im Frühjahr oder Frühsommer.

Kultur: Zwiebeln im Herbst 5 cm tief in einen Topf setzen. In einem 13-cm-Topf kann man bis zu 12 Zwiebeln unterbringen.

Narcissus
Narzisse

Die Gattung winterharter Zwiebelpflanzen umfaßt eine Vielzahl von Arten und Sorten. Zu ihnen gehören hochwachsende leuchtend gelbe oder zweifarbige Narzissen mit trompetenförmigem Kelch und weiten, gekrausten Blütenblättern, aber auch kleine Narzissen mit gefüllter, creme-

Narcissus-Hybriden
Obere Reihe
(von links nach rechts):
'Home Fires', 'Orion',
'Kilcoran', 'Galway';
Mittlere Reihe: 'Hawaii',
'Ludlow', 'Tudor
Minstrel', 'Debutante';
Untere Reihe: 'Aleppo',
'Bantam', 'Mary Copela'

farbener Mitte. Manche haben einen orangefarbenen Kelch und gekrauste Blütenblätter. Von den Trompetennarzissen blüht ›Dutch Master‹ rein gelb, ›Gold Court‹ satt zitronengelb mit dunklen gelbem Kelch; ›Foresight‹ hat cremeweiße Blütenblätter und einen mimosengelben Kelch, ›Cantatrice‹ ist rein weiß. Zu den bekanntesten Tazettennarzissen in Zimmerkultur gehört ›Paperwhite‹, mit ihrem rein weißen, kurzen Kelch. Bei ihr entwickeln sich mehrere Blüten an einem Stengel.

Kultur: Im Herbst Zwiebeln je nach Größe 8 bis 15 cm tief mit einem Abstand von ca. 3 cm eintopfen (siehe auch Seite 70/71). ›Paperwhite‹ braucht zum Antreiben keinen dunklen Platz.

Nerine

Zu den Amaryllidaceen gehören diese Zwiebelpflanzen aus Südafrika. Der Blütenstand besteht aus kugeligen Büscheln röhriger Blütensterne mit herausragenden Staubblättern. Die Blütenstände entwickeln sich im Spätsommer und Herbst an 30 bis 45 cm langen Schäften. Die meisten Arten haben rosa oder rote Blüten; es gibt aber auch Hybriden mit anderen Farben. Mit oder nach der Blüte erscheinen auch die schmalen, linealischen Blätter. *N. bowdenii* ist die widerstandsfähigste Art. Sie hat gestreifte blaßrosa Blüten. Es gibt auch dunklere Hybridenfor-

men. *N. sarniensis* besitzt karminrote, schillernde Blüten. Die Pflanze wird bis zu 60 cm hoch. *N. sarniensis* var. *curvifolia* hat scharlachrote und goldene Blüten mit auffallend herausragenden Staubfäden.

Kultur: Im Herbst setzt man die Zwiebeln 8 bis 10 cm tief einzeln in 10 cm weite Töpfe. Man füllt den Topf nur zur Hälfte mit Erde, gießt im Winter und Frühjahr regelmäßig und sorgt für eine konstante Temperatur von 10 bis 13° C. Im Sommer werden die Töpfe ins Freie an einen etwas schattigen Platz gestellt. Wenn dann nach der Blüte im Herbst

Nerine bowdenii

die Blätter eingezogen sind, stellt man das Gießen ein. Die Pflanzen dürfen erst nach 5 Jahren geteilt werden.

Ornithogalum
Milchstern

Über hundert Arten gehören zu dieser Gattung, die aus Afrika, Asien und Europa stammt. Im Frühjahr und Sommer bilden sich endständige Büschel mit ungefüllten Blütensternen. *O. arabicum* hat wächserne, weiße Blüten an ca. 60 cm langen Stielen. Außer in sehr kühlen Gebieten kann man die Pflanze überall im Freien ziehen. Sie eignet sich auch gut als Schnittblume. *O. umbellatum,* der Stern von Bethlehem, ist eine der beliebtesten Arten. Er wird ca. 30 cm hoch, hat schmale Blätter und weiße Blüten, die außen mit einem grünen Streifen versehen sind. *O. thyrsoides* besitzt cremefarbene oder weiße Blüten.

Ornithogalum umbellatum ▽

Kultur: Man setzt die kleinen Zwiebeln im Herbst 5 bis 7,5 cm tief in eine Schale. Den Winter hindurch werden sie bei einer Temperatur von 10 bis 13° C lediglich feucht gehalten. *O. thyrsoides* setzt man im Frühjahr ein.

Puschkinia

P. scilloides ist die bekannteste Art der Gattung, die zu den Liliaceen gehört. Sie hat hübsche, gebogene Stengel und bekommt ab Frühjahr glockige Blüten, die einen dunklen Streifen tragen.

Kultur: Man setzt im Herbst 7 oder 8 Zwiebeln 5 cm tief in einen 15 cm weiten Topf. Am besten ist es, den Topf darauf im Garten einzugraben, dort 6 bis 8 Wochen zu lassen und ihn dann im Winter in einen kühlen Raum, Wintergarten oder in eine dunkle Ecke im Haus zu stellen. Wenn das Wachstum einsetzt, hält man die Pflanzen feucht. Nach der Blüte allmählich mit dem Gießen aufhören und die Pflanze jährlich umtopfen.

Scilla
Blaustern

Dieses Liliengewächs trägt im Frühjahr glockige oder sternförmige Blüten. Ihre Farben sind Blau, Purpur, Rosa oder Weiß. *S. peruviana*, die im Mittelmeerraum zu Hause ist, hat große ku-

Scilla peruviana

gelige Büschel von purpurblauen Blütensternen an ca. 25 cm hohen Stielen. Sie blüht im Frühjahr und ist die empfindlichste Art der Gattung. *S. sibirica,* das Blausternchen, ist eine kleine, ebenfalls im Frühjahr blühende Art mit dunkelblauen, kleinen, weit geöffneten Blütensternen an ca. 15 cm hohen Stengeln.

Kultur: Man setzt die Zwiebeln im Spätsommer oder Frühherbst 10 cm tief in einen Topf. Bei *S. sibirica* rechnet man 6 Zwiebeln pro 13-cm-Topf. *S. peruviana* hat größere Zwiebeln. Sie sollten deshalb einzeln in einen 15-cm-Topf gesetzt werden (siehe auch Seite 70/71).

Sparaxis
Fransenschwertel

Diese ziemlich empfindlichen Pflanzen stammen aus Südafrika. Sie haben kleine, trichterförmige Blüten, deren weit gebogene Blütenblätter sich zu einem sechszipfligen Stern öffnen. Die Blüten erscheinen im späten Frühjahr. Sie sind gelb, blau, purpurn, rot oder weiß. Meist sind sie in einer Kontrastfarbe gefleckt.

Kultur: Im Herbst pflanzt man die Knollen in einem Abstand von 5 cm ein. Beginnen die Pflanzen zu wachsen, sorgt man für Licht und Wärme. Mit Beginn der Blüte können sie ins Zimmer gestellt werden.

*Sparaxis-Grandiflora-*Hybride △

Tulipa 'Orange Wonder' △

Tulipa
Tulpe

Zu den Liliengewächsen gehören auch diese winterharten Zwiebelpflanzen, die im nördlichen Mittelmeergebiet wild vorkommen. Sie sind aber auch bis zum Kaukasus und in Asien verbreitet. In Zimmerkultur hält man ungefüllte und gefüllte Arten. Es gibt eine ungeheure Vielzahl von Zuchtformen in fast allen Farben.

Kultur: Im Frühherbst muß man die Zwiebeln eintopfen und ins Kühle stellen. Sie werden zweieinhalbmal so tief gepflanzt wie sie groß sind und 1 bis 2 cm weit auseinandergesetzt (siehe auch Seite 70/71).

Vallota speciosa

Aus Südafrika kommt diese empfindliche Zwiebelpflanze. Sie hat endständige Büschel mit orangefarbenen, trichterförmigen Blütensternen an ca. 60 cm hohen Stielen. Die Blätter sind leicht gebogen und linealisch.

Kultur: Im Sommer setzt man die Zwiebeln 15 cm tief ein. Die Zwiebelspitzen müssen danach etwas aus der Erde herausschauen. Man stellt den Topf am besten ins Gewächshaus oder auf ein sonniges Fensterbrett. Während der Blüte gießt man reichlich. Wenn die Blätter eingezogen sind, stellt man das Gießen allmählich ein.

Kakteen und andere Sukkulenten

Die bizarren Formen vieler Sukkulenten sind auf die Anpassung an ihre Umwelt, die Halbwüsten und Trockensavannen der Tropen und Subtropen, zurückzuführen. Kieselsteinähnliche, dicke Blätter speichern die Feuchtigkeit sehr gut, da sie nur eine geringe Verdunstungsfläche besitzen; ebenso können Pflanzen mit dicken Stämmen lange Zeit von dem dort angesammelten Wasservorrat zehren. Stacheln (botanisch richtig: Dornen) dienen der Pflanze als Schutz; zwischen ihnen sammelt sich aber auch der Tau. Kakteen sind nur eine aus Mittel- und Südamerika stammende Gruppe der Sukkulenten. Außer bei den Cactaceen gibt es aber auch bei anderen Familien sukkulente Formen.

Agave
Agave

Agave victoriae-reginae

Argyroderma
Silberhaut

Argyroderma testiculare

Mittelamerika ist die Heimat dieser sukkulenten Pflanzen, die heute oft als eigene Familie geführt werden. Ihre fleischigen, oft stacheligen Blätter bilden dichte Rosetten. Die größte Art wird 3 m hoch. Zu den kleineren, fürs Zimmer geeigneten Arten gehört *A. victoriaereginae* mit runden, 10 bis 30 cm langen Blättern mit weißem Rand. Sie enden in einem Stachel und bilden eine halbkugelige Rosette von 50 bis 70 cm Durchmesser. Ihr kann nach Jahren ein hoher Stengel mit Blüten entwachsen.

Danach stirbt die Pflanze ab. *A. filifera* hat ebenfalls eine kugelige Rosette, mit spitzen Blättern. Die Blätter haben einen weißen Rand, der sich in Fäden auflöst.

Standort. Hell und sonnig.
Temperatur: Im Sommer warm, im Winter kühl (4 bis 6° C).
Gießen: Im Sommer reichlich, im Winter wenig gießen.
Erde: Mischung aus Lehm, Torf und scharfem Sand.
Vermehrung: Durch Kindel.

Zu der Gattung gehören seltsam geformte, sukkulente Pflanzen aus Südafrika. Sie haben meergrüne, fast kugelige Blätter, die sich auf dem Boden wie Kieselsteine ausnehmen. Bei *A. testiculare* wachsen die Blätter, die wie gespaltene Steine aussehen, in Paaren. Sie können einen Durchmesser von 5 cm erreichen. Die Pflanzen blühen im Sommer purpurn oder gelb.

Standort: Hell.
Temperatur: Im Sommer warm, im Winter kühl (8 bis 10° C).
Gießen: Im Sommer nur wenig gießen, im Winter trocken halten.
Erde: Mischung aus Lehm, Torf und scharfem Sand.

Astrophytum ornatum

Aloe arborescens

Aloe
Aloe

Viel Ähnlichkeit mit den Agaven hat diese Gattung rosettenbildender Gewächse. Die meisten Arten stammen aus Afrika. Eine stammbildende Form ist *A. arborescens* mit tentakelartigen, fleischigen Blättern, die am Rand mit Stacheln besetzt sind. *A. variegata* eignet sich besonders gut fürs Zimmer. Sie ist eine stammlose Pflanze mit dunkelgrünen Blättern, die dreieckig im Querschnitt sind und eine weiße, V-förmige Bänderung zeigen.

Standort: Hell.
Temperatur: Im Sommer warm, im Winter kühl (4 bis 6° C).
Gießen: Während des Sommers reichlich gießen, im Winter trockener halten.
Erde: Mischung aus Lehm, Torf und scharfem Sand.
Vermehrung: Durch Kindel.

Astrophytum
Bischofsmütze

Diese Gattung von hübschen Kakteen mit sukkulenten, achtrippigen Stämmen ist sehr beliebt, weil ihre Haltung so einfach ist. *A. myriostigma* hat gezähnte, unbestachelte Rippen und entwickelt im Sommer eine gelbe, distelartige Blüte in der Mitte des Stammes. Bei *A. ornatum* ist der Pflanzenkörper mit weißen Schuppen bedeckt. An den Rippen befinden sich Gruppen von 5 cm langen Stacheln, die aus warzenförmigen Erhebungen herauswachsen. Im Sommer blüht auch dieser Kaktus gelb.

Standort: Hell; *A. ornatum* muß im Frühjahr vor praller Sonne geschützt werden.
Temperatur: Im Sommer warm, im Winter kühl (5 bis 8° C).
Gießen: Im Sommer wenig und vom Herbst bis zum Frühjahr überhaupt nicht gießen.
Erde: Mischung aus Lehm, Torf und scharfem Sand.
Vermehrung: Aus Samen.

Cephalocereus

Der bekannteste Vertreter dieser säulenartig wachsenden Kakteen aus Mittel- und Südamerika ist das Greisenhaupt, *C. senilis*. Die ganze Pflanze, insbesondere aber ihr Kopf ist mit weichen, weißen Haaren bedeckt.

Standort: Hell, luftig, aber zugfrei.
Temperatur: Im Sommer warm, im Winter kühler, jedoch nicht unter 15° C.
Gießen: Im Sommer braucht die Pflanze auch Luftfeuchtigkeit; im Winter hält man sie trocken.
Erde: Mischung aus Lehm, Torf und scharfem Sand.
Vermehrung: Durch Stecklinge oder aus Samen.
Wichtig: Legt man kleine Steine um die Pflanze, werden die Haare nicht mit Erde verschmutzt.

Cereus
Säulenkaktus

Die Gattung stammt aus Südamerika. Ihr Name ist dem Griechischen entnommen. Er besagt soviel wie »Wachsfackel« oder »Wachskerze«. Oft verzweigen sich die Pflanzen und bilden seltsame Strauchformen. Viele Arten haben einen weißen, grünen oder blauen Wachsüberzug, der ihnen Verdunstungsschutz gewährt und gleichzeitig auch recht dekorativ ist. *C. chalybaeus* ist mit einem schönen Blauschimmer überzogen und gilt als »blauester aller Kakteen«. *C. pe-*

Cereus chalybaeus

ruvianus hat eine mehr jadegrüne Farbe. *C. peruvianus* ›Monstrosus‹ ist eine sehr beliebte Art, die sich vielfach verzweigt.

Standort: Luftig und sonnig.
Temperatur: Im Sommer warm, im Winter kühl (6° C).
Gießen: Während des Sommers ab und zu gießen, aber öfters absprühen, um den Staub von der Pflanze zu entfernen. Im Winter trocken halten.
Erde: Mischung aus Lehm, Torf und scharfem Sand.
Vermehrung: Durch Stecklinge, die sich leicht bewurzeln oder aus Samen, den man in Spezialhandlungen erhält.

Ceropegia
Leuchterblume

Diese Gattung sukkulenter Kletter- und Hängepflanzen aus dem tropischen Afrika und Asien besitzt kleine, oft rudimentäre Blätter, die entlang der Stengel aufgereiht sind. Manche Arten sind ideale Ampelgewächse. *C. woodii* ist als Zimmerpflanze wohl am beliebtesten. Die Art hat purpurne Triebe und kleine, runde, dunkelgrüne Blattpaare mit einem silbernen Muster. Unterseits sind die Blätter purpurfarben. Auch die kleinen Blüten sind purpurfarben und lampionförmig. *C. distincta* ssp. *haygarthii* blüht blaß malvenfarben und besitzt in der Mitte der Knolle einen behaarten Knopf. Große hellgrüne oder grün marmorierte Blüten hat *C. sandersonii*.

Standort: Hell.
Temperatur: Im Sommer warm, im Winter kühl. Man kann diese Pflanzen aber auch im Wohnzimmer überwintern.
Gießen: Im Sommer nur wenig gießen, im Winter fast gar nicht.
Erde: Mischung aus Lehm, Torf und scharfem Sand; auch in Hydrokultur.
Vermehrung: Durch Teilung oder im Sommer durch Kopfstecklinge, die man nach dem Abtrennen von der Mutterpflanze einige Tage lang abtrocknen läßt.

◁ *Cephalocereus senilis*　　*Ceropegia woodii* ▽

Chamaecereus

Die einzige Art dieser Kakteengattung aus Südamerika ist *C. silvestrii*. Seine zahlreichen Glieder sind 2,5 bis 8 cm lang und 6 bis 12 mm dick. Sie haben flache Rippen und helle Stacheln. Die attraktiven Blüten sind zinnoberrot. Sie haben die Gestalt eines breiten Trichters und bestehen aus ca. 5 cm langen Blütenblättern; die Staubblätter sind gelb.

Standort: Hell, aber nicht zu sonnig.
Temperatur: Im Sommer warm, im Winter sehr kühl stellen (−2° C).
Gießen: Im Sommer gut gießen; im Winter trocken halten.
Erde: Mischung aus Lehm, Torf und scharfem Sand.
Vermehrung: Durch Samen oder abgetrennte Triebe, deren Schnittstellen man vor dem Einpflanzen etwas abtrocknen läßt.

Chamaecereus silvestrii △

Conophytum
Blühende Steine

Diese Gattung von Sukkulenten aus Südafrika hat kugelige, dicke Blattpaare, die bis auf einen Spalt an der Spitze zusammengewachsen sind. Aus diesem Spalt erscheint im Winter die Blüte. Die Pflanze gleicht einem Haufen kleiner Steine. *C. flavum* besitzt graugrüne, mit blaugrünen Linien und Flecken versehene Blätter. *C. scitulum* blüht weiß. Es hat ebenfalls graugrüne Blätter aber mit einer braunroten Zeichnung.

Standort: Luftig und hell.
Temperatur: Im Sommer kühl, im Winter warm.
Gießen: Im Sommer trocken halten, im Winter mäßig gießen.
Erde: Mischung aus Lehm, Torf, scharfem Sand und kleinen Steinchen.
Vermehrung: Im Frühsommer aus Samen.

Conophytum flavum

Coryphantha

Zu der aus dem südwestlichen USA und Mexiko stammenden Kakteengattung gehören zwei Gruppen mit verschiedenen Bedürfnissen. Die sommerblühenden Arten ähneln der *Mammilaria*. Sie allein eignen sich für die Zimmerhaltung. *C. elephantidens* z. B. blüht rosa und besitzt große, bestachelte Warzen am Stamm.

Standort: Hell.
Temperatur: Im Sommer warm; im Winter kühl, aber nicht unter 4° C.
Gießen: Im Frühjahr und Sommer sparsam gießen, im Winter trocken halten.
Erde: Mischung aus Lehm, Torf und etwas scharfem Sand.

Crassula
Dickblatt

Aus Südafrika stammt diese zu der großen Familie der Crassulaceen gehörende Gattung, zu der z. B. auch der Mauerpfeffer gehört. Eine ihrer schönsten Arten, die auch gut im Zimmer gedeiht, ist *C. arborescens,* der Geld- oder Elefantenbaum, ein nicht sehr großes, baumartiges Gewächs. Seine »Rinde« ist dunkelgrau; die sukkulenten Blätter zeigen einen silbernen Schimmer. Die Pflanze bekommt sternförmige Blüten, die zunächst weiß sind, dann rosa werden und sich in manchen Jahren während des Sommers in endständige Rispen entwickeln. *C. falcata,*

Crassula obliqua

das Sicheldickblatt, hat paarige, gebogene sukkulente Blätter und Rispen mit leuchtend roten Blüten. Bei *C. obliqua* sind die Blätter leuchtend grün und glänzend. Im Sommer entwickeln sich in endständigen Büscheln rosa Blüten.

Standort: Hell, aber keine Prallsonne.
Temperatur: Im Sommer warm, im Winter kühl (6 bis 10° C).
Gießen: Während des Wachstums nur selten gießen.
Erde: Mischung aus Lehm, Torf und scharfem Sand.
Vermehrung: Durch Stecklinge, die man aus Triebspitzen oder Blättern gewinnt.

Echeveria gibbiflora 'Crispa'

◁ *Echinocactus grusonii*

Echeveria

Es handelt sich hier um eine große Gattung von Sukkulenten, die zur Familie der Crassulaceen gehört und deren Vertreter hauptsächlich in Mittelamerika beheimatet sind. Die meisten Arten bilden grundsätzlich Rosetten aus grauen, fleischigen Blättern, die einen rosa Schimmer haben. An langen Stengeln entwickeln sich orangefarbene oder rote Blüten. *E. agavoides* ist, wie ihr Name sagt, agavenähnlich. Die Blätter ihrer Rosette laufen spitz zu. *E. setosa* hat weiß behaarte Blätter und rote Blüten mit weißer Spitze. *E. gibbiflora* entwickelt dichte Rosetten an 45 cm hohen Stämmchen. Sie blüht rot. *E. harmsii* ist ähnlich, hat aber spitzere Blätter.

Standort: Hell.
Temperatur: Im Sommer warm, im Winter kühl (6 bis 10° C). Im Winter blühende Arten brauchen höhere Temperaturen.
Gießen: Im Sommer wenig, im Winter noch sparsamer gießen.
Erde: Mischung aus Lehm, Torf und scharfem Sand.
Vermehrung: Durch Abtrennen von Seitenrosetten, durch Blattstecklinge oder aus Samen.

Echinocactus
Kugelkaktus

Die Vertreter dieser attraktiven Kakteengattung aus Mexiko sind kugelig oder zylindrisch und vielfach gerippt. An den Rippen wachsen lange Stacheln. *E. grusonii*, der Goldkugelkaktus, ist fast ganz rund und hellgrün. Seine zahlreichen Rippen sind

mit goldgelben Stacheln besetzt. Er kann einen Durchmesser von 80 cm erreichen.

Standort: Hell; im Frühjahr vor heißer Sonne schützen.
Temperatur: Im Sommer warm, im Winter nicht unter 10° C.
Gießen: Im Sommer feucht halten, im Winter trocken.
Erde: Lehm-Sandmischung 2:1.

Echinocereus
Igelsäulenkaktus

Diese Gattung niedriger Kakteen ist im Süden der USA und in Mexiko zu Hause. Ihre säulenförmigen Glieder sind verzweigt. Sie sind teils glatt, teils fein gerippt und mit Haaren oder Stacheln versehen. Alle Arten zeichnen sich durch große Blüten aus. *E. knippelianus* und *E. pulchellus* haben nur wenige oder überhaupt keine Stacheln. *E. delaetii* besitzt feine Stacheln oder

Haare. *E. pectinatus* ist mit kurzen, braunen Stacheln bewehrt. Er entwickelt purpurne Blüten von ca. 8 cm Durchmesser.

Standort: Luftig und hell. Glatte Arten stellt man im Sommer möglichst ins Freie.
Temperatur: Im Sommer warm, im Winter kühl.
Gießen: Im Sommer feucht halten, im Winter trocken.
Erde: Mischung aus Lehm und scharfem Sand.
Vermehrung: Durch Kopfstecklinge im Frühjahr und Sommer, bzw. aus Samen bei einer Bodentemperatur von 21° C.

Echinopsis
Seeigelkaktus

Die kleinen kugeligen Kakteen dieser Gattung aus Südamerika haben herrliche weiße, gelbe, rosa oder scharlachrote Blüten. *E. calochlora,* eine leuchtendgrüne Kugel mit kurzen Stacheln, hat tellerförmige, weiße, 15 cm lange Blüten von bis zu 10 cm Durchmesser. *E. eyriesii* hat scharfe Rippen und erreicht 15 cm Durchmesser. Die herausragenden Areolen sind mit kleinen dunklen Stacheln besetzt. Die weißen Blüten werden 25 cm lang und 5 bis 8 cm im Durchmesser. *E. kermensina* erreicht einen Umfang von ca. 15 cm, hat bunte Stacheln und dunkelrote Blüten von bis zu 18 cm Länge und 9 cm Durchmesser.

Standort: Hell.
Temperatur: Im Sommer warm, im Winter kühl.
Gießen: Während der Vegetationszeit im Sommer gut gießen. Im Winter trocken halten.
Erde: Nährstoffreiche, humose

Epiphyllum-Hybride

Mischung mit etwas Sand.
Vermehrung: Durch Kindel oder aus Samen.

Epiphyllum
Blattkaktus

Zu dieser Gattung epiphytischer Gewächse aus Mittel- und Südamerika gehören Arten, die zu den schönsten Kakteen gezählt werden. Zudem sind sie, was die Pflege anbelangt, ziemlich anspruchslos. Den herrlichen, weißen Blüten entströmt häufig ein zarter Duft. Die Pflanzen haben zum Teil recht hohe Triebe, die wie linealische, gekerbte Blätter aussehen. In Zimmerkultur werden meist Hybridformen gehalten. Die Farbskala ihrer Blüten reicht von Rot über Purpur und Rosa bis Gelb und Weiß. Auch zweifarbige Sorten sind im Handel erhältlich.

Standort: Hell und luftig; im Sommer am besten ins Freie stellen.
Temperatur: Im Sommer warm, im Winter kühl (8 bis 10° C).
Gießen: Während der Wachstumsperiode reichlich gießen; im Winter sparsamer.
Erde: Mischung aus Lehm, Torf und scharfem Sand.
Vermehrung: Durch Stecklinge, die man vor dem Pflanzen einige Tage abtrocknen läßt.

Echinocereus pectinatus ▷

Echinopsis eyriesii

Faucaria tigrina △   *Ferocactus acanthodes* ▽

Espostoa

Mit ihrem gerippten Stamm und den feinen, weißen Haaren gleicht diese Kakteengattung aus Südamerika dem *Cephalocereus.* Die Hauptart, *E. lanata,* erreicht 1 m Wuchshöhe.

Pflege: siehe *Cephalocereus*

Euphorbia pseudocactus
Kaktus-Wolfsmilch

Dieses sukkulente Wolfsmilchgewächs sieht mit seinen kandelaberartigen, stachligen, grünen Trieben wie ein Kaktus aus.

Euphorbia pseudocactus

Espostoa melanostele △

Zur Gattung der Wolfsmilchgewächse gehört auch *E. caput-medusae,* das Medusenhaupt. Die Pflanze hat schlangenartige Triebe, die einem kurzen Stamm entwachsen. *E. obesa,* die Dicke Kugelwolfsmilch, ist von *Astrophytum asterias,* dem Seeigelkaktus, nur durch den Milchsaft zu unterscheiden.

Standort: Hell und luftig.
Temperatur: Im Sommer warm, im Winter kühl.
Gießen: Während des Sommers mäßig, im Winter sehr wenig.
Erde: Mischung aus Lehm, Torf und scharfem Sand.
Vermehrung: Durch Stecklinge oder aus Samen.
Wichtig: Der Wolfsmilchsaft ist giftig. Bringt man ihn auf die Haut, muß er gründlich mit kaltem Wasser abgewaschen werden.

Faucaria

Zu der Gattung gehören stengellose, sukkulente Pflanzen aus Südafrika. Ihr besonderes Merkmal sind die kreuzweise angeordneten Blätter, die eine offene Rosette bilden. Am Rand sind die Blätter mit nach hinten gebogenen Stacheln besetzt, die wie

Zähne aussehen. *F. tigrina,* das Tigermaul, blüht im Herbst leuchtend gelb.

Standort: Sonnig; im Sommer möglichst ins Freie stellen.
Temperatur: Im Sommer warm.
Gießen: Normal gießen. Sobald die Blätter runzlig werden stellt man das Gießen ein.
Erde: Mischung aus Lehm, Torf und scharfem Sand.
Vermehrung: Durch Teilung oder aus Samen.

Ferocactus
Kugelkaktus

Über 2 m hoch können Vertreter dieser Kakteengattung in ihrer Heimat Mittelamerika werden. In Zimmerkultur halten sich ihre Maße jedoch in Grenzen. *F. latispinus,* die Teufelszunge, ist

eine große, kugelige Art, die in scharfe Rippen gegliedert ist. Auf ihnen stehen in Abständen, aus Areolen entspringend, lange, gebogene, rote und weiße Stacheln. *F. acanthodes* hat einen runden, blaugrünen Körper. Seinen wolligen Areolen entwachsen bis zu 10 rosa oder rote Stacheln. Die jeweils mittleren können bis zu 10 cm lang werden. Im Sommer blüht die Art orange oder gelb.

Standort: Sehr hell und, wenn möglich, während des ganzen Sommers ins Freie stellen.
Temperatur: Im Sommer warm, im Winter kühl (8 bis 10° C).
Gießen: Im Sommer normal gießen; während des Winters trocken halten.
Erde: Mischung aus Lehm, Torf und scharfem Sand.
Vermehrung: Aus Samen.

Gasteria liliputana △   *Glottiphyllum oligocarpum* ▽

Graptopetalum

Diese Gattung sukkulenter Stauden stammt aus Mittelamerika. Zu ihr gehören *G. paraguayense* mit flachen, rautenförmigen Blättern und *G. filiferum,* dessen spitze Blätter in einer festen, stammlosen Rosette stehen; seine kleinen, weißen Blüten schimmern an der Spitze rot.

Pflege: siehe *Echeveria*

Gymnocalycium

Es handelt sich hier um kleine, kugelige Kakteen aus Südamerika. Dazu gehören *G. denudatum* mit langen, feinen Stacheln und weißen Blüten sowie *G. mihanovichii,* dessen rote Zuchtform var. *friederichii* aussieht wie ein

Graptopetalum filiferum

hellroter Lampion. Er muß auf eine andere Art gepfropft werden, ohne die er nicht leben kann, weil er selbst kein Chlorophyll besitzt.

Standort: Sehr hell bis halbschattig, je nach Art.
Temperatur: Im Sommer warm, im Winter kühl (6 bis 10° C).
Gießen: Im Sommer sparsam gießen und im Winter trocken halten.
Erde: Mischung aus Lehm, Torf und scharfem Sand.
Vermehrung: Aus Samen.

Gymnocalycium mihanovichii 'Friderichii'

Gasteria

Zur Familie der Lilien gehört diese in Südafrika beheimatete Gattung von Sukkulenten. Die Pflanzen haben dicke, fleischige Blätter. Diese sind manchmal hübsch mit weißen Flecken versehen und in Rosetten angeordnet; häufig bilden sie auch eine Art Fächer. Die roten Blüten erscheinen im Frühjahr und Sommer. *G. liliputana* hat winzige, paarige Blätter; *G. candicans* besitzt 25 bis 30 cm lange Blattrosetten.

Pflege: siehe *Haworthia*

Glottiphyllum
Zungenblatt

Die Gattung stammt aus Südafrika und hat große Ähnlichkeit mit *Argyroderma.* Im Unterschied zu dieser ähneln die dicken, fleischigen *Glottiphyllum*-Blattpaare aber mehr Zungen als Steinen.

Standort: Hell und sonnig.
Temperatur: Im Sommer warm, im Winter kühl.
Gießen: Auch im Sommer sparsam gießen und im Winter ganz trocken halten. Nicht düngen!
Erde: Sand- und Lehmmischung 2:1.

Haworthia fasciata

Kalanchoe-Blossfeldiana-Hybride △

Haworthia

Diese Sukkulenten-Gattung der Liliaceen kommt aus Südafrika. Es gibt viele Arten, die alle nicht groß sind und dicke, fleischige rosettig angeordnete Blätter haben. Bei manchen Arten sind die Rosetten flach, bei anderen dagegen hochwachsend und schmal. Alle entwickeln im Frühjahr und Sommer kleine, rosa Blütchen. *H. fasciata* hat eine breite Rosette mit dreieckigen, spitzen Blättern. Die Rosette von *H. margaritifera* ist schmaler; ihre Blätter tragen eine dekorative, weiße Zeichnung. *H. reinwardtii* hat dunkle, aufrecht stehende Blätter, die purpurn überhaucht und mit weißen Perlwarzen bedeckt sind. *H. cymbiformis* hat kurze, graugrüne und *H. planifolia* besitzt etwas durchscheinende Blätter.

Standort: Hell, aber keine Prallsonne.
Temperatur: Im Sommer warm, im Winter kühl: mit Perlwarzen versehene Arten 10 bis 12° C, Arten mit durchscheinenden Blättern 14 bis 16° C.
Gießen: Im Frühjahr und Sommer gut gießen; im Winter bis auf die Arten mit durchscheinenden Blättern trocken halten.
Erde: Mischung aus Lehm, Torf und scharfem Sand.
Vermehrung: Durch Ableger oder aus Samen.

Kalanchoe
Kalanchoe

Die meisten Arten dieser vielgestaltigen Gattung von Sukkulenten stammen aus Südafrika. Am bekanntesten ist *K. blossfeldiana,* das Flammende Kätchen, das bis zu 25 cm hoch wird. Im Winter bilden sich bei dieser Pflanze Blütenstände mit orangeroten Blüten. Es gibt heute zahlreiche Sorten der genannten Art, die z. T. größer oder kleiner sind und gelbe oder orange Blüten haben. *K. tomentosa* ist ein Halbstrauch mit silbrig-filzigen Blättern, deren Ränder mit rostroten Haaren besetzt sind.

Standort: Im Sommer Halbschatten, im Winter möglichst hell.
Temperatur: Im Sommer warm; im Winter mäßig kühl, aber nicht unter 15° C.
Gießen: Im Sommer normal, im Winter weniger gießen.
Vermehrung: Aus Samen oder durch Stecklinge.

Kalanchoe (Bryophyllum)
Brutblätter

Heute gehört *Bryophyllum* zur Gattung *Kalanchoe*. Die meisten Vertreter dieser eigenartigen Pflanzen stammen von der Insel Madagaskar. Im Gegensatz zu anderen *Kalanchoe*-Arten hält man *Bryophyllum* wegen seiner

Kalanchoe daigremontiana △

gut zu beobachtenden, erstaunlichen Vermehrungsart. An den Blatträndern entwickeln sich nämlich aus Brutknospen bewurzelte, selbständige Pflänzchen. *K. daigremontiana* wird bis zu 75 cm hoch. Sie hat spitze, leuchtend grüne, 8 bis 15 cm lange Blätter, die unterseits heller und purpurn gemustert sind. In den Zähnelungen der Blattränder bilden sich, einer Rüsche ähnlich, zahllose kleine Jungpflänzchen. *K. tubiflora* wird bis zu 1 m hoch. Sie hat röhrenförmige, 6 mm dicke Blätter von ca. 8 cm Länge, die quirlig um

den Stamm angeordnet sind. An den Blattspitzen entwickeln sich büschelweise Brutknospen.

Standort: Luftig, hell, aber keine direkte Sonne.
Temperatur: Im Sommer warm, im Winter kühl (10 bis 12° C).
Gießen: Im Sommer normal, im Winter fast nicht gießen. Verträgt auch trockene Luft.
Erde: Mischung aus Lehm, Torf und scharfem Sand.
Vermehrung: Im Frühjahr setzt man mehrere bewurzelte Pflänzchen in einen Topf und verzieht sie im Spätsommer.

Lithops
Lebende Steine

Diese Sukkulenten-Gattung aus Südafrika hat viel Ähnlichkeit mit *Argyroderma*. Man nennt sie »Lebende Steine«, weil ihre sehr dicken, Blätter Kieselform besitzen und zudem in der Farbe den Steinen ihrer unmittelbaren Umgebung gleichen. Die paarweise wachsenden Blätter – sie werden 2,5 cm hoch – sind in der Mitte lediglich durch einen Spalt getrennt. Aus diesem brechen im Sommer die gelben und weißen Blüten vor.

Pflege: siehe *Argyroderma*

Lobivia

Diese mittelgroßen, fast kugeligen Kakteen sind in Südamerika zu Hause. Sie besitzen große Stacheln und steife Haare. Die roten und gelben Blüten entwik-

Lithops aucampiae

keln sich in üppiger Fülle. Sie öffnen sich bei Tag und schließen sich nachts. *L. allegraiana* hat rosa oder rote, trompetenförmige Blüten, die an 15 cm langen, gerippten Stämmchen stehen. *L. hertrichiana* besitzt scharlachrote Blüten und hell- bis dunkelgelbe Stacheln. *L. jajoiana* hat dunkel malvenrote Blüten. Der gerippte Pflanzenkörper ist mit radial angeordneten Stachelgruppen bedeckt. Der jeweils größere mittlere Stachel dieser Gruppen ist schwarz.

Standort: Luftig und hell.
Temperatur: Im Sommer warm, im Winter kühl (4 bis 6° C).
Gießen: Im Sommer feucht, im Winter trocken halten.
Erde: Humusmischung mit etwas Sand.
Vermehrung: Aus Samen.

Lobivia hertrichiana ▽

Mammillaria
Warzenkaktus

Diese Kugelkakteen stammen überwiegend aus Mittelamerika. *M. bocasana* bildet Gruppen von kugeligen Körpern, die ca. 15 cm hoch werden und mit weißen Stacheln und Haaren bedeckt sind. An jeder Areole steht ein längerer Hakenstachel. Die Art hat cremeweiße Blüten und hellpurpurne Früchte. *M. elegans* besitzt vielfach verzweigte Sprosse mit gelben Stacheln und weißen oder gelben Blüten. *M. geminispina* hat einen kugeligen, mit weißen Stacheln bedeckten Körper. *M. hahniana* hat oben flache, kugelige Sprosse, die bis zu 10 cm Durchmesser erreichen können und im Sommer kleine, karminrote Blüten hervorbringen. *M. zeilmanniana* ist leuchtend grün, in der Jugend kugelig und wird später ca. 10 cm hoch. An den Spitzen der Areolen stehen Gruppen von radial angeordneten, silbrigen Stacheln. In der Mitte jeder Gruppe befinden sich vier größere Stacheln, deren größter ein Hakenstachel ist. Im Sommer erscheint im oberen Pflanzendrittel ein Ring von malvenfarbenen Blüten.

Standort: Hell; gelegentlich dreht man die Pflanze, um eine gleichmäßige Wuchsform zu erhalten.
Temperatur: Im Sommer warm, im Winter kühl (6 bis 8° C).
Gießen: Im Sommer sparsam

gießen; im Winter ganz trocken halten.
Erde: Nährstoffreiche, mineralische Mischung mit Sandzusatz.
Vermehrung: Durch Ableger.

Neoporteria

Auffallend an dieser Gattung kleiner Kugelkakteen aus Südamerika ist ihre üppige Bestachelung. Je nach Art sind die Stacheln von unterschiedlicher Farbe. Diese reicht von reinem Weiß über Gelb und Braun bis zum tiefen Schwarz. Die Pflanzen blühen rosa. Sie nehmen im Alter eine zylindrische Form an.

Pflege: siehe *Mammillaria*

Neoporteria subgibbosa ▽

Mammillaria geminispina ▽

Notocactus
Buckelkaktus

Diese große Gattung südamerikanischer Kugelkakteen zeigt an den Areolen des gerippten Pflanzenkörpers zarte, lange und radial angeordnete Stacheln. *N. leninghausii* wird 10 cm im Durchmesser und kann sich im Alter bis zu einer 1 m hohen Säule auswachsen. Er hat gelbe Stacheln und gelbe Blüten von bis zu 5 cm Durchmesser. *N. apricus* trägt auf den Rippen rote Stacheln und bekommt große gelbe Blüten. *N. concinnus* ist grün und mit gelben oder roten Stacheln bewehrt. Er entwickelt große, gelbe Blüten. *N. haselbergii* ist kugelig, bis 10 cm im Durchmesser und besitzt feine, weiße Stacheln. Seine Blüten sind von roter und gelber Farbe.

Standort: Hell; im Sommer möglichst ins Freie stellen. Im Frühjahr langsam an Sonne gewöhnen.
Temperatur: Im Sommer warm, im Winter kühl (10° C).
Gießen: Im Sommer feucht halten und an heißen Tagen sprühen. Im Winter hält man die Pflanzen trocken.
Erde: Mischung aus Lehm, Torf und scharfem Sand.
Vermehrung: Aus Samen.

Notocactus leninghausii

Opuntia
Feigenkaktus

Für einige Leute ist die *Opuntia* der Kaktus schlechthin. Ihre eigentliche Heimat ist Amerika. Von dort wurden manche Arten verschleppt. Sie kommen deshalb auch in anderen Kontinenten wildwachsend vor. Die bekanntesten Vertreter der Opuntien, die mit ihren flachen Gliedern seltsame Formen bilden, werden dort, wo sie wild wachsen, häufig als Hecken gezogen. Einige sind auch gut für die Zimmerhaltung geeignet. Alle Arten haben Büschel borstiger, mit Widerhaken versehener Stacheln, Glochiden genannt, die in Kleidung und Haut eindringen können. Manche Arten entwickeln im Sommer große Blüten in hellen Farben. *O. basilaris* ist glochidenreich und bekommt rötliche bis purpurne Blüten. *O. rufida* hat ebenfalls viele Glochiden. Er bringt leuchtend gelbe Blüten hervor.

Standort: Hell.
Temperatur: Im Sommer warm, im Winter kühl (6 bis 8° C).
Gießen: Im Sommer normal gießen; im Winter trocken halten.
Erde: Mischung aus Lehm, Torf und scharfem Sand.
Vermehrung: Aus Samen oder durch Stecklinge, die man 14 Tage abtrocknen läßt.

Opuntia rufida △

 Oroya peruviana ▽

Oroya

Die Hauptart dieser kleinen Kugelkakteen aus Südamerika ist *O. peruviana*. Sie wird 8 cm hoch und erreicht 15 cm im Durchmesser. Der dunkelgrüne Körper ist mit senkrechten Rippen versehen. Die Stacheln sind je nach Alter gelb, braun und schließlich schwarz gefärbt. Die Art blüht rosa und gelb.

Pflege: siehe *Mammillaria*

Pachyphytum

Aus Mexiko stammt diese Gattung sukkulenter Pflanzen mit extrem dicken Blättern. *P. hookeri*, eine strauchförmige Art, wird 60 cm hoch. *P. oviferum* hat eiförmige Blätter und blüht im Frühsommer rot.

Pflege: siehe *Echeveria*

Pachyphytum oviferum ▷

Pereskia aculeata

Pereskia aculeata

Obwohl nicht sukkulent, gehört diese Art dennoch zur Familie der Kakteengewächse. Sie ist in Florida, Mexiko und auf den Westindischen Inseln beheimatet. Es handelt sich um einen klimmenden Strauch. Die Unterseite seiner Blätter ist mit Stacheln besetzt, die es der Pflanze ermöglichen, emporzuklimmen. Man zieht diese Kakteenart an Spalieren. Die im Herbst erscheinenden Blüten sind tassenförmig, weiß, blaßgelb oder rosa.

Standort: Hell.
Temperatur: Im Sommer warm, im Winter nicht unter 10° C.
Gießen: Im Sommer und Herbst reichlich gießen; sobald die Blätter runzlig werden, schränkt man das Gießen ein.
Erde: Mischung aus Lehm, Humus und scharfem Sand.

Vermehrung: Durch Stecklinge oder aus Samen.

Rebutia

Schon als 1 Jahr alte Pflanze blühen diese kleinen Kakteen aus Südamerika in einer erstaunlichen Vielfalt von Farben. Alle Arten bilden Gruppen von meist kugeligen Körpern. *R. chrysacantha* hat gelbe Stacheln und rote Blüten. Besonders groß sind die Blüten von *R. miniscula* var. *grandiflora*.

Pflege: siehe *Mammillaria*

Parodia

Zu der aus Südamerika stammenden, sehr blühwilligen Gattung gehören hübsche Kugelkakteen. An den oft spiralig verlaufenden Rippen befinden sich Warzen, die mit feinen, rötlichen Stacheln besetzt sind. Die in

Parodia mairanana

Gruppen an den Spitzen der Pflanzen angeordneten »gänseblümchenartigen« Blüten können gelb, rosa oder scharlachrot sein.

Pflege: siehe *Mammillaria*

Rebutia chrysacantha

Rhipsalidopsis
Osterkaktus

Diese Gattung epiphytischer
Kakteen ist in Brasilien beheimatet und hat blattartige, sich
verzweigende Sprosse. Im Frühsommer blühen diese Kakteen in
üppiger Fülle. Sie eignen sich
ganz besonders gut für Ampeln.
R. gaertneri syn. *Schlumbergera
gaertneri* hat scharlachrote, röhrige Blüten. Bei *R. rosea* sind sie
rötlich bis rosa und öffnen sich
zu einem weiten Stern.

Standort: Im Sommer halbschat-
tig und im Winter hell.
Temperatur: Im Sommer warm,
im Winter 10 bis 12° C.
Gießen: Im Sommer und Herbst
gut gießen; im Winter und Früh-
jahr weniger.
Erde: Mischung aus Humus,
Lehm und scharfem Sand.
Vermehrung: Durch Stecklinge.

Rhipsalis
Korallenkaktus

Die Urwälder Südamerikas sind
die Heimat dieser epiphytischen
Kakteen. *R. cereuscula* ist eine
aufrecht wachsende Pflanze, deren Äste in kurzen, rechtwinklig
stehenden Zweigen enden. An
den Sproßspitzen bilden sich rosafarbene oder weiße Blüten,
aus denen sich weiße Beeren
entwickeln. *R. cassutha,* eine
hängende Art, besitzt cremefarbene Blüten.

Standort: Sehr hell.
Temperatur: Warm.
Gießen: Fast trocken halten.
Erde: Mischung aus Lehm, Torf
und scharfem Sand.
Vermehrung: Durch Kopfsteck-
linge oder aus Samen.

Rhipsalis cereuscula

Sansevieria
Bogenhanf

Hierbei handelt es sich um eine
Gattung von Sukkulenten aus
dem tropischen Afrika. Die
Pflanzen haben pro Trieb maxi-
mal 6 stengellose, fleischige
Blätter, die aus Rhizomen sprießen und bis zu 1,50 m hoch werden können. Die Blätter sind
dunkelgrün, mit grauen Quer-
bändern versehen und enden in
einer Spitze. *S. trifasciata* ›Laurentii‹ hat Blätter mit goldgelbem
Rand. ›Hahnii‹ bildet eine niedrige Rosette und ähnelt einer Bro-
melie.

Standort: Hell.
Temperatur: Im Sommer warm,
im Winter nicht unter 15° C.
Gießen: Während des Sommers
normal gießen, im Winter trok-
ken halten.

Sansevieria trifasciata
'Laurentii' ▷

Erde: Handelsübliche Mischung.
Vermehrung: Aus Samen im
Frühjahr oder durch Teilung der
Rhizome beim Umtopfen.

Rhipsalidopsis gaertneri

Sedum
Fetthenne

Auch in den mittleren Breiten
findet man Vertreter dieser Gattung sukkulenter Pflanzen. In
Zimmerkultur befinden sich
meist jedoch Arten, die aus Mexiko stammen. Sie besitzen fleischige, oft kreisrunde Blätter.
S. bellum, eine halb kriechende
Art, hat bis zu 15 cm lange
Sprosse mit blaugrünen, löffel-
förmigen Blättern und cremeweißen Blüten. Die Pflanze ist
mehlig bereift. *S. morganianum*
hat kriechende, 45 cm lange
Sprosse und graugrüne Blätter.
Winzige Rosetten mit kleinen,
kieselartigen Blättern an sich
reich verzweigenden Stengeln
findet man bei *S. rubrotinctum.*
Seine Blätter sind blaßgelb oder
graugrün und rot getönt. *S. sieboldii* hat runde, flache Blätter
mit scharlachrotem Rand. Sie
stehen in Dreiergruppen und
sind unregelmäßig gelb gefleckt.

Trichocereus

Meist handelt es sich bei dieser Gattung um säulenförmige Kakteen aus Südamerika. Der Körper ist deutlich senkrecht gerippt und weist abstehende, aus den Warzen entspringende Stacheln auf. Die Blüten sind gelb, orange, rosa, rot oder weiß, duften süß und öffnen sich je nach Sorte zum Teil nur nachts. *T. candicans* hat dunkelgrüne, senkrecht gerippte Stämme von bis zu 15 cm Durchmesser und 80 cm Höhe. Die Areolen sind mit großen, gelben Stacheln besetzt. *T. candicans* ist ein Nachtblüher. Seine Blütezeit fällt in den Sommer; die Blütenfarbe ist weiß. *T. spachianus* ist hellgrün. Er wird etwa 1,20 m hoch.

Standort: Hell, im Sommer möglichst ins Freie stellen.
Temperatur: Im Sommer warm, im Winter kühl.
Gießen: Während des Sommers reichlich, im Winter sehr wenig.

Erde: Mischung aus Lehm, Torf und scharfem Sand.
Vermehrung: Aus Samen oder durch Stecklinge.

Zygocactus truncatus
Weihnachtskaktus

Zu dieser aus Brasilien stammenden Pflanzengattung gehören diese Art und ihre Hybriden. Die verzweigte Pflanze besteht aus deutlich voneinander abgesetzten Blattgliedern. Im Winter bilden sich an den Triebspitzen je nach Sorte verschiedenfarbige Blüten.

Standort: Schattiger Platz.
Temperatur: Im Sommer kühl, im Herbst mäßig warm (15° C), und im Winter warm.
Gießen: Im Sommer trocken halten und vom Herbst an allmählich mit dem Gießen beginnen.
Erde: Nährstoffreiche, humose Mischung mit etwas Spagnum.
Vermehrung: Durch Stecklinge.

Standort: Hell.
Temperatur: Im Sommer warm, im Winter 8 bis 10° C.
Gießen: Im Sommer normal gießen; im Winter fast trocken halten.
Erde: Mischung aus Lehm, Torf und etwas scharfem Sand.
Vermehrung: Durch Kopfstecklinge oder aus Samen.

Selenicereus grandiflorus
Königin der Nacht

Die großen, stark duftenden Blüten der halb epiphytischen Kletterpflanze aus Mittel- und Südamerika öffnen sich nur eine Nacht lang. Sie stehen an

Zygocactus truncatus

2–3 cm dicken, gerippten Trieben. Am besten gedeiht diese Art, wenn man sie an eine Wand stellt und ihre Triebe an einem Bambusgestell anbindet.

Standort: Hell, aber keine Prallsonne.
Temperatur: Im Sommer warm, im Winter 10 bis 12° C.
Gießen: Im Sommer mäßig, im Winter noch sparsamer gießen.
Erde: Mischung aus Humus, Lehm und etwas scharfem Sand.
Vermehrung: Durch Stecklinge.

Sempervivum
Hauswurz

Zu dieser Gattung gehören vor allem winterharte, sukkulente Gewächse, die in den mittleren Breiten zu Hause sind. Es sind niedrige Pflanzen, deren fleischige, fast dreieckige Blätter in dichten Rosetten angeordnet sind. *S. tectorum* hat graugrüne Blätter mit dunkelpurpurnen Blattspitzen. Bei *S. arachnoideum*, einer Zwergart, sind die Blätter rot und mit spinnwebartigen Fäden bedeckt.

Pflege: Siehe *Sedum*

Sedum sieboldii 'Variegata'

Sempervivum tectorum △

Trichocereus candicans △

Selenicereus grandiflorus ▷

Miniaturgärten

Gruppen von kleinen Pflanzen in Schalen oder Kästchen zu arrangieren, macht Spaß und ist außerdem optisch sehr reizvoll. Solche Arrangements besitzen die Faszination einer Miniaturwelt. Auf engstem Raum läßt sich eine ganze Landschaft mit Bäumen, Büschen, Blumen und vielleicht sogar mit einem kleinen Spiegel als See oder einer chinesischen Pagode darstellen.

In solchen Miniaturgärten bildete man früher japanische Landschaften nach; dazu wurden winzige Sträucher, Sukkulenten oder auch verschiedene Kakteen verwendet. Solche Arrangements brauchen wenig Wasser und Pflege. Miniaturgärten kann man auf verschiedene Weise bepflanzen. Im Winter bevölkert man sie mit 10–13 cm großen Pflänzchen, die man im Sommer aus Samen oder Stecklingen gezogen hat.

Die Wahl der Bepflanzung hängt davon ab, wohin man den Miniaturgarten stellen will, ob man also einen warmen oder kühlen, einen hellen oder schattigen Platz dafür vorgesehen hat. Erstes Gebot ist, daß die Pflanzen zusammenpassen und die gleichen Ansprüche an Licht und Feuchtigkeit stellen. Kakteen fühlen sich z. B. nie wohl, wenn man ihnen kleine Sträucher als Nachbarn gibt.

Ein Miniaturgarten bereitet vor allem dann Freude, wenn man wenig Zeit und Platz hat. Während die Wahl der Szenerie viel Planung erfordert, ist die Pflege ziemlich einfach.

Ein alter Spültisch, wie man ihn noch gelegentlich in Bauernhäusern findet, läßt sich hübsch in einen Miniaturgarten umwandeln. Man kann aber auch jede beliebige Schale oder Schüssel verwenden. Der Behälter braucht nicht tief zu sein, denn 7–8 cm Erde sind für die kleinen Pflanzen ausreichend. Da der zukünftige Miniaturgarten wahrscheinlich keine Abzugslöcher besitzt, bedeckt man seinen Boden mit einer Kiesschicht, der eine Handvoll Holzkohle beigemengt wird. Diese Schicht muß etwa 2–3 cm dick sein. Darauf kommt eine Torfschicht, die die Feuchtigkeit absorbiert und dann die eigentliche Erde.

Da das Wasser in einem flachen Behälter rasch verdunstet, bedeckt man die Erdoberfläche nach dem Bepflanzen mit einer Kiesschicht. Häufiges Besprühen der kleinen Gewächse ist ebenso wichtig wie regelmäßiges Gießen.

Bei der Planung eines Miniaturgartens ist auch zu bedenken, ob man ihn später von einer oder von allen Seiten oder vielleicht auch von oben sieht. Man kann den Boden zu einer Landschaft mit winzigen Tälern und Hügeln formen. Kanten und Ecken verlieren durch kriechende Pflanzen an Schärfe. Eine schlanke Palme oder ein Säulenkaktus machen sich in der Mitte des Gartens immer gut. Man achte darauf, daß keine Steinbrocken die Pflanzen verdecken und daß das Ganze nicht überladen und kitschig wirkt. Auch hier ist weniger oft mehr!

Aus kleinen Sämlingen von *Echinocactus, Astrophytum, Cereus* und *Mammillaria* entsteht eine hübsche Miniaturlandschaft (oben).

Die gefleckten *Lithops* (Lebende Steine) stehen gut getarnt zwischen Kieseln; sie blühen gelb oder weiß (ganz links).

Die blühende, sukkulente *Faucaria* gibt es in so kleinem Format, daß sie auch in einen Miniaturgarten paßt (links).

Neben der kleinen *Mammillaria* und *Opuntia* wirken kleine Steine wie mächtige Felsen (rechts).

Für ein Arrangement auf so kleinem Raum muß man auch genau vorausplanen, welchen optischen Effekt man erzielen will. Dies braucht Zeit und Überlegung. Eine Menge von Formen und Farben wirken im Balkonkasten zwar reizvoll, in einer kleinen Schale entsteht jedoch rasch der Eindruck von Unordnung.

Im Frühling empfiehlt es sich, den Minigarten mit Zwiebelgewächsen zu bepflanzen. Malvenfarbene und gelbe Krokusse sind eine dekorative Ergänzung zu leuchtend weißen Schneeglöckchen; ein Prunkstück in leuchtendem Blau bilden Traubenhyazinthen und *Chionodoxa*.

Viola hederacea mit ihren weißen und purpurnen Blüten und *Anagallis* mit ihren kriechenden Stengeln und rosaroten Blüten wirken besonders hübsch mit weiß blühender *Lobelia*. Die Gruppe wird von kriechenden Pflanzen wie z. B. *Selaginella kraussiana* mit ihrem lebhaft grünem Blattwerk dekorativ umrahmt. Auch Gewächse mit kleinen gemusterten Blättern wie z. B. *Fittonia*, *Peperomia*, *Saxifraga* und *Tradescantia* lassen sich gut miteinander kombinieren.

Sobald der »Garten« voll bepflanzt ist, muß man ständig aus- und zurückschneiden, um ihn in gutem Zustand zu halten. Man gießt nur wenig, besprüht die Gewächse aber häufig. Dünger verabreicht man nur, wenn die Pflanzen blaß werden. Bei zuviel Nährstoffen überwuchern sie sich gegenseitig, und ein Nebeneinander von verschiedenen Pflanzen ist damit nicht mehr möglich.

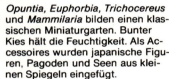

Opuntia, Euphorbia, Trichocereus und *Mammilaria* bilden einen klassischen Miniaturgarten. Bunter Kies hält die Feuchtigkeit. Als Accessoires wurden japanische Figuren, Pagoden und Seen aus kleinen Spiegeln eingefügt.

Efeu, Avokado, *Peperomia, Tradescantia* und *Soleirolia* wurden zum dekorativen Miniaturgarten gruppiert (unten).

Dieses Arrangement von *Aloe, Kalanchoe, Echinocactus, Opuntia* und *Ferocacuts* hebt sich reizvoll vor dem Fenster ab (unten rechts).

Terrarien und Flaschengärten

Vor rund 150 Jahren legte der englische Arzt Nathaniel Ward eine Mottenlarve und etwas Gartenerde in einen geschlossenen Glasbehälter. Er wollte das Ausschlüpfen der Motte beobachten. Nach kurzer Zeit keimten allerlei Samen und Sporen. Ward war der Überzeugung, daß sie in dieser »luftlosen« Atmosphäre bald zugrunde gehen würden. Zu seiner Überraschung gediehen sie aber während der folgenden 4 Jahre ohne Pflege aufs Prächtigste. Dies war der Beginn der Pflanzenhaltung in Terrarien. Man versteht heute unter einem Terrarium nicht mehr ausschließlich einen Behälter zur Pflege von Kleintieren. Der Begriff wurde aber früher in diesem Sinne als Gegensatz zum Aquarium geprägt.

Ward experimentierte dann mit verschiedenen Pflanzen in mehreren Behältern und kam zu dem Schluß, daß tropische Blattpflanzen und Farne unter Glas besonders gut gedeihen. Glasbehälter waren daher Ende des 19. Jahrhunderts große Mode. Sie wurden die Vorfahren unserer modernen Terrarien.

Das Prinzip ist relativ einfach. Das Wasser in der Erde wird von der Pflanze aufgenommen und gelangt durch die Blätter in die sie umgebende Luft. Der Wasserdampf schlägt sich am Glas nieder und rinnt zurück in die Erde. Die Pflanzen wachsen in einer Atmosphäre die sich im Gleichgewicht befindet: nachts nehmen sie Sauerstoff auf und geben Kohlendioxid ab, und während des Tages nehmen sie Kohlendioxid auf und geben Sauerstoff ab. Pflanzen, die in einem fest verschlossenen Terrarium leben, brauchen ein Minimum an Pflege. Ward behauptete sogar, daß die Pflanzen in einem seiner Behälter 15 Jahre lang ohne menschlichen Eingriff gut gediehen seien. Gewächse in einem offenen Terrarium müssen zwar von Zeit zu Zeit gegossen werden, jedoch viel seltener als Topfpflanzen.

Terrarien eignen sich besonders gut für tropische und subtropische Gewächse, für die Wärme und Feuchtigkeit lebenswichtig sind. Mit Terrarien umgeht man auch das Problem der zu trockenen Luft in unseren zentralbeheizten Zimmern, die viele Topfpflanzen nicht vertragen. Abgesehen von diesen praktischen Vorzügen sind Terrarien ein hübscher Anblick. Sie regen zu interessanten Versuchen an, wenn man ein Ökosystem en miniature im eigenen Heim schaffen will.

Kästen wie sie Ward verwendete, sieht man fast nur noch in Museen. Heute verwendet man jeden beliebigen durchsichtigen Behälter mit einem festen Verschluß oder einer kleinen Öffnung. Für eine einzelne Pflanze wie z.B. einen Farn oder eine *Selaginella*, die beide nicht in einer trockenen Umgebung gedeihen, eignet sich ein großes Marmeladenglas oder ein Glasballon ausgezeichnet. Ideal für Pflanzengruppierungen sind ausgediente Aquarien, die man mit einer Glasscheibe abdeckt. Ein Terrarium läßt sich auf die denkbar einfachste Weise herstellen. Man stülpt einfach ein Glas über einen Behälter und achtet darauf, daß das Glas fest an den Rand des Behälters anschließt. Es gibt auch fertige Terrarien aus Glas oder Kunststoff in allen gewünschten Größen zu kaufen. Die einfachen verfügen über einen passenden Deckel und eine verstellbare Belüftung, anspruchsvollere sind darüber hinaus mit Lufterhitzer und künstlicher Beleuchtung ausgestattet; sie sind ein vollständiges Treibhaus im Kleinen.

Beim Bepflanzen eines Terrariums überprüft man zunächst, ob der Behälter auch ganz sauber ist. Will man ein Glas mit einem Deckel benutzen, entfernt man daraus die Pappe. Handelt es sich bei dem in Aussicht genommenen Behälter um ein ausgedientes Aquarium, stellt man die Gewächse einfach in ihren Töpfen auf feuchten Sand oder Kies. Bei kleineren, engeren Gefäßen jedoch muß man die Pflanzen in Erde setzen. Am besten nimmt man dazu kleine bewurzelte Stecklinge oder Sämlinge. So lassen sich z. B. Palmen, Begonien, *Dracaena* und Efeu leicht ziehen. Als Bodenbedecker eignen sich *Fittonia* und Farne.

Ursprünglich hielt man in einem Terrarium eine Pflanzengemeinschaft, die sonst in der freien Natur vorkommt. Auch heute kann es für Liebhaber noch sehr interessant sein, in den eigenen vier Wänden ein Stück Außenwelt zu kultivieren. Die Wahl der Pflanzen hängt hierbei natürlich von der Landschaft ab, in der man lebt oder die man am interessantesten findet.

Ein Vorschlag wäre z. B., sich eine Wüstenlandschaft mit verschiedenen Kakteen, die im Sand wachsen zu schaffen. Kakteen fühlen sich wohl unter Glas, sollten aber nie hermetisch von der Außenwelt abgeschlossen werden, da sie keine Verdunstungsfeuchtigkeit vertragen.

Die meisten Terrarien werden mit Pflanzen besetzt, die wild im Wald vorkommen. Solche Gewächse findet man während des Urlaubs oder bei Waldspaziergängen, denn Veilchen, Wegerich und alle kleinen Farnarten gedeihen auch im Terrarium. Sämlinge von Fichte, Kiefer und anderen Koniferen ergeben mit der Zeit größere Pflanzen. Als Bodenbedeckung eignen sich Moos und kleine Steine oder Rindenstücke, auf denen Flechten wachsen. Hat man sich so eine Waldlandschaft im Terrarium geschaffen, lernt man sie auch in der freien Natur richtig schätzen. Die beste Zeit zur Verpflanzung ist der Herbst. Übrigens bieten auch Gärtnereien und Baumschulen eine reiche Auswahl an Waldpflanzen an.

Für das Terrarium gilt dasselbe wie für den Miniaturgarten: Die Auswahl der Gewächse muß geplant werden, und man darf seinen Plan nicht aus dem Auge verlieren.

Die Pflanzen, die man miteinander kombinieren will, müssen die gleichen Ansprüche an ihre Umgebung stellen. Außerdem sollen sie auch ein schöner Anblick sein. Verschiedene Blattformen und verschieden hohe Pflanzen wirken immer interessant, aber ihr Standort muß sorgfältig ausgewählt werden.

In einem Terrarium darf nie stauende Nässe entstehen. Sein Boden wird deshalb mit einer Schicht aus gut durchlässigem Material versehen, die entweder aus Kies und Holzkohle oder aus Holzkohle allein besteht. In einem kleinen Behälter sollte diese Schicht 2–3 cm, in einem größeren mit mehreren Pflanzen 5 cm hoch sein. Darüber kommt eine Schicht feuchter Blumenerde, die zweimal so dick wie die durchlässige Schicht sein muß. Man kann die Erde an manchen Stellen etwas anhäufeln, um einen Landschaftseffekt zu erzielen. Pflanzt man zu eng, verliert das Ganze immer an Wirkung. Das Terrarium soll zwar viel Licht, aber keine direkte Besonnung bekommen, sonst gehen die Pflanzen bald ein. Die Erde muß immer feucht sein; in einem geschlossenen Terrarium muß sich auf der Innenseite der Glaswände Verdunstungswasser niederschlagen. Schlägt sich etwas zuviel Feuchtigkeit nieder, nimmt man den Deckel ab, bis das Glas wieder trocken ist. Kommt es zu keiner Kondensation, muß man dem Terrarium durch Besprühen der Blätter Wasser zufügen.

Ward'sche Glasbehälter aus dem 19. Jahrhundert (unten) werden heute wieder nachgebildet (oben und links), da man in ihnen mit wenig Aufwand viel Wirkung erzielen kann.

Ein Terrarium aus Glas und Gußeisen wird zum Blumenfenster, in dem lichthungrige Geranien gezogen werden.

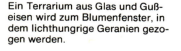

Wie groß Ihre Pflanzen auch sein mögen, für jede gibt es den geeigneten Glasbehälter, vom Gurkenglas bis zur großen Ballonflasche (rechts).

Winzige Moose sind in einem Glasbehälter gut aufgehoben.

Aus fast allem läßt sich mit etwas Phantasie ein Terrarium anfertigen. Hier hat man ein Aquarium ohne Deckel verwendet (unten). Das ruhige Design des Gefäßes läßt *Cryptanthus*, Kroton, Usambaraveilchen, *Dracaena* und *Peperomia* voll zur Geltung kommen (unten).

Pflanzen in Flaschen genießen dieselbe geschützte, feuchte und warme Atmosphäre wie Pflanzen, die in einem ganz oder teilweise geschlossenen Terrarium wachsen. Eine ganz besondere Faszination geht von ihnen aus. Man denkt unwillkürlich an ein prächtig aufgetakeltes Segelschiff in einer Flasche. Es kommt einem wie Zauberei vor und man möchte gerne hinter das Geheimnis eines solchen Flaschengartens kommen.

Am besten fängt man mit kleinen Pflanzen an. Zum Einpflanzen in die Flasche braucht man besondere, längliche Geräte, die es zu kaufen gibt, die man aber auch selbst basteln kann. Sie helfen beim Einfüllen der Erdmischung und beim Einpflanzen; man braucht auch welche zum Stutzen der Pflanzen und zum Lockern der Erde. Jede Flasche benötigt je nach Form ihre eigenen Gerätschaften. Davon abgesehen gehören zur allgemeinen Ausrüstung ein langer Trichter zum Ein- und Auffüllen der Erde, ferner eine kleine Gabel, ein kleiner Spaten und ein Gerät, mit dem man den Boden um die Pflanzen herum andrücken kann. Zum Säubern des

Glases braucht man einen Schwamm. Stutzen und Ausputzen besorgt man mit an Stöcken befestigten Rasierklingen. Wichtig ist auch ein Instrument, mit dem man die Pflanzen einsetzt oder herausnimmt. Dazu eignet sich ein Stück dicker, biegsamer Draht mit einer Schleife am Ende oder eine lange Pinzette. Alle diese Gerätschaften kann man aber auch im Fachgeschäft kaufen.

Es gibt eine Reihe von geeigneten Flaschentypen zur Auswahl. Besonders attraktiv und sehr beliebt sind »chemische« Glasballone. Auch größere Wein-Ballonflaschen sind geeignet.

Als Grundregel für alle Flaschengärten gilt: Das Glas muß hell sein, und vor dem Einpflanzen ist der Behälter gründlich zu reinigen. Man spült ihn sorgfältig mit lauwarmem Wasser. Hartnäckige Flecken lassen sich meist entfernen, wenn man ungekochten Reis mit etwas Wasser in die Flasche füllt und kräftig schüttelt.

Wegen der Entwässerung gehört auf den Boden der Flasche zunächst eine Schicht mit kleinkörnigem Kies; darauf kommen 1–1,5 cm große Holzkohlenstücke, danach Torf und Blumenerde,

Zunächst säubert man das Innere der Flasche mit einem an einem Draht befestigten, feuchten Schwamm.

Mit einem Trichter und einer Pappröhre füllt man Kies, dann Holzkohle und danach Erde ein.

In die Erde macht man Pflanzlöcher. Größere Gewächse schützt man beim Hinunterlassen mit Papier.

Kleinere Pflanzen führt man mit Bambusstäbchen ein. Mit ihnen setzt man die Gewächse auch in die Pflanzlöcher.

Der Boden wird um die Pflanzen mit einer Zwirnrolle, die fest auf einem Bambusstäbchen steckt, angedrückt.

Gegossen wird mit einem Zerstäuber. Dieser kann – ohne Wasser – auch zum »Abstauben« der Blätter verwendet werden.

Eine Rasierklinge, die an einem Bambusstab befestigt ist, nimmt man zum Entfernen abgestorbener Triebe.

Wenn man die Pflanzen umgruppiert oder entfernt, braucht man eine Drahtschlinge zum Herausheben.

die lehm- oder torfhaltig sein kann. Ihre Zusammensetzung hängt von der geplanten Bepflanzung ab. In jedem Fall sollte die Erde möglichst steril sein, da Schädlinge und Krankheiten in einem Flaschengarten schwer zu bekämpfen sind. Aus demselben Grund ist es auch ratsam, nur gesunde und kräftige Gewächse einzusetzen.

Eine leichte Kondenswasserbildung auf der Innenseite des Glases zeigt an, daß in der Flasche die richtige Feuchtigkeit herrscht. Zuviel Wasser läßt soviel Beschlag entstehen, daß die Pflanzen nicht mehr zu sehen sind. Eine fest verschlossene Flasche, bei der sich der Wasserhaushalt im Gleichgewicht befindet, braucht nicht mehr nachgegossen zu werden. Bleibt die Flasche aber offen, muß die Erde zwar selten, aber doch ab und zu angefeuchtet werden.

Der richtig angelegte Flaschengarten braucht Jahre hindurch keine Pflege. Zu kräftige Pflanzen können zurückgeschnitten, oder wenn nötig herausgenommen werden. Abgestorbene Blätter entfernt man sofort. Besonders achte man darauf, daß sich keine Krankheiten einschleichen.

Ein Flaschengarten (oben) ist eine Miniaturlandschaft von eigenem Reiz. Hier kombinierte man Kroton mit gefleckten Blättern, *Pilea cadierei*, *Pilea* 'Moon Valley', *Begonia rex* und *Fittonia verschaffeltii*.

In diesem attraktiven Glasballon gedeihen in feuchter Atmosphäre *Aphelandra* und *Chlorophytum* zusammen mit *Hedera* (links). Die beiden letzteren sind anspruchslos und entfalten sich in dieser geschützten Umgebung besonders üppig.

Bromelien fühlen sich unter Glas wie in ihrer natürlichen Umgebung. In einem Glassturz (unten) wirken sie besonders elegant.

Blumenfenster

Pflanzen lassen sich gut in Fenstern zur Schau stellen. Allerdings besteht die Gefahr, daß man sich mit ihnen die Sicht nach draußen durch üppig wucherndes Grün verbaut. Das Licht der Sonne kommt den Pflanzen zugute, aber es fällt nicht mehr in das Zimmer, das hinter ihnen liegt.

Das letzte Jahrhundert entwickelte eine Vorliebe für allerlei Krimskrams und so baute man auch verschiedene Arten von Blumenfenstern, die im Grunde genommen richtige, ans Fenster angebaute Gewächshäuser waren. Man benutzte die damals bei Gewächshäusern so beliebten kleinen, mit Stahl gerahmten Glasscheiben. Diese ›Blumenfenster‹ waren in ihrer Konstruktion oft sehr eigenwillig. Da vom Raum her keine Wärme und Luft in sie gelangte, mußten sie separat beheizt und belüftet werden.

Unsere modernen Blumenfenster sind in ihrer Konstruktion weitaus einfacher. Am vertrautesten sind uns Blumenfenster, bei denen die Topfpflanzen in dekorativen Übertöpfen nebeneinander auf der Fensterbank stehen. Bedingung ist, daß durch das Fenster gutes Licht einfällt. Direktes Sonnenlicht jedoch verbrennt in vielen Fällen die Blätter. Bei einem Südfenster kann man sich mit einem Vordach behelfen oder mit einer Markise, die an heißen Tagen die Pflanzen vor den Strahlen der Sonne schützt.

Eine attraktive Blumenwanne macht eine Fensterbank schon eher zum Blumenfenster. Die Wanne muß so tief sein, daß sie eine feuchte Torfschicht von mindestens 15–20 cm aufnehmen kann. Sie darf aber nicht zu breit sein; man muß alle Pflanzen bequem erreichen und das Fenster ohne Schwierigkeiten putzen können. Noch besser ist es, wenn man die ganze Fensterbank durch eine flache Betonwanne ersetzt, auf deren Boden eine Entwässerungsmöglichkeit und Heizkabel angebraucht sind. In diesem Fall wendet man sich am besten an einen Architekten oder ein Fachgeschäft. Ist die Wanne einmal installiert, bedeckt man ihren Boden mit einer feuchten Kiesschicht. Darauf kommt eine mindestens 15–20 cm dicke Torfschicht. Danach kann die Wanne bepflanzt werden. Gut geeignet sind langsamwüchsige Gewächse wie Kakteen, *Fittonia* und Usambaraveilchen. Aber auch fast jede andere Pflanze gedeiht in einer solchen Wanne.

Auf Regalen aus Glas, die am Fenster angebracht sind, kommen Pflanzen besonders hübsch zur Geltung. Vorbedingung ist natür-

Freundliches Licht strahlt aus einer geräumigen Glasveranda mit vielen Pflanzen in das nächtliche Dunkel. Die Veranda geht über zwei Stockwerke, so daß man stattlichere Pflanzen in ihr halten kann als das sonst im Hause möglich wäre.

lich, daß der Fensterrahmen das Gewicht aushält und daß sich die Regale sicher anbringen lassen. Formen, Blätter und Blüten der einzelnen Pflanzen kann man in Glasregalen besonders gut betrachten.

Ein modernes, geschickt konstruiertes Blumenfenster ist praktisch ein Treibhaus, das ins Zimmer versetzt wurde. Regale aus Glas lassen sich reizvoll in einem altmodischen Erkerfenster arrangieren. Eine Glastüre schafft die Trennung zum übrigen Raum. In modernen Häusern installiert man an einem großen Fenster eine Wanne mit guter Entwässerung und versieht das Ganze mit einer Trennscheibe zum Raum. Dadurch bleiben Temperatur und Feuchtigkeit innerhalb des Blumenfensters höher als in dem dahinterliegenden Zimmer. In Wirklichkeit besitzt man damit ein Terrarium, das für die Haltung seltener tropischer Gewächse wie geschaffen ist. Die einzige Gefahr besteht darin, daß die Pflanzen durch das günstige Zusammentreffen von Wärme, Feuchtigkeit und Licht so üppig wachsen, daß man sie kaum noch bändigen kann. Ein derartiges Blumenfenster braucht daher viel Pflege, und die Pflanzen müssen ständig gestutzt werden.

Wie Vorhänge wirken die Geranien in diesem hübschen Fenster aus dem 18. Jh. (oben).

Die Nüchternheit des großen Fensters und der weißen Wand wird durch diese Wanne mit *Dieffenbachia, Clerodendrum,* und *Nephrolepis* (links) aufgelockert.

Bei diesem Raum (unten links) ist der Übergang nach draußen kaum erkennbar. *Ficus elastica, Dracaena,* Efeu, *Pittosporum* und *Philodendron* stehen vor und hinter der Glasscheibe.

Hier kann man nicht mehr von einem Blumenfenster sondern eher von einer »Blumenwand« sprechen (unten). Glas und Holz dieses eleganten Raumes werden von *Fatsia japonica* und *Cyperus alternifolius* geziert.

Bonsai

Die Chinesen erkannten als erste die Schönheit von verkümmerten Zwergbäumen, die an felsigen, dem Winde ausgesetzten Stellen wuchsen. Sie pflanzten sie in dekorative Behälter und stellten sie in ihre Wohnungen. Die Japaner haben dann die Kunst, derartige Bäume zu gestalten vervollkommnet. Aus dem Japanischen stammt auch der Name Bonsai, was soviel heißt wie ›Pflanze in einer Schale‹.

Die Zucht von Bonsai blickt auf eine lange Geschichte zurück. Erste Berichte datieren aus dem 14. Jahrhundert; wahrscheinlich jedoch war die Kunst, Bonsai zu kultivieren, schon vor über 1000 Jahren bekannt. Manchmal sind diese verzwergten Bäume 50 bis 100 Jahre alt. Bonsai sind die genaue Wiedergabe eines ausgewachsenen Baumes in Miniaturform. Jahrelang werden sie gestaltet, bis sie die gewollte Form erreicht haben. Sie sind nicht nur so beliebt wegen der Schönheit des Gesamteindrucks. Jedes Detail ist wichtig: die Harmonie zwischen Gefäß und Baum, die Struktur des Stammes, und die Anordnung der Äste und Blätter.

Bonsai kann man auf verschiedene Weise ziehen: aus Samen, Stecklingen, Ablegern und durch Pfropfen. Gelegentlich findet man auch in der freien Natur ein geeignetes Gewächs, das man vorsichtig ausgräbt und verpflanzt. Viele Arten von Bäumen sind geeignet; sie werden nach drei Gesichtspunkten eingeteilt: Baumart, Zuchtstil und Wuchshöhe. Unter den immergrünen Bäumen sind Kiefer, Wacholder, Zeder und Eibe besonders beliebt. Sehr gut eignen sich auch laubabwerfende Bäume mit kleinen Blättern.

Zu ihnen gehören Ahorn, Ulme, Buche und Birke. Als blühende Bäume zieht man Jasmin, Magnolie und Kamelie; von den fruchttragenden Gewächsen eignen sich Kirsch- und Holzapfelbaum.

Bonsai zieht man in verschiedenen Formen; diese unterscheiden sich durch die Art ihres Wuchses. Die streng aufrechte Form z. B. besitzt einen senkrechten Stamm mit gleichmäßig verteilten Zweigen. Dagegen ist bei der locker aufrechten Form – wie vom Wind gedrückt – der Stamm teilweise leicht geneigt. Manche Bonsai werden in eine Form gebracht, bei der Stamm und Zweige kaskadenartig nach unten gebogen sind; bei der Halbkaskadenform nehmen sie hingegen beinahe eine waagrechte Stellung ein. Für die beiden letztgenannten Formen eignen sich Kiefer und Wacholder. Es gibt ferner Bonsai, deren Wurzeln über einen Felsbrocken gezogen sind (Felsenform). Man kann auch eine Gruppe von Bonsai zur sog. Waldform vereinigen und sie in einer Miniaturlandschaft mit kleinen Steinen ziehen. Für eine solche Gruppe wählt man in Japan stets eine ungerade Zahl von Bäumen, denn ungerade Zahlen gelten dort als Symbole für langes Leben. Niemals dürfen vier Bonsai miteinander gruppiert werden, denn die Vier ist im Japanischen dem Wort für Tod sehr ähnlich.

Für die Größe eines Bonsai gibt es keine Vorschriften. Kleine Bonsai haben Zigarettengröße, Miniaturbonsai sind noch winziger; einen 90 cm hohen Bonsai bezeichnet man als groß. Die Durchschnittsgröße liegt bei ca. 45 cm. Die Größe eines Bonsai hängt weniger von der Baumart als von seiner Gestaltung ab.

Bonsai sind naturgetreue Zwergformen großer Bäume. Dieser Chinesische Wacholder wurde kunstvoll gestaltet. Er ist über 100 Jahre alt (oben).

Dieser Japanische Ahorn *(Acer palmatum)* wurde traditionsgemäß mit Zwillingsstamm gezogen (oben rechts).

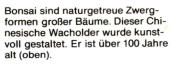

Die winzigen Beeren des Feuerdorns (links) sehen an einem Bonsai wie große Früchte aus.

Blühende Bäume sind besonders reizvoll; die Blüten müssen jedoch klein sein wie bei diesem *Crataegus laevigata* 'Flore Plano Rosea' (rechts).

Die Wurzeln dieses Ahorns klammern sich an einen Stein. Für diesen Stil »Felsenform« sind nicht alle Bäume geeignet (oben).

Wie ein echtes Stück Natur wirkt diese Miniaturlandschaft mit einer Gruppe aus Kiefern und Ulmen (rechts).

Bonsai werden in Fachgeschäften gezogen und verkauft. Meist sind sie in guter Verfassung; man muß jedoch beim Kauf darauf achten, daß der Baum fest in seinem Behälter steht, daß der Boden feucht, aber nicht zu naß ist und daß die Blätter leuchtend und kräftig aussehen.

Bonsai kauft man gewöhnlich in speziellen Pflanzgefäßen; die geeignetsten kommen aus Japan. Sie haben gedämpfte, zarte Farben, die die einfache Schönheit des Designs unterstreichen. Der Topf darf nur an der Außenseite glasiert sein. Wichtig sind Abzugslöcher, denn die Wurzeln müssen auf sehr beschränktem Raum genügend belüftet werden, und es darf sich keine stauende Nässe bilden. Pflanzgefäße für Bonsai sind unterschiedlich tief; es gibt sie von 2,5 cm bis zu 45 cm Tiefe und mehr. Als Faustregel gilt, daß das Pflanzgefäß nur halb so tief sein darf wie der oberirdische Teil des Baumes.

Im Gegensatz zu Pflanzen, die aus dem tropischen Regenwald stammen, können Bonsai nicht lange im Zimmer gehalten werden. Sie sind ja Miniaturausgaben unserer im Freien wachsenden Bäume, die blühen, Früchte tragen und zum Teil im Herbst ihr Laub abwerfen. Daher brauchen Bonsai auch soviel frische Luft. Sie sollten möglichst immer draußen stehen und höchstens gelegentlich für kurze Zeit ins Zimmer gebracht werden. Dort stellt man sie an einen hellen, kühlen Platz, z.B. auf eine luftige Fensterbank ohne Heizkörper. Ein- oder zweimal täglich sprüht man den Baum ab. Dafür nimmt man am besten Regenwasser oder abgestandenes, möglichst nicht kalkhaltiges Leitungswasser.

Bonsaigefäße sind flach, damit sich die Wurzeln nicht weit ausbreiten können. Hohe Töpfe verwendet man nur für Bonsai im kaskadenförmigen Stil. Das Pflanzgefäß muß mindestens ein Loch zur Entwässerung und zum Einführen eines Verankerungsdrahtes besitzen (oben).

Der Winkel zwischen Stamm und Topf bestimmt den Bonsaistil. Besonders interessant ist die Wuchsform, bei der ein vom Wind zersauster Baum nachgeahmt wird (oben). Hierzu paßt am besten ein Pflanzgefäß aus verwittertem Holz.

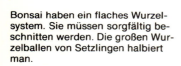
Bonsai haben ein flaches Wurzelsystem. Sie müssen sorgfältig beschnitten werden. Die großen Wurzelballen von Setzlingen halbiert man.

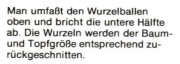
Man umfaßt den Wurzelballen oben und bricht die untere Hälfte ab. Die Wurzeln werden der Baum- und Topfgröße entsprechend zurückgeschnitten.

Der Stamm wird an einem Draht verankert, der durch die Abflußlöcher oder, bei einem Einlochgefäß, um einen Knebel geführt wird.

Die gewünschte Wuchsform gibt man einem Bonsai durch Beschneiden und Drahten. Letzteres ist nicht ganz einfach: man umwickelt Stamm oder Äste des Baumes mit Draht und kann sie dann in die gewünschte Richtung biegen.

Beschneiden ist wesentlich einfacher und es schadet der Pflanze nicht. Man sollte immer nur ein wenig, dafür aber oft schneiden. Dies gibt dem Baum seine Form und begünstigt die Bildung von Knospen. Äste, die die gewünschte Form stören, schneidet man ab; dadurch werden die übrigen Äste kräftiger. Kleine Zweige entfernt man ebenfalls, damit der Baum sein ausgewogenes Aussehen behält. Ende des Winters schneidet man die Hauptäste zurück; bei blühenden Bonsai geschieht dies nach der Blüte.

Ein Bonsai läßt sich auch aus Stecklingen, Samen oder Ablegern ziehen. Dieser Weg ist jedoch sehr langwierig und mühevoll. Ohne die richtige Pflege kann es einem passieren, daß man als Lohn all der Mühen nur ein Zwerggestrüpp mit einer Unmenge von Zweigen und großen Blüten erhält. Wenn man nicht die Geduld aufbringt, einen Bonsai aus einem Ableger oder aus einem wilden Exemplar zu ziehen, kann man versuchen, andere Pflanzen nach Bonsaiart zu gestalten. Dazu eignet sich jedes kleine und hübsche Gewächs, wie z. B. ein *Ficus* oder eine Begonie, ebenso Mistel, Gardenie, Geranie und der großblättrige Zierefeu. Alle diese Pflanzen lassen sich in interessante, ausgewogene Formen bringen.

Zweige und Äste, die zu lang oder zu schwach sind, kürzt man bis auf ein geeignetes Auge. Sollen sie nach einer bestimmten Seite wachsen, schneidet man sie oberhalb eines Triebes, der in die gewünschte Richtung zeigt, ab.

Überflüssige Zweige oder Äste, die die gewählte Wuchsform des Bonsai beeinträchtigen, schneidet man ab. Zu niedrige Äste entfernt man ebenfalls. Ferner schneidet man von zwei sich gegenüberstehenden oder sich kreuzenden Ästen jeweils einen weg.

Die Halbkaskadenform braucht häufigen Rückschnitt (oben).

Diese locker aufrechte Form wurde durch Drahten erreicht (unten).

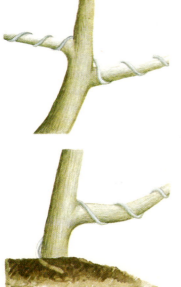 

Es dauert Jahre, bis die erstrebte Form erreicht ist. Mit Kupferdraht kann man die Äste in jede Richtung zwingen. Aber Vorsicht! Wenn

der Draht zu fest gebunden ist, schneidet er ein. Und zu locker ist er wirkungslos. Die Drahtenden steckt man in den Boden.

Bäume im Haus

Ein Baum verleiht einem Zimmer neue Dimensionen. Kleine und attraktive Pflanzen sind sehr dekorativ, ein Baum jedoch verändert die ganze Konzeption eines Zimmers. Im allgemeinen verlangen Bäume im Zimmer nicht viel Pflege und sind deshalb in Büros und Ausstellungsräumen sehr beliebt.

Bei manchen Exemplaren, die man im Zimmer hält, handelt es sich um echte Bäume, z. B. bei der *Araucaria,* der Zimmertanne und bei vielen Palmenarten. Sogar heimische Bäume wie Eiche und Kastanie kann man für eine gewisse Zeit ins Haus bringen. *Ficus elastica,* der Gummibaum, *Dracaena* und die schöne sukkulente *Crassula arborescens* mit ihren fleischigen, grünen Blättern und ihrem grauen Stamm können im Zimmer als hochwachsende Bäume gezogen werden. Gemeinsam ist ihnen allen die Größe und ihre beherrschende Wirkung. Es ist ratsam, nicht zu viele Bäume im Zimmer zu halten, weil sie mit der Zeit zu üppig und groß werden.

Der hübscheste Baum fürs Zimmer ist wohl *Ficus benjamina,* der kleinblättrige Gummibaum. Er wächst nicht allzu rasch, erreicht aber mit der Zeit die Zimmerdecke. Sein hellgrauer Stamm steht in zartem Kontrast zu den glänzenden, spitzen und leuchtend grünen Blättern. Wenn man sie regelmäßig absprüht, ist der Gummibaum genügsam und kann das ganze Jahr über im Zimmer stehen.

Die Zimmerlinde, *Sparmannia,* wird bis 2,5 m hoch. Durch regelmäßiges Rückschneiden und Ausputzen läßt sie sich in eine ansprechende Form bringen. Im Frühjahr bilden sich gewöhnlich weiße Blüten, die in der Mitte goldgelb sind; die Blätter sind weich und beflaumt. Bei ausreichendem Licht blüht eine *Sparmannia* das ganze Jahr über. Wenn sie so groß geworden ist, daß

man sich von ihr trennen muß, kann man sie durch Stecklinge, die leicht wurzeln, vermehren.

Dattelpalmen sind exotische Zimmerbäume. Zwei Arten sind zu empfehlen: *Phoenix canariensis,* die man bei Gärtner kauft, und *Phoenix dactiylifera,* eine schnell- und hochwüchsige Pflanze. Letztere läßt sich auch aus einem Dattelkern ziehen; sie braucht dann allerdings recht lange bis sie so hoch ist, daß man sie als Baum bezeichnen kann.

Viele *Dracaena*-Arten ähneln mit ihren langen, dünnen Stämmen und großen, glänzenden Blättern kleinen Palmen. Sie werden mehrere Meter hoch und gedeihen in warmen Räumen; die Temperatur darf nicht unter 10° C absinken. *Dracaena marginata* hat sehr schmale Blätter und wird 2 m hoch; *Dracaena reflexa* mit ihrer bunten Sorte 'Song of India' entwickelt sich zu einem hübschen Busch mit mehreren kleinen Stämmen und Zweigen. Alle *Dracaena*-Arten sind schöne Bäume mit strenger Form und dünnem Stamm.

Crassula arborescens ist ein kleinerer ›Baum‹, der 1 m hoch wird. Er bevorzugt einen hellen, kühlen Standort, wo es im Winter nicht über 10° C warm wird. Ein gut beleuchteter Gang ohne Zugluft ist ideal.

Kleine Eichen und Kastanien ergeben hübsche Zimmerbäume, aber man kann sie eben nur vorübergehend im Haus halten und in dieser Zeit brauchen sie so viel Licht wie möglich. Nach einem Jahr muß man sie wieder ins Freie setzen. Auch manche früchtetragende Bäume lassen sich im Zimmer halten, brauchen aber ebenfalls einen hellen, luftigen Standort. Ein Feigenbaum hält sich z. B. gut im Topf oder eine Rebe in einem Kübel umrahmt anmutig ein ganzes Fenster.

Im warmen Zimmer gedeiht *Dracaena massangeana* gut (oben).

Eine lange, helle Galerie ist vielleicht der einzige Raum, der von großen Bäumen, die man sonst fast nur im Freien sieht, nicht »erschlagen« wird (ganz links).

Interessant ist diese Kombination von *Yucca aloifolia* mit schmalen, spitzen Blättern und *Banana muscanana cavendishii* (links) mit breitem, flachem Blattwerk.

Die Glaskuppel dieser ehemaligen Kapelle ist ganz von einem *Ficus carica* durchwachsen. Die Kuppel war ursprünglich um einen Baum herumgebaut worden (oben).

Bromelien · Formschnitt · Wasserbecken

Viele unserer seltsam und exotisch aussehenden Zimmerpflanzen sind im feuchtwarmen, sumpfigen Urwald oder in der trockenen, heißen Wüste zu Hause. Zu den interessantesten unter ihnen gehören die Bromelien, die in ihrem natürlichen Verbreitungsgebiet, den tropischen Regenwäldern Südamerikas, als Epiphyten in den Astgabeln großer Bäume wachsen. Die steifen Blattrosetten bilden eine Zisterne, der die Pflanze ihren Feuchtigkeitsbedarf und gelöste Nährstoffe entnimmt. Eine der bekanntesten Bromelienarten und die einzige, die wirtschaftlich genutzt wird, ist die Ananas. Zu den Bromelien gehören insgesamt 1800 Pflanzen, von denen eine außergewöhnlicher ist als die andere. Sie blühen während ihres Lebens nur ein einziges Mal und ihre Blüten sind von Hochblättern in den verschiedensten Farben umgeben. Allerdings hält sich die Blüte mehrere Monate lang und während der Blütezeit entstehen kleine Ableger oder Kindel. Die Bildung von Blüten kann man bei Bromelien beschleunigen, wenn man die Pflanze ein paar Tage lang in eine Plastiktüte stellt und einen reifen Apfel dazulegt. Das Äthylen, das dem Apfel entweicht, veranlaßt die Pflanze zur Blütenbildung.

Bromelien sind anspruchslos und passen sich gut den Bedingungen in einem Zimmer an. Durch Absprühen bleibt die Pflanze sauber; die Zisterne muß stets Wasser enthalten. Sie wird verschiedentlich auch als »lebende Vase« für Schnittblumen verwendet.

Bromelien kann man in flache Schalen setzen, die mit einer faserigen, porösen Bromelienerde gefüllt sind. An einem Epiphytenstamm bringt man Bromelien besonders schön zur Wirkung. Ein alter Stamm einer Akazie, einer Ulme, einer Kastanie oder eines Apfelbaums ist bestens dafür geeignet. Wichtig ist, daß der Epiphytenstamm eine solide Standfläche aus Holz oder Zement besitzt. Anderseits sollte er aber so leicht sein, daß er sich ohne große Mühe bewegen läßt. Nun nimmt man die Pflanzen aus ihren Töpfen und umwickelt die Wurzeln mit feuchtem Sphagnum-Moos; dann befestigt man sie vorsichtig mit Draht in den Astgabeln des Stammes. Am besten wählt man dazu grünen Draht, da er nicht so sehr auffällt. Besonders gut eignen sich *Tillandsia* und *Cryptanthus* für einen Epiphytenstamm. Das Sphagnum mit den Wurzeln der Pflanzen besprüht man häufig, damit es nicht austrocknet.

Tillandsia (oben) und *Vriesea imperialis* (unten) lassen sich gut und ihrem Naturell entsprechend an Epiphytenstämmen ziehen.

Die bunten Hochblätter von *Aechmea splendens* und *A. fasciata* »blühen« nur einmal, aber sehr lange (unten).

Formschnitt ist die Kunst, Pflanzen ein stilisiertes Aussehen zu geben. Diese Kunst war während des Barocks sehr beliebt, und man findet heute noch viele herrliche Beispiele in Gärten aus dieser Zeit. Die eigentliche Kunst des Formschnitts kann im Hause nicht praktiziert werden, denn Hecken aus Eibe und Liguster, die sich für einen Formschnitt eignen, gedeihen nur im Freien. Aber in manchen Punkten kann man die Technik des Ausputzens und des Zuschnitts auch auf Zimmerpflanzen übertragen. Beim Formschnitt für Zimmerpflanzen unterscheidet man zwei Stilrichtungen. Entweder man zieht eine Kletterpflanze an einem gebogenen Draht, was verhältnismäßig einfach ist, oder man täuscht einen Formschnitt dadurch vor, daß man mehrere kleine Pflanzen an einer Drahtform zieht, die man mit Moos ausgestopft hat. Im Handel sind derartige Gebilde in vielen Formen und Größen erhältlich. Sie lassen sich aber auch sehr einfach selbst herstellen. Es erfordert aber viel Zeit und Geduld bis man auf diese Weise eine wirklich gute Imitation eines Formschnitts erhält.

Kletterpflanzen wie *Stephanotis* oder *Passiflora* kauft man oft über Drahtreifen gezogen. Sobald die Ranken wachsen, befestigt man sie mit Draht an ihrer Stütze. Zu den beliebtesten Formen, die im Handel erhältlich sind, gehören Kugeln, Obeliske und Pyramiden aus Drahtgeflecht, die man in einen Blumentopf setzt. Zum Umwachsen solcher Gebilde eignen sich Kletterficus *(Ficus pumila)*, Känguruhwein *(Cissus antarctica)*, *Rhoicissus rhomboidea* und viele Efeuarten. Bedingungen für einen Erfolg sind jedoch regelmäßiges Festbinden, Ausputzen und Rückschneiden. Nur dadurch wird die Pflanze in ihrer stilisierten Form gehalten. Würfel oder Kugeln aus Drahtgeflecht werden mit feuchtem Sphagnum gefüllt. In das Moos setzt man bewurzelte Stecklinge und bindet sie eng an das Geflecht. Auf diese Weise kann man den Formschnitt einer Hecke gut imitieren. Meist verwendet man dazu Efeu. Es wird allerdings eine Weile dauern, bis er dicht wird und einer Hecke ähnlich sieht. Wichtig ist, daß man die Pflanzen täglich lauwarm absprüht und ein- bis zweimal pro Woche düngt.

Einen ganz besonderen Reiz haben bepflanzte Wasserbecken. Da Wasser schwer ist, ist die Einrichtung eines Beckens oder eines kleinen Teiches im Hause etwas problematisch; die richtige Plazierung größerer Becken muß deshalb zuvor mit einem Architekten besprochen werden. Dies ist besonders dann zu empfehlen, wenn man nicht im Erdgeschoß wohnt. Ein Wasserbecken erfordert einen Abfluß und einen Wasserhahn zum Nachfüllen.

Wasserbecken gibt es aus Beton, Plastik oder Fiberglas. Will man das Becken auf dem Balkon oder auf dem Dach installieren, wählt man eines aus Plastik oder Fiberglas. Im Zimmer gedeihen Pflanzen in Wasserbecken nur bei guter Beleuchtung.

Gewächse, die nasse Füße lieben, stellt man samt Topf ins Becken; dafür eignen sich besonders *Cyperus*-Arten. Für tiefere Becken empfehlen sich Seerosen *(Nymphaea),* die in Töpfe oder Körbe eingepflanzt werden. Die Erde, die man zur Bepflanzung nimmt, sollte so unorganisch wie möglich sein. Torf und faserige Lehmerde sind ungeeignet, da durch sie das Wasser grün wird. Am besten verwendet man einen einfachen, schweren Lehm, dem man etwas Knochenmehl beimengt. Kleine Becken brauchen nur wenig tiefer als ein Duschbecken zu sein. In sie setzt man am Rande Pflanzen wie *Cyperus,* das gern mit den Wurzeln im Wasser steht, oder *Xanthosoma nigrum* mit seiner gelben, dem Aronstab ähnlichen Blüte, ferner *Caltha* mit gelben Blüten, *Iris* und auch Reis *(Oryza sativa).* Alle diese Pflanzen sind in Spezialgeschäften erhältlich. *Butomus umbellatus* wird 60 cm hoch, hat rosa Blütendolden und lange, schmale Blätter. *Scirpus tabernaemontani* besitzt spitze Stengel und wird 1 m hoch. Unbeheizte Becken kann man außerdem noch mit allerlei Fischen bevölkern; für beheizte Becken eignen sich nur tropische Fische.

Ist einem ein richtiges Becken fürs Zimmer zu groß, tut es auch ein etwa 80 l-Kübel aus Holz oder aus Plastik. In ihn kann man z.B. Seerosen pflanzen und auch ein paar kleine Fische setzen. Für Sauerstoff sorgen Wasserhahnenfuß und Laichkraut in beschwerten Plastikkörbchen. Sie halten das Wasser auch sauber. Für die Bepflanzung ist das späte Frühjahr die beste Zeit.

Auch eine 15 bis 25 cm tiefe Schale ist schon ein recht hübsches Wasserbecken, das man mit kleinen Seerosen, wie *Nymphaea pygmaea* ›Alba‹, *N. candida* und *N. pygmaea* ›Helova‹ bepflanzen kann. Man setzt sie im Frühjahr in eine 7 bis 8 cm tiefe, mit Kies bedeckte Erdschicht. Auch in einem Goldfischglas machen sich kleine Wasserpflanzen, wie Wasserhyazinthe *(Eichhornia crassipes),* Wasserfarn *(Azolla caroliniana)* und Froschbiß *(Hydrocharis morsus-ranae)* sehr hübsch.

Die Pflanzensäule

Etwas für Bastler ist die hängende Pflanzensäule. Sie ist mit etwas Geschick leicht anzufertigen und kann in einem Raum zum attraktiven Blickfang werden. Besonders zu empfehlen ist sie für enge Zimmer oder z. B. für Nischen, an denen normalerweise keine Pflanzen stehen. Voraussetzung für ihr gutes Gedeihen sind allerdings Helligkeit und genügend Platz zum Entfalten. Wie groß die Säule werden soll, hängt vom jeweiligen Standort ab.

Das Wachstum der Pflanzen ermöglicht eine wasserspendende, durchlöcherte Röhre, die das Kernstück der Säule bildet. Die Röhre ist von feuchtigkeitsspeicherndem Schaumstoff (Oasis, wird auch zum Blumenstecken verwendet) umgeben. Am oberen Ende der Säule befindet sich ein mit Kies gefüllter Trichter, durch den das Gießwasser in die Röhre gelangt. Der Schaumstoff saugt sich voll Feuchtigkeit und leitet sie an die umgebende Pflanzenerde weiter. Überschüssiges Wasser tropft in eine flache Schale, die sich am unteren Ende der Röhre befindet. Viele Gewächse eignen sich zur

Bepflanzung. Die Bedürfnisse der einzelnen Pflanzen müssen jedoch immer beachtet werden. Am besten nimmt man widerstandsfähige Arten. An Säulen kann auch direkt ausgesät werden. Das führt of zu einem kräftigen Wachstum der Pflanzen.

Einen anziehenden optischen Effekt erzielt man mit Blumenarten, die wild im Freien vorkommen. Auch eine Bepflanzung mit verschiedenen Gräsern ist reizvoll. Meistens entscheidet man sich aber für eine Säule mit Kräutern, die einem doppelten Zweck dient: sie ist einmal hübsch anzusehen und duftet; außerdem liefert sie den täglichen Bedarf an Kräutern. Eine Kräutersäule kann nicht nur in der Küche, sondern überall aufgehängt werden.

Auch eine Pflanzensäule braucht regelmäßig Wasser und Dünger. Außerdem dreht man sie von Zeit zu Zeit, damit jede Seite gleichmäßig Licht erhält. Wo neugierige Kinder oder temperamentvolle Haustiere sind, muß man sie entsprechend hoch hängen.

Die Gesamtlänge der Säule ist von der Länge der zum Aufhängen benutzten Kette abhängig. Zur Herstellung einer Säule von etwa 1,50 m Länge benötigt man folgendes Material (die Abbildungen sind nicht maßstabsgerecht):

1 Eine ca. 120 cm lange, durchlöcherte Plastikröhre von 1,5 cm Durchmesser.

2 Einen Feuchtigkeitsspeicher aus Oasis-Schaumstoff (105 cm × 6,5 cm).

3 Einen Zylinder aus geschweißtem Maschendraht mit 18 cm Durchmesser (Gitterquadrate: 2,5 × 2,5 cm).

4 Zum Aufhängen an der Decke einen Stahlhaken von 5 cm Durchmesser.

5 Zwei Stahlhaken von 2,5 cm Durchmesser zur Befestigung der Kette am Drahtzylinder.

6 Einen Plastiktrichter mit einem Durchmesser von 18 cm.

7 Eine Stahlkette mit 1,5 cm großen Gliedern.

8 Eine Rolle mit kräftiger Plastikfolie von 120 cm Breite.

9 Eine flache Glas- oder Plastikschüssel mit einem 5 cm weiten Loch.

10 Ein Kupferrohr, das unten über die Plastikröhre geschoben werden kann, sowie einen Kupferbolzen zu ihrer Befestigung. Außerdem etwas weiches Dichtungsmittel.

Für die Säulenfüllung benötigt man:
A. Kies für den Trichter
B. Erde
C. Torf
Man vermischt 2 Teile Torf mit einem Teil Erde.

Außerdem braucht man Senf- und Kressesamen, um die Erde zu festigen – und natürlich die Pflanzen.

Den großen Haken befestigt man an einem Deckenbalken oder ähnlichem. Er muß fest und sicher angebracht sein, denn die bepflanzte Säule ist sehr schwer.

Durch den Schaumstoff wird die Plastikröhre gesteckt. An ihrem oberen Ende befestigt man den Trichter.

Nun wird das Kupferrohr von unten durch die flache Glas- oder Plastikschüssel geführt. Die Verdickung am unteren Ende des Rohres soll den Austritt von Gießwasser verhindern. Erforderlichenfalls kann man mit etwas Dichtungsmasse nachhelfen. Als nächstes schiebt man das Kupferrohr durch eine der Maschen im Boden des Drahtzylinders. In diesen setzt man von oben die Plastikröhre und schiebt sie unten über das Kupferrohr. Die beiden werden dicht über dem Boden des Drahtzylinders mit dem Kupferbolzen verbunden.

Man füllt den Zwischenraum zwischen Zylinder und Schaumstoff mit Erde aus. Um die Erde zu festigen sät man Kresse und Senf. Danach wird die Säule in Plastikfolie gehüllt, man füllt Kies (als Filter) in den Trichter und schüttet etwas Wasser hinein. So läßt man die Säule etwa eine Woche stehen.

Sobald Senf und Kresse keimen, entfernt man die Hülle von der Säule und sät die gewünschte Bepflanzung an. Samen festigen die Erde besser als Stecklinge. In die Glas- oder Plastikschüssel setzt man Riedgräser, wie z. B. *Carex*, die das überschüssige Gießwasser aufnehmen.

Jetzt kann die Säule aufgehängt werden. Die beiden kleinen Haken benötigt man zum Befestigen der Kette am Drahtzylinder. Die ganze Konstruktion wird nun an dem großen Haken aufgehängt. Am besten wählt man einen luftigen, geräumigen und hellen Platz. Günstig ist es, wenn die Säule ab und zu gedreht wird, da dann jede Seite gleich viel Licht erhält. Bald wird die Säule zum vielbewunderten »Pflanzenmobile«.

Für diese »Kräutersäule« verwendete man *Hebe subalpina*, Thymian, Basilikum und Rosmarin. In der Glasschale wachsen Riedgräser (rechts).

Zimmerpflanzen für Kinder

Kinder können zu eifrigen und passionierten Zimmergärtnern werden, wenn sie erst einmal ihre anfängliche Ungeduld überwunden haben. Anfangs neigen sie dazu, ausgesäte Samen am nächsten Tag wieder auszugraben, um nachzuschauen, ob vielleicht schon irgendetwas gewachsen ist. Es gibt allerdings Pflanzen, die sehr schnell wachsen. Sie ziehen Kinder rasch in ihren Bann, und wenn sie sehen, wie Wurzeln und Triebe sichtbar größer werden, werden sie bei ihren gärtnerischen Versuchen bald mehr Geduld haben.

Am schnellsten unter den raschwüchsigen Pflanzen entwickelt sich Kresse, deren Samen man in jeder Gärtnerei kaufen kann. Auf feuchtem Fließpapier oder auf angefeuchtetem Stoff keimt sie innerhalb weniger Tage und nach Ablauf einer Woche kann bereits geerntet werden. Besonders lustig ist es, wenn man Kresse in eine mit Schnitten versehene Kartoffel sät, so daß sich die Pflanzen wie ein Haarschopf entwickeln. In gleicher Weise läßt sich auch eine Melonenschale verwenden.

Fast ebenso rasch wachsen Linsen. Man füllt eine Untertasse mit gerade soviel Wasser, daß die Linsen im Feuchten liegen und stellt das Ganze aufs Fensterbrett. In knapp einer Woche zeigen sich kleine, grüne Triebe.

Pflanzen, die sowohl zuviel Liebe als auch etwas Nachlässigkeit vertragen, können durchaus von Kindern gepflegt werden. Der Känguruhwein z. B. ist eine ideale Zimmerpflanze für Kinder (oben).

Der Kürbis (unten) hat die Form eines Zeppelins; er steht zusammen mit Kinderspielzeug auf einem hellen Fensterbrett. Bohnen wachsen aus ihm heraus.

Eine »Kartoffelbüste« erhält man, wenn man eine halbe und eine ganze Kartoffel aufeinander setzt. Kressesamen – auf dem »Kopf« ausgesät – sorgt für üppigen, grünen Haarwuchs.

Die üblichen Pflanzen, mit denen man Kindern das Wachstum demonstriert, sind Bohnen. Auf einem feuchten Stück Stoff oder in einem Marmeladenglas mit einem angefeuchteten Löschpapier schlagen sie rasch Wurzeln. Die Bohnen werden zuvor über Nacht eingeweicht, dann drückt man sie mit dem Löschpapier an die Wand des Glases, so daß sie gut zu beobachten sind. Auf den Glasboden kommt etwas Wasser, damit das Löschpapier feucht bleibt. Wenn man Wurzel- und Triebwachstum demonstriert hat, setzt man die Bohnen in Erde. Ein geradezu ideales Saatbeet ist ein feuchter Schwamm. Auf ihm keimen Radieschen, Steinkraut, Ringelblumen und Kopfsalat.

Das Ziehen einer »Kartoffelrebe« ist für Kinder ein amüsantes Unternehmen. Man nimmt dafür eine Saatkartoffel mit vielen Augen und setzt sie auf ein mit Wasser gefülltes Marmeladenglas, so daß ihr unterer Teil im Wasser hängt. Dann stellt man das Ganze für ein paar Tage an einen dunklen, kühlen Platz bis sich Wurzeln bilden. Aus den Augen des oberen Teils sprießen Triebe, von denen nur einer oder zwei belassen werden. Danach topft man die Kartoffel ein und stellt sie an ein Fenster. Die Triebe werden 1 bis 2 m hoch und ranken sich an Schnüren empor. Dasselbe Experiment läßt sich mit einer Süßkartoffel (Batate) anstellen. Man

hängt sie mit dem dünneren Ende nach unten in das Marmeladenglas. Im Gegensatz zur Saatkartoffel braucht sie zum Keimen keinen dunklen Platz.

Hübsche Ranken entwickeln sich auch aus ungerösteten Erdnüssen. Man setzt dazu ein oder zwei in feuchte Erde, stellt sie ins Warme und wartet, bis sie keimen.

Kinder können auch mit Gemüseabfällen ihre Versuche machen. Man stellt zum Beispiel das abgeschnittene obere Ende einer frischen Möhre in eine Untertasse mit Wasser an einen hellen Platz. Bald zeigen sich Fiederblättchen, die aussehen, als gehörten sie zu einer kleinen farnartigen Pflanze. Derselbe Versuch läßt sich auch mit Runkelrüben und Pastinak anstellen.

Auch die Ananas ist für derartige Experimente sehr geeignet. Man schneidet den oberen Teil der Frucht mit der Blattrosette ab, entfernt das Fruchtfleisch und läßt das abgeschnittene Stück 2 bis 3 Tage trocknen. Nun schneidet man die unteren Blätter ab, setzt die Rosette in eine feuchte, sandige Erdmischung und stellt das Ganze bei etwa 18° C an einen hellen Platz. Bei viel Geduld und regelmäßigem Absprühen entwickeln sich Wurzeln und schließlich eine richtige Pflanze, die ihren Verwandten *Aechmea* und *Billbergia* in nichts nachsteht.

Mit Bohnen (links) kann der »Gärtnernachwuchs« nach Belieben experimentieren. In einem mit Wasser gefüllten Marmeladenglas – zwischen Glas und Löschpapier – sprießen die Bohnen schnell.

Spaß macht es, auf einem feuchten Tuch oder Löschblatt mit Kresse- oder Senfsamen Namen zu schreiben (rechts). Auch eine Hilfe beim Schreibenlernen!

Küchenabfälle wachsen gut auf einem Teller mit Wasser (links). Aus den oberen Abschnitten von Gelben und Roten Rüben sprießen hübsche Blätter.

Linsen keimen schnell in Wasser; jedes Stadium der Wurzelbildung kann bequem verfolgt werden.

Aus Kernen von Melone und Grapefruit kann man leicht Pflanzen ziehen (oben). Bei viel Sonnenschein und Luft im Sommer sowie gleichmäßiger Wärme im Winter und natürlich genügend Wasser wachsen sie rasch.

Eine Palme braucht schon wesentlich länger, bis sie aus einem Dattelkern entstanden ist. Dieses prächtige Exemplar (unten) steht in einem hellen, modernen Büro; es ist 8 Jahre alt und wächst immer noch weiter.

Pflanzen, die sich selbst ausgesät haben, kann man an den unmöglichsten Stellen entdecken. Einer der gesündesten Zitronenbäume, den ich gesehen habe, wuchs auf einem Komposthaufen in der hintersten Ecke meines Gartens und eine Roßkastanie, die in einen Topf mit Geranien geraten war, hat sich heute zu einem 1,5 m hohen Baum entwickelt. Im Haus sind solche Zufälle aber selten. Steckt man einen einzigen Avokado- oder Zitronenkern feierlich in einen Topf und es passiert lange nichts, ist die Enttäuschung groß. Hat man aber ein Dutzend Kerne überall im Haus verstreut eingepflanzt, ist es viel wahrscheinlicher, daß sich irgendwo etwas rührt.

Bäume und Sträucher lassen sich leicht aus Kernen oder Steinen ziehen. Die meisten Fruchtkerne und -steine keimen in feuchter Erde im Dunkeln. Man darf aber nicht zu früh resignieren, denn manche brauchen dazu recht lange. Jeder Kern oder Stein, den man einpflanzt, muß selbstverständlich frisch sein. Er darf nicht von Dosenobst stammen. Denn durch das Konservieren geht die Keimfähigkeit verloren.

Besonders empfehlenswert für derartige Versuche ist die Avokadobirne *(Persea americana)* die im tropischen Amerika zu einem stattlichen Baum heranwächst. Avokadokerne schlagen in Wasser oder sandiger Erde leicht Wurzeln. Soll das in Wasser geschehen, muß man den Kern mit seitlich angebrachten Stecknadeln oder Zahnstochern in einer bestimmten Lage halten. Das spitzere Ende zeigt hierbei nach oben und darf nicht von Wasser bedeckt sein. Das andere Ende befindet sich im Wasser. Läßt man den Kern in Erde keimen, muß das spitzere Ende aus der Erde herausschauen. In jedem Falle muß das Versuchsobjekt an einen warmen, nicht zu hellen Platz gestellt werden. Nach 4 bis 8 Wochen spaltet sich der Kern und es erscheinen rosa Triebe. Jetzt bringt man die Pflanze an einen helleren Ort. Sobald sich bei einem »Wasserkeimer« kräftige Wurzeln gebildet haben, setzt man ihn in eine sandige Erdmischung. Die Avokado entwickelt sich, wenn sie alle 3 Wochen Dünger bekommt, zu einer aufrecht wachsenden Pflanze mit spitzen Blättern und verholztem Stamm. Um zu vermeiden, daß sie hoch und dünn wird, entfernt man die Spitze, damit sich Seitentriebe entwickeln. Eine Avokado, die in Wasser gekeimt hat, wächst auch gut in Hydrokultur weiter. Überwintert wird die Pflanze bei einer Temperatur von 10° C.

Kürbiskerne trocknet man in der Sonne. Dann legt man sie in Aufzuchterde und gießt reichlich. An einem warmen Platz entwickeln sich aus ihnen rasch kleine Pflänzchen. Wenn man sie düngt, blühen sie manchmal und setzen Früchte an. Rankende Sorten zieht man an Schnüren.

Die Dattelpalme *(Phoenix dactylifera)* gehört zu den interessantesten Pflanzen, die sich aus Samen ziehen lassen. Kerne von frischen Früchten kann man in Wasser zum Keimen bringen, man kann sie aber auch mit dem spitzen Ende nach oben 2 cm tief in Aufzuchterde stecken. Bei einer Temperatur von 21° C hält man sie an einem dunklen Platz feucht. Innerhalb von 4 bis 10 Wochen erscheint ein langes, schmales Blatt. Nun stellt man den Topf ans Licht und hält die Pflanze weiterhin feucht. In einigen Jahren kann sich unsere kleine, elegante Palme zu einer großen Pflanze entwickeln.

In feuchter Erde keimen die Kerne von Zitrusfrüchten, wie Orange, Zitrone, Pampelmuse oder Mandarine ohne Schwierigkeiten. Man steckt stets 3 bis 4 Kerne 2 bis 3 cm tief in einen Topf. Bis sich Triebe zeigen, stellt man den Topf an einen warmen, dunklen Platz. Wenn die Triebe etwa 10 cm groß sind, vereinzelt man und setzt die Pflanzen jährlich einmal um.

Alle Zitruspflanzen haben kleine, eiförmige, dunkelgrüne Blätter. Bei der Mandarine ist das Blattwerk am üppigsten. Sie sind aber frostempfindlich und nicht sehr widerstandsfähig. Mandarinen bevorzugen einen luftigen, sonnigen Platz und eine Temperatur von 8 bis 10° C. Im Sommer stellt man sie ins Freie, damit der

Stamm kräftig wird und verholzt. Man gießt reichlich, düngt alle 3 bis 4 Wochen und schneidet größere Pflanzen zurück.

Die Zwergorange *(Citrus microcarpa),* die man als dekoratives Bäumchen mit kleinen Früchten kaufen kann, läßt sich ebenfalls aus einem Kern ziehen. Schon bei einer Wuchshöhe von 30 cm beginnt sie zu blühen und Früchte zu tragen. Ein normaler Zitrusbaum muß dazu etwa 2 m hoch werden und paßt dann meist nicht mehr in die Wohnung.

Weitere Gewächse die sich aus Kernen oder Steinen ziehen lassen, sind Pfirsich-, Pflaumen-, Kirsch-, Mandel-, Nektarinen-, Aprikosen-, Apfel- und Birnbäume. Sie stammen aus einem kühleren Klima und brauchen daher zum Keimen wenig Wärme. Die Samen der frostunempfindlicheren Bäume keimen sogar besser nach einem Winter im Freien.

Jeden Samen steckt man in einen eigenen Topf. Die härteren, wie Pfirsich-, Pflaumen- und Mandelsteine sollte man zuvor vorsichtig mit dem Nußöffner anknacken, ohne dabei den Inhalt zu beschädigen, denn hierbei handelt es sich ja um den eigentlichen Samen. Hat sich die Pflanze schließlich zu einem Busch entwickelt, trägt sie im Frühjahr weiße oder rosa Blüten. Mit der Zeit muß man sie aber wegen ihrer Größe leider ins Freie pflanzen. Als Zimmerpflanze wird sie jährlich einmal umgetopft.

Viele Waldriesen lassen sich aus Samen ziehen. Kinder sammeln besonders gerne Eicheln und Roßkastanien. Im Herbst stopfen sich viele Kinder die Taschen gerade mit den glänzenden, mahagoniefarbenen Kastanien voll. Auch Kiefernsamen, Bucheckern, Hasel- und Walnüsse kann man zum Keimen bringen. Sie werden in einen 10-cm-Topf gesteckt und an einen kühlen, luftigen Platz, z. B. auf den Balkon oder eine Fensterbank gestellt. Eicheln brauchen zwar lange zum Keimen, wachsen aber zu sehr schönen kleinen Bäumen heran; bei Roßkastanien und Kiefernsamen geht es rascher. Die jungen Bäume hält man feucht, topft sie jährlich um und setzt sie schließlich ins Freie an einen Platz, wo sie für die nächsten zwei- oder dreihundert Jahre ungestört wachsen können. Für ein Kind ist es faszinierend, wenn man ihm erklärt, daß ein jahrhundertealter Eichenbaum einst genau so klein war, wie die Eichel, die es selbst gerade in die Erde gesteckt hat.

Richtiggehende »Wälder« können in einem bescheidenen Winkel entstehen. Ananas, Avokados, Granatäpfel, Kastanien, immergrüne Eichen und Zitrusbäume sind dekorative Pflanzen, bis sie fürs Zimmer zu groß werden.

Manche Kinder bauen – z.B. im Sandkasten – stundenlang eine Miniaturwelt mit kleinen Landschaften auf. Terrarien, Flaschengärten, Wasserbecken und dergleichen lassen sich so einfach anlegen, daß die meisten Kinder bei der Gestaltung und Pflege mithelfen können.

Mit Kakteen, die von Natur aus widerstandsfähig sind, läßt sich in einer Schale eine bizarre Landschaft von Kinderhand bilden. Man gibt dem Kind dafür am besten Ableger von eigenen Pflanzen. Im Winter brauchen sie fast kein Wasser und auch im Sommer nur sehr wenig. Den Boden der Schale bedeckt man mit einer Kiesschicht zum Entwässern. Darüber kommt die gekaufte Kakteenerde. Das Ganze kann man mit verschiedenfarbigen Steinen dekorieren oder auch – was Kinder sehr oft vorziehen – mit kleinen Indianerfiguren.

Flaschengärten und Terrarien können in der üblichen Weise auch für Kinder angelegt werden. Man verwendet gesunde und widerstandsfähige Ableger oder Stecklinge von Efeu, Farnen oder Usambaraveilchen. Kindern macht es auch oft viel Spaß, Pflanzen in der freien Natur zu sammeln. Dabei besteht allerdings die Gefahr, daß alle möglichen Schädlinge eingeschleppt werden. Hier ist also ein bißchen Vorsicht angebracht.

Kinder jeden Alters säen mit Vorliebe selbst aus. Man gibt ihnen dazu Pappbecher und läßt sie diese zu zwei Dritteln mit Erde füllen. In jeden Becher kommen dann entweder etwa 3 große Samen, z.B. Kapuzinerkresse oder 5 bis 6 kleine, z.B. Radieschen.

Besser ist es, wenn man Kindern richtige Blumentöpfe oder einen Blumenkasten zur Verfügung stellen kann.

Am günstigsten sind natürlich Samen von Pflanzen, die rasch wachsen, bei denen das Ergebnis also besonders augenfällig ist, z.B. Gartenwinden, Erbsen, Bohnen oder Kürbisse. Will man eine große Pflanze, nimmt man Sonnenblumenkerne. Gerade für Kinder scheint es wie ein Wunder, daß sich aus einem kleinen Samen eine so stattliche Pflanze entwickeln kann. Sie braucht allerdings einen großen Topf und eine Stütze. Noch in nährstoffarmen Boden und ohne viel Pflege gedeiht die altmodische Ringelblume *(Calendula)*. Kapuzinerkresse kann hängend oder kletternd gezogen werden. Sie blüht Ende des Sommers in Scharlachrot, Gelb und Orange. Auch die Schleifenblume *(Iberis)* ist hübsch und raschwüchsig. Zu empfehlen ist ferner die Kornblume *(Centaurea cyanus)* mit ihren weißen, rosa oder eben kornblumenblauen Blüten. Auch Mohn mögen Kinder gerne; er ist ebenso blühwillig wie die Winde *(Convolvulus)*.

Wie sich aus einer Zwiebel eine Pflanze entwickelt, die später sogar Blütenköpfe trägt, ist für Kinder immer wieder von neuem interessant. Man kann dazu eine normale Zwiebel oder Knoblauchzehe nehmen. Zwiebelblüten sind hell und purpurfarben, Knoblauchblüten eher weiß und rötlich angehaucht. Da beide Pflanzen stark riechen, stellt man sie besser ins Freie.

Beliebt sind auch Gewächse, die sich mühelos durch Stecklinge vermehren lassen. Die Stecklinge vieler Zimmerpflanzen, wie Flei-

ßiges Lieschen, Fuchsie und Oleander bilden leicht Wurzeln, ebenso Kräuter wie Petersilie, Estragon und Minze, die man in der Küche brauchen kann.

Schließlich seien noch die Pflanzen erwähnt, die sich selbst vermehren. Man muß bei ihnen nur warten, bis ihre »Babies« groß genug sind, um von der Mutterpflanze abgetrennt und eingepflanzt zu werden. So bilden Judenbart und Grünlilie lange Ausläufer mit Jungpflänzchen an den Triebenden. *Tolmiea menziesii,*

»Henne mit Kücken« oder auch »Kindchen im Schoß« genannt, entwickelt in den Buchten ihrer Blätter bewurzelte Pflänzchen, die abfallen und weiterwachsen. Die interessanteste unter den Pflanzen, die sich selbst vermehren, ist das Gekerbte Brutblatt *(Kalanchoe crenata),* bei dem sich in den Kerben der Blattränder lauter bewurzelte Miniaturpflänzchen bilden. Alle diese Jungpflänzchen sind relativ anspruchslos; daher bleibt Kindern auch meist eine Enttäuschung erspart.

Auf einem sonnigem Fensterbrett stehen junge Kakteen in den üblichen Töpfen. Kinder können sie leicht versorgen. Im Winter müssen sie kühl gestellt werden (ganz oben).

Pflanzen in einem Glasbehälter wirken stets dekorativ. Man kann diese Wirkung noch steigern, wenn man sie wie diese *Hedera* in Wasser zieht, so daß Wurzeln und Stamm gut zu beobachten sind. (oben)

Mit kleinen Kakteen, die phantasievoll in einer Schale mit sandiger Erde gruppiert sind, ist eine Wüste en miniature entstanden. Indianer- und Cowboyfiguren runden die Wildwestszenerie ab (links).

Kinder brauchen für ihre Experimente keine teuren Spezialgefäße. Ein Wassergarten gedeiht in jedem verschließbaren Glasbehälter, in dem man die Pflanzen auch gut beobachten kann (rechts).

Küchenkräuter

Basilikum (links) zeichnet sich durch raschen und kräftigen Wuchs aus; es muß aber täglich gegossen werden, sonst verkümmert die Pflanze. Feines Basilikum hat kleinere Blätter. Es ist für die Zimmerkultur besser geeignet. Großes Basilikum läßt sich aber auch buschig ziehen. Wenn man den mittleren Trieb abschneidet, entsteht ein hübscher, kleiner Busch.

Basilikum mit zwei weiteren Gewürzkräutern, Fenchel und Petersilie (rechts). Fenchel ist ziemlich anspruchsvoll. Er kann 1,20 m hoch werden und wächst auch nicht mit anderen Kräutern (z. B. Dill) in einem Topf. Die unentbehrliche Petersilie braucht stickstoffreiche Erde. Sie keimt sehr langsam – also nicht verzweifeln!

Ist man glücklicher Besitzer eines größeren Gartens, pflanzt man natürlich hier auch Küchenkräuter, mit denen sich viel Abwechslung in den Geschmack des Essens bringen läßt. Aber auch als Stadtbewohner braucht man auf selbstgezogene Küchenkräuter nicht zu verzichten, wenn man nur über ein paar Blumentöpfe oder gar einen Balkonkasten verfügt. Kräuter sind für den Küchenbereich außerordentlich nützlich. Sie erfüllen aber auch das Zimmer, in dem sie wachsen, wohltuend mit ihrem aromatischen Duft.

Bei Küchenkräutern handelt es sich um Pflanzen, deren Stengel, Blätter und Blüten bestimmte mineralische Salze und aromatische Öle enthalten, die gesund sind, würzen und außerdem gut riechen.

Es ist eine alte Tradition, daß man zu bestimmten Gerichten ganz bestimmte Würzkräuter verwendet. Zu einem Lammbraten gehört Minze und zu fetten Gerichten, z. B. zu Gans- und Schweinebraten, nimmt man Salbei. Bohnen werden mit Bohnenkraut gekocht, einmal wegen des würzigen Geschmacks und zum anderen, weil es Blähungen verhindert. Schwer verdauliche Gemüse, wie Gurken und Kohl, verfeinert man mit Dill und Fenchel. Zu diesen überlieferten Würzgewohnheiten ist viel Neues hinzugekommen, da fremdartige Rezepte aus aller Herren Länder heute in Europa verbreitet sind. Es hängt also davon ab, welche Geschmacksrichtung man vertritt, ob man zu einem Nudelgericht Basilikum, das die Verdauung anregt, oder Curry verwendet. Heute sind viele früher bekannten Gewürze und Heilmittel, die lange Zeit vergessen waren, wieder neu entdeckt worden.

Die meisten Kräuter sind unauffällig und einfach zu halten. Als Standort eignet sich ein äußeres Fensterbrett, auf dem sie Luft und gutes Licht haben. Eine Ausnahme bildet der Kerbel, der besser im Haus gedeiht, weil er Beschattung braucht. Küchenkräuter lieben gleichmäßige Temperaturen und dürfen nicht zu sehr gegossen werden. Im Zimmer bleiben sie im allgemeinen kleinwüchsiger. In ihrer Würzkraft besteht jedoch kein Unterschied zu Gartenkräutern.

Selbstverständlich lassen sich tiefwurzelnde Pflanzen, wie Beinwell und Meerrettich nicht im Zimmer ziehen. Dasselbe gilt für hohe Gewächse, wie Liebstöckel und Zichorie. Kräuter pflanzt man entweder in Gruppen zusammen oder man setzt sie zu anderen Pflanzen dazu. Sie können recht dekorativ wirken. Man denke nur an die zarten Blattfiedern des Fenchels oder an die blaßblauen Borretschblütchen. Im Blumenkasten wächst der kleine Rosmarinstrauch anmutig über den Rand hinaus. Manchen Kräutern entströmt ein würziger Geruch; so kann man um des Aromas willen überall im Haus Töpfe mit Basilikum aufstellen, das alle Räume mit seinem zarten Duft erfüllt. Die Minze liebt keine anderen Pflanzen dicht neben sich; allein im Topf kommt ihr Geruch gut zur Geltung, aber ihre Wurzeln entwickeln sich so rasch, daß sie bald den ganzen Topf ausfüllen.

Küchenkräuter kann man zu jeder Jahreszeit kaufen und einpflanzen. Die meisten sind mit einem 10 bis 12 cm großen Topf zufrieden. Hat man einen Balkon oder einen Dachgarten, ist ein 45 × 90 cm großer Holzkasten mit einer Tiefe von 30 cm zu empfehlen. In ihn setzt man Schnittlauch, Rosmarin, Estragon und Petersilie.

Man kann auch Kerbel, Basilikum und Petersilie im Kasten aussäen. Minze setzt man besser allein in einen Kübel oder Eimer. Die geeignete Erdmischung besteht aus faserigem Lehm, Torf, Kompost, gut zersetztem Mist und etwas grobem Sand. Die Erde muß einmal im Jahr erneuert werden. Wenn möglich, düngt man nur mit organischem Dünger, z. B. Knochen- oder Blutmehl.

Frische Kräuter sind zum Würzen am geeignetsten, die Würzkraft von getrockneten Kräutern ist jedoch dreimal so stark. Wenn man also zuviel abgeschnitten hat, trocknet man für späteren Gebrauch. Am besten schneidet man Kräuter kurz vor der Blüte, dann ist das Aroma der ätherischen Öle besonders intensiv. Man trocknet sie auf einer luftdurchlässigen Unterlage im Freien oder in einem trockenen und gut belüfteten Zimmer. Oder man läßt sie mit dem Kopf nach unten dekorativ vom Küchenregal herabhängen. Das Sonnenlicht würde den Kräutern ihre flüchtigen Öle entziehen; deshalb muß man sie beim Trocknen vor Sonne schützen. Nach ein paar Tagen sind die Blätter meist runzlig und der Trockenvorgang ist beendet. Nun entfernt man die Blätter von den Stengeln und füllt sie in ein luftdicht verschließbares Glas, das man mit einem entsprechenden Etikett versieht. Getrocknete Küchenkräuter halten sich nicht ewig, deshalb ersetzt man sie im nächsten Jahr durch neue.

Thymian ist ein narrensicheres Gewächs. Er gedeiht auch in schlech-
ter Erde und sogar mit wenig Wasser. Ausgesprochen üppig wächst
Thymian auf einem warmen, sonnigen Fensterbrett (oben).

In einem wahren ›Gesundheitsgar-
ten‹ zieht man Kräuter, wie Kerbel
und Portulak (quadratische Schalen unten rechts), aber auch Soja,
Weizenkeime und Kresse.

Basilikum
Ocimum basilicum

Der Name dieser stark aromatischen Pflanze kommt von Basileus, dem griechischen Wort für König. Die Pflanze stammt aus Indien, wo sie seit alters auch bei der Herstellung von Curry verwendet wird. Basilikum spielt im Brauchtum vieler Länder eine Rolle. Für die Hindus war es Wischnu und Krischna heilig. Den Römern galt Basilikum als Symbol des Hasses. Für die Italiener war es ein Zeichen der Liebe: ein junger Mann trug ein Basilikumzweigchen bei sich, wenn er seine Liebste besuchte.

Aussehen und Anzucht:
Zwei Sorten sind bekannt, Großes und Feines Basilikum; letzteres ist am besten fürs Zimmer geeignet. Die einjährige Pflanze wird im Frühjahr ausgesät und stirbt im Winter ab. Man zieht sie aus Samen im Topf oder in einem beheizten Vermehrungskasten. Die Keimzeit beträgt 1 bis 2 Wochen. Sechs Sämlinge in einem 20-cm-Topf genügen. Man kneift die Spitzen der jungen Pflanzen ab, damit sie buschig werden. Ihr würziger Duft erfüllt die Räume.

Verwendung:
Geerntet werden die jungen Blätter. In der Küche wird Basilikum vielseitig verwendet. Bei Tomatengerichten darf es z. B. nicht fehlen; der Geschmack von Eier-, Käse- und Fischgerichten wird durch Basilikum verbessert. Das Kraut vertreibt auch Fliegen.

Lorbeer
Laurus nobilis

Der Lorbeer war im alten Griechenland Apoll geweiht und schützte vor Unheil. Lorbeerkränze wurden als Ruhmessymbol Dichtern und Helden verliehen. Die Römer steckten sich ein Lorbeerblatt hinters Ohr, das sie bei Festgelagen vor Trunkenheit schützen sollte. Im Mittelalter glaubte man, Lorbeer feie gegen Hexen, Teufel, Donner und Blitz.

Aussehen und Pflege:
Lorbeer ist ein immergrüner Strauch, der oft einen Formschnitt erhält. Er gedeiht in einem großen Topf oder Kübel auf einer sonnigen Fensterbank den Sommer über im Freien. Im Winter muß er vor Frost geschützt werden. Lorbeer läßt sich leicht aus Stecklingen von halbreifen Trieben vermehren.

Verwendung:
Die Blätter können das ganze Jahr über gepflückt werden. Vor der Verwendung läßt man sie mindestens 12 Stunden trocknen. Man lagert sie in luftdichten Behältern, da sich die starken Aromastoffe sonst schnell verflüchtigen. Lorbeerblätter regen den Appetit an. Sie erhöhen den Geschmack von Marinaden und Sauerkraut sowie von Fisch-, Geflügel- und Wildgerichten. Auch Kartoffeln und Gelbe Rüben verleiht Lorbeer eine eigene Würze, ebenso Bratenfleisch, gekochtem Schinken und Zunge.

Borretsch
Borago officinalis

Er stand schon immer in dem Ruf, die Menschen fröhlich und mutig zu machen. Die Blätter und manchmal auch die kleinen, blauen Blüten wurden in Wein getaucht und als Tonikum verwendet. Auch einen Tee braute man aus ihnen.

Aussehen und Anzucht:
Borretsch wird 45 bis 90 cm hoch. Seine graugrünen, behaarten Blätter und blauen Blüten erhöhen die Schönheit eines Blumenkastens am Fenster. Borretsch ist eine einjährige Pflanze. Man kann ihn leicht in einem Blumenkasten oder Topf aus Samen ziehen.

Verwendung:
Die nach der Blüte zu erntenden Blätter verwendet man am besten frisch. Sie zu trocknen, empfiehlt sich nicht. Die frischen Blätter schmecken köstlich im Salat oder auf einem Butterbrot. Sie verbessern den Geschmack von Suppen und Eintopfgerichten. Ein Blütenzweiglein mit ein paar Blattspitzen in ein alkoholisches Getränk getaucht, gibt diesem einen aparten Geschmack.

Kerbel
Anthriscus cerefolium

Die Römer verbreiteten den Kerbel vom Mittelmeergebiet aus in ganz Europa. Später galt er vor allem als Vorbeugungsmittel gegen die Pest, als Heilmittel gegen Schluckauf und als Linderungsmittel bei Rheuma und Quetschungen.

Aussehen und Aufzucht:
Kerbel ist eine aromatische, einjährige Pflanze mit zartem, fiedrigem Blattwerk. Er kann im Frühjahr und Sommer immer wieder neu gesät werden. Die Kerbelpflanzen brauchen einen kühlen, feuchten Platz ohne pralle Sonne. Ein alter Aberglaube besagt, daß man Kerbel 2 Tage vor Vollmond säen soll. Er gedeiht in Töpfen und Kästen gleichermaßen gut. Am besten gibt man ihm einen Kasten für sich, so daß man immer wieder nachsäen kann.

Verwendung:
6 bis 8 Wochen nach der Aussaat kann man ernten. Da man nur die Blätter braucht, wartet man die Blüte gar nicht ab. Am besten verwendet man Kerbel frisch und reichlich. Sein milder, zarter Geschmack paßt fast zu jedem Gericht. Außerdem lassen sich Speisen mit Kerbel hübsch garnieren.

Schnittlauch
Allium schoeno prasum

Er gehört zu den ältesten Kräutern. Schon um 3000 v. Chr. verwendete man Schnittlauch in China. Im Mittelalter benutzte man ihn nicht nur in der Küche, sondern auch als blut- und schmerzstillendes Mittel.

Aussehen und Anzucht:
Schnittlauch besitzt einen besonders feinen Geschmack. Wie ein kleines Grasbüschel wächst er in Töpfen und Blumenkästen. Er braucht nährstoffreiche Erde, stellt mäßige Ansprüche an die Lichtverhältnisse und darf nicht zuviel Sonne bekommen. Außerdem benötigt er viel Wasser. Im Frühjahr ausgesäte Samen entwickeln sich so gut, daß die Pflanzen oft im gleichen Jahr noch geteilt werden können.

Verwendung:
Sobald sich der Schnittlauch gut entwickelt hat, kann er in der Küche verwendet werden. Man schneidet ihn bis auf 5 cm über der Erde ab. Dadurch bleiben die Pflanzen kräftig. Fein geschnittenen Schnittlauch braucht man für Käse, Eier- und Eintopfgerichte. Bei frischem Gemüse ist er unentbehrlich; man nimmt ihn auch zu Kartoffeln und aufs Butterbrot. Ferner gibt er Suppen und Salaten einen delikaten, würzigen Geschmack.

Dill
Anethum graveolens

Der Name stammt aus dem Norwegischen und bedeutet »einschläfern«. Manche Leute macht Dill tatsächlich etwas schläfrig. Auf Babies wirkt Dilltee beruhigend und schlaffördernd. Die Heimat des Dill ist Kleinasien. Auf einer 5000 Jahre alten ägyptischen Papyrusrolle wird er als Arznei erwähnt. Die Griechen benutzten ihn als Parfum und die Römer bekränzten sich bei Festen mit ihm. Dill wurde immer als Glücksbringer betrachtet. Zur Hochzeit trug die Braut früher ein Dillzweigchen.

Aussehen und Anzucht:
Dill ist eine einjährige Pflanze mit gefiederten Blättern. Man sät ihn ab März in einen besonnten Blumenkasten, wo er sich mit seinem spargelkrautähnlichen Blattwerk bald sehr dekorativ ausnimmt.

Verwendung:
Zum Würzen verwendet man Samen und Blätter. Die Blätter können 6 Wochen nach der Aussaat geerntet werden. Pflanzen mit Blüten- und Fruchtdolden nimmt man gern zum Einlegen von sauren Früchten. Den Samen erntet man erst, wenn er ganz reif ist. Dillblätter werden zu Fischgerichten, Salaten oder zu Gemüsen verwendet. Samen und Blüten haben ein kräftigeres Aroma als die Blätter; außer zu Gemüsen nimmt man sie wie gesagt zum Einlegen saurer Früchte.

Fenchel
Foenicilum vulgare

Fenchel ist ein seit alters bekanntes Gewürz. Er wird auf alten ägyptischen Papyrusrollen bereits erwähnt. Die Römer verfeinerten Salate mit seinen Blättern, Wurzeln und Samen. Letztere verwendeten sie auch beim Brotbacken. Im Mittelalter benutzte man Fenchel als Insektenmittel. Genauso wie den Dill hielt man ihn für hochwirksam gegen Hexen, vor allem wenn er am Johannistag über die Tür gehängt wurde. Oft stopfte man ihn auch in Schlüssellöcher, um zu verhindern, daß nachts böse Geister eindrangen.

Aussehen und Pflege:
Fenchel ist eine winterharte, mehrjährige Pflanze. Er braucht einen großen Pflanzbehälter. Wenn man ihn in einem Blumentopf oder -kasten am Fenster hält, bleibt er klein. Fenchel eignet sich besonders für Stadtwohnungen, da er Rauch und Dunst verhältnismäßig gut verträgt. Er läßt sich leicht aus Samen ziehen und stellt keine besonderen Ansprüche an den Boden; Sonne braucht Fenchel jedoch reichlich und regelmäßig.

Verwendung:
Schon vor Beginn der Blüte bis in den Winter hinein können die Blätter abgeschnitten und frisch verwendet werden. Blätter und Stengel nimmt man zu allen Fischgerichten, zu Salaten, Huhn und Eiern.

Zitronenmelisse
Melissa officinalis

Im Namen der Pflanze steckt das griechische Wort für Honig; ihre Blüten werden nämlich besonders gerne von Bienen aufgesucht. Als man nur den Honig zum Süßen kannte, war sie als Bienenweide unentbehrlich. Zitronenmelisse wirkt schmerzlindernd und entspannend. Früher galt sie als Heilmittel gegen schiefen Hals, Tollwut und Kahlköpfigkeit.

Aussehen und Anzucht:
Die Zitronenmelisse ist eine Staude, die der Minze ähnelt und stark nach Zitrone riecht. Sie wird für sich allein in einem Topf von mindestens 12 cm Durchmesser gezogen.
Man vermehrt sie durch Samen im Frühjahr bzw. durch Stecklinge im Frühjahr oder Herbst. Es handelt sich um eine widerstandsfähige Pflanze, die gut vor dem Fenster gedeiht.

Verwendung:
Die Zitronenmelisse ist ein delikat schmeckendes Würzkraut. Ihre Blätter können jederzeit, besser jedoch vor der Blüte, geerntet werden. Dadurch regt man gleichzeitig auch das Wachstum der Pflanze an. Fein gehackt, verleihen sie Salaten und Füllungen einen angenehmen Geschmack nach Zitrone. Auch zu Fisch, Lamm und Huhn passen sie gut. Es heißt, daß man über 100 Jahre alt wird, wenn man täglich Melissentee trinkt.

Majoran
Majorana hortensis

Der Majoran ist ein bekanntes und sehr beliebtes Würzkraut. Seine Heimat ist das östliche Mittelmeergebiet. Nach Mittel- und Nordeuropa gelangte der Majoran durch die Römer. Im Gegensatz zu den meisten anderen Gewürzkräutern entfaltet sich sein Duft stärker, wenn er getrocknet ist. Man muß ihn in einem dichtschließenden Behälter aufbewahren.

Aussehen und Anzucht:
Majoran ist in unseren Breiten eine einjährige Pflanze, die etwa 20 cm hoch wird. An ihren Zweigenden bilden sich kleine, weißliche oder purpurne Blüten. Man sät Majoran im März in Töpfe und läßt ihn im Zimmer keimen. Im Mai, wenn die Sämlinge herangewachsen sind, werden sie in Blumenkästen umgesetzt.

Verwendung:
Man schneidet im Sommer die Blätter und Blüten ab. Sie können frisch verwendet werden, aber das Aroma ist stärker, wenn man sie zuerst trocknet. Majoran ist in erster Linie ein Fleischgewürz; insbesondere verwendet man ihn zum Würzen von Wurstwaren. Man muß jedoch sparsam mit seiner Anwendung sein, da er andere Gewürze leicht überdeckt.

Minze
Mentha spicata

Die Griechen hielten die Minze für ein Zauberkraut. Der Name wird von Menthe abgeleitet, einer Nymphe, die von Pluto geliebt und von dessen Gemahlin Persephone in ein Kraut verwandelt wurde. Die Minze ist ein beliebtes Gewürz, dem man mancherorts noch heute Zauberkraft nachsagt. Auch in der Medizin wird sie verwendet.

Aussehen und Pflege:
Es gibt verschiedene Minze-Arten. Am bekanntesten ist die Grüne Minze *(Mentha spicata var. spicata).*
Sie eignet sich auch ausgezeichnet zur Haltung in Blumenkästen. Alle Minzen sollen für sich allein gehalten werden, da sie stark wuchernde Wurzeln besitzen. Man kann Minze leicht vermehren, indem man im späten Frühjahr einen bewurzelten Ausläufer 5 cm tief in Erde setzt. Er entwickelt sich gut in einem Topf von 10 cm Durchmesser auf dem Fensterbrett. Minze braucht gute, feuchte Erde und Sonne.

Verwendung:
Vor der Blüte können Minzenblätter jederzeit abgeschnitten werden. Häufiges Abschneiden ist fürs Wachstum sogar gut. Minzenblätter können auch getrocknet werden. In England ist Minzensoße eine beliebte Beigabe für Fleischgerichte. Man verwendet sie auch zu neuen Kartoffeln und Salaten.

Petersilie
Petroselinum crispum

Petersilie gehört in jeden Küchengarten. Die Griechen hielten sie für die Lieblingspflanze des Herakles und flochten sie bei Sportveranstaltungen in die Siegerkronen. Man glaubte auch, daß Petersilie vor Trunkenheit schützt. Ein alter, bei Gärtnern verbreiteter Aberglaube besagt, daß man sie am Karfreitag aussäen müsse. Petersiliensamen im Haar galten als Mittel gegen Kahlköpfigkeit.

Aussehen und Anzucht:
Petersilie ist ein zweijähriges Kraut, das gut in Blumenkästen gedeiht. Die glattblättrige Varietät ist die aromatischste. Petersilie bevorzugt nährstoffreichen, lockeren Boden. Sie wird im März gesät.
Die Samen brauchen 8 bis 10 Wochen zum Keimen. Bis in den Spätsommer kann man immer wieder nachsäen. Wenn die Sämlinge 2 bis 3 cm hoch sind, werden sie vereinzelt. Während des Winters kann man Petersilie im Haus in Töpfen halten.

Verwendung:
Man sollte nur wenige Blätter einer Pflanze pflücken und sie am besten frisch verwenden. Petersilie paßt zu vielen Speisen: Suppen, Soßen, Salaten, Gemüsen und Fischgerichten.

Rosmarin
Rosmarinus officinalis

Rosmarin wurde auch »Meerestau« genannt, weil er in der Nähe der Mittelmeerküste wächst. Heute wird er viel zur Herstellung von Kosmetika verwendet. Rosmarin gilt als Symbol der Beständigkeit, des Vertrauens und der Erinnerung.

Aussehen und Pflege:
Die Pflanze ist ein mehrjähriger Strauch mit Blättern, die an Kiefernnadeln erinnern. Sie hat einen verholzten Stamm und zarte, blaue Blüten. Für die Haltung im Haus eignen sich am besten niedrig bleibende oder kriechende Sorten. Die Vermehrung erfolgt durch Samen, Wurzelteilung und Stecklinge. Rosmarin gedeiht in sandiger Erde. Er muß oft zurückgeschnitten werden.

Verwendung:
Erst wenn die Pflanze etwa 2 Jahre alt ist, kann man regelmäßig Blätter in kleinen Mengen ernten. Zum Trocknen eignen sich die im Spätsommer gepflückten Blätter am besten. Das Aroma der Blätter verleiht vielen Speisen einen aparten Geschmack. Rosmarin ist ein unentbehrlicher Bestandteil der Küche des Mittelmeergebiets. Viele Fleischarten, Eierspeisen und Gemüse schmecken mit Rosmarin sehr delikat.

Salbei
Salvia officinalis

Die alten Griechen kurierten sehr viele Leiden mit Salbei. Er half gegen Gedächtnisschwund, Depressionen, Alterserscheinungen aller Art, Schwindsucht, Schlangenbisse und Kummer. Diese vielseitige Verwendung gibt auch das antike Sprichwort wider: »Wie kann jemand sterben, der Salbei im Garten hat?« Salbei-Tee war ein beliebtes Getränk bevor der Schwarztee nach Europa gelangte, und er ist immer noch ein gutes Heilmittel.

Aussehen und Anzucht:
Salbei zieht man aus Samen oder Kopfstecklingen im Blumenkasten. Die Pflanzen müssen regelmäßig durch neue ersetzt werden. Durch Rückschnitt von jungen Trieben hält man sie buschig.

Verwendung:
Salbei verwendet man frisch oder getrocknet. Sein starkes Aroma erfordert sorgfältige Dosierung. Er paßt besonders gut zu fettem Fleisch und Käse, da er u. a. die Verdauung anregt. Salbei wird auch als zusätzliches Gewürz für viele scharfe Speisen verwendet.

Bohnenkraut
Satureja

Den alten Ägyptern galt Bohnenkraut als ein Aphrodisiakum. Man glaubte auch, daß es gegen müde Augen hilft, Ohrensausen kuriert und den Schmerz von Wespen- und Bienenstichen lindert. Auch Römer und Germanen verwendeten das würzige Kraut.

Aussehen und Anzucht:
Sommerbohnenkraut *(Saturjea hortensis)* kann man gut in Blumenkästen ziehen. Die buschige Pflanze wird 30 cm hoch. Man sät im Frühjahr an einen besonnten Platz. Die Sämlinge werden später verpflanzt. Pflanzabstand etwa 15 × 15 cm. Man kann die Jungpflanzen auch vom Gärtner kaufen. Winterbohnenkraut *(Satureja montane)* ist ein ausdauernder, grauer Busch von ähnlichem Aussehen wie Thymian. Gewöhnlich wird es im Spätsommer gesät. Beide Arten gedeihen auch gut in Töpfen.

Verwendung:
Die jungen Schößlinge beider Arten können je nach Bedarf geerntet werden. Sie verbessern viele Speisen und geben ihnen einen leichten »Biß«, ohne den spezifischen Geschmack der jeweiligen Speise zu überlagern. Seit alters wird Bohnenkraut zu Bohnengerichten verwendet; auch für Füllungen, Salate und Eintopfgerichte ist es geeignet.

Estragon
Artemisia dracunculus

Der Name Estragon kommt von dem griechischen Wort für Drachen. Die Pflanze ist in Nord- und Ostasien zu Hause. In europäischen Gärten ist Estragon noch nicht sehr lange zu finden. Bei den Königen Indiens war früher ein Getränk beliebt, das man aus dem Saft von Estragon und Fenchel herstellte.

Aussehen und Pflege:
Bei uns werden zwei Sorten angebaut: Deutscher und Russischer Estragon. Der Deutsche Estragon ist kleiner und von feinerem Aroma. Der Russische Estragon wird 1 m hoch und schmeckt nicht so angenehm. Estragon läßt sich in nicht zu nährstoffreicher Erde gut in Töpfen und Kästen ziehen, braucht aber viel Platz. Die benötigten Setzlinge muß man allerdings beim Gärtner kaufen. Jungen Estragon schneidet man auf 5 cm zurück, damit er sich zu einer buschigen Pflanze entwickelt.

Verwendung:
Während des Sommers verwendet man frische Blätter. Blätter zum Trocknen erntet man vor der Blüte. Estragon ist ein ausgezeichnetes Gewürz, das besonders in Frankreich beliebt ist. Man nimmt ihn zu Soßen, Marinaden, Salaten und Füllungen, zu Fisch- und Fleischragouts und zu neuen Kartoffeln, die man mit fein gehacktem Estragon bestreut.

Thymian
Thymus vulgaris

Thymian gehört zu den würzkräftigsten Kräutern. Viel gepriesen wurden von jeher seine Eigenschaften als Gewürz und als Heilpflanze. Den Griechen war er Symbol für den Mut, und während des Mittelalters glaubte man, daß eine Suppe aus Thymian von Schüchternheit befreie. Die Römer würzten Käse und manche Getränke mit Thymian.

Aussehen und Pflege:
Die beiden bekanntesten Arten sind der Gartenthymian *(Thymus vulgaris)* und der Zitronenthymian *(T. x Citroidorus)*. Beide sind ausdauernd, wachsen auch in Töpfen und Kästen und werden bis zu 30 cm hoch. Sie sollten im Frühjahr in eine Mischung aus Humus und Sand gepflanzt oder gesät werden. Sie brauchen viel Wasser.

Verwendung:
Thymian verwendet man meist getrocknet. Zweige von etwa 15 cm Länge sollten unmittelbar vor oder während der Blüte geschnitten und an einem warmen, dunklen Ort getrocknet werden. Thymian bewahrt man in dicht schließenden Behältern auf. Wie viele andere Kräuter fördert auch der Thymian die Fettverdauung. Er wird deshalb zu Schweine-, Hammelfleisch und Aal genommen. Auch zu Käse, Fisch und Wurst schmeckt er gut. Bei »Kater«-Erscheinungen soll eine Mischung aus Thymian, Honig und heißem Wasser helfen.

Gemüsepflanzen

Früher glaubte man, daß ausschließlich Leute mit großen Gärten in der glücklichen Lage seien, Gemüse anbauen zu können. Besaß man jedoch keinen Garten, konnten nur dekorative Zimmerpflanzen gehalten werden, die zwar hübsch anzuschauen, aber nicht eßbar waren. Heute dagegen zieht man Gemüse auch in Kästen, in denen früher nur Balkonblumen gehalten wurden.

Einige Gemüsesorten kann man auch bei Kunstlicht kultivieren. Man ist sogar dabei, eine spezielle Neonröhre zu entwickeln, die sich besonders für Gemüse eignet. Die erforderlich Luftbewegung läßt sich naturgetreu mit einem Ventilator erzeugen. Häufig zieht man Gemüse heute auch in Hydrokultur.

Gemüse gehört natürlich nicht zu den eigentlichen Zimmerpflanzen; mit ein oder zwei Ausnahmen braucht es frische Luft und regelmäßige Besonnung. Deshalb hält man Gemüse zweckmäßig im Freien in Blumenkästen.

Bei jedem Kasten, in dem man Gemüse ziehen will, ist die Entwässerung sehr wichtig. Bevor die Erde eingefüllt wird, muß der Boden deshalb mit einer Schicht Kies bedeckt werden. Ein Balkon ermöglicht natürlich die Verwendung auch vieler anderer Behälter. Da es sich bei Gemüse meist um einjährige Pflanzen handelt, kann man experimentieren und in jedem Jahr andere Arten anbauen. Samen, die rasch keimen, z.B. Radieschen und Kopfsalat können alle 3 Wochen ausgesät werden, so daß man den ganzen Sommer über ernten kann. Kopfsalat und Gurken gedeihen zusammen mit Kräutern und Blumen gut in einem Kasten. Obwohl sie nicht wegen ihres Aussehens gezüchtet werden, sind Gemüsepflanzen oft recht hübsch anzusehen, besonders wenn sie reife Früchte tragen.

Die dekorative Tomate wurde nach ihrer Einführung in Europa interessanterweise zunächst als Zierpflanze gehalten, ehe man dahinterkam, daß sie nicht giftig ist und gut schmeckt.

Es überrascht nicht, daß Gemüse in kleinen Behältern nicht so groß wird wie im Freien, Züchter haben sich schon viel Mühe gegeben, um besondere Zwergformen zu entwickeln, die speziell für die Zucht in Behältern geeignet sind. Zu den nachstehend aufgeführten Gemüsearten sei gesagt, daß ihr Gedeihen natürlich sehr von den klimatischen Verhältnissen am Fensterbrett oder auf dem Balkon abhängt.

Wie im Garten muß die Topf- oder Kastenerde den Bedürfnissen der Pflanze entsprechen und sie braucht natürlich auch genügend Platz, Licht, Wasser und Nahrung. Es wäre unklug, einen riesigen Krautkopf oder Blumenkohl in einem Balkonkasten ziehen zu wollen; andererseits muß man sich nicht unbedingt nur auf die traditionellen Tomaten, Paprikaschoten oder Kletterbohnen beschränken. Auch kleine Möhren, Gurken, Auberginen oder Zwiebeln können gut in Töpfen oder Kästen gezogen werden. Besonders experimentierfreudige Gärtner behaupten, daß man sogar Kartoffeln in einem großen tiefen Topf anpflanzen und ernten kann. Die meisten Gemüsepflanzen lassen sich leicht durch Samen vermehren oder man kauft sie verhältnismäßig billig als Sämlinge beim Gärtner.

Gemüse hat keine Wachstumspause, daher muß man jeden Tag gießen und wöchentlich düngen. Es wächst schneller als z.B. eine stattliche Topfpalme, die pro Vierteljahr nur 2 bis 3 Blätter entfaltet. Manche Gemüsearten, Kopfsalat etwa, sind in 55 Tagen erntereif. Andere brauchen 60 bis 70 Tage; sobald sie zu wachsen begonnen haben, entwickeln sie sich aber rasch.

Das elegante, weinlaubartige Blattwerk um dieses Fenster stammt von einer schlichten Stangenbohne (rechts).

Gewächshausklima ist ideal für manche Gemüsepflanzen, z. B. Tomaten, Paprika und Auberginen. Sie liefern nicht nur schöne Früchte für die Küche, sondern können auch optisch neben eleganten Zimmerpflanzen durchaus bestehen (links).

Kopfsalat entfaltet, einzeln in Töpfe gepflanzt, eine schlichte Schönheit. Sie kommt nie zur Geltung, wenn er auf einem Beet in Reih und Glied steht. Kopfsalat wird in Töpfen zwar nicht so groß wie im Freien, entwickelt sich aber bei genügend Sonne recht schnell (rechts).

Auch ohne Garten kann man sein eigenes Gemüse ziehen (oben). Anzucht-Sets sind bequem, sauber und leicht zu transportieren; sie enthalten eine fertige Erdmischung mit speziellem Tomatendünger.

Auberginen

Die Aubergine ist wie die Tomate wärmeliebend. Man hält sie deshalb auf einem geschützten Fensterbrett mit viel Sonne. Auberginen zieht man aus Samen. Diese werden Ende des Frühjahrs in einen beheizten Vermehrungskasten gesät. Die Jungpflanzen setzt man später in große Behälter und stellt sie an einen geschützten Platz. Bei regelmäßigem Gießen und viel Sonne tragen sie in 70 bis 90 Tagen Früchte. Diese müssen bald gepflückt werden, weil sie sonst einen bitteren Geschmack bekommen. Es gibt mehrere gute Auberginensorten.

Paprika

Zwergformen der Pflanze sind ausdauernd und lassen sich in Behältern an warmen geschützten Stellen leicht ziehen. Im Frühjahr sät man. Die Samen keimen bei 15 bis 18° C. Wenn die Sämlinge 3 kleine Blätter besitzen, können sie in Töpfe von 7–8 cm Durchmesser gepflanzt werden. Sind sie 12 cm groß, setzt man sie in 15-oder 18-cm-Töpfe. Paprika wird bis 80 cm hoch. Die hübschen, buschigen Pflanzen haben dunkelgrüne Blätter. Man hält sie feucht und wenn sich die Früchte bilden, düngt man regelmäßig mit einem Tomatendünger.

Bohnen

Stangenbohnen sind dekorative Gewächse. Früher einmal pflanzte man sie nur zur Zierde und dachte nicht daran, sie zu ernten. Diese kletternden Bohnen sind raschwüchsig, unkompliziert und eignen sich auch ausgezeichnet für die Zimmerhaltung. Im Blumenkasten am Südfenster können sie einen Vorhang aus Blättern bilden, der das Sonnenlicht abhält. Es gibt viele Sorten, von denen die größten 2 bis 5 m und die kleinsten nur wenige Zentimeter hoch werden. Für Kästen eignen sich besonders gut Sorten, die bis 1,5 m hoch ranken. Man steckt sie in einem Abstand von 15 bis 25 cm und 4 cm tief in die Erde.

Manche Sorten tragen vom Frühjahr bis zum Spätsommer Früchte. Stangenbohnen brauchen Stützen, an denen sie sich emporranken können. Es gibt aber auch Buschbohnen, die im späten Frühjahr oder anfangs Sommer direkt in Töpfe gesät werden. Diese Pflanzen brauchen keine Stützen. Man kann die grünen Hülsen der Bohnen essen solange sie noch jung und nicht zu groß sind. Man kann sie aber auch bis zum Austrocknen an der Pflanze belassen und die Kerne ernten.

Sojabohnen

Sie entwickeln die »Keimlinge«, die in der chinesischen Küche so häufig verwendet werden. An einem warmen Platz lassen sich Sojabohnen mit Hilfe eines feuchten Tuches oder feuchter Watte in einer Schüssel oder auf einem Tablett gut zum Keimen bringen. Man weicht die Bohnen zuerst über Nacht ein und wäscht sie nochmals, bevor man sie auf die feuchte Unterlage legt. Dann hüllt man das Ganze in eine Plastiktüte und stellt es eine Woche lang dunkel, bis sich gedrungene Triebe von 2 bis 4 cm Länge gebildet haben. Diese werden von den Bohnen gestreift und vor der Zubereitung 2 Minuten in Wasser gekocht.

Gemüsepflanzen

Karotten

Nach Meinung mancher Leute ist es wenig sinnvoll, Karotten in Kästen zu ziehen. Es geht aber ganz leicht, wenn man den Pflanzen nur genügend Platz einräumt. Der Samen kann direkt in den Kasten gesät werden. Die nach 3 bis 4 Wochen erscheinenden Pflänzchen vereinzelt man, wenn sie 7 cm hoch sind. Nach ca. 70 Tagen – oder auch früher – kann man ernten.

Zucchini

Es handelt sich um kleine, zarte und fleischige Früchte. Man kann sie mitsamt den Stielen essen. Spezielle Sorten wurden entwickelt, bei denen sich viele kleine, statt weniger großer Früchte bilden. Mit ihren buttergelben Blüten wirken die Pflanzen sehr hübsch. Im Frühsommer sät man sie in Schalen aus und setzt sie später im Abstand von etwa 45 cm in Kästen. Die Frucht ist reif, wenn sie 10 bis 12 cm lang ist. Zucchini brauchen einen guten, leichten Boden und regelmäßig Wasser und Dünger.

Chilli

Die scharfe, würzige, kleine Paprika-Art wird zur Herstellung von Chillipfeffer verwendet. Dieser Pfeffer ist so scharf, daß man ihn nur selten in der Küche verwenden kann. Die Pflanze selbst ist jedoch außergewöhnlich hübsch. Sie wird in derselben Weise aus Samen gezogen wie beim Paprika beschrieben. Zur Herstellung des Pfeffers trocknet man die Früchte in einem Drahtkorb, den man 12 Stunden in einen schwach geheizten Ofen stellt. Auf 4 Teile Chilli gibt man einen Teil Salz und zerstößt das Ganze. Das Gesicht schützt man bei dieser »Prozedur« mit einer Creme und die Augen mit einer Brille. Am besten geht man zu dieser Arbeit ins Freie.

Gurken

Für die Zucht in Töpfen und Kästen eignen sich besonders kleinfrüchtige Sorten. Lange Zeit hielt man nicht viel von ihnen; sie schmecken aber gut und gedeihen in Kästen prächtig. Die Samen der Pflanzen sät man im Frühjahr direkt in Kästen mit nährstoffreicher Erde.

Die Keimtemperatur beträgt mindestens 15° C. Gurken sind rankende Gewächse; sie lassen sich an Spalieren oder Stöcken ziehen. Nach etwa 6 Wochen tragen sie Früchte. Wenn man sie nicht frisch in Salaten verarbeitet, kann man sie in Essig legen.

237

Knoblauch

Knoblauch ist verhältnismäßig teuer und dabei so leicht im Hause zu ziehen. Für viele Gerichte ist er unentbehrlich. Man braucht zum Würzen allerdings meist nur geringe Mengen. Deshalb genügen 3 Pflanzen vollauf, um den Bedarf zu decken. Knoblauch braucht viel Sonne, stellt aber sonst wenig Ansprüche. Man setzt im Winter in 2 bis 3 cm Tiefe und 15 cm Abstand ein paar von den kräftigen äußeren Zehen einer trockenen Knob-

lauchzwiebel. Im Sommer, wenn das Wachstum der Pflanze abgeschlossen ist, verlieren Stengel und Blätter ihre grüne Farbe und trocknen ein. Nun nimmt man die Zwiebel samt Laub und Stengel aus dem Boden. Bei gutem Wetter trocknet man sie im Freien. Bei feuchter Witterung hängt man sie in Bündeln an eine luftige Stelle im Haus. Die kräftigsten Zehen bewahrt man fürs Auspflanzen im nächsten Jahr auf.

Kopfsalat

Kopfsalat ist leicht zu ziehen. Da er ein flaches Wurzelsystem besitzt, gedeiht er auch gut in Hydrokultur. Salat wird direkt in Töpfe oder Kästen gesät. Man kann ihn in Abständen den ganzen Sommer über säen, damit man immer frische Rohkost hat. Die jungen Pflänzchen müssen später auf 25 cm Abstand verein-

zelt werden. Kleine Salatsorten sind am besten geeignet. Die Erde muß nährstoffreich und feucht sein. Sobald die Pflanzen richtig zu wachsen beginnen, brauchen sie mehr Wasser, denn sie entwickeln sich sehr rasch. Nach 4 Wochen kann man mit der Ernte beginnen; in 8 Wochen sind die Pflanzen voll ausgewachsen.

Kartoffeln

Bei den heutigen Kartoffelpreisen sollte einen eigentlich nichts davon abhalten, Kartoffeln im Haus zu ziehen. Sie sind problemlos und wachsen schnell. Außerdem schmecken sie viel besser als die im Laden gekauften – was für andere Gemüsearten übrigens ebenfalls gilt. Ohne eigenes Dazutun beginnen aus den Augen von Saatkartoffeln, die man während des Winters im Keller lagert, Triebe zu sprossen. Im Frühjahr entfernt man ein paar von diesen Trieben, so daß

nur 2 oder 3 an jeder Kartoffel übrig bleiben. Dann setzt man die Knollen mit den Trieben nach oben in Töpfe von 25 cm Durchmesser und bedeckt sie zunächst mit 2 bis 3 cm Erde. Wenn das Wachstum fortgeschritten ist, füllt man mehr Erde in die Töpfe, bis sie 2 bis 3 cm unter den oberen Rand reicht. Jedem Kartoffeltopf muß regelmäßig – in schwacher Konzentration – Flüssigdünger verabreicht werden. Nach 12 bis 14 Wochen kann man ernten.

Champignons

Champignons sind nicht ausgesprochen für die Wohnung geeignet; denn sie gedeihen eigentlich nur im Dunkeln. In einem Kellerraum oder Schrank lassen sie sich aber gut ziehen. Wenn die Temperatur 10 bis 16° C nicht übersteigt, können Champignons das ganze Jahr über gezogen werden. Sie brauchen Luft, vertragen aber keinen Zug; im übrigen sind sie anspruchslos. In Geschäften für Gartenbedarf kann man Champignonmyzel komplett mit Wachstumssubstrat und Zuchtbehälter kaufen. Das Substrat muß man immer gut feucht halten. Wenn die Zuchtanleitung genau befolgt wird, kann man nach etwa 6 Wochen kleine Champignons und 3 Wochen später große Exemplare ernten. Die Pilze nimmt man vorsichtig mit dem ganzen Stiel aus dem Substrat.

Radieschen

Radieschen und Kopfsalat haben eines gemeinsam: man hat die Sicherheit, daß praktisch nichts schief gehen kann, solange sie genügend Wasser und Sonne haben. Im Frühjahr und Sommer können Radieschen in Abständen, damit man laufend ernten kann, direkt in Töpfe oder besser in Blumenkästen gesät werden. In der Rekordzeit von einem Monat kann man bereits ernten.

Erdbeeren

Erdbeeren kann man in großen Holzfässern oder in irdenen Gefäßen ziehen. Besonders reizvoll wirkt ein Erdbeerfaß, wenn man 5 cm große Löcher in die Seiten bohrt und die jungen Pflanzen dort hinein setzt. Gut geeignet dafür sind Monatserdbeeren, die recht lange kleine, aber süße Früchte bringen. Schließlich gibt es noch Spezialtöpfe in Garten-

geschäften zu kaufen. Auch Hängekörbchen eignen sich gut; in ihnen kommen besonders die kleineren Arten gut zur Geltung. Erdbeeren brauchen gute Erde, viel Humus und regelmäßiges Gießen bei gut dräniertem Pflanzgefäß. Man kauft entweder junge Pflanzen oder gewinnt sie durch Ausläufer von Mutterpflanzen.

Tomaten

Tomaten sind als Topfpflanzen sehr beliebt und ergiebig. Die im Handel erhältlichen Früchte werden wegen des Transports immer unreif geerntet. Sie sind deshalb oft nicht besonders schmackhaft. Nichts geht aber über Duft und Geschmack einer frisch gepflückten, selbst gezogenen, reifen Tomate. Tomaten sind wärmeliebend und vertragen keinen Frost. Sie brauchen viel Wasser und eine regelmäßige Versorgung mit Dünger. Im übrigen sind sie anspruchslos. Die Jungpflanzen kauft man im Frühsommer beim Gärtner. In einem beheizten Vermehrungskasten kann man sie im zeitigen Frühjahr aber auch selbst aus Samen anziehen. Wenn sich die Blätter der Sämlinge voll entfaltet haben, pflanzt man sie in Töpfe mit einem Durchmesser von 7 bis 10 cm. Sie brauchen eine Temperatur von 18° C. Im Frühsommer setzt man die selbstgezogenen oder gekauften Pflanzen in Töpfe mit einem Durchmesser von 25 bis 30 cm und stellt sie außen auf eine

Fensterbank oder auf den Balkon. Als Standort eignet sich hier am besten ein Platz vor einer Mauer, wo sie windgeschützt in der Sonne stehen. Wenn die Pflanzen größer werden, brauchen sie Stützen. Noch im Frühsommer erscheinen die kleinen, gelben Blüten, deren Bestäubung man durch mehrmaliges Schütteln der Pflanze fördern kann. Täglich öffnen sich neue Blüten; die Früchte entwickeln sich deshalb nicht alle gleichzeitig, sondern reifen bis in den Herbst hinein. Seitentriebe müssen ausgebrochen werden, wenn sie etwa 7 cm lang sind. Diese Triebe wachsen zwischen Stamm und Blättern und verbrauchen unnötig Nährstoffe. Die Spitze der Pflanze kappt man im Spätsommer, damit die darunter befindlichen Früchte noch ausreifen. Die kleinen Tomatensorten haben nicht nur einen köstlichen Geschmack sondern sind mit ihren vielen leuchtend roten Früchten auch ein sehr hübscher Anblick für das Auge.

Pflanzenpflege im Jahreslauf

Frühjahr

Bei allen Pflanzen prüft man, ob sie umgetopft werden müssen. Dies muß geschehen, bevor das Wachstum richtig einsetzt. Pflanzen, die viel Feuchtigkeit benötigen, wie z. B. Farne, setzt man in einen größeren Topf und füllt den Zwischenraum zwischen Topf und Übertopf mit feuchtem Torf oder Moos aus. Welke Blätter werden entfernt. Alle Pflanzen müssen entstaubt werden.

Im Frühjahr brauchen die Pflanzen in zunehmendem Maße Wasser. Es muß also häufiger gegossen werden.

Die meisten Pflanzen, außer Kakteen und anderen Sukkulenten muß man jetzt auch vor der stärker werdenden Sonne schützen.

Pflanzen mit Knospen und solche, die man schon länger als ein halbes Jahr besitzt, können bei Frühjahrsbeginn Flüssigdünger erhalten. Wenn es wärmer und trockener wird, werden alle Pflanzen gedüngt. Man muß allerdings mit dem Düngen so lange warten, bis die Pflanzen sichtbar zu wachsen beginnen.

Töpfe und Anzuchtschalen müssen vorbereitet werden; denn jetzt gewinnt man Kopf- und Blattstecklinge. Stecklinge von *Tradescantia* und *Impatiens* läßt man in Wasser anwurzeln. Von *Begonia rex* und Usambaraveilchen nimmt man Blattstecklinge. Weitere Pflanzen, die im Wasser leicht wurzeln, sind *Chlorophytum, Peperomia, Rhoicissus* und *Philodendron*. Kindel von Bromelien und Ausläuferpflänzchen der Grünlilie topft man ein. Beim Säen Angaben auf den Samentütchen beachten!

Petersilie, Estragon, Rosmarin und andere Kräuter werden eingepflanzt. Frostunempfindliche einjährige Pflanzen sät man dort aus, wo sie blühen sollen. In Anzuchtschalen gezogene Sämlinge werden in Töpfe gesetzt.

Zwiebelpflanzen, die im zeitigen Frühjahr in Blumenkästen geblüht haben, entfernt man jetzt und setzt an ihre Stelle Geranien, Heliotrop oder Ringelblumen, die sich den ganzen Sommer über im Blumenkasten halten.

Sommer

Den ganzen Sommer über müssen alle Pflanzen regelmäßig gegossen und gedüngt werden. Bei warmem Regen bringt man sie nach Möglichkeit ins Freie; dort erhalten sie nicht nur das nötige Naß, sondern gleichzeitig wird auch der Staub abgewaschen. Durch häufiges Absprühen mit lauwarmem Wasser erzeugt man bei seinen Pflanzen die erforderliche Luftfeuchtigkeit. Diese ist besonders für Farne wichtig.

Wenn niemand da ist, der im Urlaub gießt, kann man sich auf verschiedene Weise behelfen. Man stellt die Pflanzen z. B. in den kühlsten Raum der Wohnung und bettet die Töpfe in feuchten Torf. Sind einzelne Gewächse nicht zu groß, kann man sie auch reichlich gießen und eine Plastiktüte über sie stülpen. Um zu verhindern, daß die Tüte die Pflanze berührt, bläst man sie vorher auf; mit einem Gummiband befestigt man die Tüte am Topf. Daneben gibt es heute Vorrichtungen, die die Pflanzen selbsttätig mit Wasser versorgen. Bei langer Abwesenheit und empfindlichen Pflanzen lohnen sich entsprechende Anschaffungen.

Töpfe im Freien und Blumenkästen müssen einmal täglich gegossen werden. Man achte ferner darauf, daß Hängekörbchen nicht austrocknen.

Auch jetzt kann man noch von Begonien, Geranien und Fuchsien Stecklinge nehmen. Welke Blüten müssen entfernt werden, damit die Pflanzen reichlicher blühen. Im Hochsommer setzt man die Zwiebeln von Lilien ein. Und nicht zuletzt: Kräuter ernten und trocknen.

Man überprüfe alle Pflanzen, ob sie von Schädlingen befallen sind und behandle sie gegebenenfalls mit einem entsprechenden Bekämpfungsmittel.

Herbst

Da der Winter näher kommt, schränkt man das Gießen und Düngen ein. Besonders Kakteen und andere Sukkulenten brauchen jetzt viel weniger Wasser.

Töpfe, die zum Übersommern im Freien standen, müssen ins Haus gebracht werden. Empfindliche Pflanzen rückt man in kalten Nächten etwas vom Fenster weg. Gewächse, die gern im Hellen stehen, werden vom West- ans Südfenster gebracht. Jetzt muß man sich auch darauf einstellen, daß für die meisten Pflanzen die Ruhezeit beginnt.

Man überprüft, ob Pflanzen von der Roten Spinne befallen sind, und sprüht gegebenenfalls mit einem entsprechenden Mittel.

Es hilft auch, wenn man die Blätter mit einem Schwamm abwäscht, der mit einem Insektizid getränkt ist. Die Rote Spinne entwickelt rasch Immunität gegen ein Mittel; daher muß man dieses öfters wechseln.

Mit Beginn der Heizperiode brauchen die Pflanzen zusätzliche Feuchtigkeit. Das bedeutet aber nicht unbedingt, daß mehr gegossen werden muß. Man packt vielmehr die Töpfe in eine Wanne mit feuchtem Kies und stellt eine Schale mit Verdunstungswasser ins Zimmer. Besonders feuchtigkeitsbedürftige Pflanzen setzt man in einen großen Behälter und füllt die Zwischenräume mit feuchtem Torf aus.

Zwiebeln, die im Winter blühen sollen, pflanzt man in Schalen und stellt sie kühl und dunkel. Bevor es zu kalt wird, steckt man auch Zwiebeln, die für Blumenkästen vorgesehen sind. Frühjahrsblüher, wie Goldlack und andere zweijährige Pflanzen, werden jetzt ebenfalls in Kästen gesetzt. Für den Winter lassen sich Blumenkästen mit Zwergnadelgehölzen, Efeu und Heidekraut bepflanzen.

In der Küche kann man nun Senf, Kresse oder andere Kräuter ziehen – in einer dunklen Ecke auch Champignons.

Winter

Pflanzen darf man jetzt nicht zuviel gießen, sonst werden die Blätter gelb und fallen ab. Alpenveilchen bringt man in einen kühlen Raum und gießt nur in den Untersatz. Auch Begonien werden spärlich gegossen. Neu erworbene Pflanzen dagegen, z. B. Azaleen, stellt man in einen Eimer Wasser, bis sie sich vollgesogen haben. Pflanzen brauchen zwar Wärme, dürfen aber nicht der unmittelbaren Hitze eines Heizkörpers ausgesetzt werden. Was die Luftfeuchtigkeit anbelangt, gilt dasselbe wie für den Herbst. Auch jetzt achte man darauf, daß die Pflanzen keinen Zug bekommen. Besonders wichtig ist, daß die Pflanzen auch im Winter genügend Licht bekommen, aber nicht zu nahe am kalten Fenster stehen. Man darf jetzt nicht düngen, es sei denn, eine Pflanze hat jetzt ihre Wachstumszeit oder will blühen.

Zwiebeln brauchen nur wenig Wasser. Wenn sich Triebe zeigen, bringt man sie aus dem Dunkeln ins Licht.

Der Winter ist die Zeit, in der man eine Bestandsaufnahme aller Pflanzen macht, und für das kommende Jahr plant. Alle leeren Pflanzbehälter müssen für den Besatz mit neuen Gewächsen vorbereitet werden. Blumenkästen behandelt man hierbei gegebenenfalls mit einem Holzschutzmittel.

Man überprüft auch ihre Aufhängung und stellt fest, ob der Wasserabzug in Ordnung ist.

Von manchen Pflanzen muß man sich eventuell trennen, weil sie zu groß oder unansehnlich geworden sind. Sie werden ersetzt, sobald die neue Wachstumsperiode beginnt.

Andere Gewächse müssen vielleicht umgetopft werden. Damit wartet man aber besser bis zum Beginn des Frühjahrs.

Die Blätter der Pflanzen sollten regelmäßig mit lauwarmem Wasser abgewaschen werden; so bleiben sie sauber. Es gibt auch Speziallösungen, die sie besonders schön zum Glänzen bringen. Gelbe Blätter und dürre Zweige werden ständig entfernt.

Botanische Fachausdrücke

Ähre
Blütenstand, an dessen Hauptachse ungestielte Blüten in den Achseln von → Tragblättern sitzen.

Anthere
→ Staubbeutel

Areole
Durch Reduktion von Seitenzweigen entstandene kleine Haarpolster bei Kakteen.

Art
Gruppe von Individuen (hier Pflanzen), die in allen wichtigen Merkmalen untereinander sowie darin auch mit ihren Eltern und Nachkommen übereinstimmen. Fortpflanzung ist im allgemeinen nur zwischen Angehörigen der gleichen Art möglich.
→ Nomenklatur.

Ausdauernd
Pflanzen, die (im Gegensatz zu → einjährigen und → zweijährigen) mehrere bis viele Jahre hintereinander Blüten und Samen hervorbringen, nennt man ausdauernd. Hierzu gehören Stauden, Halbsträucher und Gehölze.

Blattachsel
Oberer der beiden Winkel zwischen Blatt und Stengel, in dem die Seitenknospen stehen. Die aus ihnen hervorgehenden Triebe werden als Achselsprosse bezeichnet.

Blattspreite
Das »eigentliche« Blatt, die »Blattfläche«

Blattstiel
Träger der → Blattspreite

Blütenstand
Eine oder mehrere Einzelblüten bilden einen Blütenstand, der als Traube, Ähre, Dolde, etc. ausgebildet sein kann. Am Aufbau des Blütenstands können farbige → Hochblätter beteiligt sein (z. B. *Aechmea, Euphorbia*).

Brakteen
→ Hochblatt

Dolde
Schirmförmiger (seltener kugeliger) Blütenstand; die Stiele der Einzelblüten gehen alle vom selben Punkt aus.

Einjährig
Pflanzen, die innerhalb einer Wachstumsperiode ihren ganzen Zyklus von Samen zu Samen durchlaufen, nennt man einjährig. Sie wachsen, blühen, entwickeln Samen und sterben dann ab. → Zweijährig
→ Ausdauernd

Epiphyten
Aufsitzerpflanzen, die meist in den Kronen von Bäumen des tropischen Regenwalds oder auf Felsen hoch über dem Boden gedeihen (z. B. Bromelien und Orchideen). Im Gegensatz zu den Schmarotzerpflanzen ernähren sie sich nicht von einer Wirtspflanze.

Familie
Gruppe von Gattungen mit gemeinsamen Merkmalen. Der botanische Familienname ist in der Regel durch die Endung -aceae charakterisiert. → Nomenklatur

Gattung
Gruppe von Arten mit gemeinsamen Merkmalen. → Nomenklatur

Glochiden
Mit Widerhaken versehene Haare bei manchen Kakteen (z. B. Opuntien).

Griffel
Teil des → Stempels

Habitus
Äußeres Erscheinungsbild; Wuchsform einer Pflanze.

Hochblatt
Einfach gestaltete Blattorgane, die am oberen Teil des Sprosses, oberhalb der Laubblätter stehen, nennt man Hochblätter. Sie sind oft auffallend gefärbt und am Aufbau der Blütenhülle beteiligt. Im Bereich des → Blütenstands werden sie als Tragblätter, Deckblätter oder Brakteen bezeichnet.
→ Spatha

Humus
Durch die Zersetzung von abgestorbenen Pflanzen (und -teilen) entstandene, dunkle, organische Masse komplizierter Zusammensetzung, die für die günstige Beschaffenheit eines Kulturbodens von großer Bedeutung ist.

Hybride
Pflanze, die durch Kreuzung zweier verschiedener Eltern entstanden ist (Kennzeichnung durch ein Malzeichen). Es gibt Arthybriden (z. B. *Begonia × margaritae* = *B. echinosepala* × *B. metallica*) und Gattungshybriden (z. B. × *Fatshedera* = *Fatsia* × *Hedera*). Zwischen fruchtbaren Hybriden sind weitere Kreuzungen möglich.
→ Nomenklatur

Kallus
An Wundrändern von Pflanzen entstehendes Verschlußgewebe. Bei Stecklingen ist erst nach der Kallusbildung eine Bewurzelung möglich.

Kindel
Jungpflanze, die sich aus Wurzelsprossen, Stengeln oder Blättern der Elternpflanze entwickelt und – oft schon bewurzelt – abgenommen werden kann (z. B. Bromelien, Kakteen).

Knollen
Verdickte Wurzeln (Wurzelknollen, z. B. Dahlie) oder Sprosse (Sproßknollen, z. B. Knollenbegonie). Wie → Zwiebeln oder → Rhizome fungieren sie als Speicherorgane.

Knoten
An den Knoten (Nodien), die bei manchen Pflanzengruppen (z. B. Gräser) auffallend verdickt sind, stehen in bestimmter Anordnung die grünen Blätter. Die zwischen den Nodien liegenden Abschnitte des Sprosses werden als Internodien bezeichnet.

Kolben
Blütenstand, aufzufassen als Ähre mit fleischig verdickter Achse und kleinen, dichtstehenden Blüten. Kommt z. B. bei den Aronstabgewächsen vor, wo er von einem weißen oder anders gefärbten Hochblatt umgeben ist (*Anthurium, Zantedeschia*).

Narbe
Teil des → Stempels

Nomenklatur
Nach den Regeln der sogenannten binären Nomenklatur werden alle Lebewesen (wissenschaftlich) mit Doppelnamen belegt, von denen der erste, groß geschriebene die → Gattung, der zweite, klein geschriebene die → Art bezeichnet. Hinzu kommen, falls erforderlich, Name der Varietät und/oder Sorte. Beispiele:
Celosia argentea var. *cristata*
Bougainvillea glabra 'Alexandra'

Osmundafaser
Zersetzte Wurzeln von *Osmunda regalis*, dem Königsfarn, die als Substrat-Bestandteil für Orchideen verwendet werden.

Phyllodien
Flache, blattartig verbreiterte → Blattstiele, die die Funktion der rückgebildeten → Blattspreite übernehmen (z. B. *Acacia*).

Rhizom
Unterirdischer Erdsproß, der wie → Zwiebel oder → Knolle als Speicherorgan dient (*Iris*).

Rispe
Mehrfach verzweigte → Traube; verzweigte, mehrblütige Nebenachsen sitzen längs einer Hauptachse.

Scharfer Sand
Kalkfreier Fluß- bzw. Quarzsand, der die Durchlässigkeit von Erdmischungen erhöht. Diese sind besonders geeignet für Kakteen und andere Sukkulenten bzw. als Anzuchterde.

Sorte
→ Zuchtform

Spatha
Blütenscheide; scheidenartige → Hochblatt-Hülle eines Blütenstands, meist einblättrig (z. B. Aronstabgewächse). → Kolben.

Sphagnum
Moose, die in Sumpfgebieten vorkommen und gut Wasser speichern können. Besonders geeignet als Substrat-Bestandteil für Orchideen.

Staubbeutel (Anthere)
Der die Pollensäcke enthaltende Teil der Staubblätter.

Staubblatt
Männliches Organ einer Blüte, das aus dem Staubfaden (Filament) und den beiden Staubbeutelhälften (Anthere) besteht.

Staude
→ Ausdauernde Pflanze mit krautigen, nicht verholzten Trieben.

Steckling
Teil einer Pflanze, der von einem Blatt, Sproß oder einer Wurzel gewonnen wird. Aus ihm entwickelt sich nach der Wurzelbildung schließlich eine neue Pflanze.

Stempel
Weibliches Organ einer Blüte, gegliedert in (von unten nach oben): Fruchtknoten mit Samenanlagen, Griffel, Narbe zum Auffangen des Pollens.

Sukkulenten
Pflanzen mit dicken, fleischigen Stämmen und/oder Blättern, die Wasser speichern können (Anpassung an das Leben in Trokkengebieten, z. B. Kakteen, *Crassula, Lithops*).

Tragblatt
→ Hochblatt

Traube
Blütenstand, bei dem längs einer Hauptachse in den Achseln von → Tragblättern gestielte Einzelblüten stehen.

Varietät
Pflanze, die zwar einer bestimmten Art angehört, in gewissen Merkmalen aber von ihr abweicht. Die Varietät ist also eine systematische Untereinheit der Art. Der Begriff (Abkürzung var.) wird oft zur Bezeichnung von → Zuchtformen verwendet.

Winterhart
Frostunempfindlich; Pflanzen, die ohne Schutz im Freien überwintern können.

Wirtel
Bestimmte Form der Blatt-Anordnung: Mehrere Blätter stehen an einem → Knoten, d. h. in gleicher Höhe rings um die Sproßachse.

Zuchtform
Gezüchtete, von der reinen Art abweichende Form einer Pflanze, auch als Sorte bezeichnet. Der Sortenname steht immer in einfachen Anführungszeichen (z. B. 'Riga'). → Nomenklatur

Zweijährig
Pflanzen, die ihren Zyklus innerhalb von zwei Jahren durchlaufen, nennt man zweijährig. Sie wachsen im ersten Jahr aus Samen und bilden Blätter aus. Im zweiten Jahr blühen sie, entwickeln Samen und sterben ab. → Einjährig → Ausdauernd

Zwiebel
Knospenähnlicher Sproß mit stark verkürzter Achse (Zwiebelscheibe), an der in rosettiger Anordnung saftreiche, zu dicken Speicherorganen umgewandelte Blätter sitzen.

Deutsche und botanische Pflanzennamen

Ahorn *Acer*
Alpenveilchen *Cyclamen*
Amaryllis *Hippeastrum*
Ampelkraut *Zebrina*
Ananas *Ananas comosus*
Aronstab *Arum*
Australischer Wein *Cissus antarctica*
Australische Silbereiche *Grevillea robusta*
Avokado *Persea americana*
Azalee *Azalea, Rhododendron*

Banane *Musa*
Balsamine *Impatiens*
Basilikum *Ocimum basilicum*
Becherprimel *Primula obconica*
Begonie *Begonia*
Beinwell *Symphytum*
Beloperone, Gelbe *Pachystachys lutea*
Bergpalme *Chamaedorea*
Bischofsmütze *Astrophytum*
Blattkaktus *Epiphyllum*
Blaues Lieschen *Exacum affine*
Blaustern *Scilla*
Bleiwurz *Plumbago*
Blühende Steine *Conophytum*
Blumenrohr *Canna*
Blutblume *Haemanthus*
Bogenhanf *Sansevieria*
Bohnenkraut *Satureja*
Borretsch *Borago officinalis*
Brutblatt *Kalanchoe (Bryophyllum)*
Bubiköpfchen *Helxine (Soleirolia)*
Buckelkaktus *Notocactus*
Buntnessel *Coleus*
Buntwurz *Caladium*

Chinesenprimel *Primula praenitens*
Chinesische Rose *Rosa chinensis*
Chinesischer Roseneibisch *Hibiscus rosa-sinensis*
Christusdorn *Euphorbia milii*
Chrysantheme *Chrysanthemum*

Dattelpalme *Phoenix*
Dickblatt *Crassula*
Dill *Anethum graveolens*
Drachenlilie *Dracaena*
Drazäne *Dracaena*
Drehfrucht *Streptocarpus*
Dreimasterblume *Tradescantia*

Efeu *Hedera*
Efeuaralie × *Fatshedera*
Efeupelargonie *Pelargonium peltatum*
Efeutute *Rhaphidophora*
Eibisch *Hibiscus*
Einblatt *Spathiphyllum*
Elefantenbaum *Crassula arborescens*
Elefantenohr *Haemanthus albiflos*
Estragon *Artemisia dracunculus*

Federspargel *Asparagus setaceus*
Feigenkaktus *Opuntia*
Fenchel *Foeniculum vulgare*

Fensterblatt *Monstera*
Fetthenne *Sedum*
Fingeraralie *Dizygotheca*
Flamingoblume *Anthurium*
Flammendes Kätchen *Kalanchoe blossfeldiana*
Flammendes Schwert *Vriesea splendens*
Fleißiges Lieschen *Impatiens walleriana*
Fransenschwertel *Sparaxis*
Frauenhaarfarn *Adiantum*
Freesie *Freesia*
Froschbiß *Hydrocharis morsus-ranae*
Fuchsie *Fuchsia*

Geldbaum *Crassula arborescens*
Geranie *Pelargonium*
Geweihfarn *Platycerium*
Glanzkölbchen *Aphelandra*
Glockenblume *Campanula*
Glockenheide *Erica*
Gloxinie *Sinningia*
Glücksklee *Oxalis*
Goldbandlilie *Lilium auratum*
Goldfruchtpalme *Chrysalidocarpus lutescens*
Goldkugelkaktus *Echinocactus grusonii*
Granatapfelbaum *Punica granatum*
Greisenhaupt *Cephalocereus senilis*
Grünlilie *Chlorophytum*
Gummibaum *Ficus*

Hahnenkamm *Celosia argentea* var. *cristata*
Harfenstrauch *Plectranthus*
Hauswurz *Sempervivum*
Heidekraut *Erica*
»Henne mit Küken« *Tolmiea menziesii*
Hirschzunge *Phyllitis*
Hortensie *Hydrangea*
Hyazinthe *Hyacinthus*

Igelsäulenkaktus *Echinocereus*

Jasmin *Jasminum*
Jasmin-Rose *Gardenia*
Judenbart *Saxifraga stolonifera*

Känguruhdorn *Acacia armata*
Känguruhwein *Cissus antarctica*
Kaffeestrauch *Coffea arabica*
Kalla *Zantedeschia*
Kamelie *Camellia*
Kanonierblume *Pilea*
Kaplandklimme *Rhoicissus capensis*
Kastanienwein *Tetrastigma*
Katzenschwanz *Acalypha hispida*
Kentiapalme *Howeia*
Kerbel *Anthriscus cerefolium*
Keulenlilie *Cordyline*
»Kindchen im Schoß« *Tomiea menziesii*
Kissenprimel *Primula vulgaris*
Klebsame *Pittosporum*
Klimme *Cissus*
Klivie *Clivia*

Königin der Nacht *Selenicereus grandiflorus*
Kokospalme *Microcoelum*
Kolbenfaden *Aglaonema*
Korallenbaum *Solanum pseudocapsicum*
Korallenkaktus *Rhipsalis*
Korbmarante *Calathea*
Kornblume *Centaurea*
Kranzschlinge *Stephanotis floribunda*
Kreuzkraut *Senecio*
Krokus *Crocus*
Kroton *Codiaeum*
Kugelkaktus *Echinocactus, Ferocactus*

Lanzenrosette *Aechmea fasciata*
Lebende Steine *Lithops*
Leuchterblume *Ceropegia*
Lilie *Lilium*
Lorbeer *Laurus nobilis*
Losbaum *Clerodendrum*

Madonnenlilie *Lilium candidum*
Maiglöckchen *Convallaria*
Majoran *Majorana hortensis*
Mauerpfeffer *Sedum*
Medusenhaupt *Euphorbia caput-medusae*
Melisse *Melissa officinalis*
Milchstern *Ornithogalum*
Minze *Mentha spicata*
Moosfarn *Selaginella*
Mooskraut *Selaginella*
Mottenkönig *Plectranthus fruticosus*
Myrte *Myrtus*

Nachtschatten *Solanum*
Narzisse *Narcissus*
Nesselschön *Acalypha*
Nestananas *Nidularium*
Nestfarn *Asplenium nidus*
Nestrosette *Nidularium*

Oleander *Nerium*
Osterkaktus *Rhipsalidopsis*

Palisanderbaum *Jacaranda mimosifolia*
Palmlilie *Yucca*
Pampelmuse *Citrus maxima*
Pantoffelblume *Calceolaria*
Paprika *Capsicum*
Paradiesvogelblume *Strelitzia reginae*
Passionsblume *Passiflora*
Pelargonie *Pelargonium*
Petersilie *Peteroselinum crispum*
Pfeffergesicht *Peperomia*
Pfeilwurz *Maranta*
Primel *Primula*
Prunkwinde *Ipomoea*
Poinsettie *Euphorbia pulcherrima*
Purpurtute *Syngonium*

Ringelblume *Calendula*
Rippenfarn *Blechnum spicant*
Ritterstern *Hippeastrum*
Rose, Chinesische *Rosa chinensis*

245

Roseneibisch *Hibiscus rosa-
chinensis*
Rosenpelargonie *Pelargonium
graveolens*
Rosmarin *Rosmarinus officinalis*
Ruhmeskrone *Gloriosa*

Säulenkaktus *Cereus*
Salbei *Salvia*
Sauerklee *Oxalis*
Saumfarn *Pteris*
Schattenröhre *Episcia*
Scheinrebe *Ampelopsis*
Schiefblatt *Begonia*
Schiefteller *Achimenes*
Schildfarn *Polystichum*
Schleifenblume *Iberis*
Schneestolz *Chionodoxa*
Schnittlauch *Allium schoenoprasum*
Schönmalve *Abutilon*
Schraubenbaum *Pandanus*
Schusterpalme *Aspidistra*
Schwarzäugige Susanne *Thunbergia
alata*
Schwertfarn *Nephrolepis*
Schwertlilie *Iris*
Segge *Carex*
Seeigelkaktus *Astrophytum asterias,
Echinopsis*

Seerose *Nymphaea*
Silberhaut *Argyroderma*
Sinnpflanze *Mimosa*
Sperrstrauch *Cleyera japonica*
Spindelstrauch *Euonymus*
Spitzblume *Ardisia crenata*
Springkraut *Impatiens*
Steckenpalme *Rhapis excelsa*
Steinbrech *Saxifraga*
Steinkraut *Alyssum*
Stern von Bethlehem *Ornithogalum
umbellatum*
Strahlenaralie *Schefflera*
Streifenfarn *Asplenium*

Tabak *Nicotiana*
Thymian *Thymus vulgaris*
Tigermaul *Faucaria tigrina*
Traubenhyazinthe *Muscari*
Tüpfelfarn *Polypodium*
Tulpe *Tulipa*

Usambaraveilchen *Saintpaulia ionantha*

Venusschuh *Paphiopedilum*
Versteckblüte *Cryptanthus*

Wachsblume *Hoya*
Warzenkaktus *Mammillaria*

Wasserfarn *Azolla caroliniana*
Wasserhyazinthe *Eichhornia crassipes*
Weihnachtskaktus *Zygocactus*
Weihnachtsstern *Euphorbia pulcherrima*
Winde *Convolvulus*
Wolfsmilch *Euphorbia*
Wucherblume *Chrysanthemum*
Wunderstrauch *Codiaeum*

Zebrakraut *Zebrina*
Zierpaprika *Capsicum annuum*
Zierpfeffer *Capsicum annuum*
Zierspargel *Asparagus*
Zimmerahorn *Abutilon*
Zimmeraralie *Fatsia japonica*
Zimmerhafer *Billbergia*
Zimmerhopfen *Drejerella*
Zimmerkalla *Zantedeschia aethiopica*
Zimmerlinde *Sparmannia africana*
Zimmertanne *Araucaria*
Zitronenbaum *Citrus limon*
Zitronenmelisse *Melissa officinalis*
Zungenblatt *Glottiphyllum*
Zwergapfelsine *Citrus microcarpa*
Zwergorange *Citrus microcarpa*
Zwergpalme *Chamaerops humilis*
Zwergpfeffer *Peperomia*
Zylinderputzer *Callistemon*
Zypergras *Cyperus*

Stichwortverzeichnis

Bildnachweis

Fotografen

Des. = Designer, Arch. = Architekt,
o = oben, u = unten, l = links,
r = rechts, m = Mitte

A–Z collection: 71 ol/or, 148 ur, 149 o, 154 ul, 157 ul, 158 u, 164 ou, 172 m, 174 or, 174 m, 175 o, 194 or
Bernard Alfieri: 156 ol, 169 ur
The Architectural Review: 9 ur
Ardea: 167 o, 173 ur
Elly Arnstein: 235 (Stephen Sandon)
Badisches Landesmuseum Karlsruhe: 7 ol
Brigitte Baert: 42/43 (J. Primois)
Sandra van Beek: 31 ol, 47 ur, 65 ml, 91 u, 211 ur
Carla de Benedetti: 29 or, 44, 45 ul, 48/49, 60/61 u, 211 m, 216 ul
Steve Bicknell: 6 u, 13, 33 ol/m, 38/39, 41 ur, 42, 43 ur, 46 o, 46/47, 47 ol/or, 53 ul, 61 or/ul, 65 om/or/m/mr/ur, 78/79, 79 ol, 81 o/u, 85, 92 r (Des. Steve Winters for Rocket Records), 93 u, 96/97, 98, 100 o, 101 ur, 104, 112/113, 114 ol, 115 or/u, 116 ol, 117 ol/u, 118 or, 118/119, 119, 120, 121 ul, 122 u, 122/123, 123, 124 o/u, 125 ol/or/u, 127 or/ur, 128 ol, 129, 130 l, 131 u, 132, 132/133, 133, 134 u, 134/135, 135 o, 140, 141 or/ur, 142/143, 144/145, 146 o, 147 o, 148 ul, 148/149, 152 o, 153 o, 156 or, 156 o, 161, 168 or, 178 m, 179 o, 181 o, 182/183, 188/189, 190 or/ol, 192 or, 193 or, 194 ol, 195 ol, 196 or, 197 o, 198 ur, 199 ol/ur, 200 ur, 201 mr, 204/205, 211 ul, 213 or/mr/ul, 217 r, 218, 224 ol, 225, 227 ol
Boston Museum of Fine Arts (Ross Collection): 6 o
Michael Boys: 24/25 (Arch./Des. Rick Mather), 31 or (Des. Ali Jabri), 34 ol, 36 ol/ur, 37 ur (Des. Ali Jabri), 40, 41 ul, 45 m, 49 ol, 50/51, 51 or, 53 ml (Arch./Des. Rick Mather) 53 or/ur, 54 ul, 54/55, 55 or/ul/ur, 57 om (Des. Jencks/Keswick), 58, 59, 61 ol, 68, 73 ur, 75, 80, 81 m, 121 o, 209 ur, 210, 212, 214, 215, 216/217 (Des. Ali Jabri), 219 ul, 222 ol, 234/235
Pat Brindley: 147 u, 169 o, 171 ur, 178 u, 184 m, 187 o, 201 ml
Camera Press: 28/29 u (Femina), 32 o (Schöner Wohnen), 35 ul (Femina), 39 m (Zuhause), 41 ol (Schöner Wohnen), 45 or (Schöner Wohnen), 56 (Zuhause)
R. J. Corbin: 153 ul

Cent Idées: 229 u (Laiter)
Eric Crichton: 1, 67 u, 117 or, 118 ol/u, 126, 127 ol/ul, 128 or/u, 130 ur, 131 ol, 134, 135 u, 137 ul/ur, 138 u, 139, 144 ol, 145 o, 148 o, 153 ur, 155 ol, 160/161 o, 163 ur, 165 o/ur, 168 u, 170 u, 172 u, 173 ul, 176/177, 178 o, 213 ol/ur, 219 ur
Alan Duns: 77, 94/95, 102/103, 124 m, 130 or, 160 o, 166 or, 177 m
Mike Dye: 221, 222 mr/ul/ur, 223 m/ul/ur
George Elbert: 90
Mary Evans Picture Library: 6 mr, 9 om/or
Tony Evans: 39 o
The Exotic Collection, Worthing (Lamb): 191 o, 192 ol/ul/ur, 193 ol, 194 ul, 195 or/ul/ur, 197 m, 198 ul, 199 ul, 200 ul
Paul Forrester: 64, 65 ul, 115 mr, 116 ur, 121 ur, 125 ol, 135 m, 136, 137 o, 138 ol/or, 141 l, 146 ul, 146/147, 159 m/ur, 160/161 u, 179 ul, 190 ul, 194 ur
Brian Furner: 176 ul
Susan Griggs Agency: 39 ur (Michael Boys)
Angelo Hornak: 7 um (RHS Library), 8 o (Victoria and Albert) 8 m (RHS Library), 9 ul (Leighton House), 206 mr (RHS Library)
George Hyde: 157 o, 201 o
IMS: 91 u (Kjell Nilsson)
Naru Inui: 67 o/m/mr, 88 o
Leslie Johns: 173 o
Michael Joseph: 48
David Kelly: 36 or, 47 m, 66/67 (Arch. Bernard Hunt), 80/81 (Des. Ronnie Cohen), 100 u, 101 ol/ul/or/m, 207 or, 234
Malcolm Lewis: 14/15, 28/29 o (Des. Valerie Allam), 30/31 (Des. Chipperfield/Florian/Lynfield), 43 or (Des. Valerie Allam)
Maison de Marie Claire: 78 ol
Bill McLaughlin: 7 or, 30, 31 u, 35 ur, 71 ur, 78 ul, 79 or/mr, 206 u, 211 or
Elsa Megson: 159 ol/or, 162 ur, 170/171
Brian Morris: 28, 37 o, 217 ol
Marion Morrison: 11
Tony Morrison: 11 um
National Gallery London: 7 ur
National Trust: 57 u (Angelo Hornak)
Muriel Orans: 74, 145 u, 154 o, 180 m
Roger Phillips: 2–5
Spike Powell: 32 m/u, 33 ul/ur, 34 om/or/ul/ur, 35 o, 37 ul, 41 or
Radio Times Hulton Picture Library: 6 ml
Richard Raworth: 56/57
Roche Photography: 169 ul

Royal Photographic Society: 8 u (Henry Peach Robinson)
Scala: 9 ol (Sammlung Baron Lemmermann)
Donald Smith: 156 u
Harry Smith Collection: 122 o, 152 ul/ur, 154 ur, 155 or/u, 158 o, 159 ul, 160 u, 162 o/ul, 163 o/ul, 165 ul, 166 ol, 167, 168 ol, 171 o/ul, 172 o, 174 ol, 174/175, 175 u, 176 r, 177 o/u, 179 ur, 180 o/u, 181 m/u, 184 o/u, 185 ol/or/ul, 186, 187 m, 191 ur, 193 ur, 200 o, 201 ur
Peter Stiles: 193 ul, 198 o
Pamla Toler: 33 or, 36 ul, 37 m, 40/41 (Arch./Des. Georgie Wolton), 43 m, 49 r (Arch./Des. Georgie Wolton), 50 (Arch./Des. Georgie Wolton), 54 ur (Arch./Des. Georgie Wolton), 61 ul, 73 o, 88 u, 131 or, 150/151, 202, 203 o/ml/mr, 206 o/ml, 207 u/ol, 209 ur/ul, 224 ul, 226, 227 r/ml, 228, 229 ol/or
Transworld Feature Syndicate: 53 ol
Jerry Tubby: 49 u/or, 51 ol/ur, 52, 60/61 o, 144 m, 146 ur, 149 u
Michael Warren: 114/115, 157 ur, 164 m, 166 u, 170 ol, 185 ur, 187 u, 190 ur, 191 ul, 196 ol/u, 197 ul/ur, 199 or, 201 ul
Elizabeth Whiting: 39 ul (Spike Powell), 45 ur (Jerry Tubby), 58/59 (Michael Nicholson), 92 l (Tim Street-Porter), 93 o (Spike Powell)
Kathy Wilson: 29 ur
Windsor Castle Royal Library: 7 ul

Illustratoren

Dave Ashby: 72/73
Jim Bamber: 99
Lynn Cawley: 86, 110/111, 240/241
Harry Clow: 62/63
Helen Coucher: 68/69, 75
Bill Easter: 87
Chris Forsey: 70/71, 85 ur, 104/105
Richard Gliddon: 10/11
Juliet Glynn-Smith: 26/27
Vana Haggerty: 232/233
Clive Hayball: 214/215, 220/221
Ingrid Jacob: 208, 236–239
Paul Kern: 82 u, 83 u, 106/107
Sally Launder: 76/77
Kevin Maddison: 97
Peter Morter: 16–23
Gill Platt: 96, 108/109
Prue Theobald: 82 o, 83 o
Dave Watson: 74, 84/85

Leben mit Pflanzen und Blüten

MARGOT SCHUBERT
ROB HERWIG

Wohnen mit Blumen

Der große farbige
Ratgeber –
über 1000 Zimmerpflanzen

Dieses Zimmerpflanzenbuch begeistert jeden anspruchsvollen Blumenfreund und bietet mit seiner internationalen Pflanzenauswahl eine willkommene Erweiterung des einheimischen Sortiments. Vom »Wohnen mit Blumen« über das »Gewußt wie« bis zum großen »Zimmerpflanzen-ABC« ist diese Ausgabe ein ideales Geschenk für jeden Blumenfreund.

13., neubearb. Auflage, 367 Seiten, 340 Farbfotos, 90 Zeichnungen

ROB HERWIG

350 Zimmerpflanzen in Farbe

In klarer Zuordnung von Text und Bild wird hier ein großes Pflanzensortiment für jeden Zimmergärtner und Pflanzenfreund vorgestellt. Die Auswahl reicht von bekannten, für jeden Anfänger geeigneten Arten bis zu anspruchsvollen Gewächsen, für deren erfolgreiche Pflege man schon einige Erfahrungen braucht. Die Vorstellung der Pflanzen erfolgt alphabetisch nach botanischen Namen.

190 Seiten, 350 Farbfotos

MARGOT SCHUBERT

Mehr Blumenfreude durch Hydrokultur

Dieses völlig neu gestaltete Schubert-Buch über erdelose Pflanzenpflege interessiert alle, die sich prächtig gedeihende und reich blühende Zimmerpflanzen ohne viel Arbeit wünschen. Die Autorin informiert umfassend über die Vielseitigkeit der modernen Systeme.

5. Auflage, 207 Seiten, 30 Farbfotos, 68 Zeichnungen

BLV Verlagsgesellschaft München

Leben mit Pflanzen und Blüten

HAY/McQUOWN/
BECKETT

**Das große Buch
der Zimmer- und
Gewächshaus-
pflanzen**

mit über 500 Farbfotos

Ein großformatiges Nachschlagewerk und ein Ratgeber
für jeden anspruchsvollen Zimmergärtner und Blumenfreund. Hier findet er umfassende Information über
mehr als 100 Pflanzenarten und -sorten, von denen
über 500 farbig abgebildet sind. In einer allgemeinen
Einleitung erfährt man alles Wichtige zur Pflege und
Haltung der einzelnen Zimmerpflanzen.

251 Seiten, 506 Farbfotos, 7 Schwarzweißfotos

RENATE RICHTER

**Blüten und Zweige
zauberhaft
arrangiert**

Blumen arrangieren ist eine schöpferische Tätigkeit, die
viel Freude macht. Dieser reich illustrierte Band führt in
die Technik des Blumensteckens ein und bringt Beispiele aus allen Jahreszeiten.

2. Auflage, 143 Seiten, 32 Farbfotos, 14 Schwarzweißfotos, 96 Zeichnungen

ELFRIEDE SASS

**Gestalten
mit Trockenblumen**

und anderem Material
aus der Natur

Das Gestalten mit Trockenblumen findet immer mehr
Liebhaber. Denn es ist – richtig praktiziert – eine Möglichkeit zur individuellen Ausschmückung der Wohnung
beizutragen. Mit Hilfe des inzwischen in den Blumen-
fachgeschäften erhältlichen reichen Angebots ausgefal-
lener, bizarrer Arten kann jeder seine Fähigkeiten bei
der Schaffung wirkungsvoller Arrangements beweisen.

143 Seiten, 48 Farbfotos, 64 Schwarzweißfotos,
5 Zeichnungen

BLV Verlagsgesellschaft München